# المنهج العلمي وتطبيقاته
## في العلوم الاجتماعية

# المنهج العلمي وتطبيقاته في العلوم الاجتماعية

تأليف

أ.دكتور إبراهيم أبراش

2009

رقم الإيداع لدى دائرة المكتبة الوطنية
(2008/9/3317)

001.42

ابراش، إبراهيم
المنهج العلمي وتطبيقاته في العلوم الاجتماعية/ إبراهيم،
خليل ابراش.- عمان: دار الشروق، 2008
(   ) ص
ر. إ. : 2008/9/3317
الواصفات: البحث العلمي//الطرق العلمية//العلوم الاجتماعية/

* تم إعداد بيانات الفهرسة الأولية من قبل دائرة المكتبة الوطنية

ISBN 978-9957 - 00 - 382-1

- المنهج العلمي وتطبيقاته في العلوم الاجتماعية .
- تأليف : أستاذ دكتور إبراهيم خليل إبراش .
- الطبعة العربية الأولى : الإصدار الأول 2009 .


- جميع الحقوق محفوظة © .

دار الشروق للنشر والتوزيع
هاتف : 4618190 / 4618191 / 4624321 فاكس : 4610065
ص.ب : 926463 الرمز البريدي : 11118 عمان - الاردن
Email : shorokjo@nol.com.jo

دار الشروق للنشر والتوزيع
رام الله - المصيون : نهاية شارع مستشفى رام الله
هاتف 2975632 - 2991614 - 2975633 فاكس 02/2965319
Email : shorokpr@palnet.com

■ الاخراج الداخلي وتصميم الغلاف وفرز الألوان و الأفلام :
دائرة الإنتاج / دار الشروق للنشر والتوزيع
هاتف : 4618190/1 فاكس 4610065 / ص.ب . 926463 عمان (11118) الأردن

# الإهـــداء

إلى بناتي هند و هناء و أميرة و إيناس وإلى كـل مـن يحمـل
فلسطين معه في أرض الغربة.

أهدي هذا العمل

# المحتويات

## الباب الأول

## الباب الثاني
## مناهج البحث

9

11

## المقدمة

نظراً للتطورات المتسارعة والأحداث المكثفة وهما سمات القرن العشرين، فقد تزايد الاهتمام الذي يوليه الإنسان المعاصر لفهم الطبيعة بكل مكوناتها، وفهم نفسه والمحيط الاجتماعي الذي يعيش فيه. ذلك أن أنواع المعرفة القديمة التي كانت المصدر الذي ينهل منه الإنسان لتفسير الكون لم تعد بقادرة على الإجابة على كثير من تساؤلات الحاضر، فكان لزاما تجديد طرق اكتساب المعرفة والنهل من معين المعرفة العلمية والتحرر من الأفكار المسبقة التي كانت تشكل قيداً على قدرة العقل الإنساني على الإبداع والتقدم.

وقد أولت الدول والمؤسسات العلمية أهمية بارزة للبحث العلمي في شتى المجالات، بحيث يمكن القول إن المعرفة والعلوم بكل تفرعاتها، والابتكارات، وكل مقومات الحياة العصرية تسيّر بالعلم وتخضع للتفكير العلمي، الذي أخذ يفرض نفسه يوما بعد يوم مستبعداً من طريقه المعارف وطرق التفكير التي تحكمها العقلية الغيبة الأسطورية، وبعض أشكال التفكير الفلسفي غير العلمي.

وعندما نقول التفكير والبحث العلميين فنحن لا نقصد التفكير العقلي المجرد للمفكر أو العالم، أو البحث العلمي التجريبي الذي يقوم به العلماء في مختبراتهم، لأن هذا النمط من التفكير والسلوك كانا موجودين حتى في أقدم العصور حيث كانت المعرفة السائدة أسطورية، وغيبية، وفلسفية.

أن ما نعنيه في هذا المقام هو عندما يصبح التفكير العلمي و البحث العلمي أسلوبين ومنبع المعرفة السائدة في المجتمع، إنه التفكير العلمي الذي يقوم على الاستقراء والذي يوظفه الإنسان في تسيير شؤون حياته، ويصاحب الإنسان المعاصر، حيثما فكر أو مارس.

وعندما نتحدث هنا عن العلم والتفكير العلمي فنحن نقصد العلم بمفهومه الواسع، أي غير المقتصر على العلوم الحقة بل يشمل مختلف مناحي الحياة بما في ذلك الجوانب الاجتماعية أو الإنسانية، فهذه المجالات الحياتية خضعت بدورها للتفكير والبحث العلميين، فلا غرو، إذن، أن نجد أن الثورة العلمية والصناعية التي شهدتها أوربا منذ القرن الثامن عشر قد صاحبها أو تبعها بعد وقت قصير، الثورات الاجتماعية والسياسية، فالعقل الذي انطلق من عقاله بعد التحرر من هيمنة التفكير اللاهوتي وهيمنة الكنيسة، لم يتقوقع في ميدان العلوم الطبيعية بل تغلغل في مختلف المجالات المعرفية بما فيها الاجتماعية، حتى أن القرن التاسع عشر يطلق عليه بحق قرن التأسيس الفعلي للعلوم الاجتماعية.

إذن لم يقتصر أثر الثورة والتفكير العلميين على ميدان العلوم الطبيعية التي هي أكثر تقبلاً للمنهج العلمي وأساليب بحثه، بل أمتد أثرها إلى جوانب الحياة الاجتماعية بمختلف أنشطتها ومؤسساتها فتغلغل المنهج العلمي إلى هذه الميادين وخصوصاً منذ بداية هذا القرن. فأصبح يتم التعامل مع الظواهر الاجتماعية كأشياء قابلة للملاحظة والتجربة والتكميم والمقارنة، وطبقت عليها أساليب البحث العلمي الصارمة، فأصبحنا نسمع عن علم اجتماع، وعلم سياسة، وعلم الاقتصاد، وعلم الأخلاق، وعلم الاجتماع الديني .. الخ، بل تعدد النشاط العلمي وتطور في ميدان الاجتماعيات، فوضعت النظريات والقوانين العلمية الاجتماعية، أسوة بالقوانين والنظريات في العلوم الطبيعية.

مع تلمس الدول للأهمية المتزايدة للبحث العلمي الاجتماعي، أخذت تولي أهمية لهذا الجانب، وكلما ازداد تقدم المجتمع ورقيه كلما ازداد أخذه بالبحث العلمي الاجتماعي وتزايدت المراكز والبحوث المتخصصة في هذا المجال.

ونظراً لأن دول العالم الثالث تعيش حالة نهوض شامل فإنها تصبح أكثر حاجة إلى تطبيق المنهج العلمي وأساليبه في مجتمعاتها لتطوير بنياتها الاجتماعية ومواكبة ركب الحضارة المتسارع، الذي أصبح فيه العلم هو السيد والقائد، الأمر الذي يتطلب أن يصبح العلم جزءاً من ثقافة المجتمع وقيمه، بل المكون الرئيسي لثقافة المجتمع.

ومن نافل القول أن البحث العلمي وتطبيق مناهجه ليس مجرد ضرورة أكاديمية، أو مادة دراسية للطلاب في الجامعات بل إنه أصبح ضرورة حياتية للمجتمعات، فالبحوث العلمية التي يقوم بها مختصون في المجالات المختلفة أصبحت تشكل مرشداً وهادياً للوزارات، والمؤسسات في عملها ونشاطها، حيث توفر لها معلومات صحيحة حول المجتمع، ومشاكله وعيوبه واحتياجاته، وكلما تراكمت البحوث كلما زادت معرفة الإنسان الشاملة لمجتمعه وسهل عليه إيجاد حلول لكل ما يعترضه من مشاكل.

إن تدريس مادة - مناهج البحث في العلوم الاجتماعية في الجامعات يعد اعترافاً رسمياً من الدول بأهمية البحث العلمي في العلوم الاجتماعية وإقراراً بأن الظواهر والسلوكيات الاجتماعية لم يعد تفسيرها، والتعامل معها يتم بصورة عشوائية أو يخضع للتفسيرات الغيبية، بل يتم التعامل معها كأشياء لها مسبباتها ودوافعها، ويمكن التحكم بها وضبط سيرورتها، وتجاوز ما هو سلبي منها.

ومع ذلك نستدرك القول بأن تطبيق المنهج العلمي في دراسة المجتمع له خصوصياته وله مشاكله التي تميزه عن العلوم الطبيعية، فالإنسان موضوع البحث ليس جماداً بل كائناً حياً له مشاعره. وأحاسيسه التي لا يمكن دائماً التنبؤ بها، كما أن الباحث الاجتماعي لكونه جزءاً من المجتمع، فإنه يواجه تحدياً في التعامل بموضوعية مع قضايا تهمه، وتمس وجوده وانتماءه بالإضافة إلى أن الالتزام بالحقيقة في مجال البحث الاجتماعي له محاذيره، وخصوصاً في المجتمعات التي تضع قيوداً على حرية الرأي والتعبير.

ولا شك أن مادة منهج العلوم الاجتماعية، ليست مجرد تقنية جامدة، بل أنها مادة حيوية تحتم على الباحث الجاد مواجهة الواقع الاجتماعي بكل مكوناته وسلبياته، سواء أخذ البحث الاجتماعي الجانب التنظيري المجرد أو استنجد بمناهج البحوث الميدانية، ففي الحالتين سيصطدم الباحث بمعوقات تحد من حريته في عمله كباحث عن الحقيقة، والواقع الاجتماعي ومشاكله وليست كلها من صنع قوى غيبية أو خارجية، بل هناك شرائح وقوى اجتماعية لها دور في خلق هذه المشاكل، وبالتالي لها مصلحة في الابقاء عليها.

15

ومع ذلك فإن الباحث الاجتماعي إنْ تسلح بالمنهج العلمي وتوخى البحث عن الحقيقة دون أن يكون مدفوعاً بأهداف خاصة، أو أغراض سياسية فئوية، فإنه لا محالة سيصل إلى الحقيقة بمفهومها النسبي، وإن لم يتمكن من تطبيق نتائج بحثه وحل المشاكل الاجتماعية، فيكفيه فخراً أنه حلل الواقع - أو جزءاً منه - ووصل إلى الحقيقة، وأوصلها لمن يعنيهم الأمر.

وأخيراً يمكن القول إن أهمية مادة مناهج العلوم الاجتماعية، لا تكمن أهميتها في حفظ نظرياتها ومفاهيمها وإجراءات البحث اعتماداً على المناهج العلمية، بل إن أهميتها تكمن في كونها أداة للتغيير، تغيير العقول وأنماط التفكير قبل تغيير الواقع الاجتماعي، فالفكر يسبق الممارسة، والواقع الاجتماعي لا تغيره عقول غير عاقلة وغير قابلة للحوار والنقاش ولا تسيره أفكار عفى عليها الزمن.

فالنظريات الاجتماعية ، ومناهج البحث الاجتماعي ليست مجرد مقولات وأدوات تستورد. لتطبيق بشكل عشوائي بل هي متداخلة مع النسيج المجتمعي، مع قيم المجتمع، نسقه وثقافته. فالنظرية أو المنهج الصحيح ليس هو ذلك الأكثر اتساقاً من حيث ترابط مكوناته ومفاهيمه، بل هو الأكثر قدرة على التعبير عن واقع المجتمع والأكثر قدرة على التعامل مع خصوصياته للوصول إلى الحقيقة.

وكثيراً ما تكون صفة العالمية التي تضفي على النظريات ومناهج البحث الاجتماعي عائقاً أمام فهم المجتمع، وكشف مشاكله، فلا عالمية بالنسبة لأوضاع متغايرة ومتباينة وقد أثبتت تطورات الأحداث في العالم الثالث، مأزق العلوم الاجتماعية في دوله.

ومن هنا فإن ما يؤخذ على الدول العربية أنها عندما انفتحت على عصر النهضة واحتكت بالحضارة الغربية، أخذت من الغرب نتاجاته المادية وأخذت نظرياته وأيديولوجياته وبعض معارفه، ولكنها لم تهتم بمناهج البحث العلمي التي لها الفضل في حضارة الغرب ونتاجه المادي والثقافي، لقد أخذت الثمار أو النتاج ولكنها لم تهتم بالجذور والبذور التي هي أساس للمعرفة، فالمناهج هي بمثابة البذرة التي لا يكون ثمار بدونها. ولم تهتم الجامعات ولم يهتم المترجمون والباحثون بأهمية المناهج العلمية إلا

بعد ضياع سنوات طويلة في محاولات فاشلة لنقل وتقليد علوم ومعارف الآخرين. وقد حان الأوان للاهتمام بمناهج البحث والتي نتمنى أن تصبح مادة تدرس للتلاميذ منذ مرحلة الدراسة الثانوية، أو على الأقل في السنة الأولى جامعة في كل التخصصات لا أن يقتصر تدريسها على طلبة السنة الرابعة ولتخصص واحد فقط.

ومن نافلة القول. الإشارة إلى أن أهم وأخطر ما يواجه تطبيق المنهج العلمي في دراسة المجتمع هو غياب الحرية، حرية البحث والباحث الأكاديمي، وغير الأكاديمي. فالباحث العلمي هو الذي يسعى إلى فهم وكشف حقيقة الواقع الاجتماعي، وهو أن لم يتوفر على ضمانات وشروط من حيث حرية العمل وحرية نشر نتائج بحثه، فإنه لم يتمكن من القيام بعمله، أو إنْ نتائج عمله لن يكتب لها الذيوع والنشر وبالتالي ستفقد قيمتها العلمية، فقيمة العمل العلمي الاجتماعي تستمد من وظيفته الاجتماعية، فإن غابت هذه الوظيفة غابت عنه العلمية.

# 1

الباب الأول

المنهج العلمي

قضايا ومفاهيمه

- الفصل الأول: المعرفة العلمية ومراحل تطورها

- الفصل الثاني: القوانين والنظريات العلمية.

- الفصل الثالث: المنهج العلمي

# المقدمة:

المنهج العلمي في دراسة المجتمع ليس مجرد تقنيات وأدوات جامدة، كما أنه ليس وحده كاف حتى ننجز بحثاً علمياً موضوعياً في ظروف وشروط مناسبة، بل هو جزء من سياق مفاهيمي وبحثي أعم وأشمل، فالبحث العلمي لا يضرب في فراغ ولكنه ينطلق من أرضية مفاهيمية ومعرفية وهي العلم والمعرفة العلمية، كما ان له شروطاً وقوانيناً ونظريات عليه الالتزام بها.

وعليه، فإن أي باحث في المنهج في العلوم الاجتماعية عليه أن يكون ملماً بهذه المفاهيم والقضايا، لأن البحث العلمي كل لا يتجزأ ، أو أنه نسق مترابط الأجزاء لا يمكن فصل أجزائه عن بعضها البعض، إلا لضرورات البحث العلمي.

سنبحث في :

الفصل الأول: المعرفة العلمية ومراحل تطورها.

الفصل الثاني: القوانين والنظريات العلمية.

الفصل الثالث: المنهج العلمي.

# الفصل الأول

## المعرفة العلمية ومراحل تطورها

لا شك أن المعرفة محايثة للإنسان، فهي موجودة منذ وجوده على الأرض، والمعرفة هي ما يميز الإنسان عن الحيوان، فالإنسان حيوان عاقل بمعنى أنه قادر على توظيف العقل لتحسين أسلوب معيشته، واستيعاب ما يحيط به من ظواهر لتسهيل أمر التحكم فيها أو توظيفها لمصالحه.

وإذا كانت معرفة الإنسان المعاصر والتي هي: «مجموعة المعاني والتصورات والآراء والمعتقدات والحقائق التي تتكون لدى الإنسان نتيجة لمحاولاته المتكررة لفهم الظواهر والأشياء المحيطة به» (1). تتسم غالباً بالتطور والنضج، لأنها معرفة منظمة، وممنهجه تقوم على التفكير العلمي، فإن معرفة الإنسان الأول - وحتى جزء من معرفة الإنسان المعاصر - كانت - في مرحلة الطفولة المعرفية إن صح التعبير - معرفة حسية تجريبية، ثم معرفة فلسفية.

فالمعرفة إذن وانسياقاً لمبدأ التطور، تطورت مع تطور العقل الإنساني، لأن المعرفة حصيلة لهذا العقل، وهي التي تحدد، وتحكم على مدى نضج العقل الإنساني وإدراكه.

وقد اهتم العديد من المفكرين والفلاسفة، اعتماداً على مبدأ التطورية، بتطور المعرفة الإنسانية، وبالعلاقة بين العقل المفكر، أو الفاعل، وبين أنماط الحياة، والسلوك الإنساني. فهذا ابن خلدون مثلاً عندما يتحدث عن مراحل التحول من حياة البداوة إلى حياة الحضر، يربط ذلك بتحول أنماط التفكير، حيث توجد علاقة جدلية بين المعرفة السائدة وبين ما سماه بالعمران البشري.

وفي القرن التاسع عشر، وضع أوغست كونت (Auguste Comte 1857-1798) مقتدياً باستاذه سان سيمون Sant Simon (1825-1760) نظرية المراحل الثلاثة لتطور المعرفة الإنسانية اعتماداً على تطور العقل الإنساني، وهذه المراحل هي:

- المرحلة اللاهوتية.
- والمرحلة الميتافيزيقية.

- والمرحلة الوضعية.

وقد سار غالبية الباحثين عند تطرقهم للمعرفة الإنسانية، على منوال هذا التقسيم الثلاثي، وتصرفوا فيه بما لا يخل بالجوهر. وتكمن أهمية هذا التقسيم في كونه يرينا أن المعرفة الإنسانية المعاصرة تشكل مرحلة متطورة من مراحل تطور المعرفة الإنسانية، فهي وليدة شروط موضوعية وتاريخية. ونرى من المفيد إلقاء نظرة على الأنماط السابقة من المعرفة الإنسانية.

# المبحث الأول

## المعرفة الحسية أو معرفة الخبرة الذاتية Empirical Knowledge

وتعد أقدم أنواع المعرفة الإنسانية، نظراً لطبيعتها التي تقوم على مجرد تكوين المعرفة والتصورات بناء على ما تلمسه حواس الإنسان من ظواهر طبيعية أو غيرها. فالمعرفة في هذا الطور تقتصر على مجرد الملاحظة البسيطة للظواهر، دون أن يحاول الإنسان أن يتعمق إلى ما وراء الظاهرة من أسباب وعلاقات. وتسمى بالمعرفة الحسية لأنها تعتمد الحواس.. على ما تلمسه اليد، أو تراه العين، أو تسمعه الأذن، مثلاً ملاحظة الشخص العادي لتعاقب الليل والنهار، أو حالة المد والجزر، فالإنسان العادي في هذا الطور من المعرفة يلاحظ هذه الظواهر، ولكنه لا يحاول أن يخضعها للحجج والبراهين ليعرف لماذا تحدث هذه الظواهر وكيف تحدث ؟.

وتسمى هذه المعرفة أيضاً بمعرفة الخبرة الشخصية Experiential Knowledge أحياناً، لأنها تقوم على خبرات الإنسان وتجاربه السابقة التي يكون قد تعرض لها، فيستفيد الإنسان من هذه التجارب في تسيير حياته، مثلاً إذا مرض شخص فالتجربة - الخبرة الشخصية - علمت الإنسان أن يلجأ إلى نوع من الأعشاب، وإذا غيمت السماء توقع هطول الأمطار الخ .. إلا أنه من المعروف أن خبرات الإنسان الحسية تبقى محدودة وعاجزة عن تفسير كل الظواهر الطبيعية والاجتماعية. فالإنسان في مرحلة المعرفة الحسية كان من الصعب عليه أن يتوقع حدوث الزلازل، أو البراكين، وأن كان يستطيع أن يضع تفسيرات ميتافيزيقية لأسباب حدوثها كأن يرجع السبب إلى الجن أو إلى قوى خفية أو غيرها من القوى الخارقة غير المرئية، والإنسان البدائي الأول في تفسيره

للظواهر وإرجاع أسباب حدوثها لقوى خرافية غير مرئية يشبه الأطفال في تفسيرهم للظواهر الطبيعية وغيرها، وكما أن الطفل ينمي معارفه مع مرور الزمن ويعقلنها بحيث تصبح أكثر نضجاً، فإن البشرية طورت معارفها وجعلتها أكثر عقلانية.

لقد أثر الإنسان طوال الجزء الأكبر من تاريخه - أي قبل أن يسود التفكير والتعامل العلميان مع الأشياء والظواهر - أن يلجأ إلى التفسيرات البسيطة والتخيلات الذاتية في تفسيره وتعامله مع الأشياء والظواهر، بدلاً من مواجهتها مباشرة، ويرجع ذلك أن ملكات الإنسان وقدراته العقلية ومعارفه لم تصل إلى درجة النضج الكافي لتحدي الواقع وتجاوز الذاتية في تفسير الأشياء والظواهر، كما أن الإنسان لم يكن قد اخترع بعد الأدوات والوسائل ومناهج البحث والتحليل التي تمكنه من التعامل مع الأشياء مباشرة، والبحث عن الأسباب الكامنة وراء حدوث كل شيء.

لقد ظل الإنسان ردحاً طويلاً من الزمن يستعيض عن العلم والمنهج العلمي بخيالاته، وانفعالاته وبالأساطير والخرافات التي يعتقد أنها التفسير الصحيح لما يرى وما يشاهد (2).

# المبحث الثاني

## المعرفة الفلسفية  Philosophical Knowledge

إن المعرفة المكتسبة عن طريق الحواس، أو التجربة - الخبرة الشخصية - معرفة محدودة، ومقتصرة على بعض الظواهر الطبيعية أو تفسير بعض القضايا والظواهر الاجتماعية تفسيراً سطحياً، الأمر الذي يجعل قضايا أخرى عديدة خارج قدرة الحواس على إدراكها وخصوصاً قضايا الطبيعة وما وراء الطبيعة Supenaturalism فهذه أمور لا تعالج إلا بالعقل وحده. وعندما بدأ الإنسان يفكر في هذه القضايا، فإنه يكون قد دخل مرحلة جديدة من التفكير لاكتساب معرفة جديدة، وهي التفكير الفلسفي أو التفكير المنطقي.

فبدأ الإنسان يبحث فيما وراء الطبيعة عن الوجود والموجود، وكل المسائل الميتافيزيقية. ويشكل الفكر الديني أحد أوجه هذا النوع من المعرفة حيث هيمن الفكر اللاهوتي على الفكر الأوروبي، وصادر العقل الأوروبي طوال الفترة الممتدة ما بين

القرنين الخامس والسابع عشر، وقد عبر غوستاف لوبون عن تلك الحقبة بالقول: " تصفحوا تاريخ ما بين القرن الخامس والقرن الثامن عشر، تجدوا أن علم اللاهوت هو الذي يسيطر على الروح البشرية، ويوجهها فتطبع جميع الآراء بطابع علم اللاهوت Theology، وتنظر إلى المسائل الفلسفية والسياسية والتاريخية من الوجهة اللاهوتية دائماً، والروح اللاهوتية من بعض الوجوه هي الدم الذي جرى في عروق العلم الأوروبي حتى بيكن وديكارت(3).

ومن هنا نجد أن الثورة الدينية، أو حسم الصراع بين السلطتين الدينية والدنيوية لصالح الثانية، كان سابقاً وممهداً لعصر النهضة وللثورة العلمية الصناعية، في أوروبا.


## المطلب الأول: تعريف المعرفة الفلسفية -التفكير المنطقي-

تتميز المسائل الفلسفية بصعوبة إرجاعها للواقع ووضعها على محك الواقعية، أو إخضاعها للتجربة experiment لأنها لا تخص المدركات الحسية، وتتصف بالعمومية، والكلية Totalitarianism وتعدد الآراء والمواقف حول القضية الواحدة، هذه الصفة الكلية للمسائل الفلسفية نتج عنها تعدد في المذاهب الفلسفية في زمن إلى آخر ومن فيلسوف إلى آخر.

ولأن المسائل الفلسفية والتفكير الفلسفي يتسمان بالعمومية والكلية، فإن لكل إنسان فلسفته الحياتية ونظامه الفكري والأيديولوجي الخاص به، أو بمجموعة ينتمي إليها، وغالباً ما تكون فلسفة الشخص وأيديولوجيته مستمدان من فكر وعقيدة المجتمع الذي يعيش ويتفاعل فيه ولا يمكن أن نتصور إنساناً عاقلاً لا يشغل فكره في قضايا ميتافيزيقية أو تصورات، ومدارك خاصة به. كما أن فلسفة الإنسان ونظرته إلى الكون تلعب دوراً في تحديد أنماط سلوكه وتفاعلاته.

إن فلسفة الإنسان هي التي تحدد التفسير الذي يعطيه للظواهر المختلفة التي تواجهه، فالإنسان منذ الحضارات القديمة من أفريقية ويونانية وصينية الخ.. قد أوجد لنفسه أنساقاً فلسفية متكاملة لتفسير الطبيعة، وتفسير السلوك الإنساني، وتفسير ما وراء الطبيعة، كما وضع العديد من الفلاسفة أسس المنطق بأشكاله المختلفة لتنظيم وسيلتهم في المعرفة وللإحاطة بالكون.

إذن فإن الفلسفة أساسها العقل المجرد، المنفصل عن الواقع المادي فالحقيقة أو المعرفة ليست هي الواقع ولكن هي تصورات الفكر عن هذا الواقع، ومع ذلك فقد انقسم الفلاسفة إلى قسمين: قسم منهم تمسكوا بموضوعات نظرية مجردة، فأطلقوا العنان لخيالهم ليذهب بعيداً عن الواقع. وقسم آخر ربط بين الفكر ، وبين الواقع المادي المحسوس إلا أنهم استمروا أوفياء لإعطاء الأسبقية في تنظيم المعرفة وخلقها للعناصر الفكرية الخالصة.

إن مصدر المعرفة الفلسفية هو الفهم والعقل وتقوم على الاستنباط Deduction، والقياس المنطقي logical deduction ، وقد ظل منهج القياس الأرسطي هو المنهج المتبع في الحصول على المعارف لقرون عدة وهذا المنهج لا يهتم بالجزيئات، وإنما بالمبادئ الكلية، ويعتمد وجود حقائق معروفة من قبل أو مبادئ علمية كلية ينطلق منها دون شك أو تردد في صحتها يبني عليها نتائج، فهو إذن ينطلق من الكلي إلى الجزئي، وقد عرّف أرسطو القياس: بأنه قول تقرّر فيه أشياء معينة يتولد عنها بالضرورة شيء آخر غير ما سبق تقريره.

فلا غرو أن انطلاق المنهج القياسي أو الاستنباطي من مبادئ كلية مسلم بها، جعله منهجاً قاصراً على إبداع معرفة حقيقية واقعية، فالمعرفة المحصلة بناء عليه هي تحصيل حاصل ما دامت الجزئيات (النتائج) متضمنة في الكليات (المسبقات) . كما أن هذا المنهج لا يحاول أن يكشف عن العلاقات والأسباب وهذا كان سبباً كافياً لتوجيه النقد للمنهج الاستنباطي من قبل أنصار الواقعية والمنهج العلمي. فقد وصف ديكارت - أب المناهج الحديثة، وداعية المنهج العلمي في دراسة المجتمع - المنهج الاستنباطي بالعقم والجدب لأنه لا يضيف إلى المعرفة شيئاً، فدوره يقتصر على التفسير، ولكن ليس تفسير ما نجهل بل تفسير ما تعلمه، وفي نفس الاتجاه سار جوبلو Goblot حيث قال بأن قواعد المنطق الصوري (القياسي) لا تسمح بالابتكار ولا بالاختراع، ولا بالكشف بل تجعل الذكاء سجين معرفته السابقة، وهي تتيح له أن يضيف هذه المعـــرفة، بدلاً من أن يعمل على نموها، وليست هناك أيـــة قاعدة من قواعد المنطق الصوري تستطيع تفسير تقدم المعرفة.

ومن أمثلة التفكير الفلسفي أو المنهج الاستنباطي:

المعدن موصل للحرارة.

النحاس معدن.

إذن النحاس موصل للحرارة.

أو القهر الاجتماعي والاقتصادي يؤدي إلى الثورة.

البلد (س) يعاني سكانه قهراً اجتماعياً وسياسياً.

إذن البلد (س) ستحدث فيه ثورة.

وهكذا ..

وعلى هذا الأساس فقد عرفت الفلسفة بأنها: "كل مجموعة من الدراسات أو من النظريات التي تبلغ درجة عالية من العموم ترمي للاهتداء لعدد قليل من المبادئ الرئيسية يمكن أن يفسر بها نوع معارفنا أو أن تفسر بها المعرفة الإنسانية كلها". (4)

## المطلب الثاني: تطور المعرفة الفلسفية - التفكير المنطقي -

عرف التفكير المنطقي ازدهاراً وخصوصاً في الفكر اليوناني القديم، حيث ساد التفكير المثالي والقضايا المجردة ، وقد برز في هذا الميدان الفيلسوفان أفلاطون وأرسطو ومع أن هذين الفيلسوفين برزا في قضايا علمية أيضاً - النظرية السياسية - إلا أن السمة الغالبة على تفكيرهم بقيت هي الفلسفة المثالية، ذلك أنه بالرغم من أنّ اليونانيين اهتموا بقضايا علمية كالهندسة والرياضيات، إلا أنهم تمسكوا بالفصل بين العلم والواقع وقالوا بأن العلم لا علاقة له بمجال التطبيق، ولا صلة له بالعالم المادي، وأن العلم شيء عقلي محض يقوم على التأمل النظري وهذا ما جعل الحدود الفاصلة بين المعرفة العلمية والمعرفة الفلسفية لدى اليويانيين القدامى أمراً صعب التحديد فكانت الفلسفة هي مصدر كل العلوم وهي (أم العلوم) الأمر الذي عمل على تأخير تقدم العلوم لدى اليونان، وبالتالي التأخر المادي الحضاري عند اليونانيين.

وتقدمت المعرفة الفلسفية مع تطور الحضارة الأوروبية وتداخلت مع المعرفة العلمية، وقد قسمت المسائل الفلسفية إلى ثلاثة أقسام هي:

1- مسائل ما وراء الطبيعة أو علم الوجود.

2- المسائل الأخلاقية

3- المسائل المتعلقة بنظرية المعرفة.

فالمعرفة الفلسفية تدرجت في اهتمامها من الاهتمام بالميتافيزيقيا إلى مختلف نواحي المعرفة، وفي ذلك يقول (فريدريك وليم هيغل) (Hegel 1831-1770) في كتابه (محاضرات في تاريخ الفلسفة): (إن الفلسفة ابتدأت في جميع أماكنها بالبحث فيما وراء الطبيعة فكان البحث حول شكل العالم وطريقة تكوينه وأصله وحول طبيعة وماهية الروح وعلاقتها بالجسم، وبعد أن استغرقت هذه الأبحاث زمناً طويلاً، اتجه الفكر للبحث في المعرفة، وأماكنها، وهنا ظهرت نظرية المعرفة التي تهتم بفهم صحة الأشياء وحدودها وعلاقة ظاهرها بباطنها).

تطورت المعرفة الفلسفية، وظهرت خلال النصف الثاني من القرن التاسع عشر وبداية القرن العشرين مدارس فلسفية متعددة، وإنْ كان أوجست كونت قد وضع أسس الفلسفة الوضعية - نشير إليها فيما بعد - فقد ظهرت مدارس فلسفية مثالية، أو ما سمي بالاتجاه المثالي في المعرفة Idealism وهو الاتجاه الذي يرى أن الأفكار من بين كل الحقائق الأخرى هي الأكثر أهمية ودلالة، فالواقع يبقى سلبياً والفكرة هي التي تكشف حقيقته، وقد تفرع عن هذا الاتجاه المثالي عدة مدارس.

1- المثالية الترنسدنتالية Transcedent idealism

وتعني شيئاً فوق الوجود المادي وشيئاً يعلو على التجربة، وترى بأن اكتشاف الحقيقة يتم بدراسة عمليات الفكر لا عن طريق الخبرة والتجربة، ومن أنصارها عما نويل كنت Immanuel Kant (5).

2- المثالية الذاتية subjectivism idealism

وهي تقيم المعرفة كلها على أساس من الخبرة الذاتية والشعور الخاص للشخص. فلا وجود إلا لما ندركه، والذات المدركة هي المدخل إلى إدراك العالم، ومن أنصار هذا الاتجاه جورد باركلي (6) الذي يرى بأن موضوعات الإدراك الحسي ليست سوى أفكار في عقولنا دون وجود مستقل خارج العقل.

3- المثالية الموضوعية Objective idealism

وترى أن مصدر المعرفة ليست الذات بل الوجود الموضوعي الخارج عن إرادة الإنسان، ومن أشهر روادها فريديريك هيغل (7) الذي وظف الجدل كعملية ضرورية من عمليات العقل وكمنهج فلسفي. وهو يرى أن الوعي الفردي ليس إلا صدفة عارضة في تطور الروح العالمي.

4- المثالية اللاعقلانية Irrational idealism

وهي تؤكد على الحدس Intuition أو الغريزة، وقد تأسست في القرن التاسع عشر ومن أشهر فلاسفتها شوبنهاور (Schopenhawer 1788-1860) (8) الذي وضع كتاب (العالم كأداة وفكرة) ، وفيه يورد فكرته الرئيسة بأن العالم كما هو معطى مباشرة يتصل بالتغيرات التي تحدث داخل أجسامنا، وأن الإرادة هي جوهر الإنسان كشيء في ذاته (9)، كما يرى أن المطلق ليس العقل، بل إرادة عمياء ولا عقلية، وبعده ظهر المفكر كير كجارد (Kier Kegaard 1813-1855) الذي وسع من نقد المذهب العقلي.

إلا أنه مع توغل المعرفة العلمية القائمة على الملاحظة والاستقراء ، والتجريب بدأت الفلسفة بكل مدارسها وبالتراجع وبإخلاء مكانها للمعرفة العلمية، وبدأت مراجعة أسس العقلانية الأنوارية، وتسليط النقد إلى المظاهر السلبية والاستبدادية للعقل المجرد، إلا أنه يلاحظ، ومنذ بداية القرن العشرين إحياء لنزعة فلسفية حديثة توزعت بين عدة مدارس، كالوجودية مع أوكيركيجارد وهايدجر (Heidegger 1889-1976) وجان بول سارتر (Sarter 1805-1980) وغيرهم (11).

والبنيوية مع كلود ليفي شتراوس وفوكو وغيرهم. إلا أن لهذه الفلسفات أبعاداً حضارية إنسانية من الصعب القول أنها امتداد للفلسفة الكلاسيكية، بل إن البنيوية تعد أقرب إلى النظرية العلمية، من وجهة نظر أصحابها - منها إلى الفلسفة.

وكما أن الفلسفة هي مراحل نضوجها، كانت بمثابة الحاضنة التي مهدت لعملية ولادة التفكير العلمي - بل إن علم الاجتماع نشأ في أحضان الدراسات الفلسفية - فإنها ما زالت تتعايش بأشكال ومضامين مختلفة مع المعرفة العلمية، خصوصاً في المجال الاجتماعي، متحدية كل الهجومات والاعتراضات التي شنت ضدها باسم العلمية

والواقعية، وفي هذا المضمار يجب التمييز بين تحرر علم الاجتماع من الفلسفة وبين إنكار الفلسفة، حيث يرى بيترووينك : "إن الفلسفة باعتبارها دراسة لطبيعة إدراك الإنسان للواقع، يمكن أن تلقي الضوء على طبيعة العلاقات الإنسانية المتبادلة في المجتمع، فمهما كان الموقف الذي يتبناه المرء في نظرته لطبيعة علم الاجتماع فإنه لا يمكنه في النهاية أن يستبعد من مجال علم الاجتماع مناقشة طبيعة الظواهر الاجتماعية في عمومها" (12) .

نفس الفكرة قال بها عالم الاجتماع اليوغسلافي زيفكوفيتش Zivkovic الذي يرى أن اقتران الفلسفة والعلم في مجال العلم الاجتماعي تعتبر قضية مسلم بها، وذلك نابع من السمات النوعية للظواهر الاجتماعية، ومن المضمون الحقيقي للمجتمع اللذان يفرضان اقترانهما (13).

ربما كان ما قال به الطاهر، وعزيز يوضح بجلاء علاقة العلم بالفلسفة " وإذا لم نستطع أن نقول على غرار القدماء، أن الفلسفة علم، فإنه لا مناص من أن نعهدها شبيهة بالعلم أو قريبة منه، ذلك أن الحد الفاصل بين الفلسفة والعلوم غير ثابتة، من حيث أنه لا يرجع إلى طبيعة المشاكل التي لا يمكن أبداً أن يقال عن أحدها بصفة نهائية أنه علمي أو ميتافيزيقي، وإنما يرجع إلى تحديدنا لها وإلى اختيار المناهج التي تسمح لنا بمعالجتها. وإن الفلسفة تشبه العلم في أنها تخاطب العقل البشري. ولا تتميز الأفكار العلمية عن الأفكار الفلسفية على الخصوص إلا من حيث أنها مدعمة بحجج أقوى مما يقدمه الفلاسفة " (14).

## المبحث الثالث

## المعرفة العلمية Scientific Knowledge

مع نضوج العقل البشري وتطوره، وتراكم المعرفة الإنسانية بالتجربة والتأمل، ومع تزايد متطلبات الإنسان واحتياجاته في شتى المجالات، لم تعد المعرفة التقليدية بنوعيها، الحسية التجريبية والفلسفية والتأملية، بقادرتين على سبر أغوار الطبيعة، والمجتمع أو الإجابة الشافية على كثير من التساؤلات التي بدأت تطرح أمام الإنسان مع ازدياد احتكاكه بالواقع. فجاءت المعرفة العلمية المرتكزة على التفكير والبحث العلميين

لتواكب هذه التحولات وتجيب عن العديد من التساؤلات. كل ذلك، بفضل ذلك المارد العملاق، الذي امتطاه الإنسان، ولا يدري إلى أين ينتهي به المطاف، إنه العلم، أمل وخير في بدايته وخوف وترقب من نتائجه. وعليه فسوف نبدأ بتعريف العلم، ثم نتناول المعرفة العلمية.

## المطلب الأول : العلم Science

العلم هو المعرفة الهادفة أو المنظمة، أو المعرفة الممنهجة، وهذا يعني أن العلم معرفة، ولكن ليس كل معرفة علم، وحتى تكون المعرفة علماً، يجب أن تتوسم طرق البحث العلمي في اكتساب حقائقها، وأن تأخذ بالمنهج العلمي القائم على الملاحظة والتجربة والمقارنة والاستقراء.

## تعريف العلم

يقول كيرلنجر أنه في العالم العلمي توجد رؤيتان عريضتان عن مفهوم العلم: الرؤية الثابتة Static والرؤية الديناميكية dynamic، الرؤية الثابتة هي الرؤية التي يفضلها الأفراد العاديون، حيث ينظرون إلى العلم على أنه نشاط يمد العالم بمعلومات منظمة، ويوصف عمل العالم الباحث بأنه الكشف عن حقائق جديدة، يضيفها على الكم الموجود من المعارف، أي أن العلم هو تراكم العدد من الاكتشافات، يكون التركيز الأساس على طبيعة العلم بتشجيع العلماء على الاكتشاف (15).

ومن هذا المنطلق أعطيت عدة تعريفات للعلم، فقد عرف قاموس ويبستر الجديد Webster العلم: بأنه "المعرفة المنسقة التي تنشأ عن الملاحظة والدراسة والتجريب، والتي تتم بغرض تحديد طبيعة وأسس وأصول ما تم دراسته".

أما قاموس أكسفورد المختصر Oxford فعرف العلم: بأنه «ذلك الفرع من الدراسة الذي يتعلق بجسد مترابط من الحقائق الثابتة المصنفة. والتي تحكمها قوانين عامة وتحتوي على طرق، ومناهج موثوق بها لاكتشاف الحقائق الجديدة في نطاق هذه الدراسة».

وفي المعجم الوسيط باللغة العربية، هو «إدراك الشيء بحقيقته».

أما كارل بيرسون Kart Person فقد تحدث عن العلم قائلاً: «إن ميدانه غير

محدود ومادته لا نهاية لها، كل مجموعة من الظواهر الطبيعية، كل طور من أطوار الحياة الاجتماعية، كل مرحلة من مراحل التطور القديم أو الحديث كل ذلك يعتبر مادة للعلم».

هذه التعريفات المشار إليها تتعلق بالعلم بمفهومه العام الذي يتضمن العلوم الطبيعية. والعلوم الاجتماعية فالأولى تستوعب في نطاقها كل دراسة تتناول الظواهر الجزئية الطبيعية، سواء كانت ظواهر جامدة، كموضوعات علم الطبيعة والكيمياء، والفلك، وغيره. أو ظواهر حية كما هو الحال في موضوعات علم الطب. وعلم وظائف الأعضاء وغيره. أما الثانية - العلوم الاجتماعية - فهي الدراسات المنهجية المنظمة التي تدرس الإنسان من حيث هو فرد أو عضو في جماعة. ومن المعلوم أن العلوم الطبيعية كانت سابقة في الظهور على العلوم الاجتماعية. فهذه الأخيرة واجهت صعوبات حتى يُعترف بها كعلوم.

## أهداف العلم:

الهدف الأساسي للعلم سواء الطبيعي أم الاجتماعي هو الوصول إلى الحقيقة، وإقامة الدليل عليها، فالحقيقة هي الهاجس الأساسي للعالم، وعليه فإن العلم وسيلة وليس هدفاً، إنه أداة في التفكير، وأسلوب في الممارسة ابتكره الإنسان لزيادة قدرته في اكتشاف النظام السائد في الكون، وفهم قوانين الطبيعة. والاجتماع. وكل ذلك بواسطة القوانين العلمية.

وقد بيّن علماء المسلمين أن هدف العلم هو الوصول إلى الحقيقة وإظهار الحق، وربطوا العلم بالإبداع والابتكار، بل إن صفة العالم تذهب إلى المجتهد برأيه. ويقول حاجي خليفة مثلاً أن الغاية من الدرس وطلب العلم ليس جمع المعلومات واستظهارها. بل النشاط الفكري والحصول على (الملكة) والتي بها يستطيع العالم أن يستنبط ويستخرج (16). في نفس الاتجاه يذهب ابن خلدون حيث يقول " إن الحدق في العلم والتفنن فيه والاستيلاء عليه، إنما هو بحصول ملكة في الإحاطة بمبادئه وقواعده والوقوف على مسائله واستنباط فروعه من أصوله، وما لم تحصل هذه الملكة لم يكن الحدق في ذلك الفن المتناول حاصلا. وهذه الملكة هي في غير الفهم والوعي، لأنا نجد فهم المسألة الواحدة من الفن الواحد ووعيها مشتركاً بين شدا في ذلك الفن، وبين ومن

هو مبتدئ فيه وبين العامي الذي لم يحصل علماء وبين العالم النحرير. والملكة إنما هي للعالم أو الشادي في الفنون دون من سواهما، فدل على أن هذه الملكة غير الفهم والوعي"[17].

ويرى براثويت R.B Braithwaite في كتابه التفسير العلمي "إن وظيفة العلم هي في إقامة القوانين العامة التي تحكم اكتشاف الأحداث الواقعية أو المسائل التي يبحثها. ومن ثم تساعدها على الربط بين ما توصلنا إلى معرفته من أحداث كما تمكننا من التوصل إلى تنبؤات ثابتة تتعلق بتلك الأحداث التي لا تزال غير معروفة "[18].

وقد حدد فان دالين في كتابه (مناهج البحث في التربية وعلم النفس) . ثلاثة أهداف للعلم وهي: زيادة قدرة الإنسان على تفسير الأحداث والتنبؤ بها وضبطها [19].

## 1. بالنسبة للتفسير Explication

النشاط العقلي للإنسان لا يكون علماً بالمعنى الصحيح إلا إذا استهدف كشف العلاقات التي تقوم بين الظواهر وتعليلها، وهذا لا يكون إلا بالكشف عن الأسباب وتفسيرها وإدراك الارتباطات الموجودة بين الظواهر المراد تفسيرها. وبين الأحداث المصاحبة أو السابقة لها.

إن هدف العلم لا يقتصر على وصف الظواهر، بل يعمل على تفسيرها أيضاً، فهو لا يكتفي بمعرفة ماهية الظاهرات بل يهمه أن يعرف كيف تحدث هذه الظاهرات لتأخذ الشكل الذي عليه؟ ولماذا تحدث؟ والهدف من ذلك ليس المعرفة النظرية البحتة بل وضع القوانين والنظريات.

فالغاية القصوى للعلم هي وضع قوانين على درجة كبيرة من العمومية والشمول تتناول كل الظاهرات المتماثلة وتنظمها في قاعدة واحدة، ومن البديهي أن تفسير الظاهرة ومعرفة أسباب حدوثها شرطاً أساسياً لفهمها.

وفي نفس السياق، يرى فيبر Max Weber أن كل علم إنساني يعمل حالياً بواسطة التفسير، وقوام هذا التفسير عند فيبر يكمن في الطريقة المخصصة لافهامنا معنى نشاط أو ظاهرة ما ومدلول مختلف العناصر بالنسبة إلى بعضها البعض [20].

والتفسير بالنسبة لفيبر هو قوام العلم، لأنه يجعل الفهم ممكناً، وبواسطة الفهم Understanding يمكن استيعاب الظواهر فهناك علاقة وثيقة بين الفهم، والتفسير (فكل علاقة ممكنة الإدراك بواسطة الفهمية يجب أن تكون في الوقت نفسه ممكنة التفسير سببياً، ومن هنا أطلق على سوسيولوجيا ماكس فيبر (السوسيولوجية الفهمية) لأنه أولى أهمية للفهم والتفسير بل تصبح السيسولوجية في نظره هي " علم يهدف إلى فهم النشاط الاجتماعي بالتفسير لكي يشرح فيما بعد سببياً تطور هذا النشاط ونتائجه(21).

## 2- التنبؤ Forecasting

لا يكتفي العلم بتفسير الظاهرات، بل يسعى لتجاوز ذلك إلى التنبؤ بالطريقة التي سوف يعمل التعميم الناتج عن التفسير وفقاً لها في المستقبل. ذلك أن هدف التفسير كما قلنا هو المساعدة على وضع قوانين ونظريات عامة تصلح للتطبيق في التعامل مع ظاهرات تنتمي إلى نفس النوع، مثلاً يبحث العالم في أسباب حدوث التبخر، فيجد أن السبب أو التفسير العلمي لهذه الظاهرة هو ارتفاع درجة حرارة السائل إلى حد معين، وهنا يكون قد اكتشف قانون عام يمكنه بمقتضاه أن يتنبأ بحدوث ظاهرة التبخر على السوائل المنتمية لنفس النوع إذا عرضت لنفس درجة الحرارة، ونفس الأمر بالنسبة للظواهر الاجتماعية، فالباحث في حدوث الظواهر الاجتماعية يمكنه أن يصل إلى نتيجة أو قانون بعد تفسيره لحالات محدودة، فقد يصل إلى أن غياب الديمقراطية، والقهر الاقتصادي والاجتماعي يؤديان إلى الثورة، وبالتالي يمكننا أن نتنبأ، أن الثورة أو القلاقل الاجتماعية يحتمل حدوثها في أي مجتمع تغيب فيه الديمقراطية، ويعاني مواطنوه من القهر الاقتصادي والاجتماعي.

إن هذا التصور لهدف العلم لا ينفصل عن وظيفة العلوم الاجتماعية والعلوم بشكل عام، ذلك ان وظيفتها لا تقتصر على الحاضر، بل على المستقبل أيضاً، إنها تضع في يد الإنسان الوسائل التي تمكنه من مواجهة أخطار المستقبل.

إن التنبؤ إذن معناه: التأكد من انطباق المبادئ أو القواعد العامة التي تم التوصل إليها على حالات أخرى في أوضاع مختلفة عن تلك التي سبق استقراؤها، ولكنها تنتمي لنفس نوع الظاهرات، وللتنبؤ وظيفة مهمة، وهي تطوير المعرفة العلمية، والبحث العلمي لأنه يساعد على التحقق من صحة المعلومات، فإذا صدق صحة المتنبأ به يعني

ذلك صحة المعلومات أو القوانين) أما إذا لم تصدق صحة التنبؤات فهذا يحتم مراجعة المعلومات، والقوانين العامة التي نعتمدها في التحليل.

ونشير إلى أن القدرة على التنبؤ في مجال العلوم الاجتماعية predication social تبقى أقل بسبب تعقد الحادثات الاجتماعية وكثرة العوامل التي تتداخل فيها، لأن الحادثة أو الظاهرة الاجتماعية موضوعها الإنسان، وهذا يخضع لأهواء، وميول وتقلبات لا يمكن دائماً التحكم فيها أو التنبؤ بحدوثها.

## 3- الضبط أو التحكم Control:

ونعني به التحكم في العوامل الأساسية التي تسبب حادثاً ما لكي تحمله على التمام أو تمنع وقوعه، ومن المعلوم أن ضبط قوى الطبيعة، والتحكم فيها من أهم أهداف الإنسان، وقد استطاع العلم أن يتحكم في كثير من الظواهر سواء في العلوم الطبيعية أو في العلوم الاجتماعية.

ففي الطب مثلاً أصبح الطبيب يستطيع أن يتحكم في كثير من الأمراض، ويضع حداً لبعضها، فالطبيب الذي يعرف أن سبب مرض السكر هو قلة الأنسولين بسبب عطب في البنكرياس يمكنه أن يحقن المريض بمادة الأنسولين لتعويضه عن النقص الحاصل. بالإضافة إلى قدرة الإنسان بواسطة العلم على التحكم في العديد من الظواهر الطبيعية والحد من أخطارها أو تسخيرها لخدمة الإنسان كالفيضانات والرياح.. الخ.

وفي العلوم الاجتماعية فإن القدرة على الضبط والتحكم أكثر صعوبة نظراً لخصوصية الظاهرة الاجتماعية، ومع ذلك فإن تسخير المنهج العلمي في دراسة المجتمع مكن الإنسان من الضبط والتحكم في العديد من الظواهر الاجتماعية، إن لم يكن لحلها فللتعمق بمعرفتها، والحد من أخطارها، كانحراف الأحداث Juvenile delinquency، وتعاطي المخدرات والتسول، والتطرف الديني Fanatisme ومن الواضح أن القدرة على الضبط والتحكم تزداد بازدياد الفهم، وبازدياد القدرة على التنبؤ، ومع ذلك فإن العلم في وضعه الراهن يبقى قاصراً على التحكم في كل الظواهر سواء الطبيعية أو الاجتماعية، فمن المعروف أن العلم يقف عاجزاً أمام ظاهرة البراكين أو الزلازل. وهو عاجز عن الحد من الأخطار المرتقبة نتيجة وجود ثقب الأوزون. أيضاً هو عاجز اليوم عن إيجاد حل لمرض فقدان المناعة (السيدا) مع أنه نجح في إيجاد الحل للعديد من الأمراض والأوبئة التي كانت تفتك بالإنسان، ونفس الأمر في العلوم

الاجتماعية فالعلم يقف مشلولاً أحياناً أمام تفشي بعض الظواهر الاجتماعية المعتلة، كتعاطي المخدرات، والحروب الأهلية، والبطالة والتطرف السياسي، والإرهاب والحروب المدمرة.

ويذهب البعض إلى توجيه الاتهامات للعلم، ليس لعجزه عن إيجاد الحلول لكل المشاكل الراهنة، بل لعجزه أيضاً عن التحكم، والضبط في مشاكل كان هو منشؤها، كالتلوث والأسلحة الذرية، ومشاكل اجتماعية كالبطالة والانحراف والتفسخ الأسري.

إن المعرفة العلمية هي المعرفة التي تعتمد العلم في تحصيل معطياتها، وإنْ كان القرن التاسع عشر هو قرن التأسيس الفعلي للمعرفة العلمية كمعرفة شمولية. فإن هذا لا يعني أنه قبل ذلك التاريخ كان هناك غياب مطلق للمعرفة العلمية. بل عرفت الشعوب القديمة أنماطاً من المعرفة العلمية في مجالات محددة إلا أنها كانت محدودة التأثير والانتشار، فالأغريق مثلا عرفوا المعرفة العلمية، فديمقرطيس أكد على أن كل التغيرات في الطبيعة ترجع إلى عمليات الاتصال والانفصال بين الذرات الكائنة، وابن خلدون 1406-1332 طالب بوجوب استخدام المنهج العلمي في دراسة المجتمع، ووضع أسس علم جديد سمي بعلم العمران. إلا أن التفكير العلمي آنذاك كان محاصراً من قبل التفكير الفلسفي إلى أن جاءت الفرصة السانحة لتوجه ضربة للمعرفة الفلسفية على يد مفكري الوضعية أمثال فرانسيس بيكن 1857-1798 وأوجست كونت وديفيد هيوم وغيرهم.

دعا بيكن إلى استقلال الفلسفة عن العلم، ساخراً من فلاسفة العصور الوسطى والقديمة الذين كانوا يعتقدون أن التأمل النظري يمكن أن يحل مشكلات العالم، وقد دعا إلى الاحتكاك بالطبيعة وإجراء حوار معها واستخدام حواسنا وعقولنا في ملاحظة الوقائع وتجريبها، وقد أكد بيكن على قابلية العلم للتطبيق مفنداً الفكرة التي سادت لدى اليونانيين من أن العلم الحق هو العلم النظري الذي يجب ألا يدنّس بالاحتكاك بالوقائع المادية أي أنه كان علم من أجل العلم، أو معرفة من أجل المعرفة فقط.

إن العلم هو وسيلة لأجل مصلحة المجتمع، وأن العلم الذي لا يصلح للتطبيق لا يستحق أن يسمى علماً ،وعليه دعى بيكن إلى ضرورة الوصول إلى قوانين تفيد في تنظيم الواقع وفي توجيه الطبيعة لخدمة الإنسان، وهو صاحب القولة الشهيرة (لكي يخضع الإنسان الطبيعة يجب عليه أولاً دراستها).

أما أوجست كونت 1798-1857 فيعد مؤسس الوضعية حيث وضع أسسها في كتابه (دروس في الفلسفة الوضعية) وفيه أكد على أهمية الفكر العلمي القائم على الملاحظة والتجربة والاهتمام بالوقائع المحسوسة، وقد ميز كونت بين ثلاثة مراحل في تطور الفكر البشري وهي:

- مرحلة الفكر اللاهوتي، وفيها كان الإنسان يفكر بطريقة غيبية، ويعتقدأن أهواء ورغبات قوى خفية هي التي تسير الطبيعة فالصدقة هي القانون الوحيد، ولم تعرف آنذاك الحتمية.
- والثانية هي المرحلة الميتافيزيقية وهي مرحلة التأمل العقلي المجرد.
- والثالثة هي المرحلة الوضعية، وتأخذ بالتجربة وهي القائمة على الملاحظة .

لقد أصبح التفكير العلمي هو سمة العصر، أخذت به غالبية المدارس والاتجاهات وخصوصاً الوضعية، التي تعد امتداداً للمعرفة العلمية، وسميت وضعية لأنها ترضي بما هو قائم على أن يتم تنظيمه على أساس من الإدراك العقلاني المنظم أي بواسطة العلم.

ويعد أوغست كونت من أهـــم من وجه انتقادات شـــديدة للتفكير الميتافيزيقي، حيث يرى أن العقل يعـــجز عن معرفة أي شيء خارجي، وليس لـــدى الإنسان ما يدعـــم استنتاجاً يتعلق بأي شيء بعيداً عن الشيء نفـــسه، أي أن الاحـــتكاك بالواقـع نفسه وملاحظته وتجريبه هو الذي يولد المعرفة بهذا الشـــيء نفس الموقف وقفه ديفيد هيوم (22).

فالوضعية positivism اتجاه فكري يستند في تأسيس معطياته على التجربة مستعينا بالمنهج العلمي للحصول على المعطيات. هذا وقد امتدت المعرفة من ميدان العلوم الطبيعة لتشمل العالم الإنساني، وقد أكد كونت أنه كما حصل أن تطورت العلوم عندما تم وضع حد للتفكير الفلسفي، كذلك الأمر إذا أردنا أن نحصل على حقائق موضوعية في الحياة الاجتماعية فيجب التزام الحياد والابتعاد عن الآراء الشخصية.

## المطلب الثاني : سمات وخصائص المعرفة العلمية

إن المعرفة العلمية التي سبق الإشارة إليها هي التي تأتي عن طريق إعمال العقل في الواقع، أي عن طريق علاقة جدلية بين العقل والواقع لا عن طريق الفصل بينهما، إلا أن هذه المعرفة التي تعطي الأولوية للواقع وللعقل المتفاعل معه تنسى أن هناك، معرفة سابقة للواقع وسابقة للعقل الإنساني وهو المعرفة الإلهية، ذلك أن قضايا الإيمان ليس

بالضرورة يجب إخضاعها للعقل والتجربة. ومن هنا ميز علماء المسلمين بين المعرفة الإلهية والمعرفة الإنسانية، فالمعرفة العلمية تنتمي إلى النوع الثاني (23). وعليه فنحن خلال خطوات بحثنا القادمة، سنعالج المعرفة العلمية والمنهج العلمي كما ظهرت وتطورت في الفكر العلمي الغربي، مع التطرق أحياناً إلى موقف علماء المسلمين في البعض القضايا، والتي هي إسهامات للأسف جد متواضعة (24). هذه المعرفة العلمية تتميز بالخصائص التالية!؟.

## 4- استبعاد المعلومات غير الصحيحة:

وهذا يعني أن يبدأ الباحث عمله باستبعاد كل الأفكار المسبقة، وتلك التي لا يسندها العلم وغير المبرهن عليها، وسواء كانت هذه الأفكار مجردة وعامة أو فروض يتطلبها البحث. إن اليقين certainty سمة أساسية من سمات المعرفة العلمية ذلك أن المعلومات غير الصحيحة أو غير المبرهن عليها تقود الباحث إلى متاهات وأخطاء تحرفه عن جادة الصواب.

أولى كل العلماء أهمية لمسألة اليقين في المعرفة وذلك تحسباً منهم لأخطاء الخطيرة التي كانت تجر إليها المعلومات المستقاة من المعرفة الأسطورية والفلسفية لافتقارها إلى اليقين، واليقين مستمد من الظاهر المحسوس، وهذا ما دعا (كونت) إلى القول «أن كل ما وراء الظاهر المحسوس فهو عدم» وكذلك أكد على ضرورة استبعاد المعلومات غير الصحيحة أو المشكوك فيها. أما ديكارت صاحب نظرية الشك المنهجي Douthe nothodique فهو أكد على وجوب أن ينطلق الباحث من الشك ليصل إلى اليقين، وأن لا يعتمد إلا الأفكار المبرهن عليها، والا يخضع وألا للعقل. وعندما نقول استبعاد الأفكار المسبقة، نقصد الأفكار الفلسفية أو الأسطورية، وكل الأفكار غير العلمية أما القوانين والنظريات العلمية، وكذلك الفروض العلمية فهي ضرورية للباحث في بحثه، وهي تشكل جزءاً من المعرفة العلمية.

لكي يجب التمييز بين مفهوم اليقين في المعرفة العلمية، وبين اليقين الذي تدعو إليه الأديان والمذاهب، فهذه الأخيرة لا تقبل الشك وإعادة النظر في معيطاتها، بل يجب التسليم بها دون نقاش. أما اليقين في الحالة الأولى فهو نسبي ومحدود بالزمان والمكان، إنه يمثل الحقيقة الراهنة التي لا تلغي وجود حقائق أخرى، أو قابليتها للتجاوز بظهور

معطيات جديدة، وهو الأمر الذي يبرر القول بعدم وجود (الحقيقة)Reality بالمفهوم الدقيق للكلمة، لأن الحقيقة إما أن تكون مطلقة أو لا تكون.

وقد أشار ماكس فيبر كغيره من العلماء والمفكرين إلى الصفة الافتراضية للحقيقة العلمية معتبراً أن كل حقائق العلم الراهن، ما هي سوى افتراضات يمكن مواجهتها بوجهات نظر أخرى، وأن العالم الحقيقي هو الذي يسلم بأن رأيه قابل للتجاوز وأنه مما يتعارض مع العلم، القول بأن معطياته وحقائقه مطلقة أو لا تكون.

## 2- الدقة والتكميم Accuracy Quantification

الدقة أو التكميم في المعرفة العلمية يعني استعمال مصطلحات، ومفاهيم ومعلومات دقيقة، أو بصيغة أخرى استعمال لغة الرياضيات في البحث من أرقام وإحصاءات وجداول.

فالمعرفة العلمية لا تقبل الكلام الغامض والفضفاض، والعبارات العامة، بل على البحث العلمي أن يذهب إلى هدفه مباشرة، ومن هنا تسمى هذه الخاصية أيضاً بمبدأ الاقتصاد principle of parsimony وفكرته أنه ينبغي شرح الظواهر بأكثر طريقة اقتصادية ممكنة، مما يعني أنه في الوقت الذي يحتاج فيه البحث إلى تفسير الظاهرة بطرق مختلفة فإنه يجب عدم تكرار أو زيادة مداخل شرح الظاهرة، مما يؤدي إلى اللغو والحشو في الكلام. وهي الظاهرة، وللأسف تسود في كثير من الكتابات العربية، حيث تساعد اللغة العربية على الإسهاب واللغو.

وحتى تكون المعرفة العلمية دقيقة فأنها تتوسل لغة الرياضيات أي التكميم، بمعنى تحويل الأشياء، والحوادث إلى أرقام وجداول تسهل دراستها وفهمها بدقة، ولا تثير لغة الرياضيات - الدقة والتكميم - أية إشكالية عند تطبيقها في مجال العلوم الطبيعية، فهذه بطبيعتها قابلة للضبط والتحكم، إلا أن المشكلة تطرح عند تطبيقها في العلوم الاجتماعية، حيث تضاربت المواقف حول مدى صلاحية تطبيق التكميم على الظواهر البشرية.

فتيار يرى أن الظاهرة الإنسانية بخصوصيتها المختلفة عن الظاهرة الطبيعية تجعل من تطبيق لغة الرياضيات عليها تشويه للصفات الجوهرية للإنسان محور هذه الظاهرة، لأنها تتعامل مع الظواهر الاجتماعية كأشياء جامدة لا حياة فيها. أما التيار الثاني فيؤكد

على ضرورة اخضاع المجتمع والإنسان للمنهج العلمي الذي يوظف لغة الرياضيات في براهينه، ويعد ديكارت من أهم أنصار هذا التيار.

أما ماكس فيبر فإنه يقف موقفاً وسطاً فهو يفند الرأي القائل أن لا معرفة علمية صحيحة ما لم تكن كمية الطابع، حيث ينظر إلى التكميم والقياس كطرائق منهجية لا غير، وهو يسخر من أولئك العلماء الذين حاولوا أن يحولوا بصورة مطلقة كل الحياة الاجتماعية وكل ظاهرة سوسيولوجية إلى صيغة رقمية. " ماذا يمكن أن يضيف الرقم إلى ظواهر تفهم من تلقاء نفسها؟ حسبه أن يدخل التباسات إلى مسائل واضحة، وأن يضفي المظهر العلمي على أعمال غير علمية".

ويخلص فيبر إلى ضرورة التمييز بين نوعين من التكميم في البحوث الاجتماعية، التكميم الذي يساعد على فهم مسألة معينة، والتكميم الذي يلجأ إليه العلمويون دعاة العلمية المزيفون الذين يتخيلون أنهم يحلون المشاكل بمجرد إلباسها أرقاماً، وعمليات رياضية أو رسوماً بيانية (26).

## 3- التجريد:

التجريد صفة ملازمة للعمل، ونقصد به تحويل خصائص الظواهر والأشياء إلى أفكار ومفاهيم ذهنية تدرك بالعقل لا بالحواس. مثلاً يبدأ الطفل في تعلم الرياضيات بكرات صغيرة، فيقال له أن ثلاث كرات + كرتين = خمس كرات، وتوضع بين يديه هذه الكرات لتسهيل عملية الفهم فترسخ في ذهنه أن 3+2=5 ومع الزمن، يتم تجريد هذه المعادلة من الأشياء الملموسة التي لصقت بها (الكرات) وتبقى المعلومة صحيحة ومجردة، وقابلة للتطبيق في جميع الحالات المشابهة.

أي أن المعرفة تبدأ بالملاحظة الحسية ثم بعد ذلك تستنبط من خلال الملاحظة والتجربة خصائص الأشياء لتحويلها إلى أفكار ومفاهيم ذهنية غير مرتبطة بشيء محدد بل تطبق على جميع الحالات المشابهة. والعلم كلما تقدم وتطور كلما ابتعد عن موائله الأصلية القائمة على الملاحظة الحسية والتجربة، فيزداد العلم إيغالاً في الرموز والتجريدات،" إن طريقة العلم في السيطرة على العالم الملموس والتغلغل فيه هي أن يبتعد عنه ويجرده من صفاته العينيه المألوفة (27). وهذا ما عبر عنه الفيلسوف الفرنسي سارتر 1980-1905 Sartre بالقول بأن على العقل الإنساني أن يتعلم كيف يستقل عن العالم المادي.

ويشرح برتداند راسل Russell 1872-1970 الفيلسوف الإنجليزي فكرة التجريد بقوله: إن العقل العلمي لا يعالج الأشياء الموجودة في الواقع من حيث هي كذلك وإنما من حيث أن لها خواصاً معينة. فنحن حين نتكلم عن المكان أو الحركة فليس ما نتكلم عنه هو المكان الفعلي أو الحركة كما نعرفها في التجربة بل نتكلم عن شيء له تلك الخواص العامة المجردة للمكان أو الحركة (28).

وكما هو الشأن بالنسبة للتكميم فإن اللجوء إلى التجريد في الدراسات الاجتماعية قد يؤدي إلى مزالق خطيرة وخصوصاً. إن أسيء استعماله، فسهولة التجريد باستخدام مقولات ومفاهيم كلية قد يوحي بأن هذه المقولات تعبر بالفعل عن الظاهرة الاجتماعية في كل تموضعاتها، وهذا مستحيل في الواقع نظراً لأن الظاهرة الاجتماعية الواحدة تختلف من زمان إلى آخر، ومن مجتمع إلى مجتمع، فدائماً هناك فجوة ما بين المعرفة، أو الفكر وبين الواقع (29).

## 4- التعميم والشمولية Generalization

يرى ماكس فيبر أن المعرفة لا تكون علمية ما لم تسع إلى أن تكون مقبولة من الجميع، وليس عندما تتملق ميل البعض (30).

فالشمولية كخاصية للمعرفة العلمية تعني: أن الباحث يعمم النتائج التي يصل إليها أو القوانين التي يصوغها كخلاصة للبحث العلمي لبعض الظواهر أو النماذج، لتصبح قوانين تخضع لها الحالات المتشابهة. وهذه التعميمات تفيد في الانتقال من المعلوم إلى المجهول، وفي التنبؤ بما يمكن أن يحدث للظواهر تحت ظروف معينة.

فعندما يقر العلماء مثلاً أن السرعة تساوي المسافة - الزمن، فإن هذه الحقيقة تخص كل سرعة سواء كانت لسيارة او لطائرة ، أو غيرها. كما أنها شاملة للجميع فلا يمكن أن يقال أنها خاصة بهذا المجتمع أو ذاك، أو تنطبق على الزمن الحاضر، ولا تنطبق على الماضي، إنها معرفة عامة أو مشاع تصبح بمجرد ظهورها ملكاً للجميع. نفس الأمر بالنسبة للظواهر الاجتماعية، فعندما يقول الباحثون الاجتماعيون أن انعدام التوعية والتفكك الأسري من العوامل المؤدية إلى الانحراف الاجتماعي، فهذه حقيقة لا تخص مجتمعا بعينه بل قابلة للتعميم على جميع المجتمعات.

ومع ذلك يجب الإشارة إلى خطورة التعميم في المجال الاجتماعي، نظراً لتباين المجتمعات وتعدد الخصوصيات، واختلاف العوامل المؤثرة في تشكل الظاهرة الاجتماعية، بل قد يؤدي التعميم في بعض الحالات إلى نتائج سلبية لا تفيد في كشف كنه الظاهرات الاجتماعية - ونشير إلى ذلك فيما بعد عند التطرق إلى النظريات والقوانين الاجتماعية.

## 5- المعرفة العلمية معرفة استقرائية Induction

من عيوب المعرفة الفلسفية أنها كانت معرفة استنباطية، أي تقوم على التفكير المنطقي وهو الأمر الذي عملت المعرفة العلمية على تداركه فأخذت بالاستقراء لاكتساب الحقائق العلمية.

ويعرف الاستقراء أو الاستدلال كما يلي: ( هو أن يدرس الذهن عدة جزئيات فيستنبط منها حكما عاماً).

والمنهج الاستقرائي يقوم على جمع الأدلة والبراهين العلمية والمادية التي تساعد على تكوين تعميمات تمتاز بالصدق والثبات، وتتيح للباحث أن يدرس اجزاءها ليصل إلى النتائج النهائية المتعلقة بموضوع البحث. والتفكير الاستقرائي يبدأ بملاحظة الجزيئات (وقائع محسوسة)، ليصدر في النهاية نتيجة عامة، وهذا عكس الاستنباطي الذي ينطلق من الكليات ليصل إلى الجزيئات.

وينقسم الاستقراء إلى نوعين:

### أ- استقراء تام Complete Induction

ويقوم على حصر كل الحالات الجزئية التي تقع في إطار القضية المبحوثة ليصل إلى نتيجة عامة. والاستقراء التام أن كان وسيلة للحصول على معرفة يقينية فإنه لا يصلح في معالجة كل المشكلات ذلك أنه ليس من اليسير على الباحث أن يبحث كل جزيئات موضوع محدد، وخصوصاً إن كانت الظاهرة المبحوثة ظاهرة اجتماعية.

### ب- الاستقراء الناقص Incomplete Induction

وفيه يتواصل الباحث إلى نتائجه من خلال دراسة بعض جزئيات الظاهرة، ويعمم

النتيجة على كل الحالات المشابهة التي يلاحظها، وفي البحوث العلمية وخصوصاً في الميدان الاجتماعي يستخدم الاستقراء الناقص أكثر من الاستقراء التام.

إلا أن الاستقراء يثير بعض المشاكل، منها أن صدق الحكم الجزئي ليس دليلاً على صدق الحكم الكلي وهو الأمر الذي سبق الإشارة إليه الحديث عن التعميم.

وقد أثارت قضية الاستقراء كأحد خصائص المعرفة العلمية مشكلة ما بين أنصار المذهب الافتراضي وأنصار المذهب الاصطلاحي للقانون، فأنصار المذهب الثاني القائلون بأن القانون افتراضي واحتمالي، لا يثير الاستقراء أي مشكلة، ولكن تثار المشكلة مع القانون الوصفي الذي يقر بان القانون يصف الظواهر، ففي هذه الحالة وحيث أن الظواهر غير ثابتة، وخاضعة لمبدأ التطور والتغير، وتختلف في الزمان والمكان فكيف نحكم على صدق قانون الحاضر على حالة الماضي أو المستقبل، وماذا على اختلاف الظواهر باختلاف المكان؟

- وسنتوسع بالموضوع لاحقاً عن الحديث عن القوانين العلمية .

- إن القول بأن المعرفة العلمية تقوم على المنهج الاستقرائي، لا يعني الاستبعاد الكلي للمنهج الاستنباطي، بل إنهما متكاملان ، ولا يمكن أن يتقدم العلم إلى الأمام بدونهما معا. بل يعتمد كل منهما الآخر، حيث يمكن حالة توصل الباحث إلى نتيجة نهائية عن طريق الاستقراء، أن يستخدمها ككلية مسلم بها في استدلال استنباطي، وهو في هذه الحالة لا يكون فلسفياً في تفكيره أو سلوكه، لأن الكلية أو القضية الكبرى التي انطلق منها ليصل إلى نتيجة جزئية هي قضية ثبت صحتها علمياً عن طريق الاستقراء (31).

إلا أن القول بالاستقراء كبديل عن الاستنباط كخاصية للمعرفة العلمية أو شرطاً لها، كثيراً من النقاد ومنهم ديكارت ويوانكارية (32) وكارل بوبر (33)، فهؤلاء دافعوا عن الاستنباط، وعارضوا القول أن المعرفة العلمية هي بالضرورة استقرائية، ويفسر بوبر وجهة النظر هذه كما يلي: " لا اعتقد أننا نستخدم في أي وقت تعميمات استقرائية بمعنى أننا نبدأ بالمشاهدات ثم نحاول اشتقاق النظريات منها، ورأيي أن الاعتقاد بأننا نسير في العلوم على هذا النحو هو ضرب من خداع البصر. فنحن في كل مرحلة من مراحل البحث نبدأ دائماً بشيء له طبيعة النظرية، وذلك كالفرض، أو الحكم المسبق، أو

المشكلة. وهذه الأشياء توجه مشاهداتنا على نحو معين، فتساعدنا على انتخاب ما قد يكون له أهمية في نظرنا من بين عدد لا يحصى من الأمور المشاهدة (34).

## 5- الموضوعية Objectivity

ويقصد بها معالجة الظواهر كأشياء لها وجود خارجي مستقل عن وجود الإنسان، والشيء الموضوعي هو ما تتساوى علاقته بمختلف الأفراد أو المشاهدين مهما اختلفت الزاوية التي يشاهدون منها. ويعني التزام الموضوعية بالبحث العلمي أنه لو قام باحثان أو أكثر بإجراء نفس خطوات البحث العلمي على ظاهرة ما، ستكون النتيجة المتوصل إليها واحدة. ولكن من المعروف أن التزام الموضوعية خصوصاً في البحث الاجتماعي أمر ليس سهلاً - وهذا ما سنشير إليه لاحقاً..

ومن خلال تتبعنا لأنواع المعرفة الإنسانية. نلاحظ أن معرفة الإنسان بالظواهر الطبيعية، والاجتماعية قد انتقلت من معرفة تتناول الظواهر انطلاقاً من منظومات فكرية كلية مسبقة - أسطورة، دين، ايديولوجيا - تصدر أحكاماً قيمية ومعيارية على الظواهر محل النظر، إلى معرفة موضوعية تجريبية تدرس الظاهرة أولاً بالملاحظة، والتجريب والمقارنة، ثم تعمم النتائج، وهذه هي المعرفة العلمية التي انحسر فيها دور أحكام القيمة لمصلحة أحكام العقل والواقع، وإنْ كان من الصعب القول بتلاشي تأثير الأحكام المعيارية وخصوصاً في الحياة الاجتماعية. فالإنسان غالباً وخصوصاً في العالم الثالث مدفوعاً بأحكام مسبقة دينية أو أسطورية أو أيديولوجية (35).

# الهوامش:

(1) عبد الباسط محمد حسن. أصول البحث الاجتماعي، القاهرة: مكتبة وهبة، 1977، ص20.

(2) إحسان محمد الحسن، الأسس العلمية لمناهج البحث الاجتماعي، بيروت 1982 ص 7.

(3) غوستاف لوبون، فلسفة التاريخ، ترجمة عادل زعيتر ، مصر : دار المعارف 1959 ص 56-57.

ونشير هنا إلى أن الفلسفة قد تأخذ ثلاثة معان: فلسفة الطبيعة، وهي التي تبحث عن إجابات كلية ولكن من داخل الطبيعة، وفلسفة ما بعد الطبيعة الميتافيزيقا وهي التي تبحث عن إجابات عن مسائل الطبيعة والكون من خارج الطبيعة، وهنا التفكير الديني الذي هو شكل من الميتافيزيقا ولكن العقل مقيد في تفكيره بالنصوص الدينية.

(4) عبد الباسط محمد حسن، مرجع سابق، ص 24 .

(5) Immanuel Kant (1724-1804) ، فيلسوف ألماني ويعتبر من أعظم الفلاسفة في العالم .

(6) George Barkeley (1685-1753) فيلسوف ورجل دين انجليزي، وقال بأنه الواقع كله يتكون من أفكار كامنة في عقل الله، وقد نشط هذا المفكر في مواجهة المفكرين الملحدين.

(7) Heget G.W. Friedrich (1770-1831) فيلسوف ألماني صاحب (المنطق الجدلي الهيغلي).

(8) Schopenhawer فيلسوف ألماني عرف في العالم بتعبيره الصارخ عن التشاؤم الفلسفي.

(9) علي ليلة، النظرية الاجتماعية المعاصرة، القاهرة 1981، ص 98.

(10) Kierkegaard فيلسوف لاهوتي دانماركي، ويعتبر مؤسس الفلسفة الوجودية.

(11) الوجودية existentialism، وهي فلسفة تقول بأن الوجود الإنساني سابق على الماهية أي أن الإنسان صانع وجوده بغض النظر عن أي عوامل متحكمة فيه وقد وضع الفيلسوف الإنجليزي المعاصر كولن ويلسون Colin Wilson ، في كتابه (سقوط الحضارة) مقارنة بين الفلسفة الوجودية، والفلسفة السابقة عليها حيث يقول: " إن الفلسفة التي هي ليست وجودية ليست إلا نصف فلسفة، إنها فلسفة بلا ذراعين أو ساقين. ولم تكن الفلسفة الأوروبية منذ القرن السابع عشر إلا نصف فلسفة، كما أن الفيلسوف المجرد هو نصف إنسان".

- كولن ويلسون، سقوط الحضارة ، بيروت 1971، ص 375.

(12) علي القصير، منهجية علم الاجتماع، القاهرة 1985ص 36.

(13) المصدر نفسه، ص 37.

(14) الطاهر وعزيز، المناهج الفلسفية، المركز الثقافي العربي، ط1، 1996 ص12.

(15) Kerlinger, E.N foundations of Behavioral Research (Holt, Rinehart and Winston, new york 1970)

نقلاً عن: لويس كوهين ولورانس مانيون. مناهج البحث في العلوم الاجتماعية والتربوية ترجمة كوثر حسين كوجك ووليم تاضروس عبيد القاهرة: 1990 ط1، ص34.

(16) فرانتز روزنتال مناهج العلماء المسلمين في البحث العلمي ترجمة أنيس فريحة، بيروت الدار العربية للكتاب. ط4، 1983، ص 174.

(17) ابن خلدون. كتاب العبر وديوان المبتدأ والخبر، بيروت، ط3، 1967، ص، 769.

(18) محمد علي محمد، مقدمة في البحث الاجتماعي بيروت 1982 ص 4

(19) فان دالين، مناهج البحث في التربية، وعلم النفس، القاهرة: 1986، ص. 58.

(20) جوليان فروند، سوسيولوجيا ماكس فيبر، ترجمة جورج أبي أصبع. بيروت: 27.

(21) جوليان فروند، المصدر نفسه، ص48.

(22) (David Hume) (1711-1776) فيلسوف اسكتلندي من دعاة العلم التجريبي وهو القائل بأن الاختبار مصدر المعرفة كلها وتقوم فلسفته على إرجاع المعرفة البشرية إلى التجربة المستفادة من الأفكار والانطباعات التي تنعكس على الذهن جزئياً في كل تفصيل من تفصيلات الواقع.

(23) مثلا لا يمكن للإنسان المسلم أن يفسر عقلياً - أو يثبت بالتجربة - فريضة الحج وقيامه بالطواف ورميه الجمرات، نفس الأمر بالنسبة لبعض الطقوس التي يمارسها أصحاب الديانات الأخرى.

(24) حول هذا الموضوع يمكن الرجوع إلى:

- فرانتز روزنتال، منهاج العلماء المسلمين في البحث العلمي ترجمة أنيس فريحة، بيروت1983 ط4.

- نبيل محمد توفيق السمالوطي، المنهج الإسلامي في دراسة المجتمع. المملكة العربية السعودية دار الشروق، 1980 ط1.

(25) نبيل محمدالمصدر نفسه، ص5.

(26) نفس المصدر، ص24، أيضاً محمد أحمد الزعبي، علم الاجتماع العام والبلدان النامية، مدريد: 1985.

المرجعان الرئيسيان لماكس فيبر هما:

- Weber M. Fssays in Sociology (Routledge and Kegan Paul , London, 1948).

- Weber, the theory of Social amd Econ- mic organization (Free press. Gilencoe. 1964).

(27) فؤاد زكريا، التفكير العلمي، سلسلة عالم المعرفة ، عدد 3 الكويت 1988 ص 50 إلى 55.

(28) - انظر : برتراند راسل، النظرة العلمية، ترجمة عثمان نويه، القاهرة 1985.

- يعد راسل أشهر الفلاسفة الوضعيين التحليليين ، واشتهر بدراساته في المنطق والرياضيات، وبعد كتابه (أسس الرياضية) أساساً للمنطق الرياضي كما اشتهر بأنه داعية سلام منذ الحرب العالمية الأولى، كما يعد من دعاة التعارض بين العلم والدين على أساس حسي منطقي.

(29) ويجب التمييز بين التجريد والتجريدية abstractionism فهذه الأخيرة هي سواء استعمال التجريد أي المبالغة فيه على حساب الحقائق الملموسة.

(30) سوسيولوجيا ماكس فيبر. مرجع سابق، ص 25.

(31) للمزيد من التفاصيل انظر : يعرف فهمي سعيد، طرق البحث، بغداد 1975ص80-77.

(32) كارل بوبر - علم المذهب التاريخي - دراسة في مناهج العلوم الاجتماعية - ترجمة عبد الحميد صبره. الاسكندرية 1959 ص163.

(33) (Poincare JHenri) (1854-1912) فيزيائي ورياضي وعالم فلك فرنسي ومن أشتهر كتبه

La Valeur de la science Paris 1905

(34) Karl R. Popper فيلسوف انجليزي اشتغل أستاذ المنطق ومناهج العلوم الاجتماعية بجامعة لندن، وألف كتابه المشار غليه أعلاه عام 1957 وعنوانه الأصلي The poverty of historicism:

(35) القيمة value هي كل ما يعتبر جديداً باهتمام الفرد وعنايته وتطلعاته لاعتبارات اجتماعية أو اقتصادية أو سيكولوجية الخ. والقيم أحكام مكتسبة من الظروف الاجتماعية والحالة النفسية للفرد وليس من واقع الأشياء كما هي، والقيم تحدد للفرد مجالات تفكيره وأنماط سلوكه. ويمكن للقيم أن تكون إيجابية أو سلبية.

# الفصل الثاني

## القوانين والنظريات العلمية

### خصائصها وأهميتها في البحث الاجتماعي

إن القول بأن العلم يقوم على أساس الانطلاق من ملاحظة الظاهرة ثم التجريب والمقارنة. لا ينفي الجانب التنظيري والمفاهيمي، ولا يتعارض مع القول بوجود ثوابت وهي سنن الطبيعة، أو كما يقول أرمان كوفيليه بأن " الحوادث الحسية الاجتماعية تؤلف نظاماً طبيعياً، وأنه توجد طبيعة اجتماعية خاضعة لسنن" (1). فالملاحظة والتجريب شكلاً علاقة جدلية متداخلة مع الجانب التنظيري، والمفاهيمي وهما وجهي عملة واحدة في البحث العلمي.

فالعلم وإن كان يبدأ بدراسة الوقائع الجزئية إلا أن هذه الوقائع وحدها لا تكفي لقيام العلم بل يجب الكشف عن القوانين العامة general law التي تكون هذه الوقائع الجزئية تطبيقاً لها، ومن وجهة أخرى فإن النتائج المستخلصة من الملاحظة والتجريب تصاغ في مقولات categories، ومفاهيم concepts وهذه إما أن تكون قوانين أو نظريات، تعمم على الحالات المشابهة.

ويجب عدم الخلط بين القوانين والنظريات، فالقوانين أكثر تجريداً وعمومية من النظريات، وهي لا تستطيع التنبؤ بالسلوك، أما النظرية فهي تقوم بتفسير القوانين ومحاولة فهمها، وإن كانت النظرية تتفق مع القوانين في كونها نسبية وتقريبية، إلا أنها أقل تأكيد من القوانين (2).

### المبحث الأول

### القوانين العلمية Law Scientific

المطلب الأول: تعريف القوانين

عند تعريفنا للعلم قلنا إن من أهداف العلم دراسة العلاقات بين الظواهر، هذه العلاقات الثابتة هـي مـا يطلـق عليهـا اسـم "القوانين".

فالقانون هو عبارة عن علاقة ضرورية تقوم بين ظاهرتين أو أكثر.

وتعد القوانين عنصراً أساسياً من عناصر الكون، فالعالم الطبيعي والمجتمع الإنساني لا يسيران خبط عشواء أو تحكمها الفوضى بل مقادان ومسيران بقوانين لحفظ انتظام العالم الطبيعي، والمجتمع الإنساني، وهذا الانتظام أو الالتزام بقوانين عامة لا يتناقض مع القول بسنة التطور والتقدم، فالتطور بحد ذاته يسير وفق قوانين. فالقوانين ضرورية لوجود الحياة. ف " إذا انعدمت القوانين تلاشى الوجود الفعلي. وانعدمت الدنيا، وإذا ما انعدمت المعرفة بالقوانين تلاشت التجربة، وتلاشى فهم العالم. إن العالم خلا من الفوضى لأن أشكال القانون تتغلغل في كل مكان (3).

تعددت النظريات حول طبيعة القانون العلمي، وهناك أربعة مذاهب تنظر إلى طبيعة القانون العلمي من زوايا مختلفة.

## 1- مذهب القانون الكامن Immanentism law

يرى هذا المذهب أن العلة تكمن في ماهيات الأشياء وصفاتها الجوهرية، وأن تفهم هذه الصفات الجوهرية وإدراك ما بينها من علاقات، أو روابط يؤدي إلى اكتشاف أن هذه العلاقات تسير وفق نمط أو نسق مطرد، وهو ما يطلق عليه اسم القانون. ومن الملاحظ أن مذهب القانون الكامن يلغي عقل الإنسان ومدركاته لأنه يؤمن بما سماه وايتهد (4 Whitehead) بالاستقلال الذاتي للأشياء، ويفسر الأمر قائلاً: "بعد استخراجنا لتلك القوانين المطردة أعني بعد استخراجنا لنسق العلاقات التي تصل الأشياء بعضها ببعض، يصبح مستطاعنا أن نعود ومعنا هذه القوانين، فنفسر بها الأشياء، ولا تعود بنا حاجة إلى افتراض كائن مطلق مفارق للطبيعة يسيرها من خارجها إذ تصبح الطبيعة مفسرة لنفسها بنفسها (5).

## 2- مذهب القانون المفروض

يقوم هذا المذهب على رفض أساس المذهب الأول وهو القول بأن "العلاقة الداخلية" التي تخضع لمبدأ الضرورة الباطنة كافية بنفسها، بل يرى هذا المذهب، وانطلاقا من النظرية الميتافيزيقية، أن هناك صلة بين الكائن أو الكائنات العليا، ونظام الطبيعة، حيث يتعذر اكتشاف ماهيات الأشياء من خلال الوقوف على العلاقات التي تصل هذه الأشياء ببعضها ، كذلك من المتعذر اكتشاف القوانين أي العلاقات التي تصل الأشياء

المنهج العلمي قضاياه ومفاهيمه

ببعضها البعض عن طريق دراسة ماهيات وطبائع هذه الأشياء. بل ترى أن العمل الإلهي بما يتضمن من خلق وعناية كـامن وراء هذه العلاقات، ويرى بعض أنصار هذا المذهب أن هذه العلاقات، آية من آيات العمل الآلهي وحكمته (6).

## 3- مذهب القانون الوصفي Descriptive law

يرى أنصار هذا المذهب بأن القانون هو مجرد وصف Description للظواهر بعد ملاحظتها في تتابعها أو اقترانها. وتتميز هذه النظرية بالبساطة لأنها تنأى بنفسها عن متاهات الميتافيزيقا، وهـي تلتـزم فقط بملاحظة الظواهر في تتابعها واقترانها ملاحظة تقوم على المقارنة(7). ويعد أوغست كونت من أنصار هذا المذهب، حيث أن جـوهر سسيولوجياه تقوم على ملاحظة الظواهر الاجتماعية مستبعداً فكرتي القانون الكامن والقانون المفروض من خلال استبعاده للميتافيزيقا ككل. ويرى كارل بيرسون Karl Person الذي يعد أيضاً من أنصار القانون الوصفي أن القانون هو من إنتاج قـوى الإنسـان المدركة والحافظة، وهو يهاجم نظريتي الكمون والفرض اللتان تريا أن الكون " كأنه مملكة يحكمها اللـه ويصـدر فيهـا اللـوائح، والقوانين التي تشير وفقها الطبيعة تماماً كما يسير الناس في المجتمع وفق القوانين المدنية (7). ويفصـل بيرسون بين القانون المدني والقانون الطبيعي فالأول ينطوي على معنى الأمر والواجب، أما القانون العلمي فيقوم على معنى الوصف لا التوجيه. الأول قاعدة تنطوي على الأمر والأمر يتضمن فكرة الواجب Duy وهذه المعاني لا وجود لها في مفهوم القانون العلمي (8). إن القوانين حسب هذا المذهب" عبارة عن محاولات يراد بها تنسيق ما يقع لنا في خبراتنا الحسية بحيث نلاحظ أوجه الشبه فيما يبدو عليه التــــباين والاختلاف حتى إذا ما رأينا هذا الشبه قد أطرد عممنا الحكم فأصبح التعمـــيم بمثابة قانون من قوانين الطبيعـة (9).

## 4- مذهب القانون الاصطلاحي أو الإجرائي Operationism Law

وهو اتجاه حديث ساد في القرن العشرين. ولقي قبولاً وخصوصاً من قبل دعاة الوضعية المنطقية، وكـذا أصحاب المدرسـة البرجماتية Pragmatism (10)

يقوم هذا المذهب على قاعدة أن القوانين غير قابلة للتحقيق بمعنى عدم مطابقة القول مع واقعة خارجية معينة، وهذه الخاصية للقانون لدى أصحاب هذا التيار ترجع إلى كون القوانين العلمية في نظرهم ليست قضايا Propositions يمكن أن توصف بالصدق أو الكذب، وإنما هي دلالات قضايا Arguments of propositions يمكن أن تنحل إلى قضايا مفردة الموضوع، إنها الأطر التي تساق فيها القضايا، وهذه القضايا هي التي يمكن أن توصف بالصدق أو الكذب، أي يمكن محاكاتها بالعالم الخارجي لمعرفة صدقها من كذبها لأنها وقائع مباشرة (11).

إن قوانين الطبيعة مجرد تخمينات Conjectures أي أنها ليست تعميمات مطلقة بل هي عبارات عامة نفترض صدقها في نطاق معين من المكان والزمان، بمعنى أن القانون مجرد صياغة عقلية تواضع عليها العلماء للنظر من خلالها إلى الظواهر رغبة اخضاعها لمفاهيمنا، واستعمالها كأداة ترسم طريقنا في البحث.

ويرى وايتهد أن النظر إلى القانون على أنه فرض عقلي يشكل فهماً حضارياً للقانون لأنها " تنم عن التأمل الخلاق والنظر الطموح المنطلق والفكر الحر في تفسيره للطبيعة " (12).

ومن أهم صفات المذهب الأخير للقانون، إنه يتجاوز فكرة السببية Causelity التي كانت تفرض نفسها في المذاهب السابقة بل تصبح السببية حسب تفسير أحد أنصار هذا الاتجاه جون ديوي مجرد " وسيلة أدائية لتنظيم السير بالبحث في كائنات الوجود الخارجي. وهي ليست بذاتها أمراً قائماً في ذلك الوجود. وأن كافة الحالات التي يجوز لنا أن نصفها بكونها حالات سببية هي في الواقع أمور عملية )(13).

كما يرفض هذا المذهب فكرة الحتمية Determinism التي أخذ بها مذهب القانون الكامن، فالحتمية توجد في الرياضيات فقط أما في العلوم الأخرى فلا وجود لها، وأن وجدت فهي مجرد مبدأ منظم لمعرفة الإنسان فلا أصل لها في العالم الخارجي ولا تأثير. أيضاً يتعامل هذا المذهب الحديث مع قضية التعميم بنظرة جديدة، فيرى (بوانكاريه) Henn Poinceare 1854- 1912 أن التعميم لا يتضمن نظرة تلخيصية وصفية، ولكن له دلالة إجرائية operational Argument في ميدان البحث، انه يعين على تحقيق الوحدة في العلم الإنساني لا الوحدة في ميدان الطبيعة، وتصبح مهمة التعميم ليس فهم

الطبيعة، والواقع بكل امتداداته بما فيها الماضي بل تصبح مهمته التنبؤ مستقبلاً لأن القانون لا ينصب على الماضي.

ومن هنا أولى بوانكاريه أهمية للتجربة - أي دراسة الظواهر في حاضرها - واعتبرها المنبع الوحيد للحقيقة، وهي مصدر اليقين، ويربط بين الملاحظة والتجربة والتعميم، والتنبؤ باعتبارهم مرتكزات العلم فيقول: " إن الوقائع هي المواد الأولية بالنسبة للعلم تماما كالحجارة هي الخامات التي يبنى منها البيت. ولكن مجموعة من الوقائع لا تصنع علماً كما أن كوما من الحجارة لا يشيد بيتاً. أن التجربة تعلمنا شيئاً آخر غير الواقعة الفردية، شيئاً يسمح لنا بالتعميم والتنبؤ.

إن إدراك الشيء قبل وقوعه أو بالأحرى أن التنبؤ بالشيء قبل وقوعه مستحيل بدون تعميم. لان الشيء الوحيد الذي يمكن أن نؤكده هو أن الظروف المتجانسة تتمخض عنها وقائع متجانسة، ومن ثم فلكي نتنبأ يجب أن نهيئ هذا التجانس (14).

فالقانون حسب المذهب الاصطلاحي هو ضرب من الافتراض الاتفاقي لأن جمع الملاحظات يصل بنا إلى تعميم افتراضي يعين على التنبؤ بوقائع متشابهة.

وبصورة عامة فإن القوانين العلمية بالمفهوم الحديث تتميز بعدة خصائص أهمها:إنها نسبية أي تعبر عن سلوك ظاهرة محددة تحت ظروف معينة. كما أنها مقيدة بالزمان والمكان، ذلك أن أي تبدل أو تغير يطرأ على الظاهرة يؤدي إلى تغيير النتيجة، وبالتالي تغير القانون. كما أنها قابلة للتعديل، وهذه الخاصية مترتبة على الخاصية السابقة، فتغير الزمان، والمكان، وتغير المعرفة المتوفرة يحتم تطوير وتعديل القانون ليواكب المستجدات، وهذه الخاصية مرتبطة بالعلم ذاته الذي يتطور بتراكم المعرفة وتطور مناهج البحث، فالحقيقة نسبية دائماً. ويعبر برتراندراسل عن هذا المعنى بقوله: " إن العلم الدقيق تسيطر عليه فكرة التقريب. وإذا أخبرك أحد من الناس أنه يعرف الحقيقة عن أي شيء.. فثق بأنه رجل غير دقيق. ولا يوجد إنسان علمي في روحه يؤكد أن ما يعتقد الآن في العلم هو الحق تماماً، بل هو يؤكد أنه مرحلة في الطريق إلى الحق التام (15).

نخلص مما سبق أن العلم بدأ يهجر القوانين السببية، وقوانين الحتمية لصالح القوانين الوظيفية، حيث انتُقدت الأولى باعتبارها تمثل مرحلة الصبا في تطور العقل

الإنساني، كما أن الأخذ بها في البحث العلمي قد يوقع الباحث في أخطاء أو تدفعه إلى التحيز، وعدم الموضوعية، وإلى نهج الطريق السهل بإرجاعه ظاهرة ما إلى سبب بعينه، بينما في الواقع أن عدة عوامل أو أسباب تتداخل في تشكيل ظاهرة ما دون الجزم بأن عامل بعينه سبب حدوث الظاهرة.

بل إن برتراندراسل يرى أن القانون السببي - أي القانون الذي يعبر عن علاقة ثابتة بين ظاهرتين يؤدي إلى تغيير في احداهما إلى تغيير في الأخرى ليس جديراً أن يسمى قانونا، وفي نفس الاتجاه ذهب اوغست كونت الذي يرى بأن العلم الوضعي يأخذ بملاحظة الظواهر والعلاقات بينها أما الكشف عن الأسباب فيعتبره من مخلفات مراحل التفكير الفلسفي والميتافيزيقي.

ومع ذلك لا يعني الأخذ بالقوانين الوظيفية أو قوانين المذهب الاصطلاحي الافتراضي نبذ القوانين السببية كلية بل إلى إعادة النظر فيها وتطوير معنى السبب ليتواكب مع تطور العلوم وتطور مناهج البحث. فالسببية لم تعد تعني الضرورة والحتمية، وكذلك لا تتفق مع معنى القانون الكامن بل تعني التتابع، أو حسب برتراندراسل "السبب هو مجموعة من الأحداث المطردة"، فالسبب لا يشترط فكرة القوة والإلزام التي تربط السبب بالمسبب. والتي تكمن في باطن العلاقة بين العلة والنتيجة، وهذا التعريف يتفق مع ما جاء به جون ستيورات مل John Stwart Mill الذي يعرف السبب بأنه المجموعة الكاملة لجميع الشروط الإيجابية والسلبية، وكل أنواع الظروف التي متى تحققت ترتبت عليها النتيجة بصفة مطردة.

المطلب الثاني: القانون في العلوم الاجتماعية

نظراً لتباين الظواهر الاجتماعية عن الظواهر الطبيعية، لتعقد الأولى وتداخل مسبباتها وصعوبة التنبؤ بسيرورتها، فقد شكك البعض في إمكانية وضع قوانين اجتماعية، أو تطبيق المنهج العلمي في دراسة المجتمع. إلا أن الاتجاه السائد اليوم تبنى موقفاً محبذا لتطبيق المنهج العلمي في دراسة المجتمع، ويرى إمكانية وضع قوانين اجتماعية مع الأخذ بعين الاعتبار نسبية هذه القوانين في المكان والزمان وطابعها الافتراضي او الاحتمالي probability.

وتعد القوانين الاجتماعية ركنا أساسياً من أركان البحث الاجتماعي العلمي. ودراسة الظواهر الاجتماعية تتقدم إلى الأمام كلما تزايد اكتشاف القوانين التي تحكمها وتؤثر في تطورها. والمجتمع الإنساني بالرغم من تباين مكوناته والتناقض والصراع الـذي يحكم وحداته، وحالة التطور التي تتخلل كل ثناياه، فإنه محكوم بقوانين عامة يمكن من خلالها تفسير وفهم المجتمع.

وقد احتلت فكرة الإرادة الإنسانية مكاناً متميـزاً في الجـدل الـدائر حـول خصوصية القانون الاجتماعي، حيث أن طبيعـة الظاهرة الاجتماعية التي محورها الإنسان قد افسحت المجـال للإقرار بـدور الإرادة الإنسانية في صياغة وتعديل القانون الاجتماعي، سواء كانت إرادة واعية أم إرادة غير واعية. أيضاً تتميـز القـوانين الاجتماعيـة عـن القوانين الطبيعيـة، بـأن هـذه الأخيرة متحرراً - نسبياً - من تأثير الزمان والمكان فتكون قابلة للتعميم والشمولية، أمـا الأولى فإنها مقيـدة بظروف الزمـان والمكان، أو بمعنى آخر إذ كان يصدق القول أن القوانين الطبيعية لها صفة العالمية فإن القوانين الاجتماعية لها صـفة الخصوصية، وبالتالي فهي غير قابلة للتصدير والاستيراد. بدعوى عالمية العلم والقوانين العلمية. أيضاً فإن صفة الموضوعية في القوانين الاجتماعية مشكوك فيها. أو أنها أقل ثباتاً من الموضوعية بالنسبة للقوانين الطبيعة. وأخيراً فـإذا كـان التكميـم أو القياس الكمي يعد أحد خصائص القوانين الطبيعية فإنه يصعب إخضاع القوانين الاجتماعية للقياس الكمي إلا بحدود (16).

يرجع الفضل إلى مونتسكيو (1689- 1755) في إدخال فكرة القانون إلى ميدان العلوم الاجتماعية، ففي كتابه (روح القوانين) 1748 - كتب يقول: " إن القوانين بأوسع معنى للكلمة هي العلاقات الضرورية التي تنشأ من طبيعة الأشياء، وبهذا المعنى، فكل شيء موجود له قوانينه الخاصة به.. وهذا التعريف يؤكد الطبيعة الموضوعية للقوانين". ويرى مونتسكيو أن تاريخ كل أمة ليس إلا نتيجة حتمية لقوانينها الاجتماعية. والقوانين تتباين من مجتمع إلى مجتمع بتبـاين المجتمعـات حيث تساهم العوامل الطبيعية كالمناخ والتربة، والعوامل الاجتماعية كالعادات وكثافة السكان والأديان، والعوامل السياسية كنظم الحكـم كل هذه تساهم في تشكل القوانين وتعديلها ومن هنا كان مونتسيكو واعيـاً بـأن (التنـوع الثقـافي) الإنسـاني يـؤدي إلى تنـوع القوانين، حيث يصعب وضع قوانين اجتماعية تقبل التطبيق على جميع المجتمعات (17).

المبحث الثاني

النظرية والتنظير في البحث الاجتماعي

المطلب الأول : تعريف النظرية العلمية Scientific theory

تعد عملية التنظير عماد العلم الحديث والوحدة الأساسية في نسق التفكير العلمي، فلا يوجد علم دون نظريـات علميـة، فالمعرفة التجريبية أو الميدانية تستلهم النظريات العلمية، كما أن نتائجها قابلة للتحول بدورها إلى نظريات علمية.

تعددت التعريفات المعطاة لمفهوم النظرية، فهناك فرق بين الاستخدام الشائع لمفهوم النظرية الذي يعني كل مـا هـو نظـري وتأملي، وقائم على التصورات insights، وبين المعنى العلمي الحديث للنظرية الذي يربط ما بين الجانب النظري وبين الواقـع التجريبي والمعاش.

فالنظرية المنفصلة عن الواقع ما هي في الحقيقة إلا فلسفة أي مجموعـة مقـولات غـير نابعـة أو متفاعلـة مـع الواقـع وأمـا النظرية العلمية فهي تلك التي تكون في علاقة جدلية مع الواقع تتطور به ويتطور بهـا، ويكون الواقع هـو المحـك العلمـي لتأكيد مصداقيتها وعلميتها.

ويثير تعريف النظرية كثيراً من اللبس حيث تتداخل التعريفات العلميـة للنظريـة مـع المفاهيم السائدة لـدى العامـة مـن الناس، وقد اثار ميلفن M.Melvin هذه الإشكالية حيث كتب يقول: "يستخدم مصطلح النظرية أولاً استخداماً عامـاً للإشارة إلى الجوانب المتعلقة بالخبرة الواقعية، ويستخدم ثانياً لكي يعني كل مبدأ تعميمي تفسيري، وعـادة ما يتكون هذا النـوع مـن النظريات من قضية تقرر علاقة وظيفية بين المتغيرات، وحين تكون المفاهيم قريبة من الواقع يطلق عـلى المبـدأ التعميمـي مصطلح القانون، أما حينما تكون اكثر تجريداً، فغالباً ما يستخدم مصطلح النظرية.

وتعني النظرية، ثالثاً: مجموعة من القوانين المتسقة وقد أصبح ذلك هو الاستخدام المفضل لأنه يلائم العلـوم التـي قطعـت شوطاً كبيراً في تطورها، كما أنه يرتبط بمفهوم النسق الذي يتضمن ترتيبـاً معينـاً لقضايا النظرية. ويستخدم المصطلح رابعـاً وأخيراً استخداماً ضيقاً للإشارة إلى العبارات التلخيصية، والتي تتخذ صورة مجموعـة مـن القـوانين تـم التوصل إليهـا بالبحـث التجريبي " (18).

المنهج العلمي قضاياه ومفاهيمه

أعطي للنظرية عدة تعريفات، فعرفت بأنها "بناء تصوري يبنيه الفكر ليربط بين مبادئ ونتائج معينة" وأنها " إطار فكري يفسر مجموعة من الحقائق العلمية، ويضعها في نسق علمي مترابط" وأنها "تفسير لظاهرة معينة من خلال نسق استنباطي"، وأنها " مجموعة من القضايا التي ترتبط معاً بطريقة علمية منظمة، والتي تعمل على تحديد العلاقات السببية بين المتغيرات". وأخيراً عرفت النظرية بأنها: " عبارة عن مجموعة مترابطة من المفاهيم والتعريفات والقضايا والتي تكون رؤية منظمة للظواهر عن طريق تحديدها للعلاقات بين المتغيرات بهدف تفسير الظواهر والتنبؤ بها".

أما أرنولدروس في كتابه (النظرية والمنهج في العلوم الاجتماعية)، فقد عرف النظرية بأنها "بناء متكامل، يضم مجموعة تعريفات، وافتراضات وقضايا عامة تتعلق بظاهرة معينة، بحيث يمكن أن يستنبط منها منطقياً مجموعة من الفروض القابلة للاختبار " (19).

ويتفق هانز ريتربرج H. Zetter Berg مع روس على الخطوط العريضة لهذا التعريف حيث يرى أن العناصر المؤلفة للنظرية هي:

أ-المصطلحات الأولية، أو المفاهيم الأساسية، وهي تعريفات نقدمها عن طريق مجموعة من الأمثلة تبين ما نقصده من معناها.

ب- المفاهيم المشتقة: وهي مصطلحات نحددها في ضوء المفاهيم الأساسية.

ج- الفروض: وهي قضايا تحدد العلاقات بين المفاهيم التي تم تحديدها.

د- مسلمات النظرية: وهي مجموعة من الفروض متسقة فيما بينها، وهي التي يمكن أن تشتق منها باقي القضايا.

فالنظرية إذن هي ذلك الإطار التصوري القادر على تفسير عالم الخبرة الواقعية، أي الظواهر والعلاقات بهدف البحث عن العلل والأسباب والتنبؤ أيضاً، أو كما يقول تيماشيف Timasheff بأن النظرية بصورة عامة هي مجموعة من القضايا (20) التي تتوافر فيها الشروط التالية:

أولاً: ينبغي أن تكون المفهومات التي تعبر عن القضايا محددة بدقة .

ثانياً: يجب أن تشتق القضايا الواحدة من الأخرى.

ثالثاً: أن توضع في شكل يجعل من الممكن اشتقاق التعميمات القائمة اشتقاقاً استنباطياً.

رابعاً: أن تكون هذه القضايا خصيبة ومثمرة تستكشف الطريق لملاحظات أبعد وتعميمات تنمي مجال المعرفة (21).

فالنظريات العلمية تساعد على فهم الواقع. ومع ذلك فقد انتقد عالم الاجتماع روبرت ميرتون Merton الخلط الحاصل بين تفسير الظواهر الاجتماعية من ناحية والنظرية السوسيولوجية من ناحية أخرى، حيث يرى أن النظرية يجب أن تسبق التفسير وتوجهه(22).

وكما سبقت الإشارة إليه عند الحديث عن القوانين فإن النظريات العلمية أيضاً لم تعد تلك المقولات أو القضايا المتصفة بالصحة المطلقة أو باليقين الأكيد، بل هي مقولات نسبية التأكيد، ومجددة الشمولية والتعميم، فالنظريات لا توضع من أجل الوصول إلى اليقين، بل أنها تسعى للوصول إلى معرفة نسبية مؤقتة، ومن هنا تعامل النظرية أحياناً على أنها فرض من الدرجة الثانية، فهي أقل تأكيدا من القوانين.

إن تطور العلم لم يؤد إلى زيادة يقينية المعرفة العلمية بل على العكس أدى إلى إثارة الشكوك حول ما كان يزعم حول يقينية المعرفة العلمية، وهو الأمر الذي انعكس بدوره على النظرية العلمية، فمفهوم النظرية الذي كان شائعاً باعتبارها نسق من المقولات الأكيدة، مهدد بأن يفقد معناه، وفي هذا السياق عبر كثير من العلماء عن تشككهم بيقينية النظريات العلمية. فأوجست كونت يقول : " إن المعاني المطلقة تبدو ليس مستحيلة جداً إلى درجة أنه على الرغم من دلائل الصدق التي أراها في نظرية الجاذبية، فإني لا أكاد أجرؤ على ضمان استمرارها". وفي نفس الإطار يقول سوليفان Sullivan في كتابه " حدود العلم" (23) إن النظرية العلمية الحقة ليست إلا فرضا عاماً ناجحا، وأنه لاحتمال كبير أن كل النظريات العلمية خاطئة.

أما كارل بوبر Karl Poper فقد ربط بين افتراضية العلم ونسبية النظرية مميزاً بين النظرية والعلم من جانب وبين الدين أو العقيدة Cult,Dogma من جانب آخر، فهذا الأخير هو الذي يملك صفة الاطلاق واليقنية، ولا يقبل النقاش، أو إعادة النظر.

أما كلود برنارد فقد وصف مفهوم النظرية بالقول بأنها مجرد درجات نستريح عندها حتى

نتقدم في البحث، فهي تعبر وتعكس الوضع الراهن لمعرفتنا ولذا يجب ألا نؤمن بها إيماناً بعقائـد الـدين، وأن نعدلها تبعـاً لتقدم العلم (24).

إن النظرية العلمية إذن، نظرية نسبية Relativetheory قابلة للتعديل والتغيير بتطور الاكتشافات العلمية وبتطور الحيـاة الاجتماعية والمعرفة الإنسانية، وما دام العقل الإنساني في حالة تطور فـلا يعقـل أن يبقـى مقيـداً بنظريـات تجاوزهـا الـزمن وتجاوزتها المعرفة المحصلة حديثاً. فأي تقدم علمي في ميـدان مـن الميـادين ينتج عنه ضرورة إعـادة النظر في النظريـات المطروحة سابقاً، في نفس الميدان، كما أن فشل النظرية من خلال احتكاكها بالواقع في إثبات الحقيقة أو ظهرت حقائق أخرى متناقضة معها، يتطلب أن تخلي مكانها لنظرية أخرى أكثر قدرة على إثبـات الحقيقـة ، والتعامـل مـع الواقـع. وبعد تصارع النظريات في شتى الميادين مظهر من مظاهر التطور المعرفي وشرطاً لتطور المعـارف الإنسانية، ذلك أن مبدأ البقـاء للأصلح يبقى هو الحكم في هذا المجال.

إن وضع النظرية على المحك العملي وقدرتها علـى التحـدي والاستجابة لمتطلبـات الواقـع شرط أسـاسي مـن شروط النظريـة العلمية فالنظرية لا تأخذ هذه الصفة لمجرد الانسجام، والاتسـاق المنطقـي بـين حججها، وبياناتهـا، وإنـما تتعدى ذلك إلى التحقق العلمي الناتج عن اختبار أدلتها، وافتراضاتها اختياراً يعتمد التجربة والقياس وغيرهـا مـن وسـائل البحـث العلمـي. وهذا ما أكد عليه كارل بوبر في أكثر من موضع في كتاباته، حيث يرى أن النظرية العلمية هي النظرية القابلة للاختبار " أي أن باستطاعتنا أن نحاول تكذيبها، وإذا كانت هذه المحاولات بارعة بما يكفي فإنها تستطيع في النهاية أن تـبرهن، لا علـى أن النظرية صحيحة - وهو مستحيل - بل أنها تتضمن حقاً عنصراً من الحقيقة " (25).


**المطلب الثاني: النظرية الاجتماعية Sociological Theory**

ظهرت النظرية الاجتماعية متأخرة عن النظرية في العلوم الطبيعية، ويمكن اعتبار القرن الثامن عشر بداية ظهور الارهاصات الأولى للنظرية الاجتماعية على يد مجموعة من المفكرين الذين حاولوا دراسة المجتمع بطريقة منهجيـة عقلانيـة مستلهمين طرائق البحث العلمي في ذلك.

وكان المجال الذي ظهرت فيه النظرية لأول مرة هي الدراسات الفلسفية، والسياسية المتعلقة بنظرية الدولة من حيث أصل نشوئها، والأشكال التي تتخذها عبر مراحل تطورها.

تثير النظرية الاجتماعية كثيراً من الاشكالات سواء من حيث تعريفها، أو من حيث مدى تلاؤمها مع الواقع، ذلك أنه توجد فجوة كبيرة ما بين الواقع الملموس، والمعرفة العقلية في العلوم الاجتماعية. وإنْ كانت النظرية الاجتماعية تتفق مع غيرها من النظريات العلمية من حيث بنائها، ووظائفها في العلم إلا أنها تختلف من حيث المضمون لاختلاف الحياة الاجتماعية عن المجال الطبيعي.

وقد أشار العديد من الكتاب إلى هذا الغموض الذي تثيره النظرية الاجتماعية، فنجد مرتون Merton في كتابه النظرية الاجتماعية والبنية الاجتماعية يقول : " إن عالم الاجتماع يميل إلى استعمال كلمة النظرية كمرادف لكلمات:

1- المنهجية.

2- الأفكار.

3- تحليل المفاهيم .

4 - التفسيرات اللاحقة.

5- التعميمات التجريبية.

6- الاشتقاق (استنتاج الترابط الناجم عن اقتراحات قائمة مسبقاً) والتقنين، (البحث بواسطة الاستنتاج عن مقترحات عامة تسمح باستخلاص افتراضات خاصة قائمة مسبقاً).

7- النظرية (بالمعنى الضيق للكلمة).

ويشير المعجم النقدي لعلم الاجتماع إلى أن النظرية الاجتماعية، وإنْ كانت غير منحصرة بالمعنى الضيق للنظرية المشار إليه سابقاً، فإنها ليست بالضرورة بهذا الحد من الغموض الذي أشار إليه مرتون.

ويرى واضع المعجم أن مفهوم النظرية في علم الاجتماع يأخذ شكلين: الأول هو المعنى الضيق لكلمة النظرية (26) والثاني هو المثال، وهو " مجموعة من المقترحات أو

الأحكام لما بعد نظرية، المتعلقة باللغة الواجب استعمالها لمعالجة الحقيقة الاجتماعية، أقل مما تتعلق بالحقيقة الاجتماعية " (27).

وقد ساد لدى علماء الاجتماع مصطلح النموذج model أو المناهج النظرية او الاتجاهات النظرية بدلاً من مصطلح المثال المشار إليه أعلاه، وهكذا تتعدد المناهج النظرية باختلاف المجتمعات وباختلاف الكتاب، وباختلاف الإيديولوجيات والمصالح، حيث تلعب الأيديولوجيات دوراً خطيراً في صياغة النظرية الاجتماعية، ومن الملاحظ أن النظريات الاجتماعية الغربية ليست محايدة بل إنها ذات حمولة ايديولوجية كبيرة، بل إن المشكلة التي تواجه بناء نظرية اجتماعية لها قابلية أوسع على التفسير والقبول هي مشكلة أيديولوجية أكثر مما هي علمية (28) .

تنقسم النماذج، أو المناهج النظرية إلى تقسيمات متعددة. فالمعجم النقدي لعلم الاجتماع يقسمها إلى ثلاث وهي:

1- النماذج الإدراكية أو التصنيفية.

2- النماذج القياسية

3- النماذج الشكلية - والتحليل الوظيفي أحد هذه النماذج - إلا أن المعنيين بالنظرية الاجتماعية لا يتقيدون بهذا التصنيف ويفضل بعضهم نظرية، أو نموذجاً على غيره، فماكس فيبر يفضل نموذج أو نظرية "الأنماط المثالية". واخرون أمثال وليام جيمس، وجون ديوي يفضلون "التفاعلية الرمزية" وفئة أخرى ترى أن البنائية الوظيفية أكثر قدرة من غيرها من النظريات على فهم واقع المجتمع وتفسيره، ثم هناك اتجاه التبادلية السلوكية، كما أن هناك ما يسمى بمدرسة الصراع، ومن روادها والترباجوت وراتزنهوفر، بالإضافة إلى التفكيكية مع دريدا إلخ.

إن المراقب للكتابات الاجتماعية يلاحظ أن العديد منها والذي يحمل عنوان النظرية الاجتماعية (29) لا يشير إلا قليلاً إلى النظرية بمعناها الضيق، بل يورد تحت العنوان كل عملية التنظير الاجتماعي، أي كل ما جاء به العلماء والمختصون من تحليلات وتفسيرات تنصب على الظواهر الاجتماعية، دون أن يكون مصدرها البحوث الميدانية

التجريبية، وبهذا المعنى تفترق النظريات الاجتماعية مقابلة عن البحوث الميدانية التجريبية. ومع ذلك فإن العلاقة وطيدة بين النظرية الاجتماعية، والبحث الميداني Field research ، وكلاهما مكمل للآخر، فلا يمكن لباحث ميداني أن ينطلق من فراغ بل يكون غالباً مسترشداً بنظرية، وبأفكار اجتماعية مسبقة تنير له الطريق، كما أن نتائج البحث الميداني مآليتها أن تصاغ في نظريات أو تعزز من مقولات نظريات سابقة. إن أي باحث في علم من العلوم لا بد له من نظرية توجهه في جمعه للوقائع المتعلقة بالظاهرة التي يريد دراستها، وفي اختياره للفروض التي يريد أن يختبر صدقها، وفي اختياره للمنهج وللأدوات التي يستخدمها في دراسته " (30).

وبالرغم من التقدم الذي عرفته النظرية الاجتماعية الا انها تبقى قاصرة عن الاحاطة بالظواهر الاجتماعية محل البحث، انها قد تسمح بجعل الظاهرات قابلة للفهم، وتضع تحت تصرف الباحث أداة نظرية مهمة تساعده على الاحاطة بالظاهرة وامتلاك القدرة على التفسير والتنبؤ، الا ان قابليتها على التفسير والتنبؤ تبقى أقل يقينية مما هو الحال مع النظريات في العلوم الطبيعية. وواقع الحال أن النظرية الموجودة في العلوم الاجتماعية هي مجرد تقليد نظري لمفهوم النظرية في العلوم اللاحقة(31)

كما أن الطبيعة المتحولة للظاهرة الاجتماعية، وتباين الظاهرة الاجتماعية الواحدة من مجتمع إلى آخر، يجعل من الملح وضع نظريات نسبية قصيرة المدى، وهو ما أكد عليه ميرتون الذي طالب بصياغة " نظريات متوسطة المدى بدلاً من إقامة إنساق نظرية بالغة العمومية والتجريد" كما ربط ميرتون بين الجانب التنظيري. وجانب البحث الميداني، فالنظرية في رأيه ما هي إلا ضرب من التقنين Codification. بمعنى أن مهمتها الأساسية تتمثل في تنظير التعميمات الامبريقية التي يمكن التوصل إليها من خلال دراسة الصور الاجتماعية المختلفة للسلوك، ولفت الانتباه إلى المشكلات النظرية التي أهملها، أو تجاهلها علماء الاجتماع السابقون ، لذلك يجب صياغة فروض جديدة من خلال عملية "التقنين" على أن تساعدنا هذه الفروض بعد ذلك على التحقق من النظرية عند قيامنا بدراسات مقبلة )(32).

هذه الملاحظة التي أتى بها ميرتون مهمة، وخصوصاً بالنسبة لمجتمعات العالم الثالث ذي الخصوصية المجتمعية المتميزة عن المجتمعات الغربية، ذلك أن النظريات الاجتماعية، أو التعميمات الإمبريقية التي تعبر عنها هذه النظريات، إن كانت علمية وصحيحة، فإن هذه الصحة محصورة بالظاهرة أو الظاهرات الاجتماعية المدروسة، ولكن، قد تفقد

المنهج العلمي قضاياه ومفاهيمه

هذه التعميمات أو النظريات قيمتها العلمية إن حاولنا تطبيقها قسراً على مجتمعات مغايرة.

فالنظريات الغربية بشكل عام متحيزة partiality وغير موضحة بل قد تكون معادية إن حاولنا الأخذ بها دون تمحيص، أو مراجعة، فالواقع الاجتماعي يبقى هو الحكم دائماً، وقد اعترف العديد من علماء الغرب أن النظريات الاجتماعية الغربية تهيمن عليها العقائدية، ومحكومة باعتبارات ايديولوجية، هذا لا يعني القطيعة معها، ولكن يمكن استعمالها كأدوات، ومناهج للتفسير والتحليل وتوظف لدراسة الواقع، دون أن يكون الباحث ملتزماً بالنتائج أو التعميمات التي توصلت إليها هذه النظريات في مجتمعات أخرى.

هذا القول لا ينفي صفة العلمية عن النظريات الاجتماعية بقدر ما أنه يضع الحقيقة العلمية في العلوم الاجتماعية في إطارها الصحيح باعتبارها حقيقة نسبية، وليست مطلقة، مع أن كارل مانهايم يثير الشكوك حول "الحقيقة النسبية" حيث يرى أن الحقيقة، إما أن تكون مطلقة أو لا تكون، وحيث ان النظريات الاجتماعية في نظره لا تملك الحقيقة المطلقة فهي إذن مجرد وجهات نظر خاصة بفئة أو طبقة، وبالتالي : " لا يمكنها سوى أن تقدم معرفة نسبية الطابع، أي مرتبطة وظيفياً بالوضع الاجتماعي للطبقات، ومصالحها الاقتصادية، والسياسية، ومن ثم فهي معرفة مشوهة (33).

بل هناك من يقف متطرفاً في رفضة للنظريات الاجتماعية، من منطلق أن أصحاب النظريات المجردة يقفون عند مرحلة عرض المفاهيم والتصورات بشكل متناسق، ولكنهم لا يكلفون انفسهم عناء اختبارها واقعياً أو تحقيقها تحقيقاً علمياً استناداً إلى فروض واضحة. ومن هنا يرى جورج هومانز G. Homans أن العديد من النظريات السوسيولوجية قد تصلح لأي شيء ولكنها لا تصلح على الإطلاق في تفسير الواقع الاجتماعي الذي هو هدفها الأول. وهو بعد أن يقابل النظرية الاجتماعية بنظيرتها في العلوم الطبيعية، يخلص إلى القول بعدم وجود نظرية في علم الاجتماع مستوفاة تماماً لشروط العملية (34).

## الهوامش

(1) أرمان كوفيليه، مدخل إلى علم الاجتماع، ترجمة نبيه صقر، بيروت 1980 ص 19.

(2) عبد الباسط محمد حسن. مرجع سابق، ص52.

(3) روبرت ماكيفر، الجماعة، دراسة في علم الاجتماع، القاهرة، 1968 ص30.

(4) هوايتهد، الفرد نورث (1947- 1871) فيلسوف ورياضي انجليزي بارز له ميل نحو الصوفية، شغل عدة مراكز علمية بارزة في الجمعيات الفلسفية الانجليزية، واشتهر بكتابه (العلم والعالم الحديث) 1925.

(5) محمد فرحات عمر، طبيعة القانون العلمي القاهرة: 1966 ص 21.

(6) محمد فرحات المصدر نفسه، ص15، ص 78، وما بعد.

(7) محمد فرحات المصدر نفسه ص 134 أو ما بعد.

(8) محمد فرحات المصدر نفسه ص 135.

(9) محمد فرحات المصدر نفسه ص 138.

(10) وهو مذهب يقيم الأمور بمنفعتها للإنسان، وأن المعرفة آلة أو وظيفة في خدمة مطالب الإنسان والحياة. وأن صدق قضية ما هو في كونها مفيدة، وترى أيضاً أن الفكر بطبيعته غائي.

(11) محمد فرحات المصدر نفسه ص 208.

(12) محمد فرحات المصدر نفسه ص 208.

(13) محمد فرحات المصدر نفسه ص18.

(14) محمد فرحات المصدر نفسه ص 211.

(15) برتراند راسل النظرة العلمية، ترجمة عثمان نويه، القاهرة 1956، ص 53.

(16) سنتوسع في هذا المجال عند التطرق إلى حدود المنهج العلمي في دراسة المجتمع.

(17) صلاح قنصوه، الموضوعية في العلوم الإنسانية، القاهرة، دار الثقافة للطباعة والنشر 1980، ص 34.

(18) انظر: محمد علي محمد - مرجع - ص 61. نلاحظ هنا تضارب في القول فيما يتعلق بالعلاقة بين النظرية والقانون. فبينما يرى ميلفن أن النظرية أكثر تجريداً من القانون، فإن عبد الباسط محمد حسن يعتبر أن القوانين أكثر تجريداً وعمومية من النظريات، ونعتقد أن هذا التضارب يعود إلى الاختلاف في مستويات النظر إلى النظرية حيث أن النظرية أحياناً تبتعد عن الواقع وأحياناً تقترب منه.

(19) Ross, A. Theory and method in the social science Minnesote , the university press, 1954 P 95.

(20) القضايا propositions هي عملية التحليل العقلي أو الفكري أو بتعبير أدق عملية البرهنة، كما يمكن تحليل القضية نفسها إلى الوحدات التي تتألف منها وهذه الوحدات يسميها المنطقيون (الحدود - terms) والقضية أيضاً هي حسب المناطقة القول المفيد الذي يحتمل الصدق أو الكذب، او هي مجموعة من الألفاظ يصاغ فيها حكم، وهذا الأخير هو المعنى الذي تفيده القضية وهو الذي يحتمل الصدق أو الكذب.

(21) نيقولا تيماشيف، نظرية علم الاجتماع، ترجمة محمود عودة، وآخرون القاهرة 1978ص 37.

(22) هانز موس، الفكر الاجتماعي، نظرة تاريخية عالمية، ترجمة السيد الحسيني وجهينة سلطان، القاهرة: 1980، ص 230.

(23) Sullivan J the limitations of science Mentorbooks New York 1949, P 158.

(24) لمزيد من التفاصيل انظر: عبد الباسط محمد حسن، مرجع سابق، من صفحة 45 إلى 56.

(25) انظر : محمد سبيلا، حوارات في الفكر المعاصر، الرباط:1991 ص 72.

(26) في كتابه الحركية الاجتماعية يقدم سوركين Sorokin نظرية اجتماعية بمفهومها الضيق، أي أنه ينطلق من قضايا عامة يستنبط منها قضايا أخرى قابلة للتحقيق من صحتها:

1- كل مجتمع يكون متفرعاً، والتفرع ناجم عن تقسيم العمل.

2- يتأمن استمرار التفريع من جيل إلى آخر بواسطة عدد معين من آليات الانتفاء.

3- في المجتمع الصناعي، عاملان أساسيان للانتفاء هما العائلة والمدرسة.

4- إذا قام هذان العاملان بوظائفهما بطريقة غير ملائمة ينمي الشباب نتيجة ذلك تطلعات اجتماعية يجد المجتمع نفسه عاجزاً عن تلبيتها.

5- في هذه الحالة نشهد ظهور ايديولوجيات ثورية.

(27) بودون ديوريكو، المعجم النقدي لعلم الاجتماع، بيروت 1986.

(28) لويس كوهين، مرجع سابق، ص35.

(29) منها مثلاً النظريات السوسيولوجية المعاصرة، سوركين 1928 روبرت ميرتون، النظرية الاجتماعية والبناء الاجتماعي 1951 نيقولاً تماشيف، نظرية علم الاجتماع، ومن المؤلفات العربية، انظر علي ليلة ، النظرية الاجتماعية المعاصرة، سمير نعيم أحمد، النظرية في علم الاجتماع.

(30) سمير نعيم أحمد، النظرية في علم الاجتماع، القاهرة 1982 ص 47.

(31) محمد وقيدي، العلوم الإنسانية والإيديولوجيا بيروت 1983 ، ص 138.

(32) هانزموس، الفكر الاجتماعي، مرجع سابق، ص231- 230 انظر أيضاً سوسيولوجيا ماكس فيبر، ص5- 6.

(33)L. Moskvichov, The End of ideology , illusions and reality progress publishers , Moscow, 1974- PP 41- 40.

(34)G. Homans: Social behaviour , it,s elementary forms N.Y. Harcourt Brace and world, P 10.

# الفصل الثالث
## المنهج العلمي Scientific Method

### المطلب الأول: التعريف ومراحل التطور

تشتق كلمة (منهج) method من فعل (نهج) وهو يعني سلك وسار واتبع، فمنهج اسم المكان لفعل (نهج) ويعني الطريق أو السبيل. وقد عرفه المعجم الفلسفي باللغة العربية بأنه " الطريـق الواضـح في التعبير عـن شيء، أو في عمـل شيء، أو في تعليم شيء طبقاً لمبادئ معينة، وبنظام معين، بغية الوصول إلى غاية معينة".

والكلمة بالعربية لكلمة Method الانجليزية التي تعنـي طريقـة، أو نظامـاً، وأصـلها يونـاني اسـتعملها اليونـانيون القـدامى بمعنى البحث أو المعرفة.

فالمنهج بشكل عام هو الطريقة التي يسلكها الباحث للإجابة على الأسئلة التي تثيرها المشكلة موضوع البحث، فعندما يواجه الباحث أو الإنسان العادي مشكلة ما فإنه يبدأ بالتفكير كيف سيحل هذه المشكلة، والمنهج هو طريقة الحل، فأما أن تكون طريقة الحل غير علمية أي تعتمد علـى الأسـاطير والأفكـار المسبـقة غـير المبرهن عنها، ودون الرجـوع إلى واقـع الظاهرة بالملاحظة والتجربة، والمقارنة، وفي هذه الحالة نكون أمام المنهج غير علمي وإما على العكس من ذلك ننطلـق مـن الملاحظة والتجريب ونستعمل أدوات البحث العلمي، وهنا نكون أمام المنهج العلمي.

ومن المؤكد أن اختلاف المنهج المتبع للوصول إلى الحل يؤدي إلى اختلاف النتائج أو الحلول، بل يمكن القول أن علوم حديثة لم يكن مبرر وجودها ظهور موضوعات جديدة مكتشفة، ولا نظريات وقوانين جديدة، بل طريقة جديدة - منهج- امتلك قـدرة أكثر من غيره على التعامل مع موضوعات محددة تنتمي إلى نوع من المعرفة، وفي هذا يقول بيرسون Perason تستند وحـدة كل علم إلى المنهج لا إلى الموضوع، فليست الوقائع في ذاتها هي التي تخـلـق وتصنـع العلم، ولكنه المنهج الـذي بواسطته تعالج تلك الوقائع".

لا ينفصل المنهج العلمي عن المعرفة العلمية، فهو تقنية المعرفة، وهو عـماد المعرفة العلمية، فهذه الأخيرة لا تكتسب إلا بالمنهج العلمي، وعليه فإن تاريخهما واحد، كما

أنهما بالإضافة إلى النظريات والقوانين العلمية تشكل أساس ومحتوى ونسق التفكير العلمي.

إذا كان المنهج Method يعني الأساليب والمداخل المتعددة التي يستخدمها الباحث في جميع البيانات اللازمة لبحثه، والتي سيصل من خلالها إلى نتائج أو تفسيرات أو تنبؤات أو نظريات، فأن مصطلح Methodology أشمل من المصطلح الأول فهو يعني علم المناهج، ويوضح كابلان Kaplan الفرق بين المصطلحين كما يلي:

" إن هدف الطريقة في البحث هو أن تصف وتحلل مناهج البحث المستخدمة، وتلقي الضوء على مصادرها وامكاناتها وحدودها، وتوضح ما تبنى عليه من مسلمات وافتراضات، وتبين تبعات وتوقعات المنهج، ومن خلال ذلك توضح الطريقة (Methoology) إمكانات المنهج (Method)  في ضوء آخر مستحدثات العلم في المجال الذي يجري فيه البحث، وتمكن الباحث من تعميم نتائج بحثه ، بناء على نجاح دقة المنهج، وتكنيك جمع البيانات المستخدم، وهي تقترح تطبيقات جديدة للبحث، وتكشف عن المبادئ والأسس المنطقية والحدسية في حل المشكلات، وقد تقترح صياغات جديد " (35).

إن المنهج العلمي القائم على العلم، والهادف إلى الوصول للحقيقة استناداً إلى مجموعة قواعد عامة ومنظمة، لم يظهر إلا مع مطلع عصر النهضة، أي أنه اقترن بالتفكير العلمي المتحرر من الغيبيات والأفكار الكلية المعيارية، والقيمية، ومع ذلك فإننا نجد أرهاصات للمنهج العلمي عند المفكرين المسلمين، وخصوصاً ابن خلدون 732- 808 هـ الذي بالرغم من انتماء تفكيره إلى نمط التفكير الفلسفي إلا أن ما جاء به، من أسلوب لدراسة التاريخ، والتعرف على الواقع- خصوصاً واقع دول شمال افريقيا - يجعله حالة متميزة في عصره.

رفض ابن خلدون تصنيف التاريخ كعلم من العلوم الشرعية وقام بتصنيفه كعلم من العلوم العقلية، هذا التحول ترتب عنه انتقاد ابن خلدون للمنهج الذي كان سائداً في التاريخ واقترح تصوراً بديلاً، فالتاريخ في نظره، وأن كان في ظاهرة لا يزيد عن أخبار عن الأيام والدول، والسوابق من القرون الأولى، تنمو فيها الأقوال، وتغرب فيها

الأمثال، إلا أنه في باطنه أعمق من ذلك أنه نظر وتحقيق، وتعليل للكائنات ومبادئها دقيق، وعلم بكيفيات الوقائع وأسبابها عميق" (36).

هذا التصور بكيفية الانتقال في فهم التاريخ من كونه ماض تهيمن عليه الأقوال والتأويلات - أي الايدولوجيا بشكل عام - إلى وقائع تفيد في المستقبل كعبر، يشكل ثورة منهجية، ثورة ضد منهج النقل لتأسيس منهج التحقيق والتمحيص للتأكد من مطابقة ما يروى لطبائع الأحوال في العمران، إنه يسعى لإرجاع الوقائع إلى أسبابها.

لقد اعتبر ابن خلدون كشف الأخطاء التي يقع فيها المؤرخون مدخلاً لوضع قواعده العلمية في البحث الاجتماعي. وأهم الانتقادات التي وجهها للمؤرخين هي:

أ- انسياق المؤرخ وراء ميوله، وأهوائه الشخصية، وتملقه لمن في السلطة.

ب- الجهل بالقوانين التي تخضع لها الظواهر الطبيعية والظواهر الاجتماعية، والتي سماها طبائع العمران.

كما دعا مقابل ذلك إلى ضرورة الأخذ بالملاحظة والمنهج المقارن في دراسة المجتمع. وتتلخص النقاط الأساسية لمنهج ابن خلدون فيما يلي:

1- الأخذ بالملاحظة المباشرة المقصودة للظاهرة موضع البحث.

2- تعقب الظاهرة الواحدة في مختلف مراحل تطورها عبر التاريخ بالنسبة للمجتمع الواحد، والالتزام بالصدق والدقة في التعامل مع الروايات.

3- مقارنة الظاهرة بغيرها من الظواهر المرتبطة بها في نفس المجتمع مع غيرها من المجتمعات.

4- الأخذ بالجانب الديناميكي (التطوري المتحرك) للظواهر الاجتماعية إلى جانب الجوانب الاستاتيكية ( التشريحية).

5- بعد جمع المواد الأولية المتعلقة بالظاهرة موضع الدراسة عن طريق الملاحظة الحسية والدراسة التاريخية والمقارنة يمكن استخدام منطق التعليل للوصول إلى القوانين العامة التي تحكم الظواهر المختلفة (37).

ساهم مناطقة القرن السادس عشر في لفت الانتباه إلى المنهج، فنجد أن راموس 1515- 1572 يقسم المنطق إلى أربعة أقسام وهي: التصور، الحكم، البرهان، والمنهج، إلا أن اهتمامه بالمنهج كان منصباً على ميدان البلاغة، والأدب، الأمر الذي جعله لا

يولي أهمية كافية بالملاحظة والتجريب، وهما من متطلبات المنهج العلمي. إلا أن مساهمته لفتت الانتباه إلى أهمية المنهج. مع تطور المنطق من (المنطق الصوري) الذي لا علاقة له بالواقع الخارجي إلى المنطق المادي أو التطبيقي، زاد الاهتمام بقضية المنهج العلمي فهذا المنطق المادي الذي أشار إليه اندريه لالاند أولى اهتماماً بالقوانين التي يتم بها اتفاق الفكر مع الواقع، وهذه العلاقة الجدلية بين الفكر والواقع هي أهم قواعد المنهج العلمي. وهكذا نلاحظ أن تطور المنطق أدى إلى بروز المنهج العلمي، فالمنطق القديم (الأرسطي) كان يدرس علاقة الفكر بنفسه من خلال اللغة، ومن هنا سمي بالمنطق الصوري أو النظري، أما منطق العلوم الحديثة فهو يدرس علاقة الفكر مع الأشياء، وإذا كانت خصائص المنطق القديم أنه : شكلي وعام ومطلق، فأن خصائص المنطق الحديث، أي منطق المنهج العلمي أنه: موضوعي، وخاص، ونسبي.

ابتداء من القرن السابع عشر ترسخ المعنّى الاصطلاحي لكلمة منهج وأصبح المنهج العلمي مطلباً، وهدفاً لكل العلماء الباحثين.

يعتبر (فرانسيس بيكون 1561-1626 Francis Bacon ) الرائد الأول للمنهج التجريبي، ومن الدعاة المخلصين لتطبيق المنهج العلمي لاكتساب المعرفة الإنسانية. ويعد كتابه ( الأداة الجديد للعلوم - Novum arganum scientiarum1620) خلاصة لأفكاره حول الموضوع.

وقد وضع بيكون عدة مبادئ يقوم عليها المنهج التجريبي وهي:

1- ضرورة تخلص العلم من الأفكار المسبقة أو المنزلة وضرورة إخضاعه للملاحظة والتجريب.

2- عدم الاقتصار على البحث النظري والمقدمات المنطقية وضرورة الاعتماد على التجريب الذي يساعد على استنباط القوانين بينما الانطلاق من الاستنباط يضلل الباحث وينقله من خطأ محدد إلى خطأ عام.

3- قيام التجريب العلمي في البدء بجمع الوقائع عن طريق الملاحظة.

4- بعد جمع الوقائع عن طريق الملاحظة الخارجية الموضوعية تنظم المعطيات، فتتم الموازنة بين الوقائع لتحديد ما هو جوهري منها، وما هو عرضي، ثم تقارن هذه الوقائع مع الفروض لمعرفة ما يؤيدها وما لا يؤيدها ثم وضع القوانين والتحقق من صحتها في ظروف جديدة.

كما وضع بيكون أسساً للملاحظة العلمية، وتقوم على ضرورة التخلص من عدة أوهام:

أ- التخلص من أوهام البشر المرتبطة بنقص العقل الإنساني، كالهوى والرغبة الخاصة والإيمان بالخرافات.

ب- التخلص من الأوهام التي ترجع إلى اللغة وأساليبها وسماها (أوهام السوق) وهي تنشأ عن عجز اللغة عن التعبير عن الأمور بطريقة صحيحة.

ج- التخلص من أوهام المعتقدات ويسميها أوهام الكهف، أي أن العقل والسلوك يصبحان أسرى عادات وظروف تربية مختلفة.

د- أوهام المسرح، وهي أخطاء الخاصة والعلماء والفلاسفة، حيث يحترمها الناس ويسلمون بها دون تفكير (38).

وفي نفس الوقت تقريباً ميز العلماء والمهتمون بين المنهج الاستدلالي، أو الاستنباطي ، والمنهج التجريبي . فعرف الأول بأنه: "البرهان الذي يبدأ من قضايا مسلم بها، ويسير إلى قضايا أخرى تنتج عنها بالضرورة دون التجاء إلى الملاحظة ثم الفرض وتحقيقه بواسطة التجربة، ثم الوصول إلى القوانين التي تكشف عن العلاقات بين الظواهر).

أما المنهج فقد عرف بأنه : (فن التنظيم الصحيح لسلسلة من الأفكار العديدة ، إما من أجل الكشف عن الحقيقة حيث نكون بها جاهلين، وأما من أجل البرهنة عليها للآخرين حين نكون بها عالمين).

في تلك المرحلة من تطور المعرفة العلمية، ظهر ديكارب(39)، ووضع مؤلفه الشهير (مقالة في المنهج، عام 1637) معتبراً أن المنهج جزء من المعرفة، وقال إن الإنسان لا يملك إلا كيفيتين أكيدتين في المعرفة.

الأولى: المعرفة بالحدس (40) : وهي العملية الذهنية التي ندرك عن طريقها ، ويفضل تفحص عقلي بسيط، ومباشر بعض الحقائق إدراكاً يقينياً لا يمكن القضاء عليه.

الثانية: الاستنتاج (وهي العملية التي نستخرج عن طريقها قبلياً بالاستدلال البرهاني جميع النتائج التي يمكن أن تنتج عن قضايا طرحناها من قبل).

كما عرف ديكارت المنهج بأنه: "قواعد وثيقة سهلة تمنع مراعاتها الدقيقة من أن يؤخذ الباطل على أنه حق، وتبلغ بالنفس إلى المعرفة الصحية بكل الأشياء التي نستطيع إدراكها، دون أن نضيع في جهود غير نافعة، بل هي تزيد ما في النفس من علم بالتدريج(41).

واستفاد ديكارت من المنهج الرياضي من أجل الوصول إلى منهج واحد يجب استخدامه في البحوث المختلفة الهادفة للوصول إلى الحقيقة حيث اكتشف أن البراهين Demonstration الرياضية هي أكثر البراهين يقينا وتأكداً، ووصل إلى نتيجة مفادها، أنه لو طبق كل علم المنهج الذي يتبعه الرياضيون في الوصول إلى براهينهم لبلغت العلوم درجة الرياضيات من حيث استقرار النتائج ومن هنا اعتبر ديكارت أن العقل المنطقي الذي تحدث عنه ارسطو عقل عقيم، وأحل محل العقل الرياضي، ومن هنا كان اهتمامه المزدوج بالفلسفة وبالرياضيات - بالرغم من التناقض الظاهر بينهما، وليصل ديكارت إلى صياغة المنهج المنشود عمد إلى دراسة المنهج الرياضي وتتبع كيف يمارس الإنسان نشاطه العقلي في مجال المعرفة الرياضية حيث يمكن استنباط النتائج استنباطاً عقلياً عن طريق القياس.

إلا أن ديكارت بقي أميناً للمنهج الاستدلالي الاستنباطي حيث أن سعيه للوصول إلى اليقين كان يتم عن طريق الاستدلال أو الحدس وقد وضع 18 قاعدة تعتبر من أهم قواعد الأسلوب التحليلي في البحث وأهمها أربع وهي:

أ- قاعدة اليقين: ألا أقبل شيئاً على أنه حق ما لم أعرف يقيناً أنه كذلك، بمعنى أن أتجنب بعناية التهور والسبق إلى الحكم قبل النظر، وألا أدخل في أحكامي إلا ما يتمثل أمام عقلي في جلاء وتمييز، بحيث لا يكون لدي أي مجال لوضعه موضع الشك".

ب- قاعدة التحليل Anylsis: وطبقاً لهذه القاعدة، يجب تقسيم المشكلة المطروحة للحل إلى أجزاء بسيطة بحيث يمكن فهما ومن ثم حلها.

ج- قاعدة التأليف والتركيب: ويعرفها ديكارت بالقول : " أن أسير بأفكاري بنظام بادئاً بأبسط الأمور وأسهلها معرفة كي أتدرج قليلاً حتى أصل إلى

معرفة أسس تركيبها، بل أن أفرض ترتيباً بين الأمور التي لا يسبق بعضها الآخر بالطبع.

د- قاعدة الاستقراء التام أو التحقيق: بمعنى " أن نقوم بحركة فكرية متصلة على كل الموضوعات التي تتصل بغرضنا وأن نحيط بها في احصاء كاف ومنهجي".

إذا كان المنهج العلمي يقوم على استقراء الوقائع بالملاحظة، والتجربة، والمقارنة، فإن هذا لا يعني بطبيعة الحال أن المنهج هو مجرد تقنية مادية محضة، لأن التعامل مع الظواهر من خلال مظاهرها المادية فقط يجردها من أبعادها الفلسفية ومن مضامينها غير المنظورة، وعليه أصبح المنهج العلمي اليوم يقرن الجانب التقني المادي من البحث بالجانب النظري الفلسفي، وهذه خاصية من خصائص المعرفة العلمية بمفهومها الحديث التي تتكون من جانب حسي- أو عياني Concrete وجانب نظري أو مجرد Abstract.

## المطلب الثاني: مفهوم المنهج وحدوده في العلوم الاجتماعية

يعود الفضل لأوجست كونت 1798-1857 Auguste Comte مؤسس علم الاجتماع في إقحام المنهج العلمي في البحث الاجتماعي حيث يعد القرن التاسع عشر قرن التأسيس العلمي للدراسات الاجتماعية. ويقف كونت على رأس الداعين إلى ضرورة دراسة المجتمع باستخدام نفس الأساليب المستخدمة في العلوم الطبيعية وهو واضع أسس المدرسة الوضعية positivism.

ومن الملاحظ أن كونت تأثر بأستاذه سان سيمون (42) سواء فيما نسبة لنفسه حول نظرية المراحل الثلاثة لتطور البشرية أو المعرفة الإنسانية، أو بدعوته للتعامل مع الظواهر الاجتماعية بنفس الطريقة التي نتعامل فيها مع الظواهر الطبيعية. ففي كتاب سان سيمون عن علم الإنسان، يرى أن الفسيولوجيا - وعلم الإنسان جزءاً منها - يجب أن تدرس تبعاً للمنهج الذي تسير عليه العلوم الفيزيقية الأخرى. إلا أن سان سيمون لم يبلور لنفسه نظرية أو منهجاً خاصاً به في مجال الاجتماعي بل طغت عليه النظرة التاريخية.

دعا كونت إلى ضرورة دراسة الظواهر الاجتماعية social phenomena دراسة وصفية تحليلية منظمة لاستخلاص القوانين التي تخضع لها هذه الظواهر، موضحاً أن

القضاء على الطريقة الميتافيزيقية في التفكير شرط ليتمكن الناس من فهم الظواهر على حقيقتها، وهو صاحب مقولة إن كل ما وراء الظاهر المحسوس فهو عدم".

كان كونت ينطلق من مبدأ أن الحصول على الحقائق الموضوعية في دراسة المجتمع لا يتم إلا إذا وضع حد للآراء الشخصية للفلاسفة، ولتأملاتهم الذاتية وضرورة التزام الحياد. وقد حث على ضرورة التمييز بين أحكام القيمة وأحكام الواقع، فالعلم الوضعي في نظره لا يهتم إلا بالواقع الملموس، سواء كان واقعاً طبيعياً أم اجتماعياً. ومن هنا كانت دعوته إلى استخدام الملاحظة والتجربة، والمقارنة، والطريقة التاريخية حتى يمكن فهم المجتمع، والقوانين المنظمة له.

ويحدد جيدنز Giddens الاسهام الذي قدمته الوضعية للمنهج العلمي في العلوم الاجتماعية في مجالين:

الأول: إن الإجراءات البحثية في العلوم الطبيعية يمكن تطبيقها مباشرة في العلوم الاجتماعية، وبالتالي فالوضعية تعني أن العالم الاجتماعي يلاحظ ويتأكد من الحقيقة الاجتماعية.

الثاني: إن النتائج التي يتحصل عليها العالم في العلوم الاجتماعية يمكن أن تصاغ بطريقة متساوية أو موازية لما تعامل به النتائج التي يتوصل إليها العالم في العلوم الطبيعية، وهذا يعني أن أساليب التحليل التي يستخدمها العالم الاجتماعي يجب أن تصاغ على هيئة قوانين أو ما يشبه القوانين من التعميمات، كتلك التي تتبع بالنسبة للظواهر الطبيعية، وتتضمن الوضعية هنا نظرة إلى العالم الاجتماعي كمحلل أو مفسّر لموضوع دراسته (43).

إلا أن الإسهامات العلمية للوضعية لم تحل دون انتقادها سياسياً، حيث اتهمت بالمحافظة، حتى أن positivism الإيجابية، تعني القبول بما هو قائم وكائن والحفاظ عليه، وقد أوضح هذا المعنى للوضعية هربرت ماركوز الذي اعتبرها المنقذ الإيديولوجي للوضع القائم، وأنها جاءت كردة فعل على الأفكار الهدامة من اشتراكية وعقلانية هجيلية أي أنها وقفت ضد العقل والثورة (44).

كما تظهر مواطن ضعف الوضعية عند محاولة تطبيقها في دراسة السلوك البشري، حيث التعقيد البالغ للطبيعة البشرية، وتعدد المتغيرات التي تساهم في خلق الواقعة

الاجتماعية. وما بعد كونت استعمل علماء الاجتماع مصطلح الوضعية استعمالات شتى، بحث أصبح من الصعب تحديد معناها بشكل ثابت ودقيق.

تطور الأخذ بالمنهج العلمي في دراسة المجتمع على يد أميل دوركايم 1858- 1917 Durkheim ويعد مؤلفه (قواعد المنهج في علم الاجتماع) 1901 جامعاً لأفكاره الأساسية في علم الاجتماع، وللمناهج التي ينبغي استخدامها في الدراسات الاجتماعية.

انطلق دوركايم في أبحاثه بتعريف الظاهرة الاجتماعية التي قال عنها، إنها تتميز بخاصيتين : القسر والموضوعية"بمعنى أن لها وجود مستقل خارج شعور الأفراد، وهي سابقة في الوجود على الوجود الفردي (45) كما أنه دعا إلى تطبيق المنهج الاستقرائي في الدراسات الاجتماعية. وحيث أن المنهج الاستقرائي يعتمد على الملاحظة، فقد أولى دوركايم اهتماماً بملاحظة الظواهر الاجتماعية، ووضع قواعد خاصة بملاحظة الظاهرة، وأخرى لتفسيرها.

بالنسبة للقواعد الخاصة بملاحظة الظاهرة الاجتماعية فهي:

أ- ملاحظة الظواهر الاجتماعية كأشياء .

ب- التحرر من الأفكار المسبقة حول الظاهرة محل البحث.

ج- حصر موضوع البحث في طائفة خاصة من الظواهر التي سبق تعريفها ببعض الخواص الخارجية المشتركة بينهما.

د- ملاحظة الظواهر الاجتماعية من الناحية التي تبدو فيها مستقلة عن مظاهرها الفردية.

أما بالنسبة لقواعد تفسير الظاهرة الاجتماعية فهي:

أ- البحث عن سبب cause وجود الظاهرة، وعن وظيفتها المجتمعية، مع التمييز بين الشيئين وعدم الخلط بينهما.

ب- يجب تفسير الظواهر الاجتماعية بظواهر اجتماعية مثلها حيث أن الفرد لا يصلح أساساً لتفسير ظواهر الاجتماع.

ومن هنا كان يرى بأنه "يتوجب على السوسيولوجيا أن تحكم أسلوبيتها الخاصة

تتقنها قبل أن تقوم بأي نشاط آخر، وينبغي ألا تهجم على دراسة الحوادث الإنسانية اعتباطاً).

**المطلب الثالث : تصنيفات مناهج البحث الاجتماعي**

لقد أدى الأخذ بطرائق العلم للوصول إلى الحقيقة في مجال الظواهر الطبيعية والاجتماعية وإلى تسمية هذه الطرق بالمنهج العلمي، وبهذا المعنى يصبح للمنهج العلمي مفهومان: مفهوم ابستيمولوجي يعني طرائق تحليل الظواهر انطلاقاً من أسس المعرفة العلمية، ومفهوم آخر إجرائي وهو الإجراءات التي يلجأ إليها الباحث في التعامل مع ظاهرة ما في علم ما موظفاً المبادئ العامة للمعرفة العلمية، ويمكن القول أن الطرائق تتميز عن التقنيات على الأقل " من حيث ما تبلغه من عمومية تجلعها صالحة لجميع العلوم أو لقسم مهم منها" (46) وعلى هذا يمكن القول أن الفرق بين القول بمنهج العلوم الاجتماعية والقول بمناهج العلوم الاجتماعية، هو بمثابة الانتقال من المبادئ العامة إلى التقنيات ذات الخصوصية.

وعلى هذا الأساس يقول كارل بوبر (بوحدة المنهج) ، فهو مع اعترافه بوجود مناهج متعددة بتعدد العلوم بل بتعدد الظواهر في العلم الواحد، إلا أنه يقول أن كل هذه المناهج تنتمي إلى منهج واحد علمي، حيث ترجع إلى التفسير العلمي الاستنباطي والتنبؤ والاختبار.

إن توفر مجموعة من المبادئ والقواعد الخاصة بالمنهج العلمي لا يعني بالضرورة أن كل العلوم ملزمة بالأخذ بمنهج واحد، بل توجد عدة مناهج، وحتى بالنسبة للعلم الواحد والظاهرة الواحدة قد تلجأ إلى أكثر من منهج، فالمنهج ما هو إلا أداة لتحقيق الموضوعية، والوصول إلى الحقيقة، وعلى الباحث أن لا يتقيد بمنهج محدد بل يوظف المنهج، أو المناهج الأكثر مناسبة لطبيعة العلم الذي يعمل فيه ولطبيعة الظاهرة التي يتعامل معها، ما دامت كل هذه المناهج تلتزم بأصول المنهج العلمي، بالمبادئ العامة، وليس بالجزئيات.

إن كوننا نستعمل مصطلح المنهج العلمي، فما ذلك إلا لتمييزه عن مناهج أخرى غير علمية، ولكن القول بالأخذ بالمنهج العلمي لا يعني الوصول إلى اليقين المطلق، بل إن الشك، والقابلية للتغيير والتطوير التي هي سمات أساسية للعلم تنطبق أيضاً على

المنهج، إن أهمية الأخذ بالمنهج العلمي بمفهومه العام تكمن في تميزه عن المناهج غير العلمية، وفي ذلك يقول كوهين وناجيل Cohen and Nagel " إن المناهج الأخرى جامدة كلها، بمعنى أننا لا نجد واحدا منها يعترف بأنه قد يؤدي إلى خطأ، ومن ثم فإنها جميعاً لا توفر الضمانات اللازمة لتصحيح أخطائها. أما ما يطلق عليه المنهج العلمي فإنه يختلف جوهرياً عنها من حيث أنه يشجع على الشك ويساعد على تنميته إلى أقصى حد. لذلك فإن ما يبقى بعد التعرض لمثل هذا الشك يكون دائماً مدعماً بأفضل الأدلة المتوفرة، وإذا ظهر دليل جديد، أو ثار شك جديد، فإن جوهر المنهج العلمي يقضي- بتضمينها - أي جعلها جزءاً متكاملاً مع المعرفة المتوفرة حتى ذلك الوقت - هذا المنهج إذن، يساعد على تطوير العلم، لأنه لا يثق أبداً في نتائجه أكثر مما ينبغي(47).

وبداهة إذا كان هذا القول يصدق على المنهج العلمي في كافة العلوم بما فيها العلوم الطبيعية التي لها تاريخ طويل وقواعدها، وظواهرها أكثر ثباتا واستقراراً فبالأحرى أن يكون أكثر انطباقاً على العلوم الاجتماعية التي هي أحدث عهداً وظواهرها أكثر تعقيداً، وقوانينها أكثر قابلية للتطور. إن إشكالية المنهج تبقى مطروحة في العلوم الاجتماعية لحداثتها من جانب وتعقد ظواهرها من جانب آخر، وقد قال هنري بوانكاريه Poincare منذ أوائل القرن عن علم الاجتماع " أنه العلم الذي يضم أكبر عدد من المناهج، وأقل عدد من النتائج".

وفي الواقع أنه لا يوجد منهج واحد في العلوم الاجتماعية وأنما مناهج تتعدد بتعدد أغراض ومجالات العلوم الاجتماعية بل أنها تتعدد أيضاً بتعدد البيئات الاجتماعية، والمصالح والأيديولوجيات. فإذا كان هدف المنهج العلمي في العلوم الاجتماعي هو الوصول إلى الحقيقة فإن الحقيقة في هذا الميدان نسبية ومؤدلجة.

وفي هذا يقول تيزيني " نحن نعيش الآن مرحلة تعددية لا يستطيع أي منهاج أن يدعو لنفسه السيادة والتفرد في أي مجال، إلا شيء يحول بين الباحث في هذا الميدان المعقد والمتنوع وبين أن يسلك أي طريق يتيح له بلوغ غايته في الفهم والتفسير والقدرة على توقع الظواهر، فالمقاييس المنهجية ليست في مأمن من كل نقد إذ يمكن إعادة النظر فيها وفحصها وتحسينها وتعويضها بأفضل منها(46).

طرحت المشكلة لأول مرة على مستوى أيهما الأكثر أهمية، البحوث التجريبية أو

البحوث النظرية؟ ففي الولايات المتحدة الأمريكية مثلاً أعطيت الأهمية منذ بدايات القرن للبحوث التطبيقية (التجريبية) في مجال البحث الاجتماعي. وخصوصاً التي توظف المناهج الكمية، حيث يرى تشابين 49) Chapin) أن المعالجة الكمية تساعد الباحث الاجتماعي على فهم مدى تنوع الظواهر الاجتماعية وفهم خصائصها المشتركة، وقد وضع قواعد جديدة للتصميمات التجريبية، ووسع من نطاق التجارب لتشمل مختلف الميادين الاجتماعية.

إلا أنه ومنذ الثلاثينات ارتفعت أصوات عديدة تحذر من الإغراق في البحوث التطبيقية Applied Research أو الإمبريقية في دراسة الظواهر الاجتماعية، من منطلق أن البحث الأمبريقي المحضي- يجرد الظاهرة من أبعادها التاريخية وخصوصيتها الإنسانية، فدعا بارسونز Parsons إلى ضرورة وجود ارتباط ما بين النسق النظري والمفهومات الإجرائية، وفكرته تبنى على أن " النسق النظري يجب أن يوضع وبقدر الإمكان في إطار مقومات إجرائية أصيلة، والمطمح هو الحصول على مقولات نظرية تتسم بما يسمح بأن تنتج على الفور، وبإجراءات الملاحظة، القيم الأمبريقية للمتغيرات المعنية. وفي ميادين قليلة نسبياً للعلم الاجتماعي من الممكن الاقتراب، ومن هذا ، ولكن بمزيد من التطور على الجانب النظري، وباختراع إجراءات تجريبية جديدة والملاحظة أيضا (50).

أما ميرتون Merton فقد رأى أن التركيز على قضية المنهج يعكس متاعب علم لم ينضج بعد، ودعا إلى ضرورة الجمع بين المناهج النظرية والمناهج الميدانية. ففي كتابه النظرية الاجتماعية، والبناء الاجتماعي، 1951 يقول : " إن نموذج المنظر الاجتماعي الذي يحلق في سماء الأفكار التي لا تدنسها الوقائع يصبح بالياً بنفس السرعة التي تصيب أي باحث يتسلح بصحيفة استبيان، وينكب على إحصـــاءات منعزلة لا معنى لها" (51).

وهذا التخوف من تطبيقات المنهج التجريبي - التطبيقي - سبق لأوغست كونت أنْ حذر منه حيث كتب يقول : " لا يصح أن ندرس المنهج بمعزل عن الأبحاث التي يستخدم في سياقها، إذا ما نحصل عليه، في هذه الحال، لن يتعدى كونه دراسة ميتة تعجز عن تلقيح الذهن الذي ينكب عليها، وكل ما يمكننا أن نحكيه عنه من كلام واقعي لن يتخطى هو أيضاً، عندما تتناوله في لحاظ التجربة، العموميات الشديدة الإبهام التي لن يكون لها أي أثر على النظام التفكري".

ومن هنا فقد حبذ الأخذ بالمناهج النظرية والتجريبية في نفس الوقت، أي ضرورة الانطلاق من الوقائع إلى المبادئ تارة ومن المبادئ إلى الواقع تارة أخرى.

ويؤكد بورديو - وزملاؤه - على قول كونت، حيث بعد أن ينتقد دعاة المنهج التجريبي الصارم - يذهب إلى أنه يجب أن لا نهمل مثلاً أية أداة من الأدوات المفهومية أو التقنية التي تعطي لعملية مصادقة التجربة ما لها من دقة وقوة (52). ومن هنا تأتي ضرورة الجمع بين النوعين، فالبحوث التطبيقية أو الميدانية بحاجة إلى إطار نظري أو معرفي تسير على هديه. كما أن نتائج البحث الميداني يجب أن تصاغ في إطار نظري لتوظف لاحقاً لخدمة باحثين آخرين، وخدمة المجتمع. والبحوث النظرية لا يمكنها أن تحلق في فراغ وتنفصل عن الواقع لأن كما سبق أن ذكرنا النظرية العلمية هي التي تثبت قدرتها على التعامل مع الواقع "لأن العلاقة بين النظرية والميدان، علاقة جدلية كل منهما يثري الآخر. حيث لا يمكن لرجل الميدان دراسة الواقع دون الاستنجاد بتصور نظري يساعد من جهة في تحديد موضوع البحث، ومن جهة أخرى في تفادي الخلط والتداخل بين الأشياء (53).

أيضاً يميز البعض بين مناهج البحث، وبين المداخل المنهجية، فالأولى وكما عرفناها هي الطرق المؤدية للوصول إلى الحقيقة باستعمال أدوات معرفية محددة، أي هي تقنية البحث. أما المداخل المنهجية أو الأطر المنهجية فهي أكثر شمولية ويقصد بها القواعد، والمخططات المستخدمة في رؤية الظواهر الاجتماعية (54).

يصنف محمد علي هذه المداخل إلى ثلاثة مداخل رئيسية وهي:

أ- المداخل الكلاسيكية، وهذه تنقسم بدورها إلى: الاتجاه التطوري التاريخي، والاتجاه المقارن، والاتجاه الشكلي أو الصوري.

ب- المداخل الذاتية، وتقوم على أساس نظرية الفهم كعملية معرفية لا غنى عنها.

ج- المداخل الموضوعية ، وتقوم على أساس أن الخبرة الواقعية هي مصدر المعلومات في كافة فروع العلم (55).

أما محمد الجوهري و (آخرون) فإنهم يميزون بين عدة اتجاهات ، أو اطر منهجية وهي:

أ- الاتجاه التاريخي: الذي ظهر بداية في كتابات علماء الاجتماع الأوائل.

ب- الاتجاه المقارن: وهو ما دعا إليه دوركايم الذي لاحظ أن الطريقة الوحيدة لاثبات أن ظاهرة معينة هي السبب في حدوث ظاهرة أخرى، تتمثل في فحص حالات توجد فيها هذه الظاهرة وحالات أخرى لا تتحقق فيها، وذلك حتى يمكن عن طريق المقارنة كشف ارتباطاتها.

ج- الاتجاه الوظيفي: الذي جاء كرد فعل للتطورية ، ويدرس أصحاب هذا الاتجاه الكيفية التي يسهم بها النظام في حفظ المجتمع، وبقائه بغض النظر عن الأعضاء ومن ثم فإنهم يدرسون الطريقة التي توجد بها البناءات الاجتماعية، وتتكامل لكي تحفظ وحدة المجتمع كنسق كلي أو كائن عضوي(56).

د- الاتجاه التصوري أو الشكلي : وتطور في ألمانيا وخصوصاً على يد جورج زيمل 57) 1858 -1918 G.Simmel) وطبيعة عمل هذا الاتجاه هي دراسة صور وأشكال العلاقات والجماعات، وأنماط التفاعل الاجتماعي باعتبار أن الصور تختلف عن المضمون التاريخي. والمقصود بالصور هنا العنصر الذي يتحقق في الحياة الاجتماعية، ويكتسب خاصية الاستقرار النسبي، ويتخذ شكلاً نمطياً متميزاً عن المضمون، أو المحتوى الذي يخضع للتغير المستمر.

هـ- الاتجاه العلمي البحث : "ويتخذ هذا الاتجاه عدة صور فهناك فريق من علماء الاجتماع يتبنى مصطلحات علمية خالصة ويسعى إلى ترجمتها لمصطلحات اجتماعية. وفريق آخر يحاول إقامة فيزياء اجتماعية على أسس مماثلة للعلم الطبيعي، وفريق ثالث يدرس أبعاد المجتمع، وفقاً لنماذج رياضية احصائية (58).

ومن جهة أخرى يحدث لبس لدى البعض عند تصنيفهم لمناهج البحث، حيث يخلطون ما بين أنماط البحث أو أنواعه وبين مناهج البحث، فالأولى تقوم على أساس الهدف من الدراسة، وبالتالي تتميز التصنيفات بالمرونة والاتساع، مثل تقسيم البحث إلى بحوث كشفية، وبحوث وصفية، وبحوث تختبر فروضا سببية وغيرها.

أما مناهج البحث فهي أكثر دقة وتحديداً، حيث يقوم التقسيم على إساس الطريقة التي يتبعها الباحث لحل المشكلة، ومن هنا فقد يستعين الباحث في البحوث الوصفية مثلاً بمنهج أو أكثر من المناهج التي تصلح لهذا النوع من البحوث.

أيضاً يلاحظ أن بعض الكتاب لا يميزون بدقة ما بين منهج البحث من جهة وإدارة البحث من جهة أخرى، حيث نجد أن البعض يشير إلى الملاحظة المباشرة، وكأنها منهج قائم بذاته، وآخرون يتحدثون عن منهج المقابلة، ومنهج الاستبيان، وبينما هذه كلها مجرد أدوات للبحث توظف في خدمة منهج ما. فإذا كان المنهج هو الطريقة التي يسلكها الباحث للإجابة عن الأسئلة. والفروض التي تثيرها مشكلة البحث، أي أن المنهج مهمته الإجابة عن السؤال كيف سيحل الباحث المشكلة. فإن الإدارة هي الوسيلة التي يستعين بها الباحث لجمع البيانات اللازمة المتعلقة بموضوع البحث بمعنى آخر أن الأداة تمثل الإجابة على السؤال بماذا سيحل الباحث المشكلة؟ (59).

وبصورة عامة يرجع لكل باحث حرية اختيار المنهج أو المناهج التي يراها أكثر قدرة على توصيله للحقيقة، وتسهل له عملية كشف وجمع البيانات اللازمة لحل مشكلة بحثه والخروج وبالنتائج المتوخاة.

أما بالنسبة لأنواع وتصنيفات مناهج العلوم الاجتماعي فهي متعددة، بل أنها متعددة بتعدد الكتاب، والباحثين ومع أننا سنعالج بعض (المناهج النظرية)، فأننا سنولي اهتماماً أساسياً بمناهج البحث الامبريقي، أو الميداني باعتبار أن تباين المجتمعات. وتباين الظواهر الاجتماعية، يجعل الاقتصار على الجانب النظري قاصراً على فهم الواقع، وتفسير مكوناته والتنبؤ وصيرورته.

ولكن حتى على مستوى تصنيف مناهج البحث الاجتماعي الامبريقي، تتعدد التصنيفات، فبالنسبة للكتاب العرب، نذكر منهم ما يلي:

**أولاً:** يقسم حسن الساعاتي في كتابه (تصميم البحوث الاجتماعية) مناهج البحث الاجتماعي إلى منهجين: وهما المنهج التجريبي، والمنهج التجربي.

ثانياً: أما طلعت عيسى في كتابه (البحث الاجتماعي) فيقسم المناهج إلى ستة وهي:

1- منهج دراسة الحالة.

2- منهج المسح الاجتماعي.

3- المنهج التاريخي.

4- المنهج التجريبي.

5- المنهج الاحصائي.

6- المنهج المقارن.

ثالثاً: ويقسمها عبد الرحمان البدوي في كتابه (مناهج البحث الاجتماعي 1963) إلى ثلاثة مناهج وهي:

1- المنهج الاستدلالي.

2- المنهج التجريبي

3- المنهج الاستردادي.

رابعاً: وفي كتابه (أصول البحث الاجتماعي 1977) ، يقسم عبد الباسط حسن المناهج إلى أربعة وهي:

1- منهج المسح.

2- منهج دراسة الحالة.

3- المنهج التاريخي.

4- المنهج التجريبي .

خامساً: ومحمد الجوهري (وآخرون) في مؤلفهم : (دراسة علم الاجتماع)، 1675 فتحت عنوان مناهج البحث الاجتماعي يوردون ما يلي:

1- الدراسات الكشفية الصياغية والوصفية، ومن نماذجها أو طرقها: المسح، ودراسة الحالة.

2- المنهج التاريخي.

3- المنهج التجريبي.

4- المنهج الأنتروبولوجي.

سادساً: أما محمد علي محمد في كتابه ( مقدمة في البحث الاجتماعي)، 1982 فيقسم المناهج إلى أربعة وهي:

1- المنهج التاريخي .

2- البحث الوصفي .

3- المنهج التجريبي والتحقق من صحة الفروض السببية.

4- الدراسة المقارنة للنظم الاجتماعية.

أما بالنسبة للمؤلفات الأجنبية فستقتصر على مؤلفين وهما:

سابعاً: تصنيف وتيني (60) Whiteney

1- المنهج الوصفي.

2- المنهج التاريخي .

3- المنهج التجريبي.

4- النمط الفلسفي للبحث.

5- النمط التنبؤي للبحث.

6- النمط السوسيولوجي .

7- النمط الإبداعي.

ثامناً: وأخيراً يصنف أرمان كوفيليه في كتابه ( مدخل إلى علم الاجتماع) المناهج إلى أربعة مناهج:

1- منهج الإحصاء الفردي

2- المنهج التاريخي المقارن.

3- المنهج الإحصائي.

4- منهج وصف خصوصيات الشعوب.

بالإضافة إلى ذلك يمكن تقسيم المناهج حسب مجالات التخصص العلمي. حيث نجد مناهج البحث في التربية، ومناهج البحث في السياسة، ومناهج البحث في الإعلام، ومناهج البحث في العلاقات الدولية، ومناهج البحث في علم الاجتماع وهكذا، ونلاحظ أن غالبية هذه المناهج تتشابه في المبادئ العامة التي تأخذ بها والاختلافات تقتصر على بعض الإجراءات التي تخص علماً دون آخر نظراً لخصوصية الظاهرات التي يهتم بها كل علم.

ونظراً لصعوبة معالجة كل هذه المناهج، فسنقتصر على معالجة المناهج التالية:

- منهج الأنماط المثالية.

- المنهج البنيوي الوظيفي .

- منهج المسح.

- منهج دراسة الحالة.

- المنهج التاريخي.

- منهج تحليل المضمون.

- المنهج التجريبي

- المنهج المقارن.

## المبحث الرابع

### حدود تطبيق المنهج العلمي في دراسة المجتمع

كما سبق الإشارة فإن المنهج العلمي بدأ يغزو العالم الطبيعي قبل أن يؤخذ به في العلوم الإنسانية، ذلك أن الظواهر الطبيعية كانت أول التحديات التي واجهت الإنسان وسعى إلى فهمها، كما أن طبيعة الظواهر الطبيعية المتسمة بالثبات Reliability والحياد عن رغبات الإنسان تجعلها أكثر قدرة على التعامل مع شروط ومتطلبات المعرفة العلمية.

وقد وقف العلماء في البداية موقف المشكك والمعارض لتطبيق المنهج العلمي في مجال العلوم الإنسانية من منطلق أن الطبيعة البشرية لا تقبل الضبط والتكميم أو التجريب، إلا أن الإنجازات التي حققتها الطرق العلمية لدراسة وفهم المجتمع أضعفت معسكر المشككين، وأكدت إمكانية تطبيق قواعد المنهج العلمي في دراسة المجتمع، ولكن ليس بنفس الطريقة التي تدرس بها الظواهر الطبيعية، مع الإقرار بأن هناك حدود ومحاذير يجب أن يؤخذ بها عند تطبيق قواعد المنهج العلمي.

وقد سبق أن اشرنا إلى بعض الحدود التي يجب أخذها بعين الاعتبار عند الحديث عن معرفة علمية اجتماعية، فمفاهيم التعميم والدقة والتبنؤ، والنظرية، والقوانين، لا يتم التعامل معها في العلوم الإنسانية بنفس الطريقة، وبنفس الفهم الحادث في العلوم الطبيعية.

يواجه تطبيق المنهج العلمي في العلوم الاجتماعية نوعين من التحديات، الأول:

يتعلق بطبيعة العلوم الاجتماعية وبالتالي خصوصية الظاهرة الاجتماعية، والثاني: موقف الباحث من موضوع بحثه (الموضوعية)، كما أن الموضوعية المعتمدة على العمل الوضعي - التجريبي - تعرضتا لانتقادات شديدة، من طرق مدارس فكرية متعددة، سنشير إلى أهمها.

## المطلب الأول: خصوصية الظاهرات الاجتماعية

### - موضوع البحث -

العلوم الاجتماعية حديثة النشأة، وبالتالي رصيدها من الاهتمام العلمي متواضع - مع أنه حدث في اليونان القديمة ومع أفلاطون وأرسطو أن كانت المعرفة العلمية الاجتماعية وخصوصاً في السياسة، متقدمة جداً - لأنه إلى حد قريب كانت تدرس في إطار المعرفة الفلسفية، على العكس من ذلك فإن للعلوم الحقة تاريخ طويل ورصيد معرفي علمي مهم. ولا تعود حداثة العلوم الاجتماعية إلى حداثة الظواهر الاجتماعية، فهذه الأخيرة قديمة قدم الإنسان على الأرض، بل تعود إلى خصوصية الظاهرات الاجتماعية التي تجعل بعض المفكرين يتحفظون في استعمال مصطلح العلوم الاجتماعية، فعندما سئل كلود ليفي ستراوس. هل تعتبر أن العلوم الإنسانية علوم؟ أجاب: " لا أعرف ما إذا كان من اللازم القول مع الأسف، ولكنها على كل حال بعيدة أن تكون كذلك، لقد توصلت العلوم الفيزيائية والطبيعية إلى هذا المستوى بقدرتها على التوصل - بالنسبة لكل صنف من المشاكل - إلى عزل عدد صغير من المتغيرات الدالة ضمن ظواهر معقدة، أما نحن رجال العلوم الإنسانية، أو التي تزعم ذلك فنحن مسحوقين ومغمورين من طرف عدد التغيرات التي هي في النهاية لدينا أكثر ارتفاعاً بما لا يقبل المقارنة.

ومن ناحية أخرى، فالعلم يدرس موضوعات، ومن العسير على الإنسان على وجه الخصوصة أن يقبل بأن يكون موضوعاً لنفسه، وذلك بالتخلي عن وجوده كذات فاعلة، لأنه موضوع في نفس الوقت (61).

فإذا كان البعض يشكك بإمكانية إخضاع المجتمع لشروط العلم وضوابطه فبالأحرى أن يتم التشكيك بتطبيق قواعد المنهج العلمي وهذا ما نجده عند كارل بوبر الذي يرى أن

محاولة العلماء الاجتماعيين لتوظيف مناهج العلوم الطبيعية على العلوم الاجتماعية لم يحقق نجاحاً ما عدا ما حققه من نجاح متواضع في مجال الاقتصاد حيث يقول: " ولما صار هذا الفشل موضوعاً للمناقشة، تساءل الناس من فورهم عن إمكان تطبيق المناهج الفيزيقية أصلاً عن العلوم الاجتماعية: تساؤلوا : ألا يمكن أن يكون الإصرار العنيد على تطبيقها هو السبب فيما ظلت عليه هذه العلوم من حالة تدعو إلى الأسف الشديـــــد؟" (62).

ويرى بوبر أن ما يحوّل دون تطبيق المناهج العلمية في العلوم الاجتماعية، هو اختلاف العلوم الطبيعية عن العلوم الاجتماعية، فالقوانين، والتعميم والتجربة، والتنبوءات الدقيقة، والموضوعية، كلها أمور تأخذ شكلاً مغايراً في العلوم الاجتماعية، ففي هذه الأخيرة، القوانين تتميز ببنية تاريخية، والتصميم أقل إمكانية، والتجربة أكثر صعوبة، والتنبؤ غير مضمونة نتائجه (63).

يمكن أن نلخص خصوصية الظاهرة الاجتماعية بما يلي:

**1- تعقد الظاهرة الاجتماعية، وتعدد متغيراتها**

الظواهر الاجتماعية تتعلق بالأفراد، والجماعات وهؤلاء يختلفون فيما بينهم من النواحي النفسية والاجتماعية والطبيعية، كما أنهم يتأثرون في نفس الوقت بالظروف الثقافية التي تسود المجتمع، كالعادات، والتقاليد والنظم السياسية، والمكانة الاجتماعية، أضف إلى ذلك تأثيرات المناخ والبيئة، لكل ذلك فإن الفعل الاجتماعي غاية في التعقيد ويصعب الحكم أي من هذه المتغيرات variables هي السبب، أو المتغير الرئيس في حدوث الفعل الاجتماعي.

إلا أن الرد على القائلين بهذا العائق أمام تطبيق قواعد المنهج العلمي، هو أن التعقيد الملاحظ يرجع لحداثة التعامل مع الظواهر الاجتماعية تعاملاً علمياً، وأن تراكم المعرفة، وازدياد الاحتكاك بالمجتمع بوسائل علمية كفيلان بزيادة فهم المجتمع، وفهم ظواهره، ففهم ووضوح الظواهر الطبيعية يرجع إلى تاريخ طويل يحسب بالقرون من التعامل، مع هذه الظواهر ومحاولة فهمها.

## 2- صعوبة ملاحظة الظاهرة الاجتماعية

يرى المشككون لتطبيق قواعد المنهج العلمي في دراسة المجتمع، أن من قواعد هذا المنهج قابلية حصر الظاهرة واخضاعها للملاحظة، والملاحظة المقصودة هنا هي الملاحظة العلمية المباشرة.

فلا يمكن اخضاع ظاهرة ما للبحث أن لم نحصر هذه الظاهرة ونكون قادرين على ملاحظتها في كل مراحل تطورها. ففي العلوم الطبيعية مثلاً تكون الملاحظة متيسرة، فالظاهرة تحتفظ بمواصفاتها لمدة طويلة من الزمن، وتتصف بنفس المواصفات حتى في حالة حدوث تغيرات، لأن هذه التغيرات تكون معروفة أو متوقعة سلفاً لمعرفة أسبابها.

أما في العلوم الاجتماعية فإن العالم أو الباحث يكون حقل ملاحظته المباشرة أكثر صعوبة، فكثيراً ما تكون الظواهر الاجتماعية معنوية وقيمية، كما أن الباحث لا يستطيع أن يلمس الظاهرات التي حدثت في الماضي، ولا يستطيع أن يكرر بالتجربة ظاهرة سبق حدوثها، لأن الظاهرة الاجتماعية تحدث مرة واحدة ولا تتكرر، فالتواتر الملاحظ على الظواهر الاجتماعية لا يعني التشابه التام بينهما. أضف إلى ذلك أن الإنسان جوهر الظاهرة الاجتماعية يستطيع أن يصطنع أشكالاً للتصرفات والسلوك لا تعبر بالضرورة عن قناعاته الشخصية وتوجهاته العقلية، وبالتالي لا تكون الظاهرة تعبر تعبيراً حقيقياً عن ا لواقع، إن الإنسان لا يتميز عن المخلوقات الأخرى بأنه حيوان ناطق وعاقل بل هو حيوان كاذب أيضاً.

كما أن الوقائع أو الظاهرات الاجتماعية يختلف فهمها من شخص إلى آخر، ومن مجتمع إلى مجتمع، بل تختلف بالنسبة للشخص الواحد من ظرف إلى ظرف، وهذا لا يعني أن الظاهرة الاجتماعية ظاهرة فوضوية. بل معناه أنها متنوعة، وملاحظتها أكثر صعوبة(64).

## 3- صعوبة إجراء التجارب في العلوم الاجتماعية.

إخضاع الظاهرة للتجربة للتأكد من صحة الفروض، شرط من شروط المنهج العلمي. وللتجربة شروط وهي قدرة الباحث على التحديد والضبط، والتحكيم في الظاهرة محل البحث، وضبط كل المتغيرات المؤثرة فيها، إلا أنه في العلوم الاجتماعية

يصعب إخضاع الظاهرة الاجتماعية للتجربة، لأنها تتعلق بالإنسان بسلوكه ومشاعره، وهذه أمور يصعب ضبطها، ويستحيل أن يطلب الباحث من إنسان تكرار فعل اجتماعي بهدف أن يجري عليه التجارب، كما أن الظاهرة الاجتماعية تتغير ما بين وقت ملاحظتها ووقت عزم الباحث عن دراستها علمياً.

إن المنهج التجريبي يقوم على فكرة، أن الأمور المتماثلة تحدث في الظروف المتماثلة. وهذا غير قابل للتطبيق لفرادة الظاهرة الاجتماعية، وصعوبة تكرارها بنفس الصورة. أضف إلى ذلك أن التجربة تحتم على الباحث أن ينتزع عنصر - أو عناصر - من موقف كلي عام ويخضع هذا العنصر للتجربة، وهذا يستحيل تطبيقه على الظواهر الاجتماعية لتعقدها ، وتداخل المتغيرات أو العوامل المشكلة لها.

يرَّد على هذا الانتقاد بأنه ليس شرطاً أن يكون للتجربة نفس مفهومها في العلوم الطبيعية، بل يمكن أن تستخلص التجارب من التاريخ، وعن طريق المقارنة بين المجتمعات. كما أنه يمكن استعمال المنهج التجريبي في بعض الحالات، دون أن تكون النتائج بنفس دقة النتائج المستخلصة من التجارب في العلوم الطبيعية (65).

4- عدم دقة القوانين والنظريات الاجتماعية

المعرفة المحصل عليها نتيجة البحث لا تذهب هباء بل تصاغ في قوانين ونظريات، تساعد على التنبؤ، وتفسر بها ظاهرات اجتماعية مماثلة.

إلا أن المعارضيين لتطبيق المنهج العلمي في دراسة المجتمع يرون صعوبة الوصول إلى قوانين تشبه في دقتها قوانين ونظريات العلوم الطبيعية، ويرجعون ذلك لعدة أسباب :

أ- عدم استقرار المجتمعات على حالها، فالتعبير والتطور من سنن الحياة الاجتماعية، الأمر الذي يعني غياب الأطراد الطويل الذي يصلح أن يكون أساساً للتعمليات بعيدة المدى - القوانين والنظريات - ومع ذلك فقد أشرنا إلى أن القوانين، والنظريات العلمية نسبية، وقابلة للتغير.

ب- عدم خضوع الظواهر الاجتماعية لمبدأ (الحتمية) الذي تخضع له الظواهر الطبيعية، لأن الظواهر الاجتماعية محورها الإنسان، وهذا الأخير يملك حرية التصرف المستقل. وهو يغير سلوكه من وقت لآخر تبعاً للظروف المحيطة

والذاتية، وهي متعددة. ولذا من المستحيل التنبؤ بسلوك الإنسان، ووضع مبادئ عامة - قوانين ونظريات - لهذا السلوك.

ج- حيث إن الإنسان يملك العقل، والإدراك فإنه يستطيع أن يستبق الأمــور، ويبطل الأشياء المتنبأ بها أو يؤكد حدوثــها فإذا قلنا أن أحد الســلع الموجودة في الأسواق ستختفي بعد شهر، يسارع الناس لشرائــها وتختفي من السوق (60).


**المطلب الثاني : موقف الباحث من موضوع بحثه الموضوعية Objectivity**

يتعلق بالنوع الثاني من الصعاب التي تصاحب عملية تطبيق المنهج العلمي في دراسة المجتمع بالعوامل التي تـؤثر عـلى الباحث نفسه، والتي قد تبعده عن الحكم الموضوعي وتجعله منساقاً وراء غرائزه ، ومصالحه وقيمه، أي الجانب الـذاتي مـن عملية البحث أي أن يكون الباحث موضوعياً. والموضوعية تشتق من الوضعية، التي كما سبق الذكر، لا تولي أهمية إلا للواقع وتتجاهل الذات الإنسانية المتفاعلة مع هذا الواقع، فهي ضد النزعة الذاتية.

فكون الباحث جزءاً من الظاهرة الملاحظة يؤثر ويتأثر بها لارتباطه بالواقع الاجتماعي سواء عـلى مسـتوى الوضع العـائلي أو جنسه ، أو وضعه الطبقي ، أو الوضع الاجتماعي، أو الإنتماء القومي، أو الطائفي، أو فكره السياسي أو الاجتماعي.. كـل ذلك يحد من ضمان نقاء الوعي أو حياده بالمعنى العلمي.

فالإنسان بطبيعته ميال إلى إسقاط وضعه الاجتماعي، أو مصلحته عـلى الأفكـار، فتكـون نتـائج البحـث متحيـزة، لا تعكس بالضرورة واقع الظاهرة المبحوثة، بل تعبر عن رؤية الباحث لهذا الواقع.

نبه المفكرون المسلمون إلى ضرورة تـوفر صـفات وخصـائص في الشخص الباحـث، فيقول حسن بـن الهـيم (965- 1039)م ونجعل غرضنا في جميع ما نستقريه ونتبعه استعمال العدل لا اتباع الهوى، ونتحرى في سائر ما نميزه وننقده طلب الحـق لا الميل مع الآراء  ((وليس ينال في الدنيا أجود ولا أشد قربه إلى الـله من هذين الأمرين)). وفي نفس الموضوع يـرى البـيروني (362- 440)  هـ : " أن التوصل إلى الحقيقة يقتضي تنزيه

النفس عن العوارض المردية لأكثر الخلق، أو الأسباب المعمية لصاحبها عن الحق، وهي العادة المألوفة والتعصب والتظاهر وإتباع الهوى، والتغالب بالرياسة وأشباه ذلك".

لقد شغلت مشكلة الموضوعية اهتمام العديد من المفكرين والعلماء الاجتماعيين المتطلعين إلى تطبيق قواعد المنهج العلمي المعروفة في العلوم الاجتماعية، وكانت الآراء منقسمة ما بين تيارين، تيار يرى إمكانية الالتزام بالموضوعية في البحث الاجتماعي، وتيار يشكك في إمكانية الالتزام بالموضوعية في البحث الاجتماعي، وتيار يشكك في إمكانية الالتزام بها. وفي الواقع فإن التباين بين التارين يرجع إلى نظرتين مختلفتين إلى المعرفة العلمية والحقيقة العلمية - سبق أن تطرقنا إلى الموضوع- الأولى: ترى أن المعرفة العلمية - وخصوصاً هذه النظريات والقوانين - تملك الحقيقة المطلقة، وبالتالي لا تقبل تعدد الآراء، والمواقف وأن وجود أكثر من موقف، أو نظرية حول الموضوع الواحد يثير الشكوك حول مصداقيتها، وحول موضوعية الباحث بشكل عام. أما النظرية الثانية: فهي أقرب إلى الصحة المعقولية وهي التي ترى في المعرفة العلمية، وبالتالي في النظريات والقوانين والتعميمات الناتجة عن البحث العلمي حقائق نسبية أو فروض قابلة لإعادة النظر وقابلة للتعايش مع فروض تملك وجهة نظر مخالفة .

لقد سبق وأن بينا أن المعرفة العلمية بما تشتمل من نظريات، وقوانين لا تعني بالضرورة امتلاك الحقيقة المطلقة بل إن الحقيقة العلمية هي دائماً تقبل إعادة النظر، فإن يكون الباحث موضوعياً لا يعني أن يكون فكره، أو نتائج بحثه مطابقين تماماً للواقع، وحتى وأن تطابق الفكر مع الواقع الراهن للظاهرة في مكان محدد فليست هناك ضمانة أن يكون هذا الفكر مطابقاً للواقع بعد مرور الوقت، أو قادراً على تفسير نفس الظاهرة في بيئة مغايرة.

وقد اعتبر أوسكار لانجه أن الخلافات في الرأي " طبيعة تماماً في تطور العلم، إذ أنها تنبثق عن الطبيعة الجدلية للمعرفة، حيث يتكون الفكر الإنساني من خلال التفاعل المتبادل بين الإنسان والواقع المحيط به، فالمعرفة تتطور من خلال التعارض بين نتائج المشاهدات والتجارب الجديدة، والأفكار، والنظريات العلمية القائمة من قبل (67).

مما لا شك فيه أن تعدد الآراء لا يشكل أي تعارض مع الموضوعية العلمية، ولا

يعتبر تحيزاً أو ابتعاداً عن متطلبات البحث العلمي، لأن التعديدية هنا صراع من أجل الوصول إلى الحقيقة، أما التحيز أو انتفاء الموضوعية المتعارض مع المعرفة العلمية فهو التحيز الذي يبعد الباحث عن فهم الواقع على حقيقته عمداً، وأن كان يفهم الواقع فإنه يتعمد أعطاء صورة عنه على خلاف حقيقته.

ويكون هذا بفعل الإيديولوجية أو (الوعي الكاذب) Ideology والتي تطرق إليها بتوسع كارل منهايم K. Mannhcim. وقد ميز منهايم بين الإطار الكلي أو المفهوم الواسع للإيديولوجيا وبين الأيديولوجيا الجزئية أو الخاصة وكلا النوعين يعملان على تشويه الواقع ونقل صورة غير حقيقة عنه. فالإيديولوجيا الكلية هي التي لا تقتصر على شخص واحد بل تشمل مجتمع، أو طبقة بكاملها فهي تعبر عن بنية عقلية فكرية يكون الشخص - الباحث في موضوعنا - منساقاً بقوة دفعها وبسيطرتها على تفكيره وسلوكه وتأتي تفسيراته. وتحليلاته للظاهرة موضوع البحث لا شعورياً متأثرة بالإيديولوجيا التي ينتمي إليها.

أما الإيديولوجيا الجزئية، فهي عبارة عن موقف واع يتخذه الباحث ويخفي من خلاله الحقيقة إن كان الإقرار بها يتناقض مع مصالحه، أو إذا كانت الحقيقة لا تتفق مع تصوراته وايديولوجيته الخاصة. فالإيديولوجيا الجزئية في هذه الحالة محاولات محسوبة لخداع الذات، وخداع الغير (68).

لا شك إن إثارة مشكلة الموضوعية في العلوم الإجتماعية وتخصيص مؤلفات عديدة لبحثها يؤكد على مدى الجدل الذي أثارته لدى الباحثين الاجتماعيين، وتؤكد على أن الموضوعية في البحث الاجتماعي هي ذلك المستحب صعب المنال، لأن أي باحث مهما ادعى العلمية والموضوعية، ومهما التزم بالقواعد الصارمة للمنهج العلمي، فإنه بوعي أو بدون وعي سيجد نفسه يعبر عن واقع ما، يؤيده، أو يرفضه، وحتى وأن اتخذ موقفاً محايداً في قضية مختلف بشأنها، فإن حياده يعد موقفاً بحد ذاته.

وفي هذا السياق يشرح كارل بوبر كيف أن عالم الاجتماع يصعب عليه أن يكون موضوعياً بالمطلق، ذلك أنه حتى لو طلبنا منه أن يقول الحقيقة باعتبار قول الحقيقة مقياس للموضوعية، إلا أن قول الحقيقة قد يصبح تحيزاً ذلك أنه " بالرغم من أنه قال الحق، فلسنا نستطيع أن نزعم بأنه لم ينحرف عن الموضوعية العلمية، ذلك لأنه حين

يتنبأ بشيء - وجاء المستقبل مؤيداً له - قد يكون عمل على الاتجاه بالحوادث في الوجهة التي يفضلها شخصياً69) ).

إلا أن ماكس فيبر وجد حلاً لهذه الإشكالية حيث يميز في كتابه (رجل العلم، ورجل السياسة) بين أحكام القيمة Jugements de valeur وأحكام العلم، فعالم الاجتماع ليس من اختصاصه اصدار قيمة أو تحديد أهداف اجتماعية، لأن هذه من اختصاص رجل السياسة، وإن كان من حق رجل العلم في حياته العادية أن يكون له انتماء أو موقف محدد، إلا أنه في إطار عمله العلمي - داخل الجامعة أو في إطار فريق بحث اجتماعي - عليه أن يتجرد من هذه الميول ويبتعد عن أحكام القيمة:

" إن اتخاذ موقف سياسي، هو شيء، والقيام بتحليل علمي للبنيات السياسية، وموقف الأحزاب هو شيء آخر تماماً".

إن على عالم الاجتماع ان يلتزم بالموضوعية التي تعني اتخاذ موقف محايد تجاه نسق القيم، وهو المبدأ الذي سماه فيبر " مبدأ التحرر من القيم (70).

وحتى نقترب أكثر من معنى الموضوعية، نميز بين التحيز المقصود للباحث أي التحيز الناتج عن فعل إرادي يقوم به الباحث بقصد تشويه الحقيقة ابتغاء مصلحة خاصة، أو تلبية لميول ايديولوجية خاصة، أو سعياً وراء الطريق السهل في البحث، والتحيز المرتبط بطبيعة علم الاجتماع باعتباره علم يهدف إلى منفعة اجتماعية أو هدف اجتماعي وبالتالي قد يكون لصالح فئة أو طبقة أو مجتمع على حساب الآخرين.

في النوع الأول نلاحظ أن التحيز، وبالتالي الخروج عن الموضوعية يصاحب الباحث منذ اللحظة الأولى للبحث حتى مراحله الأخيرة، فهي متاحة عند تحديد إشكالية البحث، فيمكن للباحث اختيار مشاكل ثانوية في المجتمع، وتجاهل مشاكل جوهرية. وعلى مستوى اختيار المراجع، وعلى مستوى وضع الفروض العلمية، وإذا اختار منهج البحث الميداني، فغياب الموضوعية يكون على عدة مستويات، مستوى اختيار عينة البحث، وعلى مستوى أداة جمع المعلومات - ملاحظة، مقابلة، أو استمارة - وعلى مستوى تحليل البيانات فقد يتحيز الإطار النظري على حساب آخر الخ (71).

إن هذا النوع من التحيز يمكن إدراكه، واكتشافه وإن كان من الصعب تجاهله، أو اسقاطه من الحسبان في أي بحث اجتماعي، لأنه من الصعب أن يفصل الباحث بين ذاته، وبين موضوع البحث بصفة نهائية.

أما النوع الثاني من التحيز، أو عدم الالتزام بالموضوعية في البحث الاجتماعي فهو يتعلق بعلم الاجتماع بحد ذاته، حيث يرى عديد من الباحثين الاجتماعيين أن العلوم الاجتماعية بطبيعتها متحيزة، وأن الإيديولوجيا محايثة للعلوم الاجتماعية، فهي شر لا بد منه في العلوم الاجتماعية، فالباحث الاجتماعي يصعب عليه أن يفصل مجالات: العلم، السياسية، الاقتصاد، الاجتماع، الأخلاق، والدين عن بعضها البعض، كما أنه لا يستطيع أن يجرد البحث الاجتماعي عن المنفعة أو المصلحة الاجتماعية، من منطلق أنه لا يوجد علم من أجل العلم، بل يوجد العلم من أجل المجتمع.

وفي هذا المجال يقول: دور كايم : " إن علم الاجتماع لا يستحق ربع ساعة من التعب، إن لم يكن قادراً على اثبات منفعة اجتماعية (71). أما رأيت ملز Wright Milles فقد أكد على أن " البحث السوسيولوجي اليوم موجود مباشرة لخدمة قادة الجيش والمرشدات الاجتماعية، ورؤساء المنشآت ومديري الاصلاحيات". نفس التأكيد على تغلغل الإيديولوجيا بمفهومها الكلي على عملية البحث الاجتماعي نجده في هذا المقتطف، حيث تصف " حركة تحرير علم الاجتماع الأمريكي" حال علم الاجتماع الأمريكي، حيث تقول : " إن علم الاجتماع يرتبط ارتباطاً وثيقاً بالأجهزة الحاكمة ولا تنفصل عن مصالح القوى المسيطرة في المجتمع الأمريكي، ويتضح ذلك من القيم، والمعتقدات السائدة بين علماء الاجتماع. ومن ولائهم لهذه الأجهزة، وعلى الرغم من ادعاء علماء الاجتماع لصفة الحياد، إلا أنهم يقومون بإجراء بحوث لصالح التنظيمات القوية في المجتمع، ويمدونها بالمعرفة التي تحتاج إليها السيطرة على مشكلاتها، وهم يضعون خبرتهم تحت تصرف النظام ويجعلون تطور علم الاجتماع يسير في الاتجاه الذي تحدده احتياجات الذين يمولونهم، وتحت تيار الحياد فشل علم الاجتماع، في أن يسهم بأي شكل في فهم مشكلات الفقراء والضعفاء، وفي مساعدتهم على التغلب على سيطرة ذوي النفوذ والقوة عليهم (72).

هل أن تحيز الباحث الاجتماعي لقضية اجتماعية، أو لفئة، أو لمجتمع بعيـــنه يعد تحيزاً وخروجاً عـن أصول البحـث العلمي، أو على حد تعبير بياجه (عنصرية اجتماعية) (73) . أم أن هذا لا يتنافى مع البحث العلمي، والموضوعية العلمية؟.

نعتقد أن أي باحث اجتماعي لا يعمل في فراغ بل في إطار مجتمع له مصالح وقيم، ومرتبط بأهداف، وعندما يلتزم الباحث بهذه القيم، والمصالح يخرج عن الموضوعية، ما دام يؤكد أن نتائج بحثه مقتصرة عـلى المجتمـع الـذي يقـوم بدراسـته ، وأن نتائج هذه الدراسة لا تلزم باحثي مجتمعات مغايرة، فالتعميمات المتوصل إليها نسبية المكان والزمان. ولكـن الخلـل يكمـن عندما تفرض هذه النتائج - نظريات أو قوانين - على مجتمعات أخرى وتعالج مشاكل هذه المجتمعات اعتماداً على نظريـات مستقاة من مجتمعات متغايرة، في هذه الحالة ستفقد النظريات علميتها ومصداقيتها، وستعجز عـن فهـم المشاكل وحلـها. وقد عانت شعوب العالم الثالث الكثير من المشاكل نتيجة اضفاء صفة العلمية والعالمية عـلى نظريـات اجتماعيـة - سياسية اقتصادية سوسيولوجية - مستجلبة من الدول المتقدمة، وتحت شعار علميتها، وعالميتها حاول البعض استعمالها لتحليل واقع دول العالم الثالث وإيجاد الحلول للمشاكل المستعصية فكان الفشل مصيرهم، سواء فيما يتعلق بنظريات التنمية والتحديث، أو النظريات الاقتصادية أو النظريات السياسية.

وأخيراً يمكن القول أن الإيديولوجيا تصاحب الباحث الاجتماعي، في كل خطوات بحثه، والحـديث عـن الموضوعية في العلـوم الاجتماعية يجب أن لا يكون له نفس دلالة الموضوعية في العلوم الطبيعية. وأن الالتزام بالمنهج العلمي لا يعني التحـرر كليـاً من الأيديولوجيا، أو كما يقول جولدنر Gouldner : " إن المنهجية حين ننظر إليها من إحدى الزوايا تبدو كمسألة فنية منبتـة الصلة بالإيديولوجيا ، حيث يجري الزعم بأنها تتصل فقط بمناهج استخلاص معلومات يعتد بها مـن العالـم كجمـع البيانات، وصحيفة الاستبيان، وأخذ العينات وتحليل النتائج لكنها دائماً تشمل أكثر من ذلك إلى حد بعيد، ذلك أنها تمتـزج بافتراضـات متوافقة معها ايديولوجيا بشأن طبيعة الحياة الاجتماعية، وماهية البحث الاجتماعي، وطبيعة العلاقة بين الاثنين (74).

## المطلب الثالث: نقاد الموضوعية - العلم الوضعي - وأهم اتجاهاتهم الفكرية

تعرضت الوضعية كأساس للمنهج العلمي، وما يرتبط بالوضعية من القول بالموضوعية، إلى انتقادات شديدة، تعود في غالبيتها إلى رفض التعامل مع الظواهر الإنسانية كأشياء مجردة، ذلك أن العلم التجريبي - الوضعي - أوجد نظرة قاصرة للطبيعة، حيث يستبعد فكرة الاختيار والحرية والفردية والمسؤولية الأخلاقية (75) ويجعل من الإنسان مجرد مراقب خارجي لأحداث تخص وجوده، هذا التجاهل للإنسان دفع البعض للقول بعبثية العلم الاجتماعي، حيث يقول هولبروك Holbrook : " لم تنتج دراساتنا - إلى اليوم - للإنسان شيئاً يذكر، بل هي في حكم العدم، وذلك لخضوعها لحركة الوضعية، أي لمدخل الدراسة الذي يقول لأنه لا يمكن اعتبار أي شيء حقيقة إذا لم نستطع إثباته بالعلم التطبيقي Empercial science، وبإتباع الطريقة المنطقية أي بموضوعية (76) . ومن هنا يرى معارضو الوضعية أن السلوك الإنساني غير قابل للخضوع لقوانين عامة ودقيقة، وأنه لا يمكن فهم العالم الاجتماعي إلا من خلال وجهة نظر الأفراد الذين يشكلون الجزء الأساسي من الظاهرة الاجتماعية، بل لا يمكن الحديث عن ظاهرة اجتماعية بدونهم. وعليه يرى هؤلاء أن فهم الظواهر الاجتماعية لا يمكن أن يتم إلا من خلال الباحث الذي يشارك الإنسان ظروفه وله نفس خلفيته المرجعية.

وهكذا يرفض نقاد الوضعية الفصل بين ذات الباحث وموضوع بحثه، ذلك أن فهم كيفية تفسير الفرد للعالم من حوله لا بد من أن يأتي من داخله وليس من الخارج، فالعلم الاجتماعي في نظرهم ما هو إلا محاولة ذاتية - وليست موضوعية - للتعامل مع الخبرات المباشرة للأفراد في ظروف معينة (77). لم يكن رفض الوضعية رفضاً للعلم بالمطلق. ولكنه كان رفضاً لاسقاط العلم للبعد الإنساني، ورفضاً لهيمنة العلموية الصارمة على المجتمعات الحديثة، الأمر الذي جعل الإنسان مستلباً للعلم أو على حد قول هربرت ماركوز إنسان ذو بعد واحد، تم افقاده انسانيته.

ويعتبر كيركيجارد Soren Kierkegaard من أبرز الناشطين في هذا المجال، حيث أولى اهتماماً بالفرد وحاجته إلى تحقيق ذاته، حيث يعتبر أن تحقيق الفرد لذاته هو معنى الوجود - وكما سنرى يعد من مؤسسي الوجودية - الذي هو عملية فردية ملموسة فردية

لا يمكن الانقاص منها أو فصلها عن الواقع الملموس. وهو يرى أن خصائص العصر الحديث تتأمر ضد تحقيق الفرد لذاته وتعمل على الإقلال من إنسانيته، وحتى يمكن انقاذ الناس من أوهام العصر والتي هي في نظره (الموضوعية) يدعو لعودة الذاتية supjectivity أي قدرة الفرد على الاهتمام بعلاقته الشخصية - بشكل ما - بالموضوع جوهر وبؤرة الاستقصاء والبحث. ويوضح كيركيجارد الفرق بين الموضوعية والذاتية بالقول:

" عندما نبحث عن صدق شيء أو حقيقة قضية معينة.. فإنه إذا كانت العلاقة بين الفرد وبين هذا الشيء موضوعية بمعنى أنه ليست له مصلحة شخصية إزاء هذا الشيء أو هذه القضية - فإن حكمه يكون موضوعياً إذن .. فالمسألة هنا ترتبط بحكم الفرد، وما إذا كان هذا الحكم موضوعياً، أم كان متأثراً بعوامل ذاتية تبعده عن الموضوعية، والحكم الموضوعي أقرب إلى الصدق من الحكم الذاتي الشخصي ". ويرى أنه إذا ارتبط عاملاً مثنى الذاتية مع الحقيقة الملموسة، فإن هذا ويعتبر نورا هاديا للباحث العلمي (78).

أما روزاك Rozak فقد اتهم الموضوعية كما هي بالشكل الذي تدعو إليه المناهج العلمية، بأنها أحدثت حالة من الاغتراب بين الأفراد في الحياة المعاصرة، حيث قال : " بينما تثير الآداب والفنون في يومنا الحاضر - في يأس متزايد - إلى أن المرض الذي سيؤدي إلى وفاة عصرنا الحالي هو الاغتراب .. نجد العلوم في دأبها الدائم لتحقيق الموضوعية، ترفع الاغتراب إلى أعلى درجات الأهمية، وكأنه السبيل الوحيد لتحقيق علاقة صادقة مع الحقيقة، ويصبح الضمير الموضوعي هو حياة اغتراب، وصلت إلى أعلى مستوياتها من التقدير وسميت بـ (الطريقة العلمية )(79).

تتمثل أهم الحركات المناهضة للوضعية في العلوم الاجتماعية في أربع مدارس وهي:


## أولاً: مدرسة علم الظاهرات Phenomenology

وهي تيار فكري ينادي بأن يعتمد الباحثون الاجتماعيون في أبحاثهم الخبرات

المنهج العلمي قضاياه ومفاهيمه

المباشرة كما تبدو في الظاهرة، وهي ترى أن سلوك الإنسان يتحدد بمظاهر خبراته وليس بحقيقة موضوعية مادية خارجية عنه، أي أنها - وكما هو الحال في المدارس الأخرى قلبت المعادلة وبعد إن كانت المعادلة من الخارج إلى الداخل أصبحت من الداخل - الذات- إلى الخارج- الموضوع - ومن أهم رواد هذه المدرسة كيرتس Curtis وHusserl هوسرل و Schuts فهؤلاء يرون أن الفكر الإنساني قد وصل في مطلع القرن العشرين إلى طريق مسدود بسبب تجاهل العلوم لدور الذات المدركة وتأثيرها في معرفتها عن العالم. ومن هنا سعت هذه المدرسة إلى إحداث عملية توفيق بين الذات والعالم، وكما طالب هوسرل بأن تصبح الظاهراتية علماء للوعي يصف عمليات التأثير المتبادل بين الذات والعالم (80).

**ثانياً: مدرسة دراسة الفئات Ethnome thodology**

ومؤسس هذه المدرسة جارفينكل Harold Garfinkel وهي تقوم على دراسة الأنشطة العلمية والظروف العملية والتفكير الاجتماعي العملي كموضوعات للدراسة الأمبريقية، مع الاهتمام بما يحدث في الحياة العادية اليوم، بما في ذلك الظروف غير العادية، التي قد تكون نادرة ، مع تركيزها على دراسة ظاهرات كل حدث على حدة.

فدراسة الفئات إذن تهتم بالبحث في كيفية فهم الناس لعالمهم اليومي، إن ما يعنيها بالأساس هي الآلية أو الطريقة التي يتصرف بها الفرد أو يتفاعل مع محيطه الاجتماعي، فنقطة المنطلق لفهم الظاهرة تبدأ من داخل الأفراد لا من خارجهم.

**ثالثاً: مدرسة التفاعل الرمزي Symbalic interctionism**

ظهرت في الولايات المتحدة الأمريكية وتركز على عملية التفاعل والاستقبال بين الناس وهي تعتبر اللغة أساساً حيوياً وواسطة مهمة للتفاعل والاتصال البشري، فما يهم هذه المدرسة هي الأنشطة الدينامية والحيوية الدائرة بين الأفراد، فالتفاعل هو وحدة الدراسة والمجتمع ما هو إلا أفراد متفاعلين.

ويعتبر جورج هربرت ميد (821863-1931) (G.H. Mead) أهم مؤسسي هذه المدرسة، فهو يرى أن المجتمع ما هو إلا حصيلة العلاقة المتفاعلة بين العقل البشري والنفس البشرية، وهو لا يرى وجوداً للعقل، وللنفس خارج المجتمع الإنساني فهما

متلازمان ومتفاعلان، والسلوك الإنساني ما هو إلا انعكاسات لهذا التفاعل المستمر. ومن هنا فهو يعرف المجتمع الإنساني بأنه يتكون من مجموعة مؤسسات اجتماعية متكونة من أفراد متفاعلين فيما بينهم من خلال استخدامهم رموز ومعاني اجتماعية تكون ذاتهم وأنفسهم الاجتماعية. ما يعنينا في هذه المدرسة وله علاقة بموضوعنا، هو اعتبارها أن الفرد يعتبر الوحدة الأساسية التي يرتكز عليها المجتمع، ومجموعة من الأفراد يكونون جماعة صغيرة ومجموعة جماعات اجتماعية تكون التنظيمات الاجتماعية الكبيرة والمعقدة، ومجموع هذه التنظيمات تؤلف المؤسسات الاجتماعية.

وما بعد ميد جاء مفكرون آخرون اغنوا هذه المدرسة ومنهم جورج زمل(1918- (1858 83) Simmel George) الذي اهتم بدراسة التفاعل بين فردين أو ثلاثة ولم يعط أهمية لمفهوم الآخرين، وجارلس هرتن كولي (1929- 1864) الذي ركز على التصورات العقلية أكثر من مكونات النفس والتفاعل.

رابعاً: المدرسة التفكيكية Deconstruction

وجاءت التفكيكية كتيار فكري نقدي شامل - في الأدب والفن والفكر - وإن كانت فكرتها الأساسية لها علاقة بمشاريع ما بعد الحداثة، فإنها امتداد بشكل أو آخر لفلسفة كانط العقلية المعارضة للنزعة التجريبية إلا أنها تذهب بعيداً في شكلها ورفضها للعالم الحديث، وتمردها على الميتافيزيقا، وكما قال مؤسسيها - هايدجر - أنه يجب مجاوزة الميتافيزيقا لتجديد مهمة الفكر.

لقد جاءت التفكيكية كحالة من الشك في إمكانية تحقيق المعرفة اليقينية عن طريق اعتماد المناهج العلمية التجريبية، وكحالة من التمرد على الاستسلام لعلم فشل في تحقيق السعادة والأمان والمعرفة اليقنية. وكانت أهم أسباب ظهور التفكيكية حالة الاضطراب الذي عم أوربا في الستينيات وعجز البنيوية عن إيجاد الحلول للمشاكل التي تعددت لمعالجتها، ومن هنا سميت التفكيكية ( ما بعد البنيوية) ، ويربط أحد الكتاب ما بين أزمة البنيوية بعد الحرب العالمية الثانية وظهور التفكيكية بالقول : " ولقد تأكد للعالم أن العلم فشل في تحقيق السعادة والأمان والمعرفة اليقينية. وعاد عصر الشك عنيفاً معربداً، الشك في قدرة العلم على تحقيق المعرفة. وكان رد الفعل النقدي ما بعد البنيوية هو العودة الكاملة إلى الذات والارتماء في أحضانها بلا قيود" (84).

ويعود الفضل في ظهور التفكيكية - والتي اثبتت حضورها كتيار في النقد الأدبي والثقافي أكثر من حضورها في العلوم الاجتماعية - إلى مجموعة من المفكرين أهمهم دريدا Jaques , Derrida وهايدرجر Markin Heideger وهارتمان Geoffrely Hartman ويبدو أن عمر التفكيكية أقصر بكثيرمن عمر التيارات الفكرية الأخرى، فهي حتى الآن لم تستطع أن تكتسب الكثير من الأنصار، وتبقى قيمتها كتيار نقدي أهم من قيمتها كنظرية جديدة في الفكر الاجتماعي (85).

إلا أن هذه التيارات أو المدارس الفكرية لم تستطع زعزعة الموضوعية والمناهج العلمية التي تأخذ بها، بل وجدت معارضين أشداء لها، يعتبرون أن اعتماد هذه المدارس وجهات نظر المشاركين في الظواهر أو على ذات الباحثين سيبعد البحث العلمي عن الحقيقة، ويجعله حقل فوضى تسيطر عليه الأهواء الذاتية والأيديولوجيا.

**الهوامش:**

(35)Kaplan, A. the conduct of Inquiry (Intertext Books. Aylesbury 1973.

(36) ابن خلدون مصدر سابق المقدمة، بيروت ط3 1967 ص 43.

(37) عبد الباسط ، مرجع سابق، ص74.

(38) محمد طلعت عيسى، البحث الاجتماعي، القاهرة : 1963 ص 248- 249.

(39) Descartes Rene فيلسوف وفيزيائي ورياضي فرنسي يعتبر أهم مؤسسي الفلسفة الحديثة.

(40) الحدس intuition هو الإدراك المباشر لموضوع التفكير، وله أثره في العمليات الذهنية المختلفة ، فبالحدس ندرك حقائق التجربة كما ندرك الحقائق العقلية، وبه نكشف عن أمور لا سبيل إلى الكشف عنها من طريق سواه، وهو بهذا أشبه بالرؤية المباشرة والإلهام.

(41) رينيه ديكارت، مقال في المنهج، ترجمة محمود محمد الخضري القاهرة: ص 241.

(42) Saint (Simon (1760-1825 فيلسوف اشتراكي فرنسي اشتهر بكتاباته الاجتماعية وخصوصاً المنتقدة للدولة والسلطة السياسية حتى طالب بإلغاء هذه الأخيرة.

(43) (Giddens, A (ed) positivism and sociology (heineman Educational Book, London 1975.

(44) هربرت ماركوز العقل والثورة، ترجمة، فؤاد ذكريا. بيروت : المؤسسة العربية للدراسات والنشر، 1979 ص 311 .

(45) عبد الباسط محمد حسن، مرجع سابق، ص85.

(46) Kaplan, op cit p 23.

(47) فان دالين، مرجع سابق، ص41

(48) طيب تيزيني، على طريق الوضوح المنهجي ، بيروت دار الفارابي 989 ص 7.

(49) Chapin , F.S. Experimental , Designs in sociological Research. Harper and Row. NewYoek 1947,. P92.

(50) أحمد القصير، منهجية علم الاجتماع، القاهرة 1985 ص 119.

(51) أحمد القصير، المصدر نفسه، ص 116- 115.

(52) بورديو وآخرون. حرفة عالم الاجتماع، ترجمة نظير جاهل. بيروت دار الحقيقة 1993 ص6.

(53) عبد الكريم نزار، (علم الاجتماع في كتب التدريس- تحليل نقدي) مجلة المستقبل العربي عدد 146، بيروت ص99.

(54) بمعنى أنه يجب التمييز بين مستويين في تعريف المنهج فهناك المستوى الميثودولوجي Methodologie وهو الجانب النظري أو علم المناهج، والمستوى الميثودي Method وهو الأقرب إلى مجال بحثنا ويقصد به الطرق، والعمليات الإجرائية والتقنيات التي ترشد الباحث في عملية البحث وقد سبقت الإشارة إلى ذلك.

(55) محمد علي محمد، مرجع سابق - ص 81 وما بعد.

(56) ما يعتبره الجوهري هنا اتجاهات أو أطر يعتبرها آخرون مناهج سواء منها الاتجاه التاريخي أو الاتجاه المقارن، أو الوظيفية ونشير إليها بالتفصيل في الباب القادم.

(57) وهو مؤسس اتجاه التفاعل الرمزي ومن كتبه حول الموضوع:

Simmel George the Dyad and the Triad. Sociological theory (ed) coser etal. The macmillen co. London 1969.

(58) يراجع بالتفصيل حول هذه الاتجاهات، محمد الجوهري وآخرون. أسس المنطق. والمنهج العلمي، مصر: دار المعارف 1975 من صفحة 45 إلى 57.

(59) جمال زكي والسيد ياسين، أسس البحث الاجتماعي، القاهرة، 1968 ص 44.

(60) Whitney F. the Elements of Research New York Boston 1967 P 148.

(61) كلود ليفي ستراوس في مقابلة مع مجلة الاكسبرس 1971 نقلاً عن : محمد سبيلا (إعداد وترجمة) ، حوارات في الفكر المعاصر، الرباط، ص 11.

(62) كارل بوبر، مرجع سابق، ص 9.

(63) كارل بوبر، المصدر نفسه، ص 16 وما بعد.

(64) لمزيد من التفاصيل، انظر: محمد وقيدي : العلوم الإنسانية والإيديولوجيا بيروت 1983، ص90 إلى 98.

(65) كارل بوبر، مرجع سابق، ص 18.

(66) يفرق أرنست ناجل Nagel E بين نوعين من التنبؤ: الأول ما سماه بالتنبؤ ( القاتل لنفسه). حيث يكون أساسه صحيحاً عند صياغته، إلا أن صحته هذه تكون سبباً في إبطاله لأنها ستؤثر في مجرى الحوادث. والثاني هو التنبؤ (المحقق لنفسه) وهو يتألف من تنبؤات لا تصدق على الوقائع الفعلية في الوقت الذي تصاغ فيه هذه التنبؤات. غير أنها تغدو صادقة بسبب الأفعال التي تتخذ كنتيجة مترتبة على الاعتقاد. بصحة هذه التنبؤات).

انظر: صلاح قانصوة، الموضوعية في العلوم، الإنسانية، القاهرة 1980، ص47 .

(×) هو ابو الريحان البيروني، من أبرز العلماء الذين اهتموا بالمعرفة بكل أنواعها كالكيمياء والفك والفيزياء والجغرافيا والتاريخ. ويعد أول من عارض أفكار اليونان الفلسفية وغيرهم. حيث أكد بأن علم الكيمياء يجب أن يعتمد كليا على التجربة المخبرية.

(67) أوسكار لانجه، الاقتصاد السياسي ، الجزء الأول بيروت 1973.

(68) صلاح قنصوه، مرجع سابق، ص 370.

(70) كارل بوبر، مرجع سابق، ص26.

(70) ماكس فيبر، رجل العلم ورجل السياسة، ترجمة نادى ذكرى، بيروت دار الحقيقة، 1982 ص 29 إلى 42.

(71) سنتوسع في ذلك في الأجزاء المخصصة للبحث الميداني.

(71) المعجم النقدي لعلم الاجتماع، ص 538.

(72) نقلاً عن محمد أحمد الزعبي، علم الاجتماع العام والبلدان النامية، مدريد 1985 ص 144.

(73) المعجم النقدي لعلم الاجتماع - ص 209.

(74)Gouldner, the coming crisis of western sociologe , Heinemann, London 1972, P 50.

(75) انظر : جان بياكورت وجان بيار مونيي . من أجل علم اجتماعي سياسي.
ترجمة: محمد هناد. الجزء الأول، الجزائر 1985 ص 39.
(76) Holbrook, D Education Nihlism and survival (Darbon, Longman and Todd London 1977).
(77) لويس كوهين، مرجع سابق، ص 48.
(78) لويس كوهين ، نفس المصدر، ص44، المرجع الأصلي لكيركيجارد .
Keirkergaard. concluding unscientific postscript (printetch university press, Princeton 1974).
(79) لويس كوهين، نفس المصدر، ص 45.
المرجع الأصلي
Roszak, T. the making of acounter culture (faber and faber, London 1970)
(80) يمكن الرجوع إلى بيار أنصار، العلوم الاجتماعية المعاصرة، ص124.
(81) Garfinkel, H. studies in Ethnomethology (prentice Hall Englewood cliffs / J 1968)
انظر أيضاً لويس كوهين، ص54.
(83) Maed George , H. The self , Modern sociology. (ed) peter worsley. Penguin Education England 1973.
(84) Simmel George . the Dyad and the Traid, (sociological theory, (ed ) coser and etal. The mecmillian co London 1969.
(85) عبد العزيز حمودة، المرايا المجدبة- من البنيوية إلى التفكيكية، سلسلة عالم المعرفة، عدد 232 الكويت 1998.
لمزيد من المعلومات عن التفكيكية يمكن الرجوع إلى :

Jaques Derrida, la difference in Speech and phenomena, and other Essays on hasserl's Theory of signs trans. David B. Allison , Evanston North western UP, 1973.

# 2

الباب الثاني

## مناهج البحث

**Methodes of Research**

- الأنماط المثالية.
- البينوية – الوظيفية والنسقية.
- المنهج التاريخي.
- مناهج البحث الوصفي.
- منهج تحليل المضمون.
- المنهج المقارن.
- المنهج التجريبي.

# مقدمة

الاتجاه السائد اليوم لدى علماء الاجتماع والباحثين يميل إلى الجمع في عملية البحث الاجتماعي ما بين المناهج النظرية والمناهج التطبيقية أو العملية، من منطلق أن البحث الميداني يحتاج إلى مقولات وأطر نظرية تهدي الباحث وتنير له السبيل سواء في بداية بحثه أو بعد جمعه للبيانات ومحاولته تفسيرها فيأتي هنا دور المنهج النظري الذي على أساسه ستحلل وتفسر ـ المعلومات. نفس الأمر بالنسبة للبحث النظري المحض فهذا البحث سيكون قاصراً على الإحاطة الموضوعية بالظاهرة الاجتماعية محل البحث إن هو اقتصر على مقولاته النظرية خصوصاً إذا كانت هذه النظريات خلاصة دراسة لمجتمع آخر ذي خصوصيات مختلفة، فحتى تأخذ المناهج النظرية مصداقيتها يجب أن تقترن ببحث ميداني وأن تكيف مقولاتها مع ما يكتشفه البحث الميداني من خصوصيات مجتمعية.

وسنتناول في هذا البحث المناهج التالية:

- الانماط المثالية.

- البنيوية - الوظيفية والنسقية.

- المنهج التاريخي .

- مناهج البحث الوصفي.

- منهج تحليل المضمون.

- المنهج المقارن.

- المنهج التجريبي .

# الفصل الأول

## منهج الأنماط المثالية Ideal Models

### نموذج منهج ماكس فيبر Max Weber

يعتبر ماكس فيبر ومنهجه السوسيولوجي نموذجاً لحالة يتداخل فيها البحث الاجتماعي بالسياسة، ويوظف فيها علم الاجتماع ومفاهيمه لخدمة واقع اجتماعي بعينه والدفاع عن ايديولوجية دون غيرها من الأيديولوجيات، وبالرغم من أن ماكس فيبر - كما سبق الذكر - قد ميز بين أحكام العلم وأحكام القيمة إلا أن سسيولوجياه في فلسفتها وعمقها تفسح المجال واسعاً أمام الخلط بين ما يخضع لأحكام السياسة وتصارع المصالح والإيديولوجيات وبين أحام العلم ومتطلبات الحيادية العلمية. وكان فيبر في كل كتاباته منساقاً وراء إعجابه بالنظام الرأسمالي وبالعقلانية التي تحكمه معتبراً إياه طريق الخلاص الوحيدة لأي مجتمع يطلب التقدم والتحضر، وفي نفس الوقت كان ناقداً شديداً للتيارات المحافظة من جانب وللفكر الماركسي والأنظمة الاشتراكية من جانب آخر، حتى أنه اعتبر الأب الروحي لدعاة الرأسمالية وأعداء الاشتراكية، ومن هنا كانت سوسيولوجياه ومنهجه الأنماط المثالية متأثرين بهذه الخلفية التي تحكمه، ومع ذلك يعد فيبر مجدداً في سويسولوجياه وفي منهجه حيث حدد منذ البداية هذا التداخل والترابط بين رجل العلم ورجل السياسة وصاغ مبادئه المنهجية ليس في صورة قواعد تقليدية للبحث ولكن في إطار تصور عام يربط بين العلم والسياسة أي بين النموذج المثالي للعالم، والنموذج المثالي لرجل السياسة. ويقول أرن ساهري Aran Sahary في مقال له عن أهمية المناهج عند فيبر في التفسير السوسيولوجي إن المناهج التي قدمها فيبر كانت هي الوحيدة خلال تاريخ الفكر الاجتماعي التي قدمت حلاً واضحاً للمشكلات العملية - في مقابل المشكلات الميتافيزيقية - للتحليل السوسيولوجي (1).

# المبحث الأول

## سوسيولوجيا ماكس فيبر

تأثر ماكس فيبر بانجازات العلوم الطبيعية وما صاحبها من ثورة صناعية وانتشار للمناخ العقلاني في التفكير، ومن هنا جاءت كتاباته عاكسة هذا الاهتمام بالعلم والعقلانية المستندة إليه، هذه العقلانية التي يعتبرها ظاهرة خاصة بالحضارة الغربية، ومع

إقرار فيبر بوجود عناصر مشتركة بين العلوم الطبيعية والعلوم الثقافية الاجتماعية، إلا أنه أشار إلى وجود تمايز بين النوعين من العلوم، فالعلوم الثقافية ذات خصائص فريدة وتسعى إلى الفهم comprehension (2) وهي ذات طبيعة تاريخية، أما العلوم الطبيعية فعليها أن تصطنع التجربة في كل تفسير تصوغه لظواهرها لكي تحقق فعلا فهما لهذه الظواهر، أي أن الفهم في العلوم الطبيعية يتم فقط من خلال القضايا الرياضية والقوانين التي تكتشفها عن الأحداث والوقائع الثابتة الطبيعية.

ويعتقد فيبر أن العلم يستطيع أن يساعد البشر بالوسائل التي يتيحها وليس بالغايات، لأنه لا يستطيع أن يدلنا على القيم الحقيقية True values وبالتالي فإن الصراع بين القيم مسألة حتمية في نظره وخصوصاً في المجتمعات الحديثة التي تتسم بالتعقيد. وإن كل ما يستطيع العلم الاجتماعي أن يمدنا به هو الوضوح، الوضوح فيما يتعلق بسلوكنا من حيث دوافعه وغاياته، ونتائجه، ذلك لأن العلم يساعد على تبصر طبيعة التوجيه القيمي لأفعال البشر وأنماط القيم التي ينبغي عليهم اعتناقها، هذا بالإضافة إلى أنه يساعد على تبصر وسائل تحقيق قيم معينة، وتحديد تكاليف نتائج ذلك بالنسبة لقيم أخرى (3).

عرف فيبر علم الاجتماع بأنه : ذلك العلم الذي يحاول الوصول إلى فهم تفسيري للفعل الاجتماعي، لكي يتمكن من تقديم تفسير سببي لمجراه ونتائجه".

ولذا سميت سوسيولوجيا ماكس فيبر بالسوسيولوجيا الفهمية، لأنه يرى أن المهمة المتخصصة لعلم الاجتماع هي تفسير السلوك في ضوء المعنى الذاتي، وأن موضوع دراسة هذا العلم هي الظواهر التي يمكن فهمها فهماً ذاتياً، واهتمامه بالفهم الذاتي للفعل الاجتماعي جعله يصنف كأحد المنتمين للتيار أو المدرسة السكولوجية في علم الاجتماع.

نستنتج مما سبق أنه ليس كل سلوك إنساني Behaviour Human يشكل فعلاً اجتماعياً Acte Social ، فالفعل الاجتماعي الذي يجب أن يكون موضوع دراسة علم الاجتماع هو السلوك الذي يضفي عليه الفاعل معنى ذاتيا (4) والفاعل حين يقوم بهذا الفعل الاجتماعي فإنه يضع سلوك الآخرين دائماً في اعتباره، ويكون فعله موجهاً نحو الآخرين.

وعالم الاجتماع في نظره مطالب بتقديم تفسيرات تكون لائقة على مستوى المعنى، وكذلك تفسيرات لائقة من جهة العلة ذلك أن كل علم إنساني يعمل حالياً بواسطة التفسير (5) القائم على أساس الطريقة المخصصة لإفهامنا معنى نشاط أو ظاهرة ما ومدلول مختلف العناصر بالنسبة إلى بعضها البعض، وأن ما يبرر حمل الباحث الاجتماعي لقب العالم هو كون عمله عملاً نقدياً بالأساس يقوم على تحليل وتفسير قابل للمراجعة (6).

نلاحظ هنا العلاقة الجدلية المترابطة والمتتابعة ما بين التفسير والفهم وبناء النماذج، فلا يمكن أن نبني نماذج دون فهم ولا يمكن أن نفهم دون تفسير لما نشاهد من سلوك. يقول فيبر:

إن التفسير السببي الصحيح للفعل النموذجي يعني أن العملية التي يصل بها الفعل إلى مرحلة النموذجية يجب أن تكون ملائمة على مستوى المعنى، في الوقت الذي يكون فيه التفسير ملائماً من الناحية السببية إلى حد ما ، فإذا كانت الملاءمة على مستوى المعنى غير متوافرة، فكيف إذن نستطيع أن نحدد بطريقة رسمية الدرجة العالية من الانتظام؟ فضلاً عن درجة الاحتمال. فالملاءمة إذن ستمثل احتمالاً إحصائياً غير محدد بحيث يصعب فهمه ..Z(7).

إن الفعل الاجتماعي الخالي من المعنى الذاتي self meaning يظل دائماً في نظر فيبر على هامش الدراسة السوسيولوجية ، إلا أن هذا لا ينفي وجود أفعال اجتماعية يصعب تفسيرها عقلياً أحياناً، وهو يعترف أن الفاعل أحياناً قد لا يستطيع أن يكون على وعي كامل ببعض أنواع السلوك الاجتماعي كما أن هناك سلوكيات يكون الفرد عاجزاً تماماً عن إدراك المعنى الذاتي لها. مثلاً في السلوك انصياعاً للتقاليد والعادات والسلوك الوجداني الانفعالي.

إن الفهم عن فيبر يحقق هدفين اثنين: الأول أنه يمكننا من معرفة الأسباب والعوامل التي تؤدي إلى حدوث الظواهر الاجتماعية. والثاني أنه يمكننا من إدراك (8) المعاني الذاتية التي تنطوي عليها الأفعال الإنسانية، وعليه فالفهم عند فيبر يجب أن يكون ملائماً سببياً وملائماً على مستوى المعنى لأن المعنى هو الذي يمكننا المقارنة بين مفهوم الفعل ومفهوم السلوك. فليس كل سلوك فعلاً اجتماعياً، فالسلوك هو التصرفات التي يلاحظها المرء من والخارج والتي تختلف عن : الدافع الكامن الذي لا نستطيع أن

نلاحظه وإنما نكتفي باستنتاجه من السلوك الملاحظ أما الفعل الاجتماعي فهو السلوك والدافع معاً أي أن الوسيلة والغاية معا (9). فعندما تضرب الأم طفلها على فعلة مشينة وتلحق به أذى فإن الهدف الغائي ليس الضرب أو الأذى بحد ذاته بل عنصر التأديب والتحذير المراد توصيله للطفل.

## المبحث الثاني
## النماذج المثالية Ideal Modles

من خلال مفهوم المعنى الذاتي في البحث السوسيولوجي عند ماكس فيبر واعتماده التفسير السببي للفعل الاجتماعي قاده ذلك إلى صياغة نماذج مثالية، وقد وصف فيبر النموذج المثالي بأنه:

وصف مشتق منطقياً، من وجهة نظر محددة، قادر على توضيح العلاقة بين الوسائل والغايات بالنسبة للأفعال والأحداث، وعملية تفسير الأفكار، بحيث يمكن الباحث من ترجمة الأفكار الجزئية المتنافرة والتفسيرات والارتباطات إلى مصطلحات علمية مفهومة.

فالنموذج المثالي هو إجراء منهجي Methodology يساعد على دراسة الفعل الاجتماعي من خلال مقارنة النمط المثالي المصاغ مع الواقع التجريبي لإثبات مدى انحرافات Deciotions هذا الواقع عن المثال أو تماثله معه. ومع ذلك فقد أشار فيبر أن هذه النماذج المصاغة ليست واقعية Reality أو تعبر عن نماذج موجودة بالفعل. بل هي مثال أويوتوبيا ليست بالضرورة متفقة مع معطيات الواقع ويشرح فيبر بالتفصيل علاقة النماذج المثالية بالواقع، والوظيفة المنهجية لهذه النماذج فيقول:

إن هذا النمط التصوري يربط بين مجموعة علاقات وأحداث الحياة التاريخية داخل نسق معقد يتسم بالاتساق الذاتي، ومن الناحية المادية، يشبه هذا المفهوم اليوتوبيا utopia التي نصل إليها عن طريق تحليل تجريدي لبعض العناصر الواقعية. أما علاقة هذا المحتوى بالبيانات الامبيريقية فتتمثل فقط في أن العلاقات التي يشير إليها النمط من خلال مفاهيمه المجردة إنما هي مستمدة من الواقع، وإن كانت لا تتحقق بصورة واقعية، ونستطيع أن نجعل الملامح الخاصة بهذه العلاقات واضحة ومفهومة عملياً بالرجوع إلى

النموذج المثالي. ولا يمكن الاستغناء عن هذا الإجراء سواء في أغراض العرض أو التفسير. ويفيد مفهوم النموذج المثالي في تطوير مهارات البحث، وهو ليس فرضاً. ولكنه يساعد في تنمية الفروض وصياغتها، كما أنه لا يصف الواقع، وإنما يهدف إلى تقديم وسائل واضحة للتعبير عن هذا الواقع.. ويكون النموذج المثالي من خلال تجريد Abstraction وجهة نظر أو أكثر، والتأليف بين مجموعة كبيرة متنوعة من الظواهر الفردية الملموسة ثم ترتيبها وفقاً لوجهات النظر هذه داخل بناء منطقي تحليلي. وهذا البناء العقلي لا يتحقق في الواقع امبيريقياً بصورته الخالصة، إنه يوتوبيا كما ذكرت. ويواجه البحث التاريخي مهمة تحديد مدى اقتراب الواقع من النموذج المثالي، أو ابتعاده عنه في كل حالة فردية (10).

ويشرح تيماشيف ماذا يعني فيبر بالنموذج المثالي، فيرى أن هذا النموذج هو بناء أوتشيد عقلي Mental contruct يتشكل من خلال أو وضوح سمة أو أكثر أو وجهات نظر يمكن ملاحظتها في الواقع. ولكنه ليس موجودا بالمطلق في الواقع ومن هنا سمي بالمثال أو (المثالي) لأنه يتحقق كفكرة فقط(11). وأيضاً ينفي تيماشيف أن يكون النموذج المثالي فرضاً، بل هو أداة وسيلة لتحليل الأحداث التاريخية الملموسة والمواقف، الأمر الذي يتطلب بدوره تحديد المفاهيم ووضوحها. أن النموذج المثالي مفهوم محدد يصلح لمقارنة المواقف الواقعية في الحياة والأفعال محل البحث، ودراسة الواقع اعتماداً هذه النماذج تمكننا من الحصول على علاقات سببية بين عناصر النموذج المثالي (12).

اعتمد فيبر في بنائه للنماذج للمثالية تصنيف رباعي للفعل الاجتماعي، فحدد أربعة أنماط للفعل الاجتماعي وكل نمط منها يشكل نموذجاً قابلاً للتفسير وفهم سلوكيات ووقائع اجتماعية في الواقع دون أن يكون النموذج مطابقاً تماماً لنمط الفعل (13).

## أولاً: الفعل العقلاني بالنظر إلى الهدف

## Rational Action in relation to goal

وهو الذي تتحدد عقلانيته من خلال توقع الفاعل لسلوك موضوعات البيئة الخارجية أو سلوك الأشخاص الآخرين، وهذا الفعل يتصف بأن الفاعل فيه يدرك بوضوح هدفاً معيناً يريد تحقيقه وتكون لديه أساليب مناسبة لتحقيق هذا الهدف مثلاً المهندس أو الطبيب أو القائد العسكري.

### ثانياً: الفعل العقلاني الذي يرتبط بقيمة ما

### Rational action in relation to value

وهو الفعل الذي لا يهدف إلى تحقيق هدف خارجي معين بالنسبة للفرد بقدر ما ينجز من خلال الاعتقاد الشعوري بالقيم المطلبة ذاتها. فالفاعل هنا يتصرف عقلانياً ليس من أجل هدف مادي أو مصلحة بل يظل أميناً على فكرة أو قيمة الشرف لديه كالجهاد في سبيل الله والوطن.

### ثالثاً: الفعل العاطفي Affective action

وهو سلوك يتأسس على حالات شعورية خاصة يعيشها الفاعل. حيث يختار الإنسان الوسائل لا على أساس ارتباطها بغايات وقيم ولكن لكونها تنبع من حالة انفعالية عاطفية كصفع الأم لطلفها أو صفعة يوجهها لاعب لزميله في مباراة كرة القدم، وخروج الناس في مظاهره سلمية ثم يهيج المتظاهرون ويقومون بشغب فيتدخل رجال الشرطة ويحدث قتلى وجرحى، فهذه أفعال ليس مخططاً لها مسبقاً.

### رابعاً: الفعل التقليدي Tradictional action

وهو الذي تقرره العادات والمعتقدات بحيث يصبح معتاداً ويشكل طبيعية ثابتة للإنسان يطيعه لا إرادياً لأنه أصبح مفروضاً عليه شرطياً. كالصوم والحج، وإطاعة ولي الأمر الخ...

وظف فيبر منهجه المشار إليه في دراساته المتعددة، سواء في دراساته الاقتصادية حيث درس الأخلاقيات الاقتصادية للدين من خلال ستة ديانات عالمية(14) أو دراسته حول السلطة وكذا دراسته للبيروقراطية.

ففي دراسته حول السلطة رأى أن السلطة تستمد مشروعيتها من مصادر ثلاثة أو تقوم على مصادر ثلاثة للشرعية وطبق في هذا السياق منهج - النماذج المثالية - وفي هذا المجال وضع ثلاثة نماذج للسلطة وهي:

### أولاً: السلطة العقلانية Rational authority

وهي أفضل أنواع السلطة وهي النموذج السائد في الأنظمة الرأسمالية المؤسسة

على البيروقراطية. وفي هذا النموذج نجد نسقاً من القواعد التي تطبق قانونياً وإدارياً وفقاً لمجموعة من المبادئ المؤكدة والثابتة بين كل أعضاء الجماعة. وهدف هذه السلطة هو إقامة نمط من العلاقات بالنظر إلى مبادئ العقل والمعقولية، دون ربطها بأشخاص محددين أو بزمن محدد.

## ثانياً: السلطة التقليدية Traditional authority

وهي تقوم على الاعتقاد بقدسية التقاليد الراسخة وفي حق أولئك الذين يتولون السلطة في ممارستها. فالسلطة هنا تكتسب مشروعيتها إما في التاريخ أو من قدسية الأشخاص المؤسسين لها.

## ثالثاً: السلطة الكاريزمية Charismatic authority

وتعتمد ولاء الناس أو الإتباع لفرد معين يتمتع بامتيازات وقدرات نادرة وخصائص شخصية يندر أن تتوفر لغيره. ويعتقد فيبر أن معظم التغيرات الكبرى في تاريخ المجتمع الإنساني كانت نتيجة لأفراد ذوي إمكانيات كاريزمية. كما يرى أن السلطة الكاريزمية ارتبطت أولاً بالدين ثم أصبحت تميل في العصر الحديث إلى أخذ طابع سياسي.

ونظراً لما قدمه منهج النماذج المثالية من فضاءات جديدة للبحث الاجتماعي مكنت الباحثين الاجتماعيين من دراسة الظواهر الاجتماعية انطلاقاً من مماثلات بنيوية، فقد وظف باحثون النماذج المثالية في دراساتهم البنيوية والوظيفية ومنهم ليفي شتراوس وكارل بيرسون، فيقول ليفي شتراوس:

إن فكرة البنية الاجتماعية لا ترتبط بالواقع الامبريقي، ولكنها ترتبط بالنماذج التي تبنى على غرار هذا الواقع(16).

ويرى ريمون بودون أن مفهوم النموذج المثالي قد أوحى بأبحاث منهجية حديثة، ولكنه يعترف في نفس الوقت بأن معضلات إقامة المفاهيم المنطقية في علم الاجتماع أو النماذج المثالية تواجه صعوبات (17).

مناهـــــج البــــــحث

**المراجع:**

(1) محمد علي محمد، تاريخ علم الاجتماع، القاهرة: 1987 ص 296.

(2) يطلق الفهم على إدراك موضوع التفكير وتحديده واستخلاص المدلول من الدال عليه، ففهم اللفظ هو حصول معناه في النفس، أو هو تصور المعنى من لفظ المخاطب، أو كما قال الجرجاني: هو حسن تصور المعنى وأعلى درجات الفهم أن تعلم أن ما تصرح بفهمه لا يمكن أن يكون إلا كما فهمته، وهو بهذا المعنى مرادف للعلم اليقيني.

(3) - المعجم الفلسطيني، اعداد جميل صليبيا، ج2 بيروت: 1982، ص170. علي ليلة، مرجع سابق، ص966.

(4) المعنى sense- meaning هو الصورة الذهنية من حيث وضع بإزاها اللفظ أو التصرف، ويطلق على ما يقصد بالشيء أو يدل عليه القول أو الفعل وهناك فرق بين المعنى والمفهوم، فالمفهوم هو الصورة الذهنية سواء وضع بإزاها اللفظ أو لا، على حين أن المعنى هو الصورة الذهنية من حيث وضع بإزائها اللفظ. أما المعنى الذاتي فهو مجموعة الأحاسيس الشخصية والصورة الذهنية والمشاعر الوجدانية التي يدل عليها اللفظ أو التصرف، وهي مصحوبة بإرادة الأفهام من جانب المتكلم أو الفاعل، وإرادة الفهم من جانب المتلقي. فإذا لم يؤد اللفظ أو الفعل إلى ارتسام صورة ذهنية واحدة في النفس لم يتم التفاهم بين الناس وهذا يحدث لأن الأفراد مختلفون في أشياء عديدة.

(5) التفسير Explication أصلها الكشف والإظهار، وهو أن يكون في الكلام لبس وخفاء فيؤتى بما يزيله أو يفسره. والتفسير أهم من الإيضاح، وغاية التفسير الفهم والإفهام، وهو أن يصير الشيء معقولاً، وسبيله تعيين مدلول الشيء، بما هو أظهر منه، حتى يصبح المجهول معلوماً والخفي واضح.

(6) سوسيولوجيا ماكس فيبر، مرجع سابق، ص10.

(7) نيقولا تيماشيف، نظرية علم الاجتماع - طبيعتها وتطورها، ترجمة محمد عبده وآخرون، القاهرة: دار المعارف 1983 ص 265.

(8) الإدراك perception ، بالرغم من أن بعض العلماء جعلوا الادراك كمرادف للفهم، إلا أن آخرين ميزوا بينهم والإدراك في اللغة هو اللحاق والوصول. وإدراك المسألة علما. وفي الفلسفة يدل على حصول صورة الشيء - عند العقل. وفي الفلسفة الحديثة يدل على شعور الشخص بالإحساس أو جملة من الاحساسات التي تنقلها إليه حواسه، كما يدل على شعور الشخص بالمؤثر الخارجي والرد على هذا المؤثر بصورة موافقة.

(9) محمد علي محمد، مرجع سابق، ص289.

(10) Weber, the methodology of the social sciences p90..

نقلا عن محمد علي محمد، المرجع السابق ص 304-305.

(11) النموذج في التعريف القاموسي. هو مثال الشيء، ويطلق على المعاني المتصورة، والمثال عند (كانط) صورة عقلية كاملة تجاوز معطيات الحس وتصورات الذهن، وليس لها ما يماثلها في عالم التجربة، إلا أنها تتخذ قاعدة للتفكير والعمل.

(12) نيقولا تيماشيف، مرجع سابق، ص266.

(13) علي ليلة، مرجع سابق، ص 529، أيضاً محمد علي محمد، مرجع سابق، ص317.

(14) ماكس فيبر الأخلاق البروتستانية وروح الرأسمالية. ترجمة محمد علي مقلد. بيروت مركز الإنماء العربي د.ت.

(15) الكاريزما في الأصل لفظة يونانية تعني العظمة والموهبة. أما ماكس فيبر فيعرفها بأنها الصفة الشاذة لشخص يظهر مقدرة فوق طبيعية فومبشرية أو على الأقل غير مألوفة بحيث يبدو وكأنه كائن سماوي ، مثالي استثنائي ولهذا السبب يجمع حوله أتباعاً ومريدين وترتدي هذه الهيمنة وجوها عدة: وجه الديماغوجي، الدكتاتوري الاجتماعي، والبطل الاجتماعي الثوري.

(16) علي قصير، مرجع سابق، ص178.

(17) ريمون بودون، مناهج علم الاجتماع ص 132.

## الفصل الثاني

## المنهج الوظيفي والمنهج النسقي

في منتصف القرن العشرين وكردة فعل على الماركسية التي تقول بالصراع الاجتماعي وبالثورة، وكردة فعل على الوجودية، التي تولي اهتماماً بالإنسان الفرد أكثر من اهتمامها بالمحيط، أي تهتم بالتداخل أكثر من الخارج ظهر تيار فلسفي - مع أن أصحابه يرفضون نعتهم بالفلاسفة - اكتسح ساحة التنظير والتحليل في اللغة والآداب وفي علوم اجتماعية متعددة كالاترنتبولوجيا والسسيولوجيا وعلم السياسة ثم انتقل إلى مجال العلاقات الدولية، هذا التيار هو البنيوية Structuralism التي سرعان ما تجاوزت نواقصها عندما دخل عليها التحليل الوظيفي Foncitional analesis، لتأخذ اسم البنيوية الوظيفية، والتي وعلى يد مفكريّها - خصوصاً ميرتون - الذين مارسوا النقد الذاتي أخلت المكان للمنهج النسقي Systematic method.

فما هو هذا المنهج وكيف تطور، وما هي مجالات تطبيقه؟

### المبحث الأول

### مقاربة مفاهيمية

المطلب الأول: المفاهيم الأساسية

لا شك أن المختصين في المناهج الدقيقة للعلوم الاجتماعية بالنسبة لكل علم، يمكنهم إيجاد نقاط التقاء أو تقاطع ما بين البنيوية والوظيفية والنسقية، ونقاط تمايز وانفصال أيضاً، بحيث يجوز الحديث عن البنيوية وعن الوظيفية وعن النسقية كمناهج قائمة بذاتها، وخصوصاً عند الرواد الأوائل لهذه المناهج، أو دمجها في إطار منهج تحليل واحد يوظف المقولات الثلاث المشار إليها، وهو ما أخذ به الوظيفيون المعاصرون، ومنهم كولدنر Gauldner الذي يقول بأن الأساس الفكري للتحليل الوظيفي في علم الاجتماع هو مفهوم المنظومة system التي تعني مجموعة متناسقة تساهم سائر عناصرها بأشكال مختلفة في الوصول لهدف واحد، ويتوقف بعضها عن البعض الآخر، وتتألف المنظومة من مجموعة منظومات فرعية(1).

وفي واقع الأمر، فإنه يصعب في مجال العلوم الاجتماعية الفصل بين البنية والوظيفة والنسق، فالبنيوية تستدعي الوظيفة وهذه الأخيرة لا تدرك إلا من خلال بنية تشتغل فيها وعليها، نفس الأمر بالنسبة للنسق أو المنظومة system فهو يحتوي البنية والوظيفة، وما يحيط بهما، وعليه يمكن القول إن مفاهيم البنية والوظيفة والنسق تشكل عناصر رئيسة لمنهج تحليلي واحد هو التحليل البنيوي - الوظيفي في نسختيه القديمة والحديثة - النسقية - والمعادلة الرابطة بين هذه المفاهيم الثلاثة هي : البنية + الوظيفة = نسق أو منظومة، فالنسق ما هو إلا تلك الوظائف والتفاعلات التي تحدث داخل بنية ما.

ولم يقتصر الأمر على تداخل هذه المفاهيم الثلاثة بل أيضاً استعان الوظيفيون بأدوات تحليل منهجية أخرى، منها النماذج المثالية التي سبق أن وضع أسسها ماكس فيبر، وهذا ما وضحه أحد رواد البنيوية الوظيفية ليفي ستراوس Levi Strauss الذي قال: " إن مفهوم البنية الاجتماعية لا ينصب على الواقع التجريبي بل على النماذج التي يتم انشاؤها انطلاقاً من ذلك الواقع (2) إلا أن هذا لا يعني أن ستراوس يتعامل مع البنيوية بمعزل عن الواقع، بل هو يؤكد على التلازم بين ما هو أمبيريقي Emprical وما هو تشييد نظري . فإيجاد البنية مشروط بالقيام بدراسة امبريقية (3).

هذا التداخل بين المصطلحات وغموضها كان سبباً في إثارة كثير من الانتقادات، بل والتشكيك فيما إذا كانت البنيوية - والوظيفية قد أضافت إلى التحليل العلمي شيئاً يستحق الاهتمام، وهو غموض لم يقتصر على الدارسين أعتقد الجدد لهذا المنهج بل هو موجود عند الرواد الأوائل لهذا المنهج، وهو ما يذهب إليه جوزفيتش Gurivitch حيث يقول : إننا نجد مصطلحات مثل النسق system وبنى structures ومؤسسات Institutions تتحدد كل منها بالآخر ويحيل كل منها إلى الآخرين، بل إنه - بارسونز - يخلط تارة بين Type - بمعناه المستخدم عند فيبر - وبين البنية ويميز بينهما تارة أخرى، مما يكشف عن عجز بارسونز عن تحديدها تحديداً دقيقاً، ويكشف عجزه عن إدراك الواقع الاجتماعي ككل نوعي ودينامي من ناحية أخرى (4).

ومع ذلك فقد شغلت البنيوية - الوظيفية ثم التحليل النسقي حيزاً لا يستهان به في مجال البحث الاجتماعي، سواء كان دعاتها انبنى موقفهم على هواجس علمية محضة أو كان منطلقهم الرد على التحليل الماركسي والدفاع عن استقرار وثبات المجتمعات

الغربية، ومع ذلك لا بد من الإشارة إلى أن الوظيفية والنسقية ليست مناهج علمية مستكفية ذاتياً، بل هي مداخل منهاجية أو أطر للتحليل يوظفهما الباحث ليس بـديلاً عـن المنـاهج الأخـرى وخصوصـاً الميدانيـة، بـل إلى جـانبهما، فهـما إطـارات أو منظومات تحليل تستحضر سواء عند بداية اشتغال الباحث بعملية البحث - على مستوى تحديد الإشكالية ووضع الفروض - أو عند مرحلة تحليل المعلومات وكتابة تقرير البحث.

وعليه فإن الوظيفية والنسقية منهاجاً تفكير وتحليل يقومان على افتراض مبادئ مؤداه أن المجتمـع عبـارة عـن نسـق مؤلـف من مجموعة نظم اجتماعية وأنماط محددة للثقافـة، وأن هـذه الـنظم الاجتماعيـة خاضـعة لتنظـيم محـدد، وأنمـاط الفعـل الاجتماعي مبنية في هيكل خاص بها، وتضرب بجذورها في الحاجات والمصـالح الإنسـانية وترتكـز عـلى عواطـف قويـة وتمثـل تجسيداً للقيم الاجتماعية والثقافية التي هي الجهاز المادي والعقلي والروحي الذي يرتبط ارتباطـاً وثيقـاً بـالنظم الاجتماعيـة أي أن أنماط الثقافة Types cultural مرتبطة بالصياغة النظامية للمجتمع، وعليه يمكن تحليل البناء الاجتماعي للمجتمـع في ضوء المضمون النظامي الثقافي في المجتمع ككل. مع أن هـذا البنـاء هـو نسـق يحتـوي أنسـاقاً أو منظومـات فرعيـة إلا أنهـا مترابطة ومتفاعلة من حيث الأدوار التي تؤديها في أطار الكل، ومن هنا فـإن دور التحليـل البنـائي - الـوظيفي لا يرتكـز عـلى الظواهر الجزئية بل على تفسير الظواهر الشاملة لفهم التفاعل والتساند والاعتماد المتبـادل بـين مختلـف مكونـات المجتمـع والثقافة.

إن القول بأن منتصف القرن العشرين هو تاريخ احتلال البنيويـة - الوظيفيـة لمكانـه بـين منـاهج التحليـل لا يعنـي أن هـذا التاريخ هو تاريخ ولادتها، بل هو تاريخ نضجه واكتماله كمنظومـة فكريـة يـزعم أصـحابها القـدرة عـلى منافسـة النظريـات الأخرى مجال التحليل السياسي، أما تاريخ ولادتها والآباء الأصليون، فيصعب تحديدهم بدقة، وذلك أن هذا المـنهج سـاهم في بناء مقولاته الأساسية عدد من المفكرين وخلال أزمان متعاقبة، ولكن دون القول بأن هؤلاء المفكرين كانوا وظيفـين بـالمعنى الحداثي للكلمة، وأهم هؤلاء، أوغست كونت، برودون (5) وسان سيمون ، ثم بنسر واسهاماته في مجـال النظريـة العضـوانية organicisme ، وماكس فيبر وتحليله للبيروقراطية، وكروزيية Michel Crozier وتحليلـه لـنفس الظـاهرة، وعلـماء اللغـة - وعلى رأسهم سوسير –

واسهاماتهم حول البنيوية، وعلماء الانتربولوجيا - ليفي شتراوس - وتطويرهم لمقولات سوركين (6)، وتطوراتها الأخيرة مع علماء السياسة، ديفيد استن - الخ...

ولكن وحيث أنه لا يمكن الحديث عن وظيفة ولا عن نسق دون وجود البنية التي تستوعب الوظائف والأنساق فمن الضروري تعريف البنيوية أولاً.

## المطلب الثاني: البنيوية Structuralisme

الأصل الاشتقاقي للكلمة يأتي من كلمة Structure بمعنى ركب وأنشأ وشيد. أما المعنى الاصطلاحي كما اخذ به الفلاسفة فمؤداه أن البنيوية تتعامل مع الشيء باعتبار أن له XبنيةZ أي ليس عديم الشكل، ويشكل منظومة أو نسقاً له نظامه الخاص من حيث تركيبه ووحدة أنسجامه الداخلي والقوانين التي تضبطه وتسمح باستمراريته، وهم يسعون من خلال منهجهم في التعامل مع الأشياء إلى التحرر من الاديولوجيا وكل المؤثرات الخارجية بما فيها التاريخ، التي تعطي البنية ليس لها مضمون متميز: إنها المضمون نفسه مفهوماً داخل تنظيم منطقي معتبر كخاصية للواقع. وعليه فهم يضفون طابعاً علمياً على منهجهم وفلسفتهم في التحليل الاجتماعي.

جاءت البنيوية في خمسينات هذا القرن كتيار فلسفي معارض للوجودية Existentialism، من جانب وللماركسية من جانب آخر، إلا أن البنيويين يرفضون تصنيف البنيوية كفلسفة. بل يرون أن للبنيوية تاريخاً طويلاً . وتتمثل أحد الدروس التي يمكن استخلاصها من هذا التاريخ في أن البنيوية لا يمكن أن تكون مذهباً أو فلسفة خاصة.. فالبنيوية إنما هي منهج اساساً بكل ما يتضمن هذا التعبير من معنى (8).

ويرجع الفضل لعلماء اللغويات في تسليط الضوء على أهمية التحليل البنيوي للظواهر، وفي تعريف البنية فنجد دي سوسير F. de Saussure أحد أعمدة الدراسات اللسانية يختصر البنية بأنها نظام لا يعرف غير نسقه الخاص به (9) إلا أن البنيوية استهوت كما أشرنا علماء من تيارات مختلفة وأصبحت تياراً يجمع حوله علماء من حقول متعددة، كالأدب والانتربولوجيا والاجتماع والسياسة.

وهكذا يعرف جان بياجيه البنية بالقول:

إن البنية لهي نسق من التحولات له قوانينه الخاصة باعتباره نسقاً - في مقابل

الخصائص المميزة للعناصر - علماً بأن من شأن هذا النسق أن يظل قائماً ويزداد ثراء بفضل الدور الذي تقوم به تلك التحولات نفسها، دون أن يكون من شأن هذه التحولات أن تخرج عن حدود ذلك النسق، أو تهيب بأية عناصر أخرى تكون خارجه عنه (10).

في نفس السياق يعرف ليفي شتراوس البنية بالقول : البنية تحمل - أولاً وقبل كل شي - طابع النسق أو النظام. فالبنية تتألف من عناصر يكون من شأن أي تحول يعرض للواحد منها أن يحدث تحولاً في باقي العناصر الأخرى(11).

أما كيفية استخدام القول بالبنية كمنهج تحليل فقد اشار إليه شتراوس في كتابه طوطمية Totamism العصر الراهن : "ينبغي على المرء أن يجمع الحقائق المتفرقة ويحللها في قائمة شاملة، وثانياً: أن يعين الروابط المقابلة بين الحقائق ويصنفها في مجموعة ويحدد ارتباطاتها الداخلية. وثالثا: أن يركب الأجزاء في كيان واحد، أي العناصر المعينة في نسق واحد. وبهذا ينتج موضوع للبحث متفرد كامل" (12).

تعرف تحولات داخل الأنساق الفرعية إلا أن هذه التحولات في الأنساق الفرعية لا تؤثر على المنظمة - البنية - ولا تخل بالانتظام الذاتي لها.

من هذه التعريفات للبنيوية وخصائصها، يمكن فهم الزعم الذي ذهب إليه سواء مؤيدوها أو معارضوها من كونها جاءت كرد فعل على الوجودية، التي تركز على الإنسان كذات فاعلة بمعزل عن محيطه، وكرد فعل على الماركسية التي تهتم بالصراع وما يستحضره من تجاوز للبنيات الثابتة، وكأنها جاءت لزعزعة المرتكزات الفكرية للماركسية فـ "هذا النموذج الجديد، الذي ركز هدف البحث على كشف البنيات ووظائفها Fonctionnement وقوانينها Lois الداخلية تخلى عن التحليل المميز للصراعات وصيرورتها، وشرّع البحث في الثوابت stabilites وإعادات الإنتاج Reproductions ، بينما النموذج الماركسي قصر الهدف المركزي على تحليل الصيرورة devenir الثورية للمجتمع الرأسمالي (13).

## بنيوية ليفي شتراوس

يعد شتراوس من أهم البنيويين الذي أعطوا للبنيوية موقعها كتيار يزعم العلمية في

دراسة وفهم الواقع الاجتماعي، وانصبت دراسته أساساً حول أنساق القرابة والأساطير. ويرى شتراوس أن البنيوية أداة منهجية تساعد على فهم الظواهر من خلال النظر إلى الواقع كبنية كل شيء - شخصية، هيئة ، مجتمع، ثقافة. الخ.. ما لم يكن منعدم الشكل، يملك بنية ولكن حتى تكون هناك بنية لظاهرة ما يجب توفر أربعة شروط وهي:

1- أن تكون عناصر هذه الظاهرة مترابطة فيما بينها، أي تشكل " نسقاً" أو أنظومة تحكم عناصرها قواعد محددو.

2- التأثير المتبادل بين عناصر الظاهرة بحيث أن أي تغيير يطرأ على عنصر يؤثر على بقية العناصر، بمعنى أن البنية الأصلية قابلة لاحتواء بنيات جديدة مع كل تغير يطرأ على عناصرها.

3- القدرة على التنبؤ بما سيطرأ على البنية نتيجة أي تغيير يمس أحد عناصرها.

4- يشترط في البنية محل البحث أن تكون شاملة لأغلب الوقائع الملاحظة المتعلقة بالظاهرة.

ونشير هنا أن شتراوس عندما يتحدث عن الظواهر الاجتماعية فإنه لا ينظر إليها كأشياء أو أفكار بل كبنى. ومن خلال اهتماماته الاثنولوجية وخصوصاً دراساته حول علاقات القرابة Kinship relation توصل إلى قناعة بأن هذه العلاقات هي السياق الوحيد الذي يتجلى فيه مفهوم البنية". وأن العلاقة الاجتماعية هي المادة الأولى المستعملة في صياغة نماذج توضح البنية الاجتماعية (14).

استعان شتراوس بالأنماط أو النماذج Type على الطريقة الفيبرية في تحليله البنوي، بحيث يرى أن البنية الاجتماعية كمفهوم أساس ومركزي في المنهج البنيوي لا تكمن فقط في الواقع التجريبي بل هي أيضاً النماذج المنشأة انطلاقاً من هذا الواقع، وحتى نتأكد من صحة الواقع ينبغي الانطلاق من البنية اللاواعية وغير المشخصة للأفراد والتي تفصح عن نفسها من خلال سلوك الأفراد والمؤسسات الاجتماعية التي يقيمونها والعلاقات التي يدخلونه فيها دون إراداتهم، ويرى أن العلاقات الاجتماعية هي المادة الأولية التي تستخدم لتركيب نماذج تبرز البنية الاجتماعية ذاتها وتبقى البنية نسقاً صورياً حاضراً في الموضوع، ولكن العالم ملزم بالتدخل لاكتشافها عبر اصطناع نماذج تفصح عنها.

إن البنية تمثل في نظره " الواقع التجريبي" الذي تمدنا به الملاحظة السطحية البحتة، أما "الواقع العلمي" فلا بد من الكشف عنه فيما وراء المعطيات المباشرة وفيما وراء العلاقات العينية وهنا لا يمكن الوصول إليه إلا بفضل عملية بناء استنباطي لبعض النماذج المجردة (15).

وهكذا فإن الأداة المنهجية التي يستعملها شتراوس لدراسة البنية هي النماذج، فالمعرفة العلمية للواقع الاجتماعي لا تتحصل إلا بدراسة البنى الاجتماعية من خلال النماذج، لأن هذه البنية في نظره لا تنكشف على مستوى الواقع العياني بل على مستوى النموذج النظري باعتباره منظومة قضايا، أي قوانين تشكل العلاقات داخلها على نحو معين.

وخلاصة القول: أن البنيوية بعد توهجها في بداية ظهورها أثارت الكثير من اللبس والغموض، بل وجهت إليها انتقادات، وأعتبرت فلسفة غامضة ليس فقط عند الإنسان العادي بل عند المثقف العارف كما يقول ميشيل ريفاتير Michael Riffater، الذي هاجمها بسبب غموضها وخص بالذكر ياكبسون وشتراوس، نفس الموقف من البنيوية عبرت عنه أديت كروزويل بالقول: " إذا بدهتني فكرة مؤداها أن حركة فكرية معينة - تقصد البنيوية- يمكن أن تشيع دون أن تكون مفهومة تماماً " (16).

ومع ذلك فإن البنيوية ساهمت في إضفاء طابع خاص في مجالات البحث في العلوم الاجتماعية من خلال تركيزها على عنصر التواصل والاعتماد المتبادل بين أجزاء الظاهرة، وعلى الرغم من أن البنيوية في أبعادها العميقة تشكل نزعة معارضة للتاريخانية وتصنف في إطار التيارات المحافظة، إلا أنها ساهمت في إدخال أسلوب تحليلي للواقع يشكل حلاً وسطاً ما بين هيمنة الإيديولوجيا أو التنظير المحض من جهة والنزعة التجريبية من جهة أخرى. فالبنيوية لا تقنع بوصف التعبيرات الخارجية للظاهرة محل البحث، بل تسعى إلى التغلغل إلى أعماق الظاهرة ومعرفة بنيتها الداخلية وعلاقة ظاهرها بباطنها. وهذا ما دفع البعض إلى وصفها بأنها شكل منمق لتحليل المضمون (17).

## المبحث الثاني

## المنهج الوظيفي

### المطلب الأول :أسسه ومنطلقاته

يمكن إرجاع بداية ظهور الاتجاه الوظيفي Functional في الدراسات الاجتماعية إلى أعمال الرواد الأوائل لعلم الاجتماع وخصوصاً مؤلفات دور كهايم، حيث أكد هذا الأخير في مؤلفه قواعد المنهج الاجتماعي 1898 - على ضرورة تحليل وظائف المؤسسات والممارسات الاجتماعية. إلا أن هذا الاتجاه كمنهج مثل مالينوفسكي Malinowshi ورادكليف - براون Radecliffe Brown - ثم انتقل إلى بقية العلوم الاجتماعية، وقد عرف كليف براون الوظيفية بقوله " إن وظيفة كل فعل متكرر مثل معاقبة جريمة، أو حفل تأبيني، تتمثل في الدور الذي يلعبه في الحياة الاجتماعية وفي مساهمته في ضمان استمرارية البنى الاجتماعية" (18).

كما أثرت البيولوجيا على علماء الاجتماع بالنسبة لمفهوم الوظيفة، حيث أقام بعض علماء الاجتماع مماثلة عضوية بين الجسم الحي والمجتمع، وعلى رأس هؤلاء سبنسر spencer 1902-1820)) الذي استعار من البيولوجيا التمييز بين البنية والوظيفة، وأن المجتمع كالكائن الحي يبحث عن التوازن حتى في إطار التطور المستمر الذي يتعرض له. فالبيولوجيا تقوم على مبدأ أن الكائن العضوي يمثل نسقاً يتألف من أجزاء ترتبط فيما بينها ارتباطاً وظيفياً في إطار الاعتماد المتبادل. وقد طبق علماء الاجتماع والسياسة على الفئات والجماعات مفهوم الوظيفة الذي طبقة البيولوجيون على الكائن الحي. وهكذا اعتبر الوظيفيون في العلوم الاجتماعية، النظم الاجتماعية بأنها شبيهة بالكائنات الحية وقابلة للتصنيف على ضوء الوظائف الرئيسية التي تؤديها، فالنظم الاقتصادية تؤدي وظيفة الإنتاج والتوزيع لإشباع الحاجات المادية الاستهلاكية للإنسان. والأسرة تؤدي وظائف التوالد والتنشئة الاجتماعية وحفظ النوع البشري وتنظيم الممارسات الجنسية، والنظام السياسي يقوم بوظيفة حماية المواطنين داخليا وخارجياً، والنظم الدينية تؤدي وظيفة التماسك الاجتماعي وهكذا.

هذه الوظائف الاجتماعية تحتاج إلى آلية يستطيع المجتمع بواسطتها تأدية وظائفه وتفسير الطريقة التي يعمل بها المجتمع ويحافظ على بقائه، وهذه الآلية هي التبادلية

Mutislism أي الاعتماد المتبادل. التي هي عملية مواءمة وتوافق ومشاركة في القيم والمعاني، والناس حتى يستطيعوا تحقيق التكيف والملاءمة فإنهم يجدون أنفسهم في مواقف اجتماعية متبادلة ومتساندة.

وكما سبق الذكر، فإن الوظيفة بالرغم من أنها جاءت كإطار تحليل وتفسير يتجاوز قصور البنيوية إلا أنها تعتمد كثيراً البنيوية وتأخذ ببعض مقولاتها، ولكنها لا تتطابق معها كلياً، من منطلق أن الوظيفية أكثر واقعية، لأنها تهتم بالوظيفة أكثر ما تهتم بالغوص وراء البنى الظاهرة أو غير الظاهرة.

وفي إطار النظرية السوسيولوجية فإن الوظيفية تعني: أن النسق الاجتماعي يمثل نسقاً حقيقياً، فيه تؤدي أجزاؤه وظائف أساسية لتأكيد الكل وتثبيته، وأحياناً اتساع نطاقه وتقويته: ومن ثم تصبح هذه الأجزاء متساندة ومتكاملة على نحو ما. هذا ما يقول به تيماشيف (19) ، إلا أنه في نفس الوقت يعترف بأن اصطلاحي وظيف و وظيفة يأخذان معان مختلفة ومتباعدة، بل ذهب كل من بوون R. Boudon وبوريكاد F. Bourricaud إلى نقد العلاقة الحتمية ما بين البنية والوظيفة، وقالا بأن التحليل الوظائفي ينطلق من فكرة بسيطة مؤداها أن أنجع السبل لتفسير الظواهر والمؤسسات الاجتماعية هي الانتباه للوظائف التي تقوم بها داخل المجتمع (20) ، كما قاما بتصنيف الوظائفية إلى ثلاث تيارات: الأول الوظائفية المطلقة، وهي التي تطابق في معناها الوظائفية المعروفة في علم وظائف الأعضاء (العضوية Organicisme) ، والثاني ويقودها مرتون وهي وظائفية نفسية واجتماعية، باعتبار أن الوظائفية هذه تشكل "خطوة توضح بها الرغائب المثارة في داخل الجماعات المختلفة والأجزاء الاجتماعية، عن طريق بنيان اجتماعي خاص" (21) أما التيار الثالث فهو الذي يمثله بارسون البنيوية - الوظائفية.

ويعتمد الاتجاه الوظيفي ستة أفكار رئيسية وهي:

1- تتعامل مع الشيء - كائن حي أو اجتماعي، جماعة، تنظيم مؤسسة الخ - على أنه نسق أو نظام، وهذا النسق يتألف من عدد من الأجزاء المترابطة، أو القائمة على الاعتمادية المتبادلة.

2- لكل نسق احتياجات أساسية عليه تلبيتها.

3- النسق في حالة توازن Equilibrium، هذا التوازن يتحقق بتلبية أجزاءه لاحتياجاته.

4- أجزاء النسق قد تكون وظيفية تسهم بتوازن النسق أو تكون ضارة بالنسق أو تكون ضارة بالنسق أي تضعف من توازنه، وقد تكون غير وظيفية أي عديمة القيمة بالنسبة للنسق.

5- تتحقق حاجات النسق بواسطة تغيرات أو بدائل.

6- وحدة التحليل بالنسبة للوظيفة هي الأنشطة أو النماذج المتكررة.

وهذا يعني أن التحليل الوظيفي يسعى إلى الكشف عن كيفية إسهام أجزاء النسق في تحقيق النسق ككل لاستمراريته أو الإضرار بهذه الاستمرارية (22).

كما يعتمد التحليل الوظيفي إجراءات وتدابير منها:

1- التجربة العقلية، وكما قلنا فإن الوظيفية منهج تحليل عقلي يعتمد ملكة التفكير والتخيل العلمي عند الباحث، الذي عليه أن يقدر عقلياً ماذا سيحدث في مجتمع ما، إذا ما أخلت أجزاء بناء في تأدية وظائفها، أو قامت بها على ما يرام.

2- يعتمد المنهج الوظيفي المنهج المقارن، والمقارنة تكون إما على المستوى الكيفي - أي إما المقارنة بين موقفين اجتماعيين مختلفين بالنظر إلى وجود سمة معينة أو بناء جزئي - أو مقارنة على المستوى الكمي، كما فعل سوركين عندما قام بقياس الفن الديني في الثقافتين العلمانية والدينية.

3- ملاحظة وتحليل النتائج المترتبة عن حدوث الاضطرابات المختلفة في المجتمع، وهذه الاضطرابات قد يكون منشأها أسباب داخلية أو أسباب خارجية أو كليهما معاً، مثلاً دراسة النتائج المترتبة عن حدوث اضطرابات أو حدوث الحروب (23).

ونتناول هنا نموذجين للتحليل الوظيفي من خلال عالمين يعدان من رواد هذا الاتجاه، وهما مالينوفسكي، وميرتون، دون تجاهل بقية النماذج، أو العلماء الذين لعبوا دوراً في ظهور هذا الاتجاه التحليلي .

## المطلب الثاني: تطبيقاته

## أولاً: الوظيفية المطلقة عند مالينوفسكي

إذا كانت بدايات الاتجاه الوظيفي يمكن تلمسها في بعض كتابات علماء الاجتماع الأوائل وخصوصاً دور كهايم الذي أكد أنـه لفهم مؤسسة ما علينا الرجوع إلى تاريخ نشوئها والوظيفة التي تؤديها في المجتمع، فإن تبلـور هـذا الاتجـاه ظهر عـلى يـد الانتروبولوجيين أمثال راد كليف براو Brown ورالف لنتورن Linton ومالينوفسكي.

ويعتبر مالينوفسكي أب الوظيفية، حيث ساهم في تطوير الوظيفية من خـلال دراسـاته للمجتمعـات البدائيـة، وهـو أول مـن طالب بوجود مدرسة وظيفية تقف في مواجهة النزعة التطويرية التي كانت سـائدة في عصره، حيـث يقول : " إن النظريـة الوظيفية هي المطلب الأول للبحث الحقلي وللتحليل المقارن للظواهر في مختلف الثقافات".

وفي مؤلفه، النظرية العلمية (1944) يؤكد على الترابط الحاصل داخل كل مجتمع بين ثقافته والمحيط المـادي، وهـو الـربط الذي يعد من أسس التحليل الوظيفي الذي يقيم الصلة بين النظام المعياري Normative order والمحيط المحـدد باعتبـاره جملة من الاكراهات الثابتة والمنسجمة التي وضع فيها نظام الفعل. ويرى مالينوفسكي أن كل ثقافة يجب أن تتبـع الخـواص البيولوجية للإنسان كالتغذية والتناسل، وهي من خلال إشباع هذه الحاجات تهيء فرص الاستقرار وتعمل على تنظيم النمـو والتقدم، ويرى أن الإنجاز الثقافي يقـوم بـدعم ألي وتلقـائي للفسـيولوجيا البشـرية، وأنـه مـن الممكـن أن نـربط وظيفيـاً بـين الاستجابات الثقافية المختلفة، مثل الاستجابات الاقتصادية والقانونية والتعليمية والعلميـة والدينيـة، مـن ناحيـة، والحاجـات البيولوجية من ناحية أخرى. فالتفسير الوظيفي للفن والترويح أو المراسيم العامة يمكن أن يرتبط بشكل مباشر بـردود جسـم الكائن العضوي للإيقاع أو الصوت أو اللون أو الخط وارتباطاتها.

لقد أولى مالينوفسكي دوراً أساسياً للثقافة باعتبارها تعبيراً عن الحاجة إلى إشباع الرغبات البيولوجية للإنسان، أو بمعنى آخـر أن الثقافة تنشأ عن تلك الأنشطة الموجهة أساساً نحو إشباع الحاجات البيولوجية الأساسية. وعندما يحلل مالينوفسكي الثقافة

يحللها من خلال الوظيفة التي تقوم بها في المجتمع، أي من المبدأ القائل بأن سائر نماذج الثقافة وكل عادة أو هدف مادي وكل فكرة أو عقيدة، تقوم بوظيفة حيوية ولها مهمة تؤديها وتمثل جزءاً لازماً لكل منظومة، وهذه الوظيفة معممة أو مطلقة، لأن كل عنصر في المنظومة يؤدي وظيفة تجاه المنظومة بأكملها، كما أن كل منظومة تشكل وحدة وظيفية أي أن التحليل الوظيفي يكون في إطار وجود نسق أو منظومة كلية.

وهكذا نلاحظ أن مالينوفسكي يحلل الثقافة تحليلاً تكاملياً في الإطار التنظيمي للمجتمع ككل أي تحليل بنائي - وظيفي ويقول في ذلك:

" إننا نستخدم نمطاً من أنماط التحليل .. وظيفي ونظامي وهذان النمطان يجعلاننا نعرف الثقافة بطريقة ملموسة، وشاملة ومحددة، والثقافة هي كل ما يشتمل على أجزاء بينهما استقلال ذاتي من جهة، وتؤلف نظماً متعاونة من جهة أخرى، وهي تتكامل وفقاً لمجموعة من المبادئ مثل إنتاج النوع والتناسل، ووجود المكان الذي يحدث فيه التعاون، والتخصص في الأنشطة، وأخيراً وليس آخراً استخدام القوة في التنظيم السياسي . وكل ثقافة تحقق تكاملها واكتفائها الذاتي في ضوء قدرتها على اشباع المجموع الكلي للحاجات الأساسية والوسيلية والتكاملية (25).

ثانياً: الوظيفية النسبية عند ميرتون (Robert Merton)

يعرف ميرتون الوظيفية بأنها: تلك النتائج أو الآثار التي يمكن ملاحظتها، والتي تؤدي إلى تحقيق التكيف والتوافق في نسق معين". وقد طور ميرتون نموذجاً أو إطاراً تصويرياً منظماً للوظيفية، وعرض بدقة جوهر التحليل الوظيفي وإجراءات وأساليب الاستدلال فيه.

والوظيفية عند ميرتون لها مؤشرات موضوعية قابلة للملاحظة ولا يجب الخلط بينها وبين الأهداف أو الأغراض أو الدوافع. أي أن مفهوم الوظيفة مفصول عن مفهوم الغائية. وقد توصل إلى ذلك من خلال اتمييز بين (الوظيفة الصريحة) " والوظيفة الكامنة (26) فالأسباب التي يقدمها الناس تفسيراً لسلوكهم تختلف عن نتائج هذا السلوك بالنسبة للنسق الاجتماعي - تلك النتائج التي يمكن ملاحظتها - مثلاً شخص يشتري سيارة فخمة فالوظيفة الظاهرة لشراء السيارة هي الاستعمال كأداة نقل إلا أن الوظيفة الكامنة قد تكمن في إظهار الهيبة والمكانة.

ويرى ميرتون أن التحليل الوظيفية يقوم على ثلاثة فروض أساسية وهي:

1- إن العناصر الاجتماعية والثقافية قد تكون وظيفية بالنسبة لمجموعة معينة وغير وظيفية بالنسبة لمجموعات غيرها وضارة وظيفياً بالنسبة لمجموعات أخرى أي نسبية الوظيفة .

2- تعدد الوظائف بالنسبة للعنصر الواحد، واشتراك عدة عناصر في تحقيق وظيفة واحدة. وهذا ما أسماه البدائل الوظيفية Fonctional alternatives أي تنوع الوسائل التي تشبع الحاجات.

3- يجب أن يحدد التحليل الوظيفي الوحدات الاجتماعية التي تخدمها العناصر الاجتماعية أو الثقافية. فبعض العناصر قد تكون ذات وظائف متعددة وقد تكون بعض نتائجها ضارة وظيفياً ومن هنا فهو يعتبر أنه من الخطأ أن نتحدث عن وظائف متحققة بالنسبة للجميع(27).

وظف ميرتون منهجه التحليلي الوظيفي في دراسته الشهيرة عن البناء الاجتماعي اللامعيارية Social Structure and anomie حيث طبق الوظيفية في تحليل المصادر الاجتماعية والثقافية للسلوك المنحرف. وكان هدفه من ذلك إظهار الضغوط التي يمارسها البناء الاجتماعي على أشخاص معينين في المجتمع لممارسة سلوك غير امتثالي Non Conformity وقد ميز في هذا السياق بين عنصرين رئيسيين فيما أسماه البناء الثقافي للمجتمع. الأهداف المحددة ثقافياً من جهة، والأساليب النظمية لتحقيق هذه الأهداف من جهة أخرى (28).

ويرى ميرتون أن البناء الاجتماعي Social structure يتيح للأشخاص فرصاً متنوعة لممارسة أنماط للفعل والسلوك هدفها الأساسي تحقيق التوافق، كما أن هناك عدداً من المصادر البنائية للسلوك بطريقة غير مألوفة وهذه المصادر البنائية هي التي تجعل الانحراف سلوكاً عادياً . فالانحراف Aberration هنا لا يرجع إلى كون المنحرفين معوقين أو مرضى نفسيين - أحياناً يكونون كذلك - بل يرجع إلى أن هؤلاء الأشخاص يمارسون ما هو متوقع منهم في ظل ظروف بنائية معينة. وفي رأيه أن أداء ما هو متوقع " هو قيمة التفسير الوظيفي " (29).

كما قام ميرتون بتطبيق التحليل الوظيفي في دراسة النظام السياسي الأمريكي، حيث يتساءل لماذا تفرز الأحزاب غالباً " ماكينات سياسية"؟ والجواب أن هذه الماكينات تقوم بوظيفة محددة وهي اجتذاب ناخبي الطبقات الشعبية والمحافظة عليهم بإغراءات مادية لا تقدمها لهم الدولة، بل أحياناً تكون هذه الإغراءات لا تنسجم تماماً مع القانون، بمعنى أنه قام بتفسير وجود الماكينة عبر وظيفتها، وهي الاستجابة لمطالب لم يتم إرضاؤها من طرف النظام السياسي (30).

## المبحث الثالث

## المنهج النسقي

### المطلب الأول: تعريف المنهج النسقي وتحديد منطلقاته الأساسية

أحس بارسونز مبكراً أن التحليل الوظيفي قاصر على التعامل مع المجتمعات الحديثة والمعقدة، وأنه قصير النظر، الأمر الذي حذا به لتطوير مقولات الوظيفية لتصبح أكثر ملائمة للتحليل السياسي، حيث يقول: " لقد أخذت تسمية الوظيفية - البنيوية تبدو في نظري غير ملائمة على نحو متزايد مع الأيام" والبديل في نظره هو (التحليل النسقي) أي النظر إلى الظواهر والأشياء ليس من خلال بنيتها أو وظيفتها بل من خلال اتساقها، أي النظر إ ليها كأنساق، وقد عرف النسق الاجتماعي بأنه " عبارة عن فاعلين أو أكثر يحتل كل منهم مركزاً أو مكانة متمايزة عن الآخرين ويؤدون دوراً متمايزاً، فهو عبارة عن نمط منظم يحكم علاقات الأعضاء ويصف حقوقهم وواجباتهم تجاه بعضهم وإطار من المعايير أو القيم المشتركة بالإضافة إلى أنماط مختلفة من الرموز والموضوعات الثقافية المختلفة (31).

الفكرة المركزية عند النسقية هي نزوعها إلى بناء نموذج من التفكير يتسم بالشمولية وقادر على دراسة التفاعلات الدينامية - وليس السببية - وادراك الأنساق ليس باعتبارها مجموعات ساكنة بل مجموعات متحولة. وقد استفاد هذا التوجه في التحليل من البيولوجيا ومن علم التوجيه 32) Cyberntties) ومن نظريات الاتصال Communication وعلى هذا الأساس يمكن اعتبار أن النسقية "تمد الباحثين بالأدوات العقلية التي تتيح الاتساق مع مساهمات البنيوية أو تجاوزها، إنها تدفع إلى معانية تعقد

المبادلات والضغوطات داخل التنظيم، وإلى النظر إلى المجموعات كأنساق منفتحة، وإلى رصد العلاقات الديناميية بين المجموعة والوسط وإلى مواجهة سياقات القرار وتغيير القرار " (33).

هذا ويعتبر تالكوت باسونز أهم من وضع قواعد لهذا المنهج وقام بتطبيقه في التحليل السياسي، كما لا تنسى اسهامات ديفيد استون David Easton وألموند Gabriel Almondo.

أقام بارسونز نظريته حول الفعل الاجتماعي 34) Social Action) انطلاقاً من مفهومه للنسق الاجتماعي حيث عرف النسق الاجتماعي بالقول: النسق الاجتماعي عبارة عن فاعلين أو أكثر يحتل كل منهم مركزاً، أو مكانة متمايزة عن الأخرى ويؤدون دوراً متمايزاً. فهو عبارة عن نمط منظم يحكم علاقات الأعضاء، ويصف حقوقهم وواجباتهم اتجاه بعضهم البعض، وإطار من المعايير أو القيم المشتركة بالإضافة إلى أنماط مختلفة من الرموز والموضوعات الثقافية المختلفة (35).

كما ينبني التحليل النسقي عند بارسونز على مفهومات أربع أساسية:

1- الفعل الاجتماعي Social Action

2- الموقف Situation

3- الفاعل Actor

4- توجهات الفاعل Actor Isorientation

والموضوع الرئيس الذي تدور حوله النظرية السوسيولوجية عند بارسونز هي أداء الأبنية لوظيفتها، حيث يتطلب التحليل النسقي معالجة منهجية لمكانات وأدوار الفاعلين الذين يضمهم موقف اجتماعي معين، وكذلك للأنماط التنظيمية التي ينطوي عليها هذا الموقف، ويشير مفهوم المكانة إلى مكان وموقع الفاعل في نسق علاقة اجتماعية معينة منظوراً إليه كبناء، أما الدور Role فيشير إلى سلوك الفاعل في علاقته مع آخرين إذا ما نظرنا إلى هذا السلوك في سياق أهميته الوظيفية للنسق الاجتماعي، وتفهم الأنماط التنظيمية على أنها التوقعات المنظمة (أو ذات البناء المعين) التي تحدد السلوك المناسب ثقافياً للأشخاص الذي يؤدون أدواراً اجتماعية مختلفة، ومجموعة أنماط الأدوار

المعتمدة بعضها هي التي تكون النظام (36) ، كما يرى بارسونز بأن الإدراك النسقي للفعل الاجتماعي يستوجب الأخذ بعين الاعتبار ملاحظتين أساسيتين (37).

1- أن نسق الفعل يضم خمسة أنساق فرعية هي: النسق العضوي البيولوجي والذي يشكل المخزون الغريزي والمصدر الرئيس لنسق الفعل الاجتماعي ولدافعيته وحاجاته التي ينبغي أن تشبع، ثم نسق ما بعد الطبيعة الذي هو مصدر أساسي لمجموعة من القيم النهائية التي تلعب دور الموجهات الرئيسة لنسق الثقافة والقيم، ثم نسق الثقافة والقيم، والنسق الاجتماعي ونسق الشخصية، وغالباً ما يدمج النسق العضوي في نسق الشخصية، ونسق ما فوق الطبيعة في نسق الثقافة والقيم، فتختزل بالتالي في ثلاثة أنساق.

2- أنه برغم التساند البنائي والوظيفي بين هذه الأنساق الثلاثة في إنجاز الفعل الاجتماعي فإنه لا يمكن إرجاع أي نسق منها إلى الآخر ولكن إلى نسق الفعل ككل وذلك لفهم التفاعل الداخلي لأي من الأنساق الفرعية أو أدائه الوظيفي في إطار نسق الفعل الاجتماعي، ويتطلب تحديد العناصر الأساسية لنسق الفعل الاجتماعي محاولة إدراكها بالنظر إلى جانبين: الجانب البنائي حيث نستعرض طبيعة الأنساق الثلاثة المكونة لنسق الفعل الاجتماعي. وجانب دينامي حيث نستعرض طبيعة الأداء الوظيفي لكل نسق فرعي في إطار النسق الكلي للفعل الاجتماعي".

ويؤكد بارسونز أن العلاقات الداخلية بين هذه الأنساق الفرعية معقدة للغاية، حيث يمكن اعتبار كل نسق منها مستقل عن الآخر، باعتبار النظر إليه - تحليلياً - على أنه منعزل من حيث خصائصه ونشاطاته عن الأنساق الأخرى، ولكن بالرغم من ذلك فإن هذه الأنساق عادة ما تكون متداخلة من ناحية أخرى، حيث يعتمد كلاً منهما من حيث متطلباته الوظيفية على الأنساق الأخرى، وفي مقابل ذلك يدعم كل منهما ويتعامل معها، فنسق الشخصية لا يمكن أن يوجد بدون الكائن العضوي الذي يمده بالطاقة الدافعية، ولا بدون شبكة العلاقات المتداخلة مع النسق الاجتماعي أو مع رموز نسق الثقافة الذي يمده بالإعلام الذي يحكم تفاعله مع الآخر في الموقف الاجتماعي وبالمثل، فدافعية الشخصية هامة بالنسبة للنسق الاجتماعي بشكل تام ومطلق مثل أهمية رموز النسق الثقافي وإسهاماته المعيارية، هذا إلى جانب أن نسق الثقافة يحقق وجوده في كل من نسق الشخصية، وشبكة تفاعل النسق الاجتماعي (38).

مناهــــج البــــحث

وحتى يحافظ النسق على بقائه ضمن حد معقول من الفعالية والتوازن عليه أن يستجيب لنوعين من الاحتياجـات Needs والمشكلات Problems، أي أن يكون ضمنياً قادراً على تنظيم النشاط الضروري ودفعه في اتجاه الإشباع، وحتـى يكون ذلـك فإن نسق الفعل يحتوي على مجموعة من المناشط والوظائف التي يتصل بعضها بعلاقات النسق ببيئته، بينما يتصـل البـعض الآخر بحاجات تنظيمية لبنائه الداخلي.

كما يمكن الاقتراب من وظائف الفعل من وجهة نظر بارسونز من خلال التمييز بين أهداف الفعل مـن ناحيـة وبـين الوسـائل المتيسرة له لتحقيق هذه الأهداف من ناحية أخرى. ويرى بارسونز أن هناك أربعة وظائف أساسية على النسق الاجتماعي أن يتبعها وهي:

1- التكيف Adeptation: وهي مجموعة وحدات الأفعال التي تعمل على تأسيس العلاقات بين النسق وبين بيئته الخارجيـة. ومضمون التكيف هنا يتعلق بالحصول على المصادر المختلفة التي يحتاجها النسق من الأنساق التي تشكل بيئتـه، ومبادلتهـا بإنتاج يتحقق داخل النسق ذاته، ثم ترتيب أو تحويل وتجهيز هذه المصادر لتساعد على إشباع حاجات النسق.

2- أما الوظيفة الثانية لنسق الفعل فهي تحقيق الهـدف Goal Attainment  وهـذه الوظيفـة تتضـمن كـل الأفعال التـي تساعد على تحقيق أهداف النسق أو تلك التي تعمل على تعبئة المصادر والجهود لتحقيق الأهـداف أو الإشباع. ويقـع علـى أنساق الشخصية عبء الأداء الوظيفي المتعلق بتحقيق الهدف. ومن هنا يؤكد بارسونز أن النظام الاجتماعي " لا يعني فقط بالظروف التي يتصرف الناس في ظلها سعياً وراء أهدافهم، ولكنه يتطرق إلى صياغة الأهداف نفسها" (39).

3- الوظيفة الثالثة هي تحقيق التكامل Intergration، وهـو هـدف يعمـل علـى ضـمان الاستقرار داخـل النسـق، وسيضـم الأفعال التي تعمل على حماية النسق ضد التغيرات المفاجئة هكذا في الأصل الأساسية، بحيث تحافظ على التماسك والتضامن الضروري لبقاء النسق في حالة من الأداء الوظيفي الملائم. ويعتبر النسق الاجتماعـي هـو مسـؤول عـن أداء وظيفة التكامـل حيث هو الذي يؤكد التضامن ويؤسس الولاء، ويحدد الحدود للفعل ويفرض هو الضـغوط والعوائـق أمـام أي انحـراف عـن احتياجات النسق.

4- والوظيفة الرابعة هي الحفاظ على النمط Pattenern maintenance حيث يرى بارسونز أن نسق الفعل يحتاج إلى مجموعة من الأفعال التي تجهز الفاعلين بالدافعية الضرورية وهذه الوظيفة تهتم بتخزين الدافعية أو الطاقة ومن هنا يؤكد بارسونز أن النظام الاجتماعي " لا يعني فقط بالظروف التي يتعرف الناس في ظلها سعيا وراء أهدافهم، ولكنه يتطرق إلى صياغة الأهداف نفسها (40).

كان الدافع الأساسي لبارسونز من وراء تبني التحليل النسقي لدراسة الواقع الاجتماعي، هو اهتمامه بقضية النظام والاستقرار، والبحث عن العوامل التي تؤسس بناء التفاعل والتفاعل الاجتماعي وتدفعها إلى الاستمرار في حالة من الاستقرار النسبي. واهتمام بارسونز بالنظام والاستقرار دفع منتقدية إلى شن هجوم عليه واتهامه بالمحافظة والاهتمام بالحفاظ على الحالة الراهنة Statusque بأي شكل كان وبالتالي تصنيفه كعدو للثورة والتغيير.

المطلب الثاني: التحليل النسقي في الدراسات السياسية

وجدت النسقية مجالاً خصباً للتطبيق في التحليل السياسي حيث يذهب النسقيون إلى اعتبار الظواهر السياسية جزءاً من النسق الاجتماعي العام، يتبادل مع مكوناته التأثير المتبادل والتساند، ويتأثر النسق السياسي بالبيئة الاجتماعية وبالمحيط الخارجي في نفس الوقت، ويؤكد المنهج النسقي على أن العلاقة ما بين النسق السياسي والنسق الاجتماعي العام هي التي تساعد الأول على القيام بوظائف التكيف والضبط والتوزيع بما يحول دون اختلال النسق، كما يبين دور البيئة الاجتماعية - النسق الاجتماعي - في عملية اتخاذ القرار السياسي ، فالعلاقة بين الطرفين تخضع لدورة سيبرنيتقية Sybernetties ، ولا يمكن أن يفهم النظام السياسي إلا من خلال هذه الدورة . ومن أشهر الدراسات السياسية في هذا السياق ما قام به كل من ديفيد إستون وغابرييل الموند.

أقام أيستون نظريته السياسية على فكرة النظام وهي تعني بالنسبة له " أن الحياة السياسية هي جسد من التفاعلات ذات الحدود الخاصة التي تحيطها نظم اجتماعية تؤثر فيها بشكل مستمر" فهو يعتبر أن النظام السياسي مثل ( العلبة السوداء) وهو لا يهتم كثيراً بما يجري داخل العلبة، بل أن ما يعنيه هي علاقات النظام مع بيئته، وهذه البيئة على

نوعين: الأول، النظم الأخرى المكونة للنظام الاجتماعي العام كالنظام الاقتصادي والنظام الثقافي والنظام الديني الخ، ثم ثانياً : البيئة الخارجية أو غير الاجتماعية، كالنظام البيئي، النظام البيولوجي، النظم النفسية والنظم الدولية. ويركز استون اهتمامه على العناصر والمؤثرات المحيطية التي تؤثر على النظام السياسي - العلبة السوداء- أو ما تسمى بالمدخلات (input)) وعلى ما يصدر من النظام من ردود فعل بعد تلقيه هذه المؤثرات المخرجات (out put) فالتحليل النظمي في نظره يهتم بهذه الحلقات المتتابعة من الأفعال وردود الأفعال ما بين المحيط والنظام السياسي وقدرة النظام على الحفاظ على توازنه والتكيف مع ما يرد عليه من مؤثرات خارجية ليستوعبها ويكفيها بما لا يجعلها مخلة بالنظام.

وحتى يحافظ النظام على توازنه فإنه يحتاج إلى توفيق بين نوعين من المدخلات: المطالبات والمساندة ، فالمطالبات تشكل عبأ على النظام إن زادت على الحد، كمطالبة العمال بزيادة الأجور، أو بتحسين الضمان الاجتماعي، وهو في هذه العملية يحتاج إلى مساندة، مثلا تعبير المواطنين عن مساندتهم للنظام في أية خطوة تقدم عليها للرد على المطالب، واعتماد المطالب والمساندة والتوازن بينها تصدر المخرجات عن النظام وهذه إما تكون تشريعات جديدة تستجيب لكل أو بعض المطالب، أو حملة إعلامية لتوضيح الأمور وتبيان عدم شرعية المطالب أو المبالغة فيها ، أو القيام بتدابير قمعية كالتصدي للنقابات العمالية أو حل حزب من الأحزاب أو منع المظاهرات والاضربات الخ.

ويرى استون أن كل نظام يقوم بثلاث وظائف أساسية.

1- وظيفة التعبير عن المطالب.

2- وظيفة ضبط المطالب

3- وظيفة تقليص أو دمج المطالب (42).

أما غربرييل الموند فقد عرف النظام السياسي بأنه " نظام من التفاعلات التي توجد في كل المجتمعات المستقلة التي تؤدي وظائف التكامل والتكيف داخل هذه النظم وفي اتجاه المجتمعات الأخرى بوسائل توظيف، والتهديد بتوظيف وسائل القهر الشرعي

بصورة كبيرة أو صغيرة". وفي كتابه الذي نشره مع زميله بوال Bowel بعنوان (السياسات المقارنة Comparative polities) يحلل الموند النظام السياسي من خلال ثلاثة مستويات.

أولاً: القدرات، حيث يجب على النظام أولاً امتلاك قدرة (منظمة) تسمح بتنسيق التصرفات الفردية والجماعية بواسطة معايير متفق عليها، بما يحول دون تضارب أو تناقض هذه التصرفات إلى حد خطير، ويجب على النظام أن يمتلك قدرة ثابتة، وهي قدرة استخراجية تسمح له باستخراج الموارد الضرورية من الوسط الداخلي أو الخارجي - موارد مالية أو دعم سياسي - أو ما سماه استون بالمساندات. أما القدرة الثالثة: فهي القدرة "التوزيعية" وهي قدرة يوزع بموجبها الموارد التي استخرجها بين الأفراد والجماعات. أما القدرة الأخيرة فهي قدرة الاستجابة وهي قدرة تمكنه من الاستجابة لمطالب البيئة الخارجية وضغوطها كلها حتى يحافظ على توازنه.

ثانياً: وظائف التحول، وفيها يبحث الموند الوسائل المختلفة التي يوظفها النظام لتحويل المطالب إلى إجابات وهو يطرح وظيفتين: وظيفة "تفصل" المصالح التي تنطوي على التعبير عن المطالب، ووظيفة تجمع المصالح، بمعنى القيام بفرز وتبسيط المصالح وتسلسلها وتجانسها. بالإضافة إلى ذلك يتطرق الموند وزميله إلى ما سمياها بالوظائف الحكومية وهي أيضاً وظائف تحول، وهي الوظيفة التشريعية وسمياها وظيفة إعداد القواعد والوظيفة التنفيذية وسمياها وظيفة تطبيق القواعد، والوظيفة القضائية وسمياها وظيفة تلزيم القواعد، ثم أخيراً وظيفة الاتصال وتطبق سواء على الاتصال بين الحكام والمحكومين أو بين مختلف عناصر النظام السياسي.

ثالثاً: أما المستوى الثالث من التحليل فيتعلق بوظائف المحافظة على النظام وتكيفه وهذه تشمل : وظيفة الاختيار السياسي أي تأهيل أصحاب الأدوار السياسية واختيارهم، ثم وظيفة المجتمعية السياسية، وعملها نقل الثقافة السياسية، لأنه بواسطة هذه الأخيرة تترسخ المواقف السياسية، ومن هنا نجد

النظم السياسية تسعى إلى السيطرة قدر الإمكان على وسائل التنشئة السياسية حتى تحافظ على ثقافة سياسية مساندة لها(43).

وكخلاصة لهذا الفصل لا بد من إشارة إلى دور العلماء الأمريكيين في وضع أسس هذا المنهج وهو بذلك كانوا متأثرين بطبيعة المجتمع الأمريكي الذي هو نظام مكون من عدة ولايات، وكل ولاية من خليط من الأجناس والألوان والديانات، ويحافظ النظام الأمريكي على توازنه بفعل علاقات التساند والتكيف سواء بين الولايات وبعضهما البعض أو بعض الأجناس والأعراق. وحفاظ النظام على توازنه ووجوده لا يعني عدم حدوث اختلالات بل المهم قدرة النظام على تمثل هذه الاختلالات واستيعابها، وهو التصور الذي أخذ به حتى كبار رجال السياسة الأمريكيين، فنجد بريجنسكي المستشار الأسبق للأمن القومي يقول: " في سبيل النظام تفضل الجريمة المنظمة بشكل عام على العنف الفوضوي ، وبذلك تصبح الجريمة المنظمة بشكل غير مباشر وغير رسمي امتداداً للنظام(44).

فمفهوم النظام أو النسق لا يعني التوافق والإنسجام التام بل التفاعل وتبادل المواقف والمواقع بل الصراع أيضاً، وفي هذا يقول هربرت سبيرو Herbert spero " إن النظام السياسي يمكن أن يوجد حينما يعيش الناس لكي يتعاونوا ويتصارعوا من أجل تسوية مشاكل مشتركة" ومع ذلك يجب الحذر من هذا المنهج وعدم التسليم بمقولاته، وخصوصاً بالنسبة لدول العالم الثالث ومجتمعنا العربي بالأساس، وذلك أن هذا المنهج يصلح في مجتمعات وصلت إلى درجة من التقدم والنضج في إطار الليبرالية الاقتصادية والسياسية، وحدد ثوابت هي بمثابة العمود الفقري الذي يحفظ توازنه واستقراره وبالتالي من مصلحتها الحفاظ على استقرار وتوازن النظام، أما مجتمعاتنا فهي ما زالت في حالة تخلف ولا توجد ثوابت متفق عليها، والصراع يحتدم داخلها ما بين قوى الحداثة والتقدم من جهة والقوى المحافظة وبعض فئاتها المتحالفة مع الغرب من جهة أخرى، مثل هذه المجتمعات لا تحتاج إلى الحفاظ على توازن النسق بل تحتاج إلى زعزعته وإحداث تحولات عميقة في بنيته أن لم يكن إحداث قطائع(45).

**الهوامش:**

(1) انظر موريس دوفرجيه، سوسيولوجية السياسة، ترجمة هشام ذياب، 1980 ص 288 ولمزيد من أفكار كولدنر حول الوظيفة يمكن الرجوع إلى :

- Gauldner Alvin A Reciprocity and Autonomy in functional theory 1967.

- G. The coming crisis of western sociology A non Books New York 1970.

(2) C. levi, strauss, Elementary structure of kinship Eyre and spootris woode. 1969 .

(3) C. levi strauss, le regard elorigne 1989 p145 .

(4) انظر : علي القصير. منهجية علم الاجتماع بين الوظيفية والماركسية والبنيوية، القاهرة: 1985 ص174.

(5) brodon, systeme des contradictions economiques 1946 .

(6) Sorokin pritirim: Casual functional and Logic meaning ful Integration, 1967 .

(7) C levi - Strauss : Anthropologies structural deux / Edition Plon, 1973, P 139 .

(8) المصدر نفسه، ص 147.

(9) يقوم التحليل اللغوي عند سوسير وعلماء اللغة البنيويون على ثلاث قواعد:

أ- يؤكد التحليل اللغوي على الداخل، أي على الوظائف الداخلية للأنساق الصغرى في علاقتها بعضها ببعض.

ب- يقوم على تقسيم التعبير اللغوي على عدد محدد من العناصر.

ج- عناصر اللغة تحددها علاقاتها المتبادلة، وهذه العلاقات استبدالية synchronic بحيث يمكن لعنصر أن يحل محل عنصر ـ أو عناصر أخرى. وتعاقبية diachronic بين عناصر تجتمع معاً في نفس الوقت. انظر المزيد من التفاصيل.

عبد العزيز حموده: المرايا المحدبة - من البنيوية إلى التفكيك - الكويت : سلسلة عالم المعرفة ، عدد 232 ابريل 1988 ص 203.

(10) Piaget (J) Le stucturalisme" que sais - je? Ed : PUF. 1969 P 8 .

(11) Op cit, p 11 .

(12) علي القصير ، مرجع سابق، ص 162.

(13) بيار أنصار، العلوم الاجتماعية المعاصرة، ترجمة نخلة فريفر، المركز الثقافي العربية، بيروت: الدار البيضاء : ط1 1992 ص 15.

(14) المصدر نفسه،ص 35.

(15) شتراوس، الانتروبولوجية البنيوية، ترجمة مصطفى صلاح، دمشق 1977، ص 357.

(16) ايديث كروزويل، عصر البنيوية ، ترجمة جابر عصفور، القاهرة دار سعاد الصباح 1993  ص 13.

(17) Jaques Herman, Langage de la sociologic PUF 3eme edition 1994 P 94 .

(18) المرجع الرئيسي لفكر برون حول الموضوع وهو:

Radecliffe Brown , Structure and process in primitive society oxford university press London 1952 P 179 .

(19) لمزيد من التفاصيل يمكن الرجوع إلى : نيقولا تماشيف، نظرية علم الاجتماع، طبيعتها، وتطورها . سلسلة علوم الاجتماع المعاصر القاهرة: 1983 ص 320 وما بعد.

(20,21) Raymound Boudon Francois Bourricaud " Dictionnaire critique de la sociologie" PU 3 eme ed 1990 P 267.

(22) سمير نعيم : النظرية في علم الاجتماع، دار المعارف، القاهرة 1982 ص 189.

(24) تيماشيف ، مرجع سابق ص332.

(25) انظر، علي محمد، تاريخ علم الاجتماع القاهرة 1986ن ص445-446 أما عنوان المرجع الرئيسي هو : Mainowski, Scientific theory of culture 1944.

(26) لمزيد من الشروح انظر: نيقولا تماشيف، مرجع سابق، ص333. أما العنوان الرئيسي لكتاب ميرتون فهو : R. Merton, sociological Ambivalence and other Essays, Tree press New York 1976.

(27) Robert K. Merton, manifest and latent Function in social Theory and Social structure Glencoe, III: Free press , 1957, p 26.

(28) سمير نعيم: مرجع سابق، ص201.

(29) محمد علي محمد، مرجع سابق، ص461.

(30) Robert Ibid p 71.

(31) Parsons, the present status of structural Functional , theory in sociology pp 67-68.

(32) السبيرنيتكا لفظ من الأصل اليوناني Kuberntik ومعناه في الحكم والتوجيه والإدارة، ثم أطلقه (أمبير) على أحد فروع علم السياسية، وأطلقه المتأخرون على العلم المؤلف من مجموع النظريات والدراسات المتعلقة بعمليات الاتصال بين أجزاء الكائن الحي أو أجزاء الآلات. ويطلق اللفظ أيضاً على الأعمال التقنية التي يتم بها إنشاء الآلات ذاتية الحركة شبيهة بالإنسان من حيث قدرتها على مراقبة نفسها بنفسها.

(33) بيار أنصار، مرجع سابق، ص 73.

(34) وذلك في كتاب:

Parsons and others: to word a general theory of social action. Cambridge : Harverd iniversity press 1951.

(35) انظر بالتفصيل : على ليله، المرجع السابق، ص 596.

(36) المرجع الرئيسي هو :

T. Parsons the social systems NewYork: Free press 1951.

(37) - لمزيد من التوضيح يمكن الرجوع إليه:

نظرية الثقافة . مجموعة من المؤلفين الأجانب . ترجمة علي . سيد الصاوي، عالم المعرفة ، الكويت 1997 ص 289.

(38) المصدر الأصلي :

T. Parsons and others : working papers in the theory of action p 39.

(39) مجموعة من المؤلفين نظرية الثقافة، ص196.

(40) نظرية الثقافة، ص196.

(41) علي ليله: مرجع سابق ، ص 610.

. D.EASTON, The political system, 1953 (42)

Almond md Powell , Comparative politics: a developmental The litter Brown and compary 1966 (43)
pp 28-30.

(44) زبيغينو بريجنسكي ، بين عصرين: أمريكا والعصر التكنتروني، بيروت : دار الطليعة 1980، ص26.

(45) يراجع حول بنية المجتمع العربي والحاجة إلى تغييره، كتابات، هشام شرابي وعبد الحليم بركات، عبد الله العروي وعبد الكبير الخطيبي ،غسان سلامة، إبراهيم سعد الدين، محمد عايد الجابري.

# الفصل الثالث

## المنهج التاريخي Historical method

### المبحث الأول

### أهمية البحث التاريخي

التاريخ بصورة عامة هو بحث واستقصاء الماضي، أو سجل الخبرات الماضية، والبحث التاريخي Historical research هو البحث الذي يوظف التاريخ إما من أجل معرفة علمية لأحداث الماضي أو لمصلحة البحث العلمي لواقع الظواهر المعاصرة، ذلك أن حاضر الظاهرة لا ينفصل عن ماضيها، بل هو امتداد لها، ولكل نظام اجتماعي تاريخه الخاص، لأن الإقرار بمبدأ التطور معناه أن المجتمعات تنمو وتتغير عبر الزمان.

لقد أدرك العديد من المفكرين الاجتماعيين أهمية المنهج التاريخي، وطالبوا باستخدامه في البحوث الاجتماعية، من منطلق أن تجريد الظاهرة الاجتماعية من بعدها التاريخي يجعلها، وكأنها حدث عابر لا حياة فيها، أيضاً فإن غياب البعد الزمني للظاهرة يقلل من قدرة الباحث على استشراف امتدادها المستقبلي.

وعندما نتحدث عن التاريخ لا نقصد الأعمال الفردية المحضة بل نقصد الأعمال الجماعية، أو الفردية المؤثرة في حياة المجتمعات، أي التي تتعدى صفة الشخص الفاعل إلى نتائج فعله، وفي هذا السياق يرى المؤرخ بول لاكومب (Lacombe 1839-1919) : " أن التاريخ الذي يمكننا أن نسميه علم "اجتماع" لا يقتصر موضوعه على ما هو فردي أو مفرد. يجب أن نميز بين الماجريات، أي الأحداث الفريدة، وبين الأحداث التأسيسية ، أي الأحداث المستعادة أو المتشابهة، يضع التاريخ العادي الأحداث الأولى في المقدمة، أما إذا أراد التاريخ أن يكون علماً، فعليه أن يبحث عن المتشابهات الثابتة كما تفعل بقية العلوم" (1).

وتكمن أهمية الدراسات التاريخية في أنها تطلعنا على نسبية كل شيء وعلى كون الأوضاع السياسية والاجتماعية والاقتصادية والديانات، وكل شيء هو في حالة تقلب، وتحول، فالحاضر ما هو إلا نسخة حديثة عن الماضي، والدراسات التاريخية

ليست حكراً على علم دون غيره من العلوم الاجتماعية، بل هي قاسم مشترك بينها جميعاً، لأنها تتناول مجمل نواحي الحياة الإنسانية.

ويستخدم مصطلح التاريخ الاجتماعي للإشارة إلى دراسة التغير الذي يطرأ على شبكة العلاقات الاجتماعية، وتطور النظم الاجتماعية، والتحول في المفاهيم والقيم الاجتماعية، ويرجع الفضل لبعض المفكرين في تسليط الضوء على البحث التاريخي، وأهمهم ابن خلدون وفيكو ورايت ميلز.

ابن خلدون :

اهتم ابن خلدون بالتاريخ ونقد موقف المؤرخين وأسلوب تعاملهم مع الحدث، وخصص جزءاً مهماً من مقدمته المشهورة للبحث التاريخي. فانطلق أولاً بتعريف التاريخ، حيث يقول: " ان التاريخ في باطنه نظر وتحقيق، وتعليل للكائنات ومبادئها دقيق ، وعلم بكيفيات الوقائع وأسبابها عميق، فهو لذلك أصيل في الحكمة، عريق وجدير بأن يعد في علومها وخليق".(2)

ويفصل ابن خلدون المنهج التاريخي عن علم الكلام والخطابة اللذان سادا عصره حيث يقول: " عن الكلام في هذا الغرض - البحوث التاريخية الاجتماعية - ليس من علم الخطابة الذي هو أحد العلوم المنطقية - علم البلاغة - فإن موضوع الخطابة إنما هو الأقوال المقنعة النافعة في استمالة الجمهور إلى رأي أو صدهم عنه. ولا هو أيضاً في علم السياسية المدنية إذ السياسية المدنية هي تدبير المنزل أو المدينة بما يجب بمقتضى الأخلاق والحكمة" (3).

واعتبر ابن خلدون أن المنزلق الذي يقع فيه المؤرخون والذي يضعف الروايات التاريخية، وبالتالي المنهج التاريخي في تحليل الخبر، هو الخطأ والزيف والكذب، وقد أجمل أسباب الكذب في الخبر وقبول الأخبار الزائفة فيما يلي:

أولاً: الأسباب الناجمة عن أمور تتعلق بنفسيات المؤرخين وميولهم وأهوائهم، وميول أهواء من ينقلون عنهم، ومن ذلك "التشعيات للآراء والمذاهب، فإن النفس إذا كانت على حالة من الاعتدال في قبول الخبر، أعطته حقه من التمحيص والنظر، حتى تبين صدقه من كذبه، وإذا خامرها تشيع لرأي أو نحلة قبلت ما يوافقه من الأخبار لأول وهلة، وكان ذلك الميل والتشيع غطاء

على عين بصيرتها من الانتقاد والتمحيص، فيقع في قبول الكذب ونقله".

أيضاً من مزالق المؤرخين المتعلقة بذاتهم هم منافقة من  في السلطة حيث يقول: " تقرب الناس في الأكثر لأصحاب التجلة، والمراتب والثناء والمديح، وتحسين الأحوال وإشاعة الذكر بذلك، وتستفيض الأخبار على غير حقيقة. فالنفوس مولعة بحب الثناء، والناس متطلعون إلى الدنيا وأسبابها، من جاه أو ثروة، وليسوا في الأكثر براغبين في الفضائل ولا متنافسين في أهلها (4).

ثانياً: الأسباب الناجمة عن ثقة بعض المؤرخين بالناقلين - الرواة - دون تمحيص، أي دون نقد بواسطة منهجية - التعديل والتجريح".

ثالثاً: أسباب الكذب في الخبر الناجمة عن "الذهول عن المقاصد فكثير من الناقلين لا يعرف القصد بمن عاين أو سمع وينقل الخبر على ما في ظنه وتخمينه، فيقع في الكذب"(5)

رابعاً: الأسباب الناتجة عن " توهم الصدق .. وإنما يجيء في الأكثر من جهة الثقة بالناقلين".

خامساً: الأسباب الناتجة عن الجهل بالقوانين التي تخضع لها الظواهر الطبيعية كظواهر الكيمياء، والطبيعة والحيوان والنبات، هذا الجهل بالقوانين يجعل المؤرخين يفسرون الأمور بقوى خارقة وغيبية كالجن والشياطين.

والسبب في ذلك، " الجهل بطبائع الأحوال في العمران فإن كل حادث من الحوادث ذاتا أو فعلا، لا بد له من طبيعة تخصه في ذاته، وفيما يعرض له من أحواله. فإذا كان السامع عارفاً بطبائع الحوادث والأحوال في الوجود ومقتضياتها، أعانه ذلك في تمحيص الخبر على تمييز الصدق من الكذب، وهذا أبلغ في التمحيص من كل وجه يعرض (6).

### فيكو VICO- 1668- 1744

يعد فيكو العالم الإيطالي، من أهم الذين اهتموا بالدراسات التاريخية، حيث أبرز في كتابه عن العلم الجديد (7) اهتماماً واضحاً بالبحث التاريخي خصوصاً الجانب الاجتماعي منه، فلم يقتصر اهتمامه بالحروب والمعاهدات والتحالفات، بل درس أيضاً العادات والقوانين والأنظمة الاقتصادية والاجتماعية، وحتى اللغة والفنون والديانات

والأفكار، وكانت قاعدته الرئيسة التي أثرت في العديد من مفكري وفلاسفة القرن التاسع عشر- هي " إن الناس يصنعون تاريخهم الخاص".

وقد وضع فيكون نظريته حول التطور، حيث رأى أن البشرية - والحضارة - تتطور على التوالي من المرحلة الدينية إلى مرحلة البطولة، إلى مرحلة الإنسانية، ويرى أن هذه الحالات تتعاقب بشكل دوري منتظم حيث أن الحالة الأخيرة تمهد لظهور الحالة الأولى، " وتعاقب هذه الحالات أو الدورات يمثل في رأي فيكو قانوناً عاماًَ تخضع له حوادث التاريخ عند سائر الأمم وعلى الأخص الأوروبية".

هذا وقد دعا فيكو في كتابه المشار إليه، إلى ضرورة استنباط النظريات الاجتماعية من الحقائق التاريخية، وحدد القواعد الأساسية للمنهج التاريخي كما يلي:

1- تحديد الظاهرة المراد دراستها، وتعقب هذه الظاهرة خلال تطورها التاريخي لمعرفة القوانين التي تحكمها.

2- جمع الوثائق المتعلقة بالظاهرة سواء تعلقت بالدين أو التقاليد أو العادات، وكل ما له صلة بالظاهرة.

3- لاستحالة الوقوف على أحوال الشعوب القديمة لمعرفة أساليب حياتهم، يمكن الاستعاضة عن ذلك بالأقوام المعاصرة التي تعيش في نفس المستوى الذي كانت عليه الشعوب البدائية والاستدلال بما هو معروف عما هو مجهول.

4- تحليل المصادر المجمعة ونقدها للتأكد من صحتها.

5- توظيف علم دراسة اللغات للتأكد من صحة الوقائع التي يذكرها المؤرخون.

6- أخيراً يقوم الباحث بتصنيف الحقائق والتأليف بينها للوصول إلى معرفة القوانين التي تحكم الظاهرة موضوع الدراسة (8).

### رايت ميلز C. Wright Mills

يعد ميلز من العلماء المعاصرين الذين نقلوا البحث الاجتماعي إلى فضاءات جديدة لم يدرج العلماء السابقون على أخذها بعين الاهتمام، حيث صاغ مفهوم الخيال السوسيولوجي Sociological imagination والخيال السوسيولوجي أداة بحثية جديدة تساعد الباحثين على تطوير رؤيتهم التاريخية، ويقصد بها ميلز: قدرة الباحث

الفكرية على فهم الصورة التاريخية الكلية للإنسان والمجتمع أخذا بعين الاعتبار الظروف الداخلية والخارجية ومتحرراً من استلاب الواقع الراهن ومتعمقاً في الأبعاد التاريخية لهذا الواقع.

ويرى ميلز أنه من العسير على الباحث دراسة الظواهر الاجتماعية بمعزل عن سياقها التاريخي، فالعلوم الاجتماعية تتعامل في نظرة مع جوانب ثلاثة مترابطة مع بعضها البعض، وهي تاريخ الحياة، والتاريخ والمجتمع، والارتباط بينهما داخل البناءات الاجتماعية". ويستطرد قائلاً: " إن علم الاجتماع الذي يستحق بالفعل هذه التسمية هو علم الاجتماع التاريخي (9).

ولقد ساعدتة كتابات ميلز على عودة الروح للدراسات التاريخية، وبدأت حتى الدراسات الامبريقية تستعين بالمنهج التاريخي لأخذ العبر واستخلاص القوانين، وربط الماضي بالحاضر لزيادة القدرة على استشراف افاق المستقبل، وقد سبق وأن أكد المؤرخ مانتو سنة 1903 أن " كل درس في علم الاجتماع يجب أن يكون مسبوقاً بتمهيد تاريخي" (10).

وقد عبر المدير العام لليونسكو فيدريكو ما يور عند ذلك بالقول " علينا أن نقدر على تخيل الماضي إذا قيض لنا أن نكون قادرين على امتلاك تصور واضح للمستقبل".

## المبحث الثاني

## التاريخ كمنهج للبحث والتفسير

يتفق العديد من الباحثين على كون التاريخ ليس مجرد سرد لأحداث الماضي، بل أنه أداة للتفسير وخصوصاً إذا أخذ جانب المقارنة. وقد أشار دوركايم إلى أن التاريخ المقارن comparative هو أداة مهمة في يد علماء الاجتماع تساعدهم على التحليل والشرح، حيث يقول:

" إن شرح مؤسسة ما هو بالفعل تبيان عناصر تأليفها المختلفة، مع أسبابها وعلل وجودها، ولكن كيف السبيل إلى اكتشاف هذه الأسباب إن لم نرجع إلى الوقت الذي أصبحت فيه فاعلة، أي إلى الوقت الذي أوجدت هذه الأسباب فيه الأحداث التي نحاول فهمها، والحال في هذا الوقت هو وراءنا، فلكي نعرف كيف ولد كل عنصر من

هذه العناصر، ليس لدينا سوى طريقة واحدة، وهي أن نلاحظه خلال الآونة التي ولد فيها بالذات وأن نتابع سير تكوينه، والحال أن هذا التكوين حدث في الماضي ولا يمكننا، بالتالي أن نعرفه إلا بواسطة التاريخ (11).

ويعتبر التاريخ المقارن معادلاً للمنهج التجريبي 12) Experimental method) حيث عن طريق مقارنة حوادث متعددة عبر التاريخ يمكن تبيان العلاقات المنطقية بينها واستخلاص القوانين، ويرى دوركايم أن المنهج التجريبي بطرقه المختلفة - طريقة الاتفاق، طريقة الاختلاف وطريقة التلازم في التغير - أكثر قابلية للتطبيق في مجال التاريخ، ويرى وجود ثلاثة أشكال لهذا المنهج التاريخي المقارن وهي:

1- " أحداث تختص بمجتمع واحد فرد.

2- أحداث تعود إلى عدة مجتمعات من نموذج واحد.

3- أحداث مستعارة من عدة نماذج اجتماعية متمايزة (13).

إن منهج البحث التاريخي يرمي إلى الوصول إلى المبادئ والقوانين العامة التي تحكم الظواهر الاجتماعية من خلال البحث في أحداثها الماضية كيف نشأت وكيف تطورت؟ وما هي العوامل التي حكمت نشأتها وتطورها؟ والعودة إلى الماضي هو ما يميز المنهج التاريخي عن غيره في مناهج العلوم الاجتماعية، فهو منهج غير مباشر، لأنه منهج يعتمد المصادر المتعلقة بالظاهرة أو الحدث وليس بمعايشة الظاهرة نفسها.

وتشرح بولين يونج 14) Young) كيفية تعامل الباحث مع المنهج التاريخي لتوظيفه في عملية البحث الاجتماعي فتقول: إننا في البحث الاجتماعي نتعقب التطور التاريخي لكي نعيد بناء العمليات الاجتماعية، تربط الحاضر بالماضي، ونفهم القوى الاجتماعية الأولى التي شكلت الحاضر بقصد الوصول إلى وضع مبادئ وقوانين عامة متعلقة بالسلوك الإنساني للأشخاص والجماعات والنظم الاجتماعية (15).

وعلى هذا الأساس يعرّف المنهج التاريخي بأنه " عملية منظمة وموضوعية لاكتشاف الأدلة وتحديدها وتقييمها والربط بينها من أجل إثبات حقائق معينة، والخروج منها باستنتاجات تتعلق بأحداث جرت في الماضي، إنه عمل يتم بروح التقصي الناقد لإعادة البناء، وصمم ليحقق غرضاً صادقاً أميناً لعصر مضى" (16).

# خطوات البحث التاريخي

منهج البحث التاريخي يستلزم المرور بعدة خطوات وتبدأ باختيار مشكلة البحث التي هي خطوة تشكل قاسماً مشتركاً بين جميع مناهج البحث العلمي، ويلي ذلك جمع المعلومات اللازمة من مصادرها الأصلية إن أمكن، والثانوية في الدرجة الثانية، وتخضع هذه المصادر لعملية نقد وهو على نوعين: نقد داخلي، ونقد خارجي، وعملية النقد هذه - الداخلي والخارجي - تسمى أيضاً عملية التحليل التاريخي، تليها عملية التركيب، وهي استخلاص الاستبصارات، أو التعميمات، أو القوانين، والتي تكون الركن الأساسي والهدف الرئيسي عند كتابة تقرير البحث.

# مصادر البحث التاريخي Sources of information

وهي تنقسم إلى نوعين رئيسيين: مصادر أصلية أولية Pirmary sources وهي المصادر المعاصرة للحدث أو الظاهرة. ومصادر ثانوية secondary sources، وهي التي يتم اللجوء إليها عند تعذر توفر المصادر الأولية، والمصادر الثانوية خلاف الأولى لا يكون بينها وبين الحدث حلقة مباشرة، وبصورة عامة تنقسم مصادر البحث التاريخي إلى أنواع أهمها: (17)

## 1- السجلات والوثائق الرسمية

وتشمل هذه عدة أنواع، مثل السجلات الشرعية الصادرة عن المحاكم والقوانين، والتشريعات ومضابط الاجتماعات، والتقارير الإدارية، وتقارير اللجان، والتقارير الشهرية، وكذلك الشهادات الشرعية الخاصة بالأفراد، وغير ذلك من الوثائق المشابهة . وتشكل هذه مصادر مهمة ودقيقة للمعلومات لأنها صادرة عن جهات رسمية حريصة على توخي الدقة في إبرامها وحفظها.

## 2- التقارير الصحفية

على الرغم من أن هذه التقارير لا يعتد بها دائماً لصعوبة التثبيت من دقة ما تنشره، ولتعدد الصور التي تنقلها لحدث واحد إلا أن هذه التقارير وخصوصاً التي تنشر في

الصحف المحترمة تزودنا عادة بالحقائق الضرورية وتعتبر سجلاً دائماً للأحداث التي تحدث يوما بعد يوم في العالم، وتزداد أهمية الصحف كمصدر للمعلومات كلما كانت صحفاً غير خاضعة للرقابة ومتحررة من الضغوطات الخارجية

## 3- تقارير شهود العيان عن الأحداث

يحدث في كثير من الاحيان، إذا كان الحدث أو موضوع البحث قريب العهد، أن يكون هناك أشخاص شهدوا أو عاصروا الظاهرة وهؤلاء يعتبرون مصدراً للمعلومات، وقد يُدلون بمعلوماتهم شفوياً أو كتابياً.

## 4- المصادر الشخصية (كالرسائل والمذكرات والتراجم)

وهذه تكشف معلومات أكثر تفصيلاً، وصراحة مما تفعله الوثائق والمسجلات العامة. وهي تعتبر ذات أهمية وخصوصاً في عمل الدراسات البيوجرافية ( تاريخ الأشخاص).

5- الدراسات والكتابات التاريخية.

6- الدراسات الوصفية التي تمت في وقت سابق.

7- الكتابات الأدبية والفلسفية.

8- البقايا الأثرية والجيولوجية

## المبحث الثالث

## المنهج التاريخي منهج نقدي

## النقد التاريخي Historical criticism

بعد أن يحدد الباحث المصادر التي سيرجع إليها في بحثه ينتقل إلى خطوة مهمة في المنهج التاريخي، وهي نقد الوثائق، وذلك بتأكده من صحة الوثيقة التي سيعتمدها، والتحقق من شخصية صاحب الوثيقة، وزمان ومكان كتابتها، وأساس ومبرر النقد هو الحذر والشك في معلومات الوثيقة التاريخية.

والنقد التاريخي ضروري إذا أخذنا بعين الاعتبار أن جماعات ودول اليوم توظف تاريخ مشوه ومشكوك فيه لأغراض سياسية، وأكبر مثال على ذلك المزاعم الصهيونية القديمة والحديثة، فالصهيونية اليوم تحاول أن توظف مقولات دينية وتاريخية وتضفي عليها صفة الحقيقة لشرعنة وجود الكيان الصهيوني في فلسطين، كترديدهم لمقولة شعب الله المختار، ومقولة الظن الميعاد. فقد اثبت علماء باحثون محايدون زيف هذه المزاعم التاريخية، وعلى مستوى التاريخ الحديث تعمل الصهونية على تحويل القول بمقتل ستة ملايين يهودي خلال الحرب العالمية الثانية على يد النازية، إلى حقيقة، مع أن الأبحاث أكد المبالغة الكبيرة في هذا الرقم، ولكن الصهونية تريد أن تخلق عقدة ذنب عند الأوروبيين والعالم، وتستغلهم من خلالها لتحقيق مكتسبات سياسية وتعويضات مالية.

يمر النقد بمرحلتين، الأولى: النقد الظاهري، وهو يتعلق باثبات الأصل التاريخي للوثيقة، ونوع الخط والورق، وتعيين شخصية المؤلف، فليس وجود اسم شخص معين على الوثيقة يعني بالضرورة أنه صاحبها، وكذلك زمان ومكان التدوين، ويسمى هذا النقد أيضاً النقد الخارجي، أما النقد الداخلي فهو يمثل المرحلة الثانية ويتركز على قصد الكاتب بما كتبه، وهل كان يعتقد بصحة ما كتبه، وهل توفرت المبررات التي جعلته يعتقد صحة ذلك؟".

### أولاً: النقد الخارجي أو الظاهري External criticism

وفيه يقوم الباحث كما ذكرنا - بالتاكيد من صدق الوثيقة سواء من حيث مظهرها وأصالتها أو التأكد من زمنها ومكانها، أي بصورة أدق هل هي مزورة أم غير مزورة، ذلك أنه أحياناً تطرح في الأسواق، وتتواجد في المكتبات العامة أو الخاصة كتب أو وثائق تنسب لأشخاص مشهورين، وذلك بهدف الربح المادي أو تحقيق أهداف سياسية أو قانونية معينة.

ويشير فان دالين إلى وجوب إثارة عدة تساؤلات من قبل الباحث أو الناقد حول الوثيقة مثل: (18)

1- هل لغة الوثيقة وأسلوب كتابتها وهجاؤها والخط الذي كتبت به (أو طباعتها) تطابق أعمال المؤلف الأخرى والفترة التي كتبت فيها الوثيقة؟

2- هل تجاهل الكاتب أشياء جوهرية كان ينبغي عليه أن يعرفها ويشير إليها؟

3- هل أن الكاتب كتب عن أحداث وأمور أو ذكر أماكن لم يكن يعرفها شخص عاش في عصره.

4- هل في المخطوط تغيير يثير الريبة، كحك أو إضافة؟.

5- هل المصدر هو النسخة الأصلية للكتاب، أم نسخة منقولة عنها؟ وأن كانت منقولة فهل تطابق الأصل؟.

6- إذا كانت المخطوطة غير مؤرخة أو كان المؤلف مجهولاً، فهل في الوثيقة ما يكشف عن مثل هذه الأمور؟.

## ثانياً: النقد الداخلي للوثيقة Interal criticism

بعد أن يتأكد الباحث من صدق الوثيقة من حيث أصالتها وزمانها وهوية كاتبها، عن طريق النقد الخارجي، يتحول لينقدها داخلياً، أي نقد محتوى الوثيقة وصدق معلوماتها، فيحدد المعاني الدقيقة لكل كلمة من كلمات الوثيقة مع الأخذ بعين الاعتبار أن الكلمات والمصطلحات قد يختلف معناها من زمان لآخر، كما أن على الباحث أن يتحرى مدى نزاهة المؤلف وسمعته واهتمامه أو تخصصه بالموضوع الذي يكتب فيه.

ويتطلب النقد الداخلي أيضاً إثارة مجموعة من الأسئلة أهمها (19):

1 - هل يعتبر المتخصصون في الميدان الذي تدور حوله الوثيقة المؤلف كفؤا، ومحل ثقة؟.

2- هل توفر الكاتب على الإمكانات، والمهارات والمعارف التي تؤهله على ملاحظة الأمور التي يذكرها؟.

3- هل يمكن لسنه أو انفعالاته أو صحته الجسدية أن تحول دون تمكنه من حسن الملاحظة، ودقة التقرير؟؟.

4- هل أن ما كتبه، قد تم بناء على الملاحظة المباشرة أو نقلاً عن آخرين، أم اقتباساً من مصادر أخرى؟

5- هل كتب الوثيقة مباشرة بعد الحادث أم كتبها بعد فترة طويلة أو قصيرة؟.

6- هل سجل ما رأى أو سمع، أم كتب من الذاكرة؟.

7- هل يوجد ما يؤثر في موضوعيته من تعصب أو هوى يحولان دون صدقه، ودقته؟.

8- هل كتب ما كتب عن قناعة أم مأجوراً لمصلحة شخص أو قضية معينة؟

9- هل يناقض الكاتب نفسه أم يناقض حقائق ثابتة أو كُتاب آخرين موثوق بهم؟

وبعد أن ينقد الباحث وثائقه، ويتأكد من صحتها، يوظف هذه الوثائق أو المصادر. وفي خدمة إشكاليته وفروضه، ولكن يجب الإشارة إلى أن عملية النقد هذه لا تعني الوصول إلى درجة اليقين أو إلى الحقيقة الكاملة عن تاريخ الظاهرة أو الحدث. بل هي عملية تقربنا من الحقيقة، وتبعد قدر الإمكان الشكوك عنها.

إن التوظيف الجيد للمنهج التاريخي يحقق الفوائد التالية:

أ- يساعد على حل مشاكل معاصرة بالاستفادة من خبرات الماضي، أي توظيف الحاضر للتنبؤ بالمستقبل.

ب- أنه يلقي الضوء على اتجاهات حاضره ومستقبلية.

ج- يؤكد نسبية كل شي، بمعنى أن الأمور والأفكار تتحول وتتبدل مع الزمن.

د- يتيح الفرصة لإعادة تقييم البيانات بالنسبة لفروض معينة أو تعميمات ونظريات تشيع في الوقت الحاضر عن الماضي.

وتلح الضرورة على تطبيق المنهج العلمي في دراسة التاريخ في بعض المجتمعات حيث يكون فيها (صوت الأموات أقوى من صوت الأحياء) ، ويكون الماضي برموزه وحوادثه أكثر حضوراً من الحاضر، ويهيمن التاريخ على حاضر المجتمع فتتداخل عنده الأزمان، الأمر الذي يتطلب تخليص الحاضر من وهم الماضي المضخم والأسطوري، لكن ليس بمعنى التخلي عن التاريخ بل بتجنب الوقوع في شراك الحتمية التاريخية، أو القول بالمصير التاريخي، وهنا يجب أن نطرح السؤال ما نريد من التاريخ؟.

وبالرغم من أهمية المنهج التاريخي، فقد تعرض للانتقاد من قبل الباحثين الذين يشككوا في صلاحية التاريخ لفهم قوانين وانضباطات المجتمع الإنساني، فمنهم من يرى أن المنهج التاريخي لا يستطيع إلا أن يعطينا جزءاً من الحقيقة التاريخية، وليس كل الحقيقة، فيقول جوتشالك Gottschalk : " لم يتذكر أولئك الذين شهدوا الماضي سوى

جزء منه، ولم يسجلوا سوى جزء مما يذكروه، ولم يبق مع الزمن سوى جزء مما سجلوه، ولم يسترع نظرَ المؤرخين سوى جزء مما بقي مع الزمن، وجزء فقط مما استرعى نظر المؤرخين صادق، وما أمكن فهمه كان جزءاً فقط مما هو صادق، وجزءاً فقط مما فهم يمكن للمؤرخ تفسيره أو روايته" (20).

نفس الفكرة قال بها لويس كوهين، الذي يرى أن الباحث في التاريخ كثيراً ما يقنع بمعلومات غير دقيقة، الأمر الذي يجعل عمل بنائه للماضي مجرد صورة تخطيطية (سكتش sketch) أكثر منها لوحة واضحة المعالم بروترية(21).

لا شك أن المنهج التاريخي لا يدّعي - ولا يمكنه ذلك- إنه قادر على الإنابة عن دراسة الواقع المعاش، فمشاكل الحاضر وقضاياه لا تحل إلا بالتعامل معها مباشرة، واللجوء إلى التاريخ مجرد محاولة لزيادة فهم الظواهر والأحداث للخروج منها باستبصارات تساعد الباحث في تعامله مع الواقع . ومع ذلك يجب الحذر من أن يتحول التوظيف السيء للتاريخ إلى نوع من سياسية الهروب من الحاضر، وهذا ما نلاحظه في المجتمعات التي تعيش مشاكل مع حاضرها، فعجزها عن الإبداع وخلق شروط الحياة الكريمة، وكونها تعيش في أوضاع مزرية يدفعها للهرب إلى الماضي خصوصاً إذا كان هذا الماضي مجيداً وأفضل من الحاضر كما هو بالنسبة للشعوب العربية، الذي تحوّل فيها التاريخ إلى نزعة هروبية خلقت حالة من الانسلاخ عن الحاضر.

**الهوامش:**

(1) أرمان كوفيليه، مدخل إلى علم الاجتماع، ترجمة نبيه صقر، بيروت: 1980 ص 68.

(2) ابن خلدون مصدر سابق ، ص 4.

(3) ابن خلدون، مصدر سابق، ص35.

(4) ابن خلدون، مصدر سابق، ص35.

(5) ابن خلدون، مصدر سابق، ص 35.

(6) ابن خلدون، مصدر سابق ص 36.

(7) Vico, the new science of G. vico trans , by bergin and fisdeh N.Y. corneli university press.

(8) عبد الباسط محمد حسن، مرجع سابق، ص270.

(9) محمد علي محمد، مرجع سابق، ص137- 138.

المرجع الأصلي هو

. Right mills, the sociological imagination. N.Y ox ford unv: press 1959

(10) أرمان كوفيليه، مرجع سابق، ص166.

(11) أرمان كوفيليه، مرجع سابق، ص168.

(12) سنتوسع في المنهج في فصل قادم.

(13) مرجع سابق، ص170.

(14) Young P. scientific Social survey and Research. New York 1967.

(15) عبد الباسط محمد حسن، مرجع سابق، ص268.

(16) لويس كوهين، مرجع سابق، ص70.

(17) أحمد بدوي، أصول البحث العلمي ومناهجه، الكويت 1978 ص 23  وما بعد .

(18) فان دالين، مرجع سابق، ص283.

(19) فاخر عاقل، أسس البحث العلمي في العلوم السلوكية، بيروت 1979، ص 73.

(20) Gottschalk L, Under standing History , Alfred A kno, pf NewYork 1951.

(21)  لويس كوهين، مرجع سابق، ص 70.

## الفصل الرابع

## مناهج البحث الوصفي -المسح الاجتماعي

### ودراسة الحالة-

ساعدت البحوث الوصفية في دفع عجلة البحث العلمي الاجتماعي إلى الأمام، ووظِّفت بشكل ناجح في كثير من الأحيان في كشف عيوب المجتمع ووضع خطط الإصلاح الاجتماعي، ويرى أنصار البحث الوصفي أن مناهج هذا البحث أقرب إلى العلوم الاجتماعية من المناهج الأخرى، كالمنهج التجريبي أو المنهج المقارن وغيرهم، فالبحث الوصفي يتكيف مع ظروف الظاهرات الاجتماعية المتسمة بعدم الثبات والتغير، وتعدد المؤثرات الفاعلة فيها، فهو يتعامل مع الواقع الاجتماعي كما هو، ومن خلال جزئياته والفاعلين فيه، حيث يحيط بكل أبعاد الواقع وبالتالي يشكل فهماً أكثر له.

ويعرفها بيست Best بالقول : " البحوث الوصفية تهتم بالظروف والعلاقات القائمة، والممارسات الشائعة والمعتقدات ووجهات النظر والقيم والاتجاهات عند الناس، والعمليات الجارية والتأثيرات التي يستشعرها الأفراد، والتيارات والاتجاهات الأخذة في النمو، ويهتم البحث الوصفي في بعض الأحيان بدراسة العلاقة بين ما هو كائن وبين بعض الأحداث السابقة، والتي تكون قد أثرت - أو تحكمت - في تلك الاحداث والظروف (1).

وفكرة البحث الوصفي هي أن الباحث يقوم بالحصول على معلومات دقيقة، تصور الواقع الاجتماعي وتسهم في تحليل ظواهره، وتجري عملية البحث الوصفي أو مناهج البحث الوصفي حسب التسلسل التالي:

الخطوة الأولى : تحديد الظاهرة أو الظواهر المراد دراستها.

الخطوة الثانية: اكتشاف الطريقة الملائمة للقياس الكمي لمختلف عناصر ومكونات وحدة الدراسة - أي التكميم أو استعمال أسلوب الرياضيات.

الخطوة الثالثة : فحص العوامل المختلفة المؤثرة في تنظيم الظاهرة المدروسة، وفي وظائفها(2).

ومن أهم مناهج البحث الوصفي، منهج المسح، ومنهج دراسة الحالة، وسنتناول كل منهما على حدة.

## المبحث الأول

**منهج المسح Survey**

## المطلب الأول: تعريف المسح الاجتماعي

منهج المسح الاجتماعي هو أحد مناهج البحوث الوصفية Descripitive method التي تقوم على جمع وتحليل البيانات الاجتماعية عن طريق أدوات بحثية كالمقابلة أو الاستمارة من اجل الحصول على معلومات من عدد كبير من الناس المعنيين بالظاهرة محل البحث. وتهدف المسوح الاجتماعية عادة إلى الكشف عن معدل توزيع بعض الخصائص الاجتماعية، كالمهنة والدخل، والسن، والميول السياسية وغيرها، أي أنها تهدف إلى توفير المعلومات حول موقف أو مجتمع أو جماعة، وتحليلها لمعرفة العلل والأسباب ووضع القوانين والتعميمات.

أعطيت عدة تعريفات لمنهج المسح نذكر منها:

" إنه الدراسة العلمية لظروف المجتمع وحاجاته بقصد تقديم برنامج إنشائي للإصلاح الاجتماعي".

" إنه دراسة للظروف الاجتماعية التي تؤثر في مجتمع معين - سواء كان مجتمع الجيرة أو القرية أو المقاطعة، أو الدولة أو الأمة - بقصد الحصول على بيانات ومعلومات كافية يمكن الاستفادة منها في وضع وتنفيذ مشروعات إنشائية للإصلاح الاجتماعي (3).

ويعرفه (ويتني Whitny) بأنه " عملية تسجيل الوضع السائد لنظام أو مجموعة أو إقليم لغرض التحليل والاستنتاج، ويشترك له أن يكون ضمن وقت محدد وأن يكون القصد منه الحصول على معلومات كافية لغرض استنتاج قواعد تصلح للتطبيق في الاعمال المقبلة(4).

من هذه التعريفات نرى أن المسح يهدف إلى التعريف على الجوانب المختلفة لظروف

مجتمع من المجتمعات، والذي قد يكون فئة اجتماعية ، أو المجتمع بكامله أو عدة مجتمعات، مثلاً يمكن أن نطبق منهج المسح لمعرفة اتجاهات الرأي العام المغربي من التسوية السلمية في الشرق الأوسط، وهذا يحتم في حالة اللجوء إلى هذا المنهج، تحديد العينة التي ستمثل المجتمع المبحوث.

إن أهمية منهج تأتي من كونه يعتمد الأسلوب العلمي ويتسلسل خطوة بعد خطوة حتى يصل إلى النتيجة المتوخاة من البحث.

فتجري أولاً دراسة كشفية Exptoratory study للظاهرة موضع البحث، ثم تصمم العينة التي سيجري عليها البحث، وهذه العينة يجب أن تتوفر فيها شروط تؤمن تمثيل المجتمع المبحوث تمثيلاً صحيحاً - وسنتناول موضوع العينات في فصل قادم . وبعد ذلك إن كان عملية جمع المعلومات ستتم عن طريق المقابلة، تهيء الظروف المناسبة لإجراء المقابلات - مثل تحديد المواعيد وإعداد الأسئلة وتهيئة الباحثين الذين سيجرون المقابلات - مثل تحديد المواعيد وإعداد الاسئلة وتهيئة الباحثين الذين سيجرون المقابلات - أما إذا كانت عملية جمع المعلومات ستتم عن طريق الاستمارات، فتهئ هذه الأخيرة بشكل دقيق، وتحدد طريقة توصيلها للمعنيين بالأمر. وبعد أن تتم عملية جمع المعلومات، وتبوب في جداول وإحصاءات، تحلل هذه المعلومات ويكتب عنها تقرير أو دراسة، وهذه تكون نتيجة أو خلاصة البحث. وتنقسم الدراسات المسحية: إلى مسوح وصفية ومسوح تحليلية.

**المسح الوصفي Descriptive survey:**

هو الذي يقتصر دوره على تصوير ووصف الظروف والاتجاهات الحالية للظاهرة محل الملاحظة، دون التعمق إلى الكشف عن العلل والأسباب، مثلاً تجري وزارة الأشغال أو التخطيط مسحاً لمعرفة معدل البطالة في البلد، أو تجري مؤسسة ما استفتاء قبيل الانتخابات لمعرفة اتجاهات الرأي العام حول المرشحين. وهذا النوع من المسوح تجريه الإدارات، والمصالح المتعددة بشكل دوري للتعرف على الوضع الراهن.

**المسح التحليلي Analytical survey:**

وهذا أكثر أهمية وينطبق عليه وصف البحث العلمي أكثر من النوع الأول . وهذه

المسوح لا تكتفي بوصف الظاهرة بل تلجأ إلى شرحها وتحليلها ومعرفة العلـل والأسـباب، وغالبـاً مـا تتضـمن هـذه المسـوح متغيرين أو أكثر للتأكد من صحة فروض موضوعة مسبقاً، ثم الخروج بنتائج تشكل هدف البحث.

يتميز المسح عن المناهج الأخرى، فهو يتميز عن المنهج التاريخي بعامل الزمن، فمنهج المسح يهتم بالوقائع الحاضرة، بينما المنهج التاريخي يهتم بالماضي، ولكن نتائج مسح في مجال معين تصبح بعد فترة من الزمن وثائق تاريخية يمكن الاستعانة بهـا في بحوث أخرى. كما يتميز المسح عن منهج دراسة الحالة بسعته وشموليته لقضايا وحـالات متعـددة في المجتمـع المبحـوث، بينما دراسة الحالة تمتاز بالعمق والتركيز على حالة محددة.

لقد ساعد استعمال أسلوب المسح استعمالاً علمياً في مجال العلوم الاجتماعية في تحويل هذه العلوم من علوم يطغـى عليهـا الطابع الأدبي والفلسفي إلى علوم تتسم بالموضوعية، وتعتمد حقائق مستمدة من الواقع.

كما وظفت الدول منهج المسح الاجتماعي لخدمة أهداف اجتماعية قومية. حيث ساعد المسح في عمليات التخطيط القومي التي تهدف إلى تنمية الحياة الاقتصادية، والاجتماعية للمـواطنين، وذلـك مـن خـلال وضـع معلومـات دقيقـة وصـحيحة عـن مختلف أوجه النشاط المجتمعي وظروفه، كما ساعد على دراسة المشكلات الاجتماعية وإيجاد حلول لها.

ونظراً لأهمية المسح وجدت مؤسسات ومعاهد متخصصة في إجراء المسوح وخصوصاً في الـدول المتقدمـة التـي تـولي أهميـة قصوى للبحث العلمي، وتقوم المعاهد بإجراء مسوح للرأي العام، أو مسوح السوق (التجاري) ، وعمليات إحصائية روتينيـة، وقد اشتهر في الولايات المتحدة الأمريكية معهد جالوب Gallup وشركة هاريس Harris والمركز القومي لبحوث الـرأي العـام في جامعة شيكاغو، وفي بريطانية يوجد مركز المسح الاجتماعي التابع للحكومة البريطانية، كما تخصص كثـير مـن دول العـالم أقساماً من وزاراتها، أو معاهد خاصة، هدفها إجراء المسوح في مجالات متعـددة نظـراً لأهميـة هـذه المسـوح في التخطـيط القومي في مختلف الميادين، واليوم توجد مؤسسات خاصة وصحف ومراكز أبحاث تقوم بإجراء مسوح بـين وقـت وآخـر لمـن يطلبها(5).

ولضمان الموضوعية عند إجراء المسوح يجب الالتزام ببعض الشروط التي حددها كل من جون أسبلي Aspley وفان هوتون Van Houten كما يلي:

1- الإنطلاق في عملية المسح دون أفكار ومعلومات مسبقة.

2- توجيه المسح بحيث يكشف عن النواحي المجهولة بالنسبة للباحث، وليس باتجاه اثبات معلومات يعرفها.

3- تجنب توقع ماسوف يؤدي إليه المسح من نتائج قبل القيام به.بمعنى أن لا ينطلق الباحث من فكرة مسبقة يريد تاكيدها.

4- توخي الدقة في جميع مراحل المسح، وبالنسبة للنتائج التي يصل إليها المسح.

5- عدم إخفاء النتائج غير المرغوب فيها، بل تكشف الحقيقة مهما كان موقفنا منها.

6- اختيار عينة البحث بطريقة علمية غير متحيزة.

7- صياغة أسئلة الاستمارة ووضع أسئلة اختيارية للكشف عن درجة الثقة في العينة المختارة.

8- تعميم المسح بصورة مبسطة وتجنب التعقيد.

9- تجربة واختيار نتائج المسح للتأكد من صدقها وصلاحيتها.

## المطلب الثاني: أنواع المسوح

يصنف المسح إلى تصنيفات متعددة، فهناك من يصنفها حسب هدف البحث، وهناك من يصنفها حسب مجال التخصص أو مجالات تطبيقها، وسنذكر أنواع المسح من حيث الهدف، ونتوسع في أنواع المسح من حيث مجال التطبيق.

أنواع المسوح من حيث الهدف المتوخى منها:

1- المسح الوصفي.

2- المسح الكشفي.

3- المسح التشخيصي.

4- المسح التتبعي.

5- مسح التفصيلي (6).

بينما يقسم آخرون المسح إلى أربعة أصناف وهي:

1- مسح الرأي العام.

2- مسح السوق.

3- المسح المدرسي

4- مسح المجتمع المحلي.

وهي التي سنتناولها بالتفصيل.

## أولاً: مسح الرأي العام Public opinion survey

ظهر هذا النوع لأول مرة في الولايات المتحدة الأمريكية وخصوصاً في المجال السياسي، حيث وظف لمعرفة اتجاهات الرأي العام الأمريكي قبيل الانتخابات الرئاسية. وقد تخصصت في هذا النوع من المسوح معاهد ومجلات معروفة من أهمها معهد جالوب الذي بدأ يمارس نشاطه في هذا المجال منذ عام 1935.

إن مسح الرأي العام طريقة يتم بها التعرف على آراء الناس بالنسبة لموضوعات سياسية واجتماعية، وخصوصاً تلك المطروحة للنقاش، والتي تجذب اهتمام الجمهور، فهو وسيلة للتحقق ومعرفة عادات وأولويات الأفراد والجماعات اتجاه قضايا قومية أو إقليمية أو عالمية.

وقد تعاظم استخدام منهج مسح الرأي العام مع انتشار الثورة الصناعية، والتقنية، وظهور وسائل الإعلام والدعاية المتطورة من تلفزة وإذاعة وصحف متعددة الميول والتخصصات، وهيمنة بل واستلاب هذه الوسائل للمواطن، وتأثيرها القوي على ميوله واختياراته، مما جعلها أداة وقوة فعالة في يد من يملك ويوجه هذه الوسائل.

كما ينتشر مسح الرأي العام غالباً في المجتمعات التي يرتفع فيها مستوى التعليم وتحترم الديمقراطية، لأن الرأي العام لا يكون له دور ولا يحسب له حساب إلا حيث تحترم أراء وحريات الأفراد، ويكون لها تأثير على متخذي القرارات. كما أنه يتطلب وجود وسائل متطورة إعلامياً وتقنياً وأشخاص متخصصين في هذا الميدان. ومن هنا نجد ندرة حالات استعمال استطلاعات الرأي العام في الدول العربية، حيث لا يحترم الرأي العام ولا يؤخذ به في غالب الأحيان، وكثير من القضايا المصيرية يتم البت فيها

فوقياً دون الرجوع إلى الشعب لا عن طريق الاستفتاء ولا عن طريق مجرد الاستئناس بالرأي العام، كقضية التسوية السلمية مع الكيان الصهوني، أو قضية الوحدة العربية أو الديمقراطية، وقد جرت استطلاعات محدودة منها الذي قام به مركز دراسات الوحدة العربية في بيروت حيث أجرى استطلاعاً للرأي العام حول الوحدة العربية (7).

وبحث ميداني حول الموقف من التسوية، وقد أجراه باحث فلسطيني عام 1980 على عينة تتكون من 1200 شخص من حملة الشهادات الجامعية ينتمون إلى فلسطين ومصر وسوريا والخليج العربي ومقيمين في الكويت (8).

وبالرغم من هذه الأهمية التي تعطي لمسح الرأي العام، إلا أنه يجب الحذر عند التعامل مع نتائج الاستطلاعات، ذلك أنها في كثير من الأحيان تخدم هدفاً محدداً وسياسة محددة، ويقول (هربرت شيللر Herbert Shiller) في كتابه - المتلاعبون بالعقول - حول استطلاعات الرأي العام في الولايات المتحدة الأمريكية.

" إن مسح الرأي العام يمثل اختراعاً اجتماعياً لا يمكن فصله عن النسيج المؤسساتي الذي يعمل من خلاله، ويعني ذلك في المجتمع الأمريكي الراهن أن استطلاع الرأي مهما جرت صياغته في تعبيرات عملية، فهو في المقام الأول أداة تخدم أهدافاً سياسية ولا تتسم هذه الأهداف بالوضوح دائماً، إلا ان الاستنتاجات تصبح مبررة في أحوال كثيرة عندما يتم إفشاء سر وجهة التمويل "(9)

وهنا يجب التمييز بين حالات مسح الرأي العام التي تقوم بها الدولة أو إحدى المؤسسات التابعة لها أو مؤسسة أكاديمية ، وبين حالات المسح التي تقوم بها شركات خاصة، فهذه الأخيرة تعمل أحياناً على التحيز للجهة الممولة لها، وفي كثير من الأحيان تعمل هذه الاستطلاعات على تشويه الرأي العام بفرضها تحت شعار الحياد والموضوعية، توجهات سياسية لا تخدم إلا من هم في السلطة والنخبة المالية مالكة وسائل الإعلام.

ويرى شيللر Herbert Schiller أن " الشواهد التي تراكمت على مدى ربع قرن متاحة ولا حصر لها، وهي توضح بجلاء أن استطلاعات الرأي العام لم تقصر في خدمة أهداف الديمقراطية بل خدمتها بطريق تؤدي إلى الكارثة. فقد كرست مظهرا خادعاً من روح الحياد والموضوعية، كما عززت وهم المشاركة الشعبية وحرية الاختيار من أجل

التغطية على جهاز لتوجيه الوعي والسيطرة على العقول يتزايد توسعة وتطوره يوماً بعد يوم (10).

ثانياً: مسح السوق (المسح التجاري) Market survey

وهو تطبيق تخصصي لمسح الرأي العام في مجال محدد، وهو مجال السلع والمنتوجات ومدى الإقبال عليها، وهو بذلك يخدم رجال المال والتجارة بدلاً من السياسيين.

إن مسح السوق يهدف إلى قياس موقف الرأي العام من سلعة محددة، ومعرفة أسلوبه الاستهلاكي، ومعرفة أفضل الطرق الدعائية التجارية للترويج لسلعة ما. الخ، ومما لا شك فيه أن توظيف مسح الرأي العام في ميدان التجارة لم يحدث إلا بعد التطور والتعقيد في السوق، وتنافس الشركات مع بعضها البعض للسيطرة على السوق.

ففي الولايات المتحدة الأمريكية ومنذ الحرب العالمية الأولى - حيث توسعت الصناعة وتضخمت الطاقة الإنتاجية وتزايدت النزعة الاستهلاكية للجمهور - أصبحت هناك ضرورة ملحة لإيجاد وسيلة لاكتشاف وتحليل مدى تغطية الدعاية التجارية التي تنقلها الإذاعة وغيرها من الوسائل، لاحتياجات السوق، ومدى تأثيرها على الجمهور المستهلك.

وهكذا فإن المشرفين على عمليات السوق، يهدفون إلى الخروج بدراسات علمية لاستعمالها من طرف المؤسسات الصناعية والباعة والبنوك في تحديد أنواع السلع الرائجة، والتي يمكن زيادة إنتاجها أو تلك التي لا تجد رواجاً، وبالتالي يجب وقف انتاجها، وكذلك تبين الدراسات ذوق الجمهور، ونمط استهلاكه، الخ.

وقد لعب قياس الرأي العام في مجال السوق دوراً في تطوير منهج المسح عامة، وتطوير أسلوب استخدام العينات والاستمارات والمقابلات كأدوات لجمع المعلومات.

ويذكر لازار زفيلد أن " الدراسات المتعلقة بالاستهلاك التجاري قد أسهمت بدور كبير في تطوير مناهج القياس باستخدام العينات مما أدى إلى ظهور استفتاء الرأي العام. ثم ظهر المذياع في الصورة وأصبح هناك احتياج لمضارعة أرقام توزيع المجلات والصحف، وبالتالي أصبحت هذه البيانات المادة الخام للحقل الجديد للاتصال والأبحاث والرأي العام (11).

## ثالثاً: المسح التعليمي أو المدرسي

ويهتم هذا النوع من المسح بالمسائل المتعلقة بالتعليم حيث يكلف مختصون أما من خارج هيئة التدريس أو من أعضاء هيئة التدريس بعمل مسوح في المدارس والمؤسسات التعليمية، وبناء على ما يتم التوصل إليه من نتائج توضع الخطط والمناهج اللازمة لرفع مستوى التعليم.

وتتعلق المعلومات التي تسعى المسوح إلى جمعها في الغالب بالأوضاع التي يتم فيها التعليم، مادية كانت أم معنوية، أو بخصائص هيئة التدريس، ومقارنة النظم التعليمية داخل بلد واحد أو بين عدة بلدان، كما أن المسموح قد تسعى إلى التعرف على طبيعة التلاميذ والطلاب ومعرفة خلفياتهم الاجتماعية أو مستواهم الثقافي العام، أو معرفة رأيهم حول نظام الامتحانات، الخ. ومن النماذج التطبيقية للمسح المدرسي ما قام به باحثون على التلاميذ والطلاب الفلسطينيين في فلسطين المحتلة، لمعرفة تأثير الاحتلال وممارسته العمقية على المستوى التعليمي، حيث وجد أن مستوى التعليم عند الفلسطينيين في فلسطين المحتلة قد انخفض بشكل ملحوظ عما كان عليه قبل الاحتلال. أيضاً أجريت دراسات حول فرص التعلم والتحصيل العلمي عند فلسطينيي 1948 مقارنة بمثيلتها عند اليهود، وكانت النتيجة تدني نسبة التمدرس عند الفلسطينيين وتدني نسبة الذين يصلوا إلى الجامعة مقارنة بالطلاب اليهود، حيث يمارس الكيان الصهيوني تمييزاً عنصرياً واضحاً.

## رابعاً: مسح المجتمع المحلي survey of community

مسح المجتمع المحلي أقرب أنواع المسح إلى البحث الاجتماعي، وهو أسلوب قديم وطريقة ناجحة لجمع المعلومات مباشرة من الميدان. ويرى البعض أنه استخدم قديماً من قبل المصريين الفراعنة لتعداد السكان، وفي القرن الماضي استخدمه كارل ماركس لدراسة الحالة الاجتماعية والاقتصادية للعمال الفرنسيين في فرنسا، ثم استخدمه ماكس فيبر في دراسة الأخلاق البروتستانتية.

ومنذ القرن الثامن عشر اشتهر عدد من الباحثين نتيجة قيامهم بدارسات مسحية اجتماعية، خدمت مجتمعاتهم وساعدت على التعرف على العديد من القضايا الاجتماعية وإيجاد حلول لها. ومن أهم هذه الدراسات دراسة جون هوارد John Haward عام 1774 الذي قام بوضع دراسة عن وضعية السجون والمسجونين في بريطانيا. ثم بدراسة مقارنة بين وضعية السجون في بريطانيا ووضعيتها في بلدان أخرى.

وفي فرنسا قام لبلاي le play عام 1856 بدراسة لوضعية أسر العمال الأوروبية استغرقت حوالي عشرين عاما، حيث عايش حوالي ثلاثمائة أسرة وتعرف على طرائق حياتهم، وقام بمسح لأسلوب معيشتهم ووضع تقريراً عن ذلك. ويعود للبلاي الفضل في إدخال أسلوب الملاحظة المباشرة وفي وضع أسس استخدام الخطة العامة Out line المفصلة. واستخدام أسلوب المقابلات والاستبيانات(12).

وفي الولايات المتحدة الأمريكية أجريت أول الدراسات المسحية الاجتماعية عام (1900- 1919) وقام بها (بول كيلوج Paul Kellog) وفي عام 1930 قام ستوفر Stouffer بتطبيق هذا المنهج لمعرفة اتجاهات الناس في الولايات المتحدة الأمريكية نحو الشيوعية، أيضاً استعمله بول لازار زفيلد عند دراسته للقيادة، وطرق الاتصال بالجمهور. والسلوك الاقتصادي. والعمليات الانتخابية. وفي عام 1977 أجرى كل من جراي ماكفيرسون وراف Grey Mcpherson uncl Raffe دراسة مسحية في اسكتلندا اشتملت على 20 000 فرد ممن تركوا المدرسة خلال العام السابق للدراسة، موظفين أداة الاستبيان لجمع المعلومات، وقد اهتمت أسئلة الاستمارة بموضوعات مثل : أداة الطلبة داخل الفصل، وأسلوب تعامل المعلمين معهم وأسئلة أخرى (13) أيضاً أجريت دراسات حول أوضاع الفلسطينيين في ظل الانتفاضة ما بين 1991-88 وتأثيرها على نمط حياتهم وسلوكهم.

## المبحث الثاني

## دراسة الحالة Case - study method

### المطلب الأول: التعريف

دراسة الحال هو بحث متعمق في العوامل المعقدة والمتعددة والتي تسهم في تشكل وحدة اجتماعية ما، وذلك بالاستعانة بأدوات البحث الضرورية لتجميع البيانات.

وتتميز دراسة الحالة عن المسح بأنها تتعمق في الحالة المدروسة وتركز عليها بعد عزلها نسبياً ومؤقتاً عن الحالات الأخرى المحيطة بها، ويقول بول بورو أحد كبار ممثلي هذا المنهج: " ماذا يصنع عالم المعادن الذي يريد أن يدرس تربة ما؟ إنه لن يذهب فيدرس من هنا ومن هناك هذه الخلاصات أو تلك، ولن يكثر من التحليلات الجزئية المبعثرة، بل يأخذ مسطرة واحدة من المقلع الذي يريد دراسته، ويحللها تحليلاً كاملاً، ومتابعا إياه حتى النهاية" (14).

وعليه، فإن من أهم صفات منهج دراسة الحالة هو التعمق في بحث الحالة المدروسة، سواء كانت فرداً أم أسرة أم تنظيماً اجتماعياً، وتتبع وضعيتها منذ نشوئها مروراً بمراحل تطورها حتى زمن الدراسة. ومن هنا تشبه دراسة الحالة أحياناً بطريقة الفلاش باك Flash Back (العرض الاسترجاعي) في الأعمال الفنية وخاصة السينمائية ، حيث يحدث أن يشاهد المتفرج فيلماً يبدأ بلقطة حاسمة وخطيرة لموقف وصل إليه بطل الفيلم، أو الأحداث، ثم بعد ذلك تكون بقية الفيلم عبارة عن عرض استرجاعي للمراحل، والخطوات التي مر بها البطل - أو الأحداث - حتى وصل إلى الوضع الذي هو عليه أو هي عليه.

نفس الأمر في دراسة الحالة، لو افترضنا أن موضوع الدراسة شخصية اجتماعية مهمة - أو حزب سياسي - وأردنا أن نقوم ببحث عنها، في هذه الحالة يقوم الباحث ببحث استرجاعي لسيرة وعلاقات المبحوث، وكل ما يتعلق بحياته السابقة، وذلك بهدف الكشف عن العوامل التي تؤثر في الوحدة المدروسة والكشف عن العلاقات السببية بين أجزائها، وذلك بهدف الوصول إلى تعميمات علمية متعلقة بها وبغيرها من الوحدات المشابهة.

وقد تباينت الآراء حول الموقع الذي تحتله دراسة الحالة بين مناهج البحث، حيث رفض بعض الكتاب اعتبار دراسة الحالة منجهاً قائماً بذاته، بل تعاملوا معها كأداة لجمع المعلومات فقط من منطلق أن الحالة تستخدم كوسيلة لجمع البيانات في دراسة استطلاعية، أو وصفية، وليس هنا ما يمنع استخدام دراسة الحالة في مناهج أخرى أيضاً.

وفي هذا الإطار يتساءل أرمان كوفيليه : " هل منهاج الإحصاء الفردي - دراسة الحالة - (منهاج) يستطيع أن يقودنا إلى قرار، وإلى تفسير مرض للأحداث الاجتماعية؟ 15".

إلا أن جود وهات (Goode and Hatt 16) يؤكدان على أن دراسة الحالة منهج، وليس أداة لجمع البيانات ويقولان إن : " دراسة الحالة ليست أداة من أدوات البحث وإنما هي منهج يقوم أساساً على دراسة الوحدات الاجتماعية بصفتها الكلية، أن الذين ينظرون إلى دراسة الحالة باعتبارها أداة من أدوات البحث إنما يفشلون في أن يميزوا بين دراسة الحالة كمنهج له طريقته في النظر إلى الحقائق الاجتماعية، وبين الأدوات التي صاحبت هذا المنهج منذ نشأته كالملاحظة، والوثائق الشخصية (17).

والاتجاه الغالب يميل إلى اعتبار دراسة الحالة منهج قائم بذاته، فهو لا يقتصر على جمع المعلومات وتصنيفها، بل يتابع الحالة في مختلف مراحلها، ويحلل المعلومات المجمعة وينتهي بوضع تقرير هو عبارة عن النتيجة النهائية للبحث. كما أن دراسة الحالة تستعين بأدوات البحث المختلفة، من ملاحظة ومقابلة ووثائق شخصية إذا كان الأمر يتعلق بدراسة فرد من الأفراد.

أيضاً نلاحظ تعدد التسميات المعطاة لهذا المنهج، فيطلق عليه أرمان كوفيليه اسم منهاج الإحصاء الفردي (18) أما الفرنسيون فيفضلون استعمال مصطلح La methode monographique المنهج المونوغرافي لأن المونوغرافيا تعني وصف موضوع مفرد.

وفي إطار منهج دراسة الحالة يمكن التمييز بين دراسة الحالة كمنهج يتناول قطاع اجتماعي أسرة، حزب، قبيلة، الخ، وبين دراسة الحالة لشخص مفرد، وهذه على

نوعين. تاريخ الحالة case history والتي يعرفها مانديل شرمان M.Sherman إنها قصة الحياة التطورية لفرد من الأفراد، والتي تتضمن نموه من الناحية الجسمية، والذهنية والانفعالية ، والسلوكية. والنوع الثاني: التاريخ الشخصي ـ للحياة life history والتي هي صورة من صور تاريخ الحالة يعرض فيها الفرد المفحوص الحوادث التي مرت به واهتماماته، واتجاهاته، والخبرات التي اكتسبها وذلك كله من وجهة نظره الخاصة.

ترى بولين يونج Young أن فريدريك لبيلاي هو أول من استخدم دراسة الحالة بطريقة منهجية منظمة، وذلك عندما قام بدراسة معمقة عن اقتصاديات الأسرة، أما سبنسر Spenser فيعد أول عالم اجتماع يستخدم دراسة الحالة على نطاق واسع وذلك في دراساته عن الإنسان البدائي (19).

وبصورة عامة فقد ساعدت نظرية الجشطلت Gestalt (×) التي ظهرت في القرن الماضي على الاهتمام بمنهج دراسة الحالة، حيث دعا أنصار هذه المدرسة إلى ضرورة الاهتمام بالموقف الكلي الذي يتفاعل فيه الكائن الحي، وعدم الفصل بين الكائن الحي وبين الكل الذي يتفاعل فيه إلا بقصد التحليل فقط.

هناك تعريفات عدة لدراسة الحالة وما يميزها عن بعضها البعض. هو عنصر ـ الاتساع، والشمولية، فبعضها يقصر ـ دراسة الحالة على نطاق الفرد فقط، فيرى مانديل شرمان M. Sherman في كتابه Problems of Behavoir تاريخ الحالة يشمل أساساً قصة الحياة التطورية لفرد من الأفراد، والتي تتضمن نموه من الناحية الجسمية، والذهنية، والانفعالية والسلوكية". وهناك تعريفات أخرى توسع من مجال اهتمام دراسة الحالة بحيث يمكنها أن تشمل فرداً أو تنظيماً، أو جماعة محلية. وفي هذا تقول بولين يونج " إن من يستخدم منهج دراسة الحالة يستطيع أن يختبر مواقف وأشخاص وجماعات ونظم اجتماعية بحيث تكون نظرته إليها نظرة كلية .. ومن الممكن أيضاً أن يصل الباحث إلى تعميمات عن طريق دراسة عدد من الحالات، وتجميع البيانات. والمعلومات عنها بطريقة سليمة .. قد تكشف هذه التعميمات عن عوامل سببية عديدة تؤثر في الموقف الكلي (20).

وفي نفس الاتجاه الأخير ذهب كليفورد شو K. Shaw حيث يرى أن طريقة دراسة الحالة تركز على الموقف الكلي، أو على إجماع العوامل. وعلى وصف العملية أو تتابع

الأحداث التي يقع السلوك في مجراها، والحالة قد تكون فرداً أو نظاماً أو مجتمعاً محلياً، أو أي جماعة تعتبر وحدة الدراسة (21).

وإذا كان يجوز للباحث ان يجمع معلوماته عن الحالة محل البحث عن طريق المقابلة أو الاستمارة، فإن أفضل وسيلة للتعامل مع الحالة هي طريقة الملاحظة سواء كانت بالمشاركة أو بدون مشاركة.

## المطلب الثاني: خطوات منهج دراسة الحالة

والانتقادات الموجهة إليه:

## أولاً: خطوات المنهج

1. تحديد الظاهرة أو الحالة المطلوب دراستها، شخص أم حزب، أم مجتمع محلي، الخ.

2. تحديد وضبط المفاهيم والفروض العلمية التي سيستعملها الباحث في بحثه.

3. التأكد من توفر البيانات، والمعلومات المتعلقة بالموضوع.

4. إذا كان الباحث بصدد دراسة فئة أو طبقة ..الخ، فيجب اختيار العينة التي ستمثل المجتمع المبحوث.

5. تحديد وسائل جمع البيانات، كالملاحظة والمقابلة والوثائق الشخصية في حالة إذا كانت الحالة فرداً من الافراد -

6. تدريب جامعي البيانات والتأكد من قدرتهم على القيام بالمهمة الموكولة إليهم إذا كان الباحث يستعين بمـن يجمـع لـه البيانات، ولن يقوم بها بنفسه.

7. جمع البيانات وتسجيلها وتحليلها.

8. استخلاص النتائج، ووضع التعميمات.

## ثانياً: الانتقادات الموجهة لمنهج دراسة الحالة

مع أن منهج دراسة الحالة قد ترسخ كمنهج علمي في العلوم الاجتماعية، وغيرها من العلوم، إلا أن انتقادات وجهت له ومـن أهمها:

1- صعوبة الالتزام بالموضوعية، حيث يتحكم عنصر الذاتية. والحكم الشخصي في سير الدراسة سواء في مرحلة اختيار الحالات المدروسة أو في مرحلة جمع البيانات.

2- عدم صحة، ودقة البيانات المجمعة، وهذا مرتبط بالعنصر الأول. ومن الأسباب المؤدية إلى التشكيك في صحة البيانات، مسايرة المبحوث لما يريده الباحث، فيقول له ما يرضيه، أو أن المبحوث قد يذكر الوقائع التي تتوافق مع وجهة نظره الشخصية. والتي قد لا تعبر عن الحقيقة، أو أن يذكر الأشياء التي تخدم أهدافه ويضخمها، ويتجاهل أشياء أكثر أهمية لمجرد أنها لا تتوافق مع أغراضه الشخصية.

3- حدوث تعاطف ما بين الباحث والمعنيين بالحالة المبحوثة، وخصوصاً إذا كانت دراسة عن طريق الملاحظة بالمشاركة، مما يضعف القيمة العلمية للبحث.

4- صعوبة تعميم النتائج. وذلك يرجع لخصوصية كل حالة وصعوبة تعميمها على حالات أخرى وإن كانت مشابهة لها في النوع.

## الهوامش:

(Best J.W. Research in Education (prentice - Hell Englwood (Cliffs, New Jersey 1970 (1)

(2) محمد علي محمد مرجع سابق ، ص 163- 162.

(3) عبد الباسط محمد حسن، مرجع سابق، ص 221.

.WhitneyK the elements of Research, New York Boston, 1957 P 97 (4)

(5) حول أهمية المسرح الميدانية انظر:

روجر ويمر وجوزيف دومينيك ، مناهج البحث الإعلامي. ترجمة صالح أبو صبح. دمشق: صبرا للطباعة والنشر- 1989 ص 163.

(6) معن خليل عمر، الموضوعية والتحليل في البحث الاجتماعي، بيروت 1983 ص 55.

(7) وقد أخذت عينة من عشر دول عربية وهي الأردن، وفلسطين، لبنان، الكويت، قطر، اليمن، مصر- ، السودان، تونس، والمغرب. وقد استغرقت الدراسات ثلاث سنوات. أنظر تحليل لنتائج هذا الاستطلاع في مجلة المستقبل العربي، الاعداد 13، 14، 15 والصادرة على التوالي في مارس وابريل ومايو 1980.

(8) وليد سليم التميمي (الموقف من التسوية - دراسة ميدانية) مجلة المستقبل العربي، بيروت، عدد 21، نوفمبر 1980 ص21.

(9) هربرت شللر ، المتلاعبون بالعقول، عالم المعرفة، الكويت : 1983 ص152.

(10) شيللر المرجع السابق، ص160.

(11) شيللر، المرجع السابق، ص139.

(12) عبد الباسط محمد حسن، مرجع سابق، ص 225- 230.

(13) لويس كوهين ولورنس مانيون، مرجع سابق، ص146.

(14) أرمان كوفيليه - ، مرجع سابق، ص157.

(15) أرمان كوفيليه، مرجع سابق، ص160.

(16) في كتابهما Methods in Social Research. New York 1952

(17) عبد الباسط محمد حسن، مرجع سابق، ص 250.

(18) جمال زكي والسيد ياسين، مرجع سابق، ص269.

(19) جمال زكي والسيد ياسين. مرجع سابق، ص262.

(×) الجشطلت نظرية سيكولوجية في أساسها وتقوم على أن إدراك الأشياء لا ينصب على الأجزاء والعناصر وإنما على الكل، وأن الظواهر البيولوجية والطبيعية لا ينظر إلهيا على أنها عناصر أو أجزاء منفصلة بل هي كل، ومجموعات لها وحدات الذاتية .

(20) جمال زكي والسيد ياسين. مرجع سابق ص 269.

(21) جمال زكي والسيد ياسين. مرجع سابق ص 268.

# الفصل الخامس

# المنهج التجريبي The Experimental Method

## المبحث الأول

### التعريف

كما سبق القول، فإن المنهج العلمي يقوم على الملاحظة، والتجربة، والاستقراء، والمقارنة، وهذه العناصر هي مكونات المنهج التجريبي، أي أن المنهج التجريبي هو أقرب المناهج إلى المنهج العلمي، وفي العلوم الاجتماعية سعى الباحثون المتأثرون بانجازات المنهج التجريبي في العلوم الطبيعية إلى توظيف هذا المنهج في مجال العلوم الاجتماعية.

إلا أن تطبيق المنهج التجريبي في العلوم الاجتماعية يجب التعامل معه بحذر نظراً لخصوصية الظاهرة وصعوبة التحكم في العوامل المؤثرة في الظاهرة محل التجربة.

ويميز حسن الساعاتي بين المنهج التجربي، والمنهج التجريبي، فالأول هو القائم على التجربة Experiment المتعددة أي الواقعة المتكررة تلقائياً في أمكنة وأزمنة شتى فالباحث أو الملاحظة هنا لا يتحكم في التجربة بل مجرد ملاحظة لها ومستنتج لقوانيها، أما المنهج التجريبي (فهو القائم على التجريب Experimentation المدبر والمكرر عن قصد والمحدود في المكان والزمان)(1).

يقوم المنهج التجريبي على قاعدة (إن الأمور المتماثلة تحدث في الظروف المتماثلة). فهو محاولة من الباحث للتحكم في جميع المتغيرات، والعوامل الأساسية المكونة أو المؤثرة في تكوين الظاهرة باستثناء متغير واحد يقوم الباحث بتطويعه أو تغييره بهدف تحديد وقياس تأثيره في العملية. وهذا يعني أن التجريب ممكن فقط حين يكون بالإمكان ضبط المتغيرات (2).

وبشكل عام نطلق اسم التجريب على العملية البحثية التي يتحكم فيها الباحث من أولها إلى آخرها، أي أنه يفكر في إجرائها في موضوع معين في مكان معين، وزمان معين، وفقاً لأهداف معينة، كما أنه يستطيع إعادة التجريب بعد إجراء بعض التغييرات

في الموضوع أو المكان، أو الزمان، أو في ذلك كله، مرة أو أكثر بحيث يستطيع المقارنة بين النتائج التي يحصل عليها، حتى يتمكن بواسطة الملاحظة الاستدلالية المبنية على المشاهدة، أي الملاحظة الحسية، من استقراء النظريات والقوانين الاجتماعية (3).

ويبدأ التجريب عادة بتساؤل يوجهه الباحث. مثل : هل إعطاء العمال فترات استراحة قصيرة خلال العمل يساعد على تحسين الإنتاجية؟. أو هل تؤثر برامج التوعية التلفيزيونية حول تعاطي المخدرات على الناس الذين يتعاطونها؟. هل يؤثر مستوى التعليم على ثبات العلاقة الزوجية؟ هل هناك علاقة بين الدين والسلوك الاقتصادي؟ وبعد ذلك يبدأ الباحث بجمع الأدلة والبراهين بتطبيق قواعد المنهج التجريبي على العينة المحددة سلفا. حيث لا يقف الباحث عند مرحلة الوصف والتحليل أو التاريخ للحوادث والأشخاص المعنيين بالتساؤل الذي يضعه الباحث، بل يقوم بإجراء التجارب وذلك بمعالجة عوامل معينة في الظاهرة المدروسة، أي التحكم في المتغيرات تحت شروط مضبوطة ضبطاً دقيقاً.

ومن هنا يختلف المنهج التجريبي، عن المناهج الأخرى التي تقوم على الملاحظة العادية، فهو ملاحظة متحكم فيها، وكما يعبر عن ذلك بيفردج Beveridge بالقول: " تتضمن التجربة أن يجعل الباحث حدثاً معيناً، يحدث تحت ظروف معروفة مع استبعاد جميع التأثيرات الخارجية على قدر الإمكان، وعلى أن يكون باستطاعة الباحث ملاحظة ذلك، بدقة حتى يمكنه اكتشاف العلاقات بين الظواهر المختلفة" (4).

بمعنى أن الباحث يتحكم عن قصد بالظروف التي تلعب دوراً في تشكل الظاهرة محل البحث ويقوم بإداراتها بما يتناسب مع فروضه، وفي أبسط صور التجريب تتضمن التجربة تغييرا في قيمة متغير واحد يسمى المتغير المستقل - ويلاحظ تأثير ذلك التغيير على متغير آخر - يسمى المتغير التابع - وهنا يكمن الفرق بينه وبين البحث الوصفي، ففي البحوث الوصفية يرصد الباحث ويحاول معرفة ما وراء الظواهر التي حدثت بالفعل، بينما نجده في البحث التجريبي يرتب الظروف لكي تقع الأحداث، وإذا كانت البحوث الوصفية تصف ما هو كائن، فإن البحث التجريبي يسعى لمعرفة ما يمكن أن يكون.

وحتى ينجح التجريب لمنهج علمي فيجب أن يتم تحت ظروف مسيطر عليها قدر الإمكان، والسيطرة تكون على ثلاثة أشياء.

### 1- السيطرة على البيئة Environmental Control

ويقصد بما خلق البيئة المناسبة والمسيطر عليها أثناء التجربة، وباستبعاد المؤثرات السلبية التي قد تحرف التجربة وتؤثر على الفاعلين فيها.

### 2- السيطرة على المتغير Variable control

ذلك أنه كلما زاد التحكم بالمتغير زادت نسبة الصحة الداخلية.

### 3- السيطرة على اختيار الأفراد Control over subject selection

بمعنى التحكم وضبط أفراد العينة سواء كانت الضابطة أو التجريبية.

يعد أوجست كونت أول من استخدم المنهج التجريبي في علم الاجتماع، حيث فرق بين نوعين من التجريب: أحدهما التجريب المباشر، والثاني التجريب غير المباشر، إلا أن شكك في جدوى هذا الأخير، وفي صلاحيته في دراسة الظواهر الاجتماعية لعدم قدرته على التحكم في كل العناصر الفاعلة في الظاهرة والضرورية لإجراء التجربة، ويرى كونت أن التجريب المباشر هو الذي يقوم على الملاحظة الحسية، لأن " كل ما وراء الظاهر المحسوس عدم" والتجريب المباشر يشترط في كل قضية حتى تكون علمية وصادقة أن تكون قابلة للتحقق منها في الواقع التجريبي.

إلا أن الفضل في وضع أسس وقواعد المنهج التجريبي، يرجع إلى جون ستيوارت ميل في كتابه نسق المنطق System of logic 5)) حيث وضع ثلاث طرق أساسية لإقامة البراهين والأدلة، وهو يرى أن هذه الطرق مع أنها استخدمت في الكشف عن القوانين فإنها الطرق الوحيدة في البرهنة، وهي تعتمد على الاعتقاد في مبدأ السببية causation والسبب هو المقدمة الثابتة التي لا تتوقف على أي شرط، أنه يكفي وحده في إحداث النتيجة، دون تخلف، مهما تغيرت الظروف - ولكن حذر من أن هذه القواعد ليست جامدة، كما أنها لا تصلح للتطبيق في جميع الحالات. وهذه الطرق أو القواعد التي أشار إليها ميل هي طريقة الاتفاق وطريقة الاختلاف وطريقة التلازم في التغير.

## المبحث الثاني

## طرق وتصميمات المنهج التجريبي

يقوم منهج البحث التجريبي على عدة خطوات: أولها تحديد مشكلة البحث، وصياغة الفروض و المناسبة للمشكلة، ثم تحديد المتغير المستقل Independent variable ، والمتغير التابع Dependant variable ثم كيفية قياس التابع، وتحديد الشروط الضرورية للضبط. والتحكم والوسائل المتبعة في إجراء التجربة. ويطلق عادة على العامل. أو المتغير الذي نريد اختبار تأثيره في ظاهرة ما، المتغير المستقل أو التجريبي، اما المتغير الذي نريد معرفة أثر المتغير المستقل عليه فيسمى بالمتغير التابع أو المعتمد، فإذا أردنا مثلاً معرفة أثر الصحافة في التأثير على توجيهات الأفراد السياسية، كان المتغير المستقل في التجربة هو الصحف، أما المتغير التابع فهو التوجهات السياسية.

وسنتناول في البداية طرق المنهج التجريبي كما وضعها جون ستيوارت مـل، ثم نبحـث في نمـاذج التصميمـات التجريبيـة أو مجموعات البحث التجريبي.

## المطلب الأول: طرق المنهج التجريبي

## أولاً: طريقة الاتفاق Method of agreement

تقوم هذه الطريقة على أنه إذا كانت الظروف المؤدية إلى حدث معين تتميز بتوفر عنصر مشترك ثابت بينها، أي أنه يوجد في جميع الحالات في الوقت الذي تتغير فيه العناصر الأخرى فإن هذا العنصر الثابت هو السبب في حدوث الظاهرة، ويمكن أن تطرح القضية بالسلب فنقول: أنه لا يمكن أن يكون عنصر معين سبب في حدوث ظاهرة معينة إذا كانت هـذه الظـاهرة تحدث بدونه.

ويعبر مل عن هذه الطريقة بالقول: " إذا اتفقت حالتان أو أكثر للظاهرة المراد بحثها في ظرف واحـد، فهـذا الظـرف الوحيـد الذي تتفق فيه جميع هذه الحالات هو السبب في هذه الظاهرة".

مثلاً:

> حالة أولى، عواملها، أ ، ب ، ج وتنتج ص

> حالة ثانية، عواملها، د، هـ، ج وتنتج ص

من هاتين الحالتين نستنتج أن العنصر (ج) هو السبب في حدوث النتيجة (ص) لأنه عنصر مشترك بين الحالتين.

فإذا وجد باحث اجتماعي أن جميع المنحرفين الـذين أجرى عليهم البحـث ينشـأون في أوسـاط فقيـرة أو ينتمون للأحيـاء الشعبية قد يدفعه ذلك للاستنتاج أن الفقر أو الأصل الاجتماعي هو سبب عملية الانحراف.

إلا أن هذه الطريقة قد توقع الباحث في خطأ وتدفعه إلى الركون إلى الطريق السهل، ذلك انه حتى مع أن توفر العنصرـ (ج) في حالتين أو حالات متعددة يؤدي إلى النتيجة (ص) فهذا لا يعني بالمطلق أن (ج) هو السـبب في النتيجة (ص) فقد يكون (ج) مجرد عنصر ثانوي تصادف وجوده في كل الحالات، أو أن وجوده مرتبط بوجود عنصر غفل عنه الباحث، مـثلاً في المثال السابق، فقد لا يكون الفقر هو السبب الرئيسي للانحراف، بل الجهل، وعدم التعلم أو تفسخ الأسرة، الخ، فلا يعقل أن يكون كل الفقراء منحرفين.

## ثانياً: طريقة الاختلاف Method of difference

وملخص هذه الطريقة، أن النتيجة تربط بالسبب وجوداً وعدماً، فإذا وجد السبب وجد النتيجة، وإذا غاب السـبب غابـت النتيجة. فإذا وجدت النتيجة (ص) في الحالات التي يوجد فيها العامل (ج) المثال السـابق - وتختفـي هـذه النتيجـة عندما يختفي هذا العامل، يمكن القول أن العامل (ج) هو السبب في النتيجة (ص).

ويشرح مل هذه الطريقة بالقول : " إذا اشتركت الحالتان اللتان توجد الظاهرة في إحداهما، ولا توجـد في الأخـرى، في جميع الظروف ما عدا ظرفاً واحداً، ولا يوجد إلا في الحالة الأولى وحدها، فإن هذا الظرف الوحيد الـذي تختلـف فيـه الحالتان هـو نتيجة للظاهرة، أو سببها أو جزء ضروري من هذا السبب (6).

ومع أن طريقة الاختلاف أثبتت جدواها في مجال العلوم الطبيعية، لأن هذه دقيقة، والعوامـل المـؤثرة في ظاهرهـا مـا يمكـن ضبطها، وملاحظتها بدقة، فإن نجاحها

المنهج العلمي وتطبيقاته في العلوم الاجتماعية

في العلوم الاجتماعية لم يكن في نفس المستوى، ذلك ان الأحداث الإنسانية يصعب الربط فيها بصفة مطلقة بين النتيجة، وعامل محدد أو عوامل مفردة، فغالباً ما تكون الحادثة الاجتماعية نتيجة تفاعل، وتداخل عدة عوامل ومؤثرات يصعب عزل بعضها عن بعض، وتعتبر طريقة الاختلاف الأساس الذي تقوم عليه فكرة المجموعة التجريبية والمجموعة الضابطة في البحوث الاجتماعية - كما سنرى بعد قليل-.

## ثالثاً: طريقة التلام في التغير أو التغير النسبي

## Method of concomitant variation

في هذه الطريقة يرى ميل أنه: " إذا حدث في حالتين أو أكثر تغير في مقدار أو قيمة أحد العوامل وصحب ذلك تغير مقابل في مقدار أو قيمة عامل آخر، ثم أن التغير الأخير لا يحدث إذا لم يحدث التغير الأول، فإنه يمكن القول بأن أحد التغيرين سبب أو نتيجة للتغير الآخر.

هذه الطريقة يمكن اللجوء إليها في حالة صعوبة تطبيق الطريقتين السالفتين، وهي تقوم - كما هو موضح أعلاه- على أساس أنه إذا وجدت سلسلتان من الظواهر فيهما مقدمات ونتائج معلومة سلفاً، وكان أي تغير في المقدمات في كلتا السلسلتين ينتج عنه تغير في النتائج في كلتا السلستين، وبنسبة معينة، فلا بد أن تكون هناك علاقة سببية بين المقدمات والنتائج.

مثلاً:

> أ ، ب ، ج1 يؤديان إلى ص 1.

> أ، ب ، ج 2 يؤديان إلى ص 2.

هذا يعني أن هناك علاقة سببية بني ج، ص. ولقياس العلاقة بين هذين المتغيرين يستخدم معامل الارتباط correlation coefficient وهو يتراوح دائماً بين +1، -1 ففي الحالة الأولى يكون الارتباط موجب أو طردي، فالزيادة في أحد المتغيرين يتبعها زيادة نسبية في المتغير الآخر، والنقص في أحدهما يتبعه نقص نسبي في الآخر، في الحالة الثانية يكون الارتباط سالباً أو عكسياً، فالزيادة في أحد المتغيرين يتبعه نقص نسبي في المتغير الآخر، والنقص في أحد المتغيرين يتبعه زيادة في المتغير الآخر.

ولكن يؤخذ على هذه الطريقة أن العلاقة بين المتغيرين قد لا تكون علاقة سببية، بل وظيفية تعبر عن ترابط بين ظاهرتين توجدان في آن واحد، وهذه سمة غالبة في الظواهر الاجتماعية التي تنتشر فيها العلاقات الوظيفية أكثر من السببية.

## المطلب الثاني: نماذج التصميمات التجريبية

### أولاً: طريقة المجموعة الواحدة The one group method

أن أبسط تصميم تجريبي يتطلب مجموعة واحدة فقط من المفحوصين، ويقوم الباحث بملاحظة، وقياس أي تغير يطرأ على الجماعة بعد أن يعرضها لعامل أو متغير محدد. فإذا أراد باحث أن يدرس اثر فترات الراحة على أداء العمال، فإنه يحدد مسبقاً مقدار إنتاجية العمال في مؤسسة محددة، ثم يعطي لهؤلاء فترات راحة ويراقب ما إذا حدث تغير في الإنتاجية، ويقيس هذا التغير.

ولكن حتى تؤدي طريقة المجموعة الواحدة نتائج إيجابية يجب التأكد من أنه تم التحكم في جميع العوامل الأخرى التي قد تؤثر على التجربة. وهذا ما يصعب التحكم فيه أحياناً.

### ثانياً: طريقة المجموعات المتكافئة Equivalent group

وفيها يستخدم الباحث مجموعتين متكافئتين، ويجب أن تكون الجماعتان متشابهتين بالنسبة للصفات المختلفة كالسن، والجنس، ومستوى الذكاء، والخلفية العائلية والاجتماعية ..الخ.

ويقوم الباحث باستخدام العامل التجريبي على إحدى هاتين الجماعتين، وتسمى (الجماعة التجريبية Experimental group) ويترك الجماعة الأخرى دون أن يدخل عليها أي مؤثر. وهذه تسمى (الجماعة الضابطة Control group) وبعد فترة محددة يلاحظ الفرق بين المجموعتين، وحيث أن الجماعتين متشابهتان في كل شيء عدا العامل التجريبي، فإن أي تغير يحدث على الجماعة التجريبية يكون سببه العامل التجريبي.

مثلاً .. يريد باحث أن يكشف أثر برنامج تلفزيوني حول المخدرات على مدمني المخدرات، فيلجأ في هذه الحالة إلى مجموعتين من مدمني المخدرات - فيلجأ في

هذه الحالة إلى مجموعتين من مدمني المخدرات في السجن مثلاً - ويراعي أن تكون المجموعتان متكافئتين، ويعرض إحداهما (الجماعة التجريبية) للعامل التجريبي أي ان يوفر لها جهاز تلفزيوني يبث برامج التوعية ويحرم الآخرين منه، وبعد مدة من الزمن يبحث: هل حدث تغير في سلوك مواقف الجماعة الأولى؟ وأي تغير يحدث يكون مرجعه إلى البرنامج التلفزيوني.

إلا أن الصعوبات التي تواجه هذه الطريقة هي عدم إمكانية توفر مجموعتين متشابهتين تماماً، فحتى الفروق البسيطة التي لا يعيرها الباحث اهتماماً قد يكون لها أثر تراكمي، يؤثر على نتيجة التجربة.

## ثالثاً: طريقة الجماعة المناوبة

وفي هذا النوع لا يكتفي الباحث بمجموعة ضابطة واحدة، ولكن تضاف إليها جماعة أخرى أو أكثر، على أن تكون هذه الجماعات متكافئة ثم يطبق العامل التجريبي على كل جماعة واحدة بعد الأخرى .. وهكذا..

ستصبح كل جماعة من هذه الجماعات الداخلية في البحث مناوبة كجماعة تجريبية، وكجماعة ضابطة أثناء المراحل المختلفة للدراسة.

بالرغم من أن المنهج التجريبي أقرب مناهج البحث إلى المنهج العلمي الحقيقي، فإنه تطبيقه في مجال البحث الاجتماعي مشوب بالحذر ومصداقيته مزعزعة، وذلك أنه ليس من السهل على الباحث حصر العوامل المؤثرة في ظاهرة ما، حتى وإن تمكن من ذلك فإنه لا يضمن عدم حدوث متغيرات تؤثر على الظاهرة، فالبشر بطبيعتهم متقلبون في مواقفهم وسلوكياتهم، وفي كثير من الحالات يصعب إجراء تجارب للتأكد من الظواهر، مثلاً لا يمكن التعرف على نتائج الحروب على الشعوب من خلال المنهج التجريبي، كما أن كل ما يتعلق بالسياسات العامة كالسياسة الخارجية لا يمكن إخضاعها للتجربة، وإن كان يمكن اللجوء إلى ما يشبه التجربة في مجال السياسية وهي (نظرية اللعبة) التي تسطنع وضعاً مشابهاً لأدوار سياسية فعلية.

ومع ذلك فقد تم تطبيق هذا المنهج في العلوم الاجتماعية، حيث أجريت تجارب ناجحة وحققت نتائج مهمة، في مجالات علم النفس الاجتماعي ، وفي مجال

السسيولوجيا، وحتى في مجال السياسة، فمثلاً معرفة أثر الأنماط المختلفة للحكم على السلوك الجماعي قام عالمان أمريكيان بإجراء تجربة في هذا السياق، حيث كونوا أربع مجموعات من الأطفال - سنهم حوالي الحادية عشر ـ حتى يكون سلوكهم طبيعياً وغير مصطنع - واختاروهم بالشكل الذي يضمن التشابه في كل الظروف، ثم عرضوهم ولمدة ستة أسابيع لثلاثة أنواع من التوجيه والقيادة سلطوية، ديمقراطية، فوضوية، فتارة كان شخص بالغ من داخل المجموعة ينفرد باتخاذ القرارات ويتسلط فيها ويتعسف، ويخلق بذلك جوا سلطوياً وتارة أخرى يتصرف معهم بما يشبه تصرف الحكم الديمقراطي، حيث يشاروهم في كل قرار قبل اتخاذه، وتارة أخرى يخلق جواً فوضوياً فيترك المجموعة وشأنها دون أن يتدخل في شيء، وفي جميع الحالات كان مراقبون يلاحظون ردود فعل الأطفال ونمط سلوكهم (7).

**الهوامش:**

(1) حسن الساعاتي تصميم البحوث الاجتماعية، بيروت 1982 ص 140 حيث يميز بين كلمة experiment أي تجربة وكلمة Espermentation والتي تعني التجريب.

(2) المتغيرات varrables هي البيانات أو العوامل التي تتغير من قيمة إلى أخرى ويهتم الباحث بقياسها وبإيجاد العلاقة بينها، وهي على ثلاثة أنواع:

أ- المتغير المستقل independent variable وهو العامل المسبب لحدوث الشيء.

ب- المتغير المعتمد أو الناتج Dependent variable أي العامل الذي يعتمد العامل المسبب والذي يكون غالباً متعلقاً به وناتجاً عنه.

ج- المتغير الوسيط أو العامل المفسر intervening variable وهو ليس من نوع العاملين السابقين وإن كان يتوسطهما ويفسر طبيعة العلاقة بينهما.

(3) حسن الساعاتي نفس المصدر، ص 234.

(4) أحمد بدر، مرجع سابق ، ص260.

(5) Mill . A system of logic vol. L.N.Y London Harpar and Eros. 1891 .

(6) محمد علي محمد مرجع سابق ص201.

(7) محمد طه بدوي، النظرية السياسية، منشورات المكتب المصري الحديث، 1986 ص 303- 302.

## الفصل السادس

## المنهج المقارن The comparative method

### المبحث الأول

### في التعريف

يصلح المنهج المقارن للتطبيق على كافة العلوم الاجتماعية، فالبحث السوسيولوجي بطبيعته يقبل المقارنات، بل تعتبر المقارنة من أهم الأسس التي اعتمدها علماء الاجتماع المؤسسون في بحوثهم الاجتماعية الأولى وفي وضع أسس علم الاجتماع، فقد رأى دوركايم وغيره من علماء الاجتماع أن المنهج المقارن هو " الأداة الفضلى لبحوث علم الاجتماع". حيث مزج ما بين المنهج التاريخي والمنهج المقارن - كما سبقت الإشارة -

ويؤكد دوركايم أن من المفيد في أغلب الحالات، بسط المقارنة حتى عدة مجتمعات من نموذج واحد أو نماذج مختلفة، ذلك أن مجتمعين من نموذج واحد ليسا شيئاً واحداً مطلقاً، فكل مجتمع له فرديته الخاصة به. لذا فمن المفيد المقارنة بين مجتمعين أو عدة مجتمعات ليست أوضاعها واحدة بالضبط وبذلك نحصل على سلسلة تقلبات جديدة نقارن بينها وبين التقلبات التي تنجم، في ذات الوقت. وفي كل بلد من هذه البلدان، عن الوضع المقصود دراسته.

وحتى يمكن التعرف بشكل واضح على المنهج المقارن فسنقارنه بغيره من المناهج.

### المنهج المقارن، ومنهج دراسة الحالة

تركز غالبية البحوث الميدانية، وخصوصاً في دراسة التنظيمات على منهج دراسة الحالة، من منطلق أن التنظيمات تضم آلاف الأشخاص الأمر الذي يجعل دراستها كلها شيء متعذر، فتدرس حالة أو حالتين وتعمم النتائج، لكن النقد الذي يوجه إلى تفضيل دراسة الحالة على المناهج الأخرى، هو أن دراسة الحالة تكون مفيدة في حالة ما إذا كان محور الاهتمام هو معرفة الخصائص السلوكية للأفراد. أما إذا أردنا أن نتعرف على

الخصائص البنائية للتنظيم، فليس من الضروري أن نقضي وقتاً طويلاً، ونبذل جهداً كبيراً في مسح عدد كبير من الأعضاء، بل يكتفي بمقارنة ظروف هذا التنظيم - محل للبحث- بظروف تنظيمات أخرى من خلال التحليل النظري الدقيق للتراث. أو يركز التحليل على المقارنات الداخلية بين مختلف وحدات التنظيم، وهذا الإجراء الأخير يجعل الباحث مضطراً للتركيز على المبادئ التي تحكم تطور التنظيمات، وقيامها بوظائفها(1).

## المنهج المقارن والمنهج التجريبي

يرى العديد من الباحثين الاجتماعيين المحبذين لتطبيق قواعد المنهج العلمي في دراسة المجتمع، وفي إطار ردهم على المعارضين القائلين أن صعوبة التجريب في العلوم الاجتماعية يقلل من علميتها. يرون أن المنهج المقارن في البحث الاجتماعي ينوب عن التجريب في العلوم الطبيعية، فالمقارنة سواء ذات الامتداد الزمني أو ذات الامتداد الأفقي هي بمثابة التجريب في البحث الاجتماعي، فمن خلالها يستطيع الباحث استبصار أوجه التحول والتطور التي تطرأ على الظاهرة، وما هي المؤثرات التي تعطي للظاهرة طابعاً محدداً في ظروف محددة كما يمكن عن طريق المقارنة استخلاص القوانين التي تتحكم في بعض الظواهر الاجتماعية.

بل تتداخل المنهج التجريبي مع المنهج المقارن، فالباحث عندما يستعمل المنهج التجريبي مطبقاً طريقة المجموعات المناوبة مثلاً، فإنه في نفس الوقت يجري مقارنة، لأنه يقارن بين نتائج التجربة. ما قبل إدخال العامل المتغير وما بعده وما قبل استعمال المجموعة المناوبة، وما بعده. فالتجريب يتضمن في داخله عنصر المقارنة.

## المنهج المقارن، والمنهج التاريخي

كما سبق الذكر، فالمقارنة إما أن تكون بين ظواهر أو مجموعات معاصرة، وإما بين ظواهر أو مجموعات معاصرة وأخرى ماضوية، وعليه فإن المنهج المقارن يعتمد التاريخ أحياناً ومن جهة أخرى فإن التاريخ لا يكون منهجاً لمجرد تكديسه لمجريات الأحداث، بل لأن الباحث يلجأ إلى توظيف التاريخ لاستخلاص قوانين عامة حول ظاهرة ما من خلال مقارنة أشكال هذه الظاهرة عبر التاريخ، وهنا ظهر ما يسمى بالتاريخ المقارن. ويعد

دوركايم خير من جمع ما بين التاريخ والمنهج المقارن. حيث يرى أن معرفة مؤسسة ما لا يتم إلا بتتبع تطورها عبر التاريخ وإجراء مقارنة بين مراحل تطورها. حيث يقول : " المؤسسة المبحوث فيها نشأت تباعاً ، قطعة قطعة، فالأجزاء التي تؤلفها ولدت بعضها بعد بعض، ثم أضيفت، سريعة أو بطيئة، بعضها إلى بعض. فيكفي إذن، أن تلاحق سير تكوينها في الزمان أي في التاريخ، لكي نتبين العناصر المختلفة التي تتركب منها والتي كانت، من طبعها، متفرقة"(2).

ويرى أرمان كوفيليه أن التاريخ المقارن في علم الاجتماع، معادلاً للمنهج الاختياري - التجريبي - وهو يستند على قول دوركايم عندما يقول : أنه ليس لدينا سوى طريقة واحدة لنتبين وجود علاقة منطقية بين حدثين - كالعلاقة السببية - وهذه الطريقة في نظره هي عمل مقارنة بين الحالتين اللتين يكون فيهما هذان الحادثان إما حاضرين كلاهما، وإما غائبين كلاهما، ثم البحث عما إذا كانت التقلبات التي تطرأ عليهما في هذه الظروف المختلفة تدل على تعلق أحدهما بالآخر.

قد يبدو للوهلة الأولى أن المقارنة لا تستدعي أن تكون منهجاً قائماً بذاته، من منطلق أنها محايثة للبحث العلمي، فالباحث العلمي يلجأ إلى المقارنات مهما كان المنهج الذي يتبعه، بل أن هدف العلم هو دراسة التباين بين الظواهر، وتحديد الظواهر التي يظهر فيها هذا التباين. ولا يمكن إن يتم ذلك إلا بالمقارنة بين هذه الظواهر أيضاً فإن عملية المقارنة متضمنة في أية محاولة للتحقق من صحة الفروض. فكيف يمكن التحقق من صحة الفروض أن لم نقم بمقارنتها بواقع الظاهرة أو الظواهر محل البحث؟ وكما سبق الذكر، فإن منهج الأنماط المثالية يوظف المقارنة كركن أساسي من أركانه، حيث تتم المقارنة ما بين الواقع من جهة والنموذج المثالي لمعرفة أوجه الاتفاق وأوجه الاختلاف.

إلا أن كل ذلك لا ينفي أن تكون المقارنة منهجاً قائماً بذاته، بل يذهب روجون مارش R. March في كتابه علم الاجتماع المقارن 1967 إلى أن علم الاجتماع المقارن يجب أن ينظر إليه بوصفه فرعاً مستقلاً وميداناً قائماً بذاته (3).

إن المنهج المقارن يساعد الباحث على اكتشاف الخصائص الكلية للظاهرة في ماضيها وحاضرها، ومستقبلها وذلك عن طريق المظاهاة وإبراز الصفات المتشابهة، والمختلفة بين ظاهرتين أو مجتمعين ، ومعرفة درجة تطور أو تقهقر الظاهرة عبر الزمن.

**مجالات تطبيق المنهج المقارن:**

كما سبق الذكر فإن البحوث الاجتماعية كثيراً ما تلجأ إلى المقارنات سواء بطريقة مباشرة أو طريقة غير مباشرة، حيث تنوب المقارنات محل التجريب في كثير من الحالات، ولكن هناك مجالات أكثر من غيرها تكيفاً مع مقتضيات المنهج المقارن وأهم هذه المجالات هي:

**1- دراسة النظم الاجتماعية في أبعادها المختلفة :**

ويعتبر هذا المجال من أهم مجالات تطبيق المنهج المقارن، حيث يقوم الباحث بمقارنة نظامين اجتماعيين - أو أكثر- مع بعضهما البعض للتعرف على أوجه الاختلاف وأوجه التشابه بينها. صحيح أنه لا يوجد نظام اجتماعي متطابق مع آخر حيث لكل مجتمع خصوصياته، إلا أن هذه الخصوصيات لا تمنع من وجود عناصر مشتركة نابعة من الطبيعة البشرية وخاضعة لسنة التطور، والتعرف على هذه القوانين أو العوامل المشتركة هي التي تسمح بعزل العوامل الشاذة أو الدخيلة والتي تعطي للظواهر الاجتماعية في مجتمع ما خصوصياتها، الأمر الذي يساعد على التعامل مع هذه الخصوصيات لتحجيمها والحد منها إن كانت سلبية، أو دراستها واستيعابها ومحاولة تعميمها إن كانت إيجابية.

ودراسة النظم الاجتماعية المحلية قد تكون دراسة لأنظمة القرابة، أو المعتقدات الدينية والعادات ومن أمثلة ذلك الدراسات المقارنة التي أجراها علماء الإناسة على المجتمعات التقليدية، سواء من خلال مقارنتها مع بعضها البعض أو مقارنتها بنظم المجتمعات المعاصرة. ويذكر في هذا السياق الدراسات التي قام بها ايفانز برتشارد Evans prithechard حول أنساق القرابة في المجتمعات البدائية، أيضاً أعمال فورتس Fortes.

**2- دراسة الأنظمة الاجتماعية الشمولية**

وهذا النوع من الدراسة قد يأخذ طابع مقارنة مجتمعات كلية معاصرة مع بعضها البعض، كمقارنة مجتمع اشتراكي بمجتمع رأسمالي،أو مجتمع تسلطي مع مجتمع

ديمقراطي، أو تأخذ طابع مقارنة مجتمعات في مستويات حضارية متباينة ، كمقارنة المجتمعات البدوية أو البدائية مع المجتمعات المتحضرة - نموذج ابن خلدون كما سنرى-.

## 3- دراسة الثقافة والسلوك

وهذا النوع من الدراسات يهتم بالبحث عن أوجه الشبه وأوجه الاختلاف بين الأنماط الثقافية في مجتمعات متغايرة، وانعكاس ذلك على سلوك الأفراد، حيث اكتشف العلماء من خلال مقارنة ثقافات مع بعضها البعض. أن بعض الثقافات تساعد على بلورة شخصية مستقلة وقيادية، لدى أفراد المجتمع، وبعضها الآخر يخلق شخصية خضوعية استسلامية، وفي هذا السياق يرى رالف لنتون Ralf Linton أن للثقافة النصيب الأكبر في تكوين الشخصية، وأن فهم شخصية الأفراد لا يكون بالاقتصار على الدراسات السيكولوجية. بل يجب الاهتمام بالمحيط الثقافي كمحدد لتكوين الشخصية (4) ومن الدراسات الحديثة في هذا المجال تلك التي اهتمت بمقارنة المجتمع الياباني بالمجتمعات الأخرى، وخصوصاً المجتمع العربي وكيف أن اليابان استطاعت في زمن قياسي أن تصبح من الدول الأكثر تحضراً في العالم بينما بقي المجتمع العربي يراوح مكانه، وكان الجواب أن الثقافة التي تسود في المجتمع الياباني تخلق أفراداً يحبون العمل ويقدسونه ويحترمون الوقت والنظام.

## 4- دراسة التنظيمات:

من المعلوم ان المهتمين بالتنظيمات يهدفون بالدرجة الأولى إلى التوصل إلى الخصائص العامة المميزة - للتنظيمات بمختلف أنواعها وتباين أهدافها - نقابات، أحزاب سياسية، جمعيات، جماعات ضغط الخ، والتعرف على الآليات والأسس الثابتة لوجود عمل هذه التنظيمات لا يستقيم بمجرد دراسة حالة تنظيم واحد وتعميم نتائج الدراسة على بقية التنظيمات ، بل يستحسن دراستها دراسة مقارنة.

ومن هنا تهتم الدراسة المقارنة للتنظيمات بوضع فروض ومحاولة اختبارها من خلال عدة نماذج للتنظيم محل البحث - مثلاً الجماعات الأصولية (5) وغالباً ما تنصب هذه الفروض حول واحد من المجالات الثلاثة الآتية:

1- الفرد، بمعنى دور الشخصيات القيادية في حياة التنظيم وتماسكه، حيث تشترك

غالبية التنظيمات في دول العالم الثالث بتمركزها حول زعيم حزب أو التنظيم، بل قد ينفرط عقد التنظيم إذا مات الزعيم أو تخلى عن الحزب.

2- بناء العلاقات بين الأفراد، أي تحليل شبكة العلاقات الاجتماعية داخل التنظيم وخصائص بناء الجماعة.

3- والمجال الثالث يهتم بخصائص وسمات التنظيمات ذاتها. ومن حيث برامجها وأهدافها. أو مؤسساتها الداخلية، وعلاقتها بالسلطة والمجتمع.

## المبحث الثاني

## بعض تطبيقات المنهج المقارن

حتى يمكن مقاربة المنهج المقارن سنورد بعض تطبيقاته كما مارسها بعض الباحثين.

### أولاً: مقارنة أرسطو بين النظم السياسية في عصره

ولعل أقدم عمل في هذا المجال هو الذي قام به أرسطو 322-384 ق.م فللوصول إلى النظام السياسي الأفضل قام بدراسة 158 دستوراً وقارن بينها. وخلص من هذه المقارنة إلى وضع تقسيم سداسي يشمل كل أنواع الدساتير أو الأنظمة فوضع ثلاثة دساتير صالحة وهي: الملكية، والأرستوقراطية، والحكومة الدستورية. تقابلها ثلاثة أنظمة فاسدة هي: حكم الطاغية ،والحكم الأوليغارشي Oligrachic وحكم الديمقراطية الغوغانية. وبالمقارنة بينها توصل إلى الحكم الأفضل وقد عبر أصدق تعبير عن عمل المنهج المقارن عندما قال : في المقام الأول لنحاول درس كل أنواع التصرف حتى الجزئية المسجلة من قبل السابقين ثم ندرس الدساتير المجتمعة، ولنلاحظ بعدها ما هي العناصر التي تحافظ. وما هي العناصر التي تدمر الحضارات، ومختلف الدساتير ، وما هي الأسباب التي تجعل بعضها حسن الحكم، والآخر سئياً وبعد إجراء ذلك، نكون أكثر كفاءة لمعرفة الدستور الأفضل. وكيف تتوزع سلطته؟ وما هي ركائزه الأخلاقية والشرعية"؟ (6).

### ثانياً: مقارنة ابن خلدون بين المجتمع البدوي والمجتمع الحضري

حيث قام العلامة ابن خلدون بمقارنة مجتمع البداوة بمجتمع الحضر عند العرب

وكانت مقارنته دقيقة تعكس فهماً لشروط المنهج التاريخي المقارن وتنطلق من الملاحظة بالمعايشة التي توفر عليها لكونـه ابن المنطقة ومعاصراً لعملية التحول. وقد قام ابن خلدون بمقارنته على مستويين.

الأول: فيما يتعلق بنظام الحكم وعلاقته بالعصبية القبلية حيث يرى أن الدولة في عصر البداوة تؤسس على العصبية القبليـة، وكلما كانت العصبية قوية كانت الدولة قوية، وكلما تقدمت القبيلـة نحـو التحضـرـ كلـما ضـعفت عصبيتها وضـعفت معهـا الدولة(7).

المستوى الثاني: يخص أسلوب الحياة، أو نمط المعيشة، حيث يقارن بـين المجتمعـين البـدوي، والحضـري، فأهـل البـدو " هـم المنتحلون للمعاش الطبيعي من الفلح والقيام على الأنعام، وأنهم مقتصرون على الضروري من الأقـوات، والملابـس والمسـاكن، وسائر الأحوال والعوائد، ومقصرون عما فوق ذلك من حاجي، أو كمالي، يتخذون البيوت من الشعر والوبر، أو الشجر، أو من الطين، والحجارة غير منجدة، إنما هو قصد لاستغـلال ، والكّن لا ما وراءه".

وبعد وصف ابن خلدون لحياة البداوة ينتقل ليصف حياة التحضر، حيث يـزداد المجتمـع تعقيـداً وتغـايراً فيقـول : " ثـم إذا اتسعت أحوال هؤلاء المنتحلين للمعاش، وحصل لهم ما فوق الحاجة من الغنى الرفه، دعاهم ذلك إلى السكون، والدعـة، وتعاونوا في الزائد على الضرورة، واستكثروا من الأقوات والملابس والتأنق فيها وتوسعت البيوت واختطاط المـدن والأمصـار للتحضر "(8).

**ثالثاً: مقارنة سبنسر Herbert Spencer بين المجتمع العسكري والمجتمع الصناعي (9):**

وبالإضافة إلى هذا النموذج من المقارنة بين المجتمعات هناك نموذج هربرت سبنسر الذي قارن فيه بين المجتمع العسكري والمجتمع الصناعي، وحدد لكل منهما صفات تميزه عن الاخرى.

| صفات المجتمع العسكري | صفات المجتمع الصناعي |
| --- | --- |
| 1- مجتمع دفاعي وهجومي في آن واحد ولا يهتم بإنتاج السلع الإنتاجية المفيدة للمجتمع العام. | 1- مجتمع مسالم يهتم بإنتاج السلع المفيدة التي تخدم المجتمع العام. |
| 2- تعاون أفراده يكون ملزماً. | 2- تعاون أفراده يكون اختيارياً ومنظما حسب تعاقد رسمي ومكتوب. |
| 3- تكون جميع تنظيماته عامة للمجتمع، وليست خاصة بفئة خاصة معينة. | 3- تكون معظم تنظيماته الاجتماعية خاصة بالفئات الإنتاجية. |
| 4- يكون وجود الفرد في المجتمع لخدمة الدول مع وضع قيود على الملكية الفردية. | 4- تكون الدولة في خدمة الفرد وتكون هناك حرية فردية مع بعض قيود على الملكية الفردية. |
| 5- إدارة شؤون الدولة تكون مركزية. | 5- إدارة شؤون الدولة تكون غير مركزية. |
| 6- يكون بناء التدرج الاجتماعي فيه صلباً وتكون المكانات موروثة. | 6- يكون البناء الاجتماعي فيه مرناً وتكون المكانات الاجتماعية غير موروثة. |
| 7- يتمتع بالاستقلال الاقتصادي والكفاءة الذاتية. | 7- فقدان الاستقلال الاقتصادي واعتماد النشاطات الاقتصادية الواحدة على الآخر. |
| 8- تكون القيم والصفات الشخصية منظمة وتحتم على الفرد الولاء والإخلاص للسلطة. | 8- تكون شخصية الفرد مستقلة ويكون الفرد مقاوماً أو ضد الإلزام أو الإجبار السلطي. |

**رابعاً: المقارنة التي قام بها ألموند وفيربا Verba Almond حول علاقة الثقافة بالديمقراطية**

فما بين عام 1958 و 1963 قام المذكوران بدراسة مقارنة حول أنماط الثقافة السائدة في خمسة بلدان وهي الولايات المتحدة وبريطانيا وألمانيا والميكسيك، وكان هدف الدراسة هو التعرف على دور الثقافة في تطور الديمقراطية، وكانت دراستهم تتمحور حول ثلاثة مستويات للثقافة وهي: الثقافة (الرعائية)، وثقافة الخضوع،وثقافة المشاركة. وكانت نتيجة الدراسة أنه بينما تسود ثقافة المشاركة في الولايات المتحدة وبريطانيا، فإن البلدان الثلاثة الأخرى تتأرجح الثقافة فيها ما بين ثقافة الخضوع والثقافة الرعوية (10).

**خامساً: المقارنة التي قام بها هشام شرابي ما بين المجتمع الحداثي والمجتمع الأبوي. حيث قام بالمقارنة حسب عدة مقولات(11).**

| المقولة | الحداثة | الأبوية |
|---|---|---|
| المعرفة | فكر / عقل | أسطوره/ معتقد |
| الحقيقة | عملية / نقدية | دينية/ مجازية |
| اللغة | تحليلية | بيانية |
| السلطة | ديمقراطية / اشتراكية | سلطنة أبوية مستحدثة |
| العلاقات الاجتماعية | أفقية | عمودية |
| التشريح الاجتماعي | طبقة | عائلة / عشيرة/ طائفة |

**سادساً : الدراسة النقدية المقارنة التي قام بها نصر محمد عارف ما بين نظريات التنمية السياسية المعاصرة. والبديل الإسلامي (12).**

فبعد أن قام الكاتب بتحليل ونقد نظريات التنمية السياسية التي تسود اليوم، مبينا أصولها الغربية، والمأزق الذي تعيشه خصوصاً في دول العالم الثالث، يطرح البديل الإسلامي الذي يعتمد مفهومي الاستخلاف والعمران البشري كأساس ومنطلق.

**سابعاً : مقارنة المؤسسات المالية الدولية. بالمنظمات الدولية المتخصصة**

| المنظمات الدولية<br>مجالات المقارنة | المؤسسات المالية الدولية (صندوق النقد، البنك العالمي) | المنظمات المتخصصة (نماذج اليونسكو منظمة الأغذية والزراعة منظمة الصحة العالمية، منظمة الشغل). |
| --- | --- | --- |
| الهدف من النشاط كما يتجلى في الممارسة والحصيلة | دمج دول العالم الثالث في الرأسمالية الدولية، خدمة أكبر لهدف كبار المساهمين ومقرضي الأموال. والحفاظ على الوضع القائم في توزيع السلطة والثروة في العالم وداخل المؤسسات نفسها. | تعاون دولي أوثق مع مراعاة اختيارات مختلف الأطراف<br>سعي لتحسين وضعية العالم الثالث ولا سيما الحاجات الأساسية للشعوب<br>التغيير السلمي للوضع القائم والقيام بإصلاحات تدريجية في اتجاه إشباع الحاجات الأساسية |
| المذهب المتبع | الايديولوجية الليبرالية (مع تطبيقها حسب الدول وعدم الخضوع لمتطلباتها من قبل القوى الأطراف في المؤسسات). | التراضي في الاختيارات خليط من التدخلية والليبرالية |
| كيفية اتخاذ القرار | الوزن الحاسم لكبار المساهمين التصويت الترجيحي، أقلية من الأعضاء يملكون أغلبية الأصوات بحجم مساهماتهم. | القرار نتيجة لمشاركة تراعي وجهة نظر مختلف الأطراف وعند الضرورة التصويت أغلبية الأعضاء يملكون أغلبية الأصوات. |
| موضوعية القرار والأنشطة | عوامل سياسية وايديولوجية لا تتمشى دائماً مع مبادئ وأهداف | عوامل سياسية وايديولوجية أكثر توازنا غالباً ما تتمشى مع مبادئ |

| | | |
|---|---|---|
| | الميثاق ومتطلبات التنمية وحقوق الإنسان. | وأهداف الميثاق ومتطلبات التنمية وحقوق الإنسان |
| الإمكانيات المالية والوضع المالي شكل "المساعدة".<br>أمثلة : التعليم | هامة جدا<br>مربح : تحقيق أرباح<br>قروض مشروطة | محدودة بالنظر للمهام<br>مربح : عجز دائم<br>هبات، منح ، مساهمة في المشاريع ، تكوين الخبرات المحلية<br>إخضاعه لمتطلبات إشباع الحق في |
| الصحة | إخضاعه لمتطلبات التقشف، القيام بإصلاحات في هذا الاتجاه، تشجيع التعليم الخاص، مع اعتبار المحتوى للتشجيع الموجه نحو السوق. | التعليم ومنع التمييز وتعميم التعليم ومساعدة الفئات الأكثر ضعفاً.<br>احترام أكبر للاختيارات الحضارية.<br>اعتبارات مراعاة الصحة للجميع. |
| الفلاحة والتغذية | اعتبارات التقشف - تشجيع القطاع الخاص. إخضاع الصحة للقدرة الشرائية. | الاهتمام بالرعاية الصحية الأولية : مفهوم الأدوية الأساسية ؛ اهتمام بوضعية الفئات الأكثر تضرراً.<br>تشجيع الاكتفاء الذاتي الغذائي |
| الشغل وظروف الشغل | اندماج الفلاحة الوطنية في السوق الدولية : تشجيع الزراعات التصديرية، أهمية القدرة الشرائية للحصول على الغذاء، حقيقة الأسعار الدور الكبير للمساعدة الغذائية التبعية التكنولوجية والتجارية والمالية في المجال الفلاحي. | والزراعات المعاشية تشجيع التدخل لدعم إمكانية الوصول إلى الغذاء، تنبيه إلى خطورة التبعية الغذائية.<br>السعي لتقليص التبعية التكنولوجية والتجارية والمالية.<br>دعوة إلى تطوير واستخدام أكبر |
| الحصيلة | تزايد البطالة بسبب التبعية وسوء توزيع الثروات ؛ اعتبار الشغل من تكاليف الإنتاج التي ينبغي ضغطها كعنصر للتنافسية. | للمهارات المحلية دعوة إلى مشاركة العنصر البشري ؛ دعوة إلى مراعاة ظروف الشغل وقواعد حقوق الإنسان في الشغل.<br>التخفيف من حدة الاحتكار |
| | إنتاج وإعادة إنتاج موسعة للاحتكار والإقصاء والعنف. | والإقصاء والعنف. |

وبالرغم من النتائج المهمة التي حققها هذا المنهج إلا أن له سلبيات أهمها: أنه لا يقد أو يوضح بشكل جلي سبب وجود الظاهرة أو لماذا ظهرت؟ وما هي المؤثرات السلبية أو الإيجابية التي ساعدت على ظهورها؟ إضافة إلى ذلك لم يوضح هذا المنهج ما هي تبعيات المقارنة؟ أي بعد أن عرفنا التشابهات والاختلافات فما هي تبعيات وآثار هذه الصفات التي اكتشفها منهج المقارنة؟. كذلك لم يقل لنا ما هي تأثيراتها على بقية الظواهر الاجتماعية؟

زد على ذلك فإن المقارنة التي تتم بواسطة هذا المنهج تكون ظاهرية، وليست داخلية، لذا فهي مقارنة غير عميقة لأنها تقتصر على إظهار التشابهات والمفارقات بين الظواهر، فقد يكون هناك اختلافات أو فروق كامنة خلف هذه التشابهات والمفارقات وغير بارزة للعيان مما يجعل من دراسة الباحث مجرد تعميمات سطحية، وهناك نقطة جوهرية يغفلها هذا المنهج. وهي أنه لا يمكن فصل دراسة الظاهرة الاجتماعية بمعزل عن محيطها الاجتماعي التي نشأت فيه، فهي ليست مجردة من الارتباطات الاجتماعية والحضارية وهذا الإغفال يقوم به أصحاب المنهج المقارن أيضاً.

وأخيراً قد تحدث تغيرات جذرية أساسية في الفترة الزمنية ما بين المقارنة الأولى والثانية (عند مقارنة ظاهرة معينة في فترتين زمنيتين مختلفتين) مما يؤثر على صدق نتائج المقارنة وثباتها.

**الهوامش:**

(1) محمد علي محمد مرجع سابق ص248.

(2) أرمان كوفيليه، مرجع سابق، ص166.

(3) محمد علي محمد، مرجع سابق، ص254.

(4) Ralph Lanton status and Roles , sociology Marcello Truzzi (ed.) Randon house. NewYork. 1971 P .92

(5) انظر في ذلك نيفين عبد المنعم مسعد (جدلية الاستبعاد والمشاركة، مقارنة بين جبهة الانقاد الإسلامية في الجزائر وجماعة الأخوات المسلمين في الأردن). مجلة المستقبل العربي، بيروت عدد 145 مارس 1991 ص 54.

(6) انظر ابراهيم ابراش، تاريخ الفكر السياسي الرباط دار بابل للطباعة والنشر 1999.

(7) يراجع بالتفصيل حول الموضوع ، محمد عابد الجابري العصبية معالم نظرية خلدونية في التاريخ الإسلامي، البيضاء 1982.

(8) تاريخ العلامة ابن خلدون مقدمة -: بيروت 1987 ط3 ، ص20.

(9) معن خليل عمر ، مرجع سابق، ص 101 المرجع الأصلي

Smelser Neil J. Alexide foqueville, comparative methods in sociology (ed) van vallier university of California Berketer 1971.

(10) G. Almond and Nerba. The civic cultures political attitudes and democracy in five nations Princeton 1963.

(11) هشام شرابي، النظام الأبوي وإيشكالية تخلف المجتمع العربي، بيروت مركز دراسات الوحدة العربية ص 1992 ص 36.

(12) نصر محمد عارف، نظريات التنمية السياسية المعاصرة دراسة نقدية مقارنة في ضوء المنظور الحضاري الإسلامي، الدار العالمية الإسلامي والمعهد العالمي للفكر الإسلامي الرياض 1994.

# الفصل السابع

## تحليل المضمون Content Analysis

## المبحث الأول

### تعريفه وخصائصه

### المطلب الأول: تعريف تحليل المضمون

بالرغم من أن تحليل المضمون كمنهج أو " أداة للبحث" ظهرت أهميته في الإعلام، فإن الباحثين الاجتماعيين وعوا على أهميته في البحث الاجتماعي، نظراً لما تحتله عمليات الاتصال Communication Process من مكانة هامة في العلاقات الاجتماعية وفي وقت أصبحت فيه الكلمة والصوت والصورة من العناصر المؤثرة في سلوك الناس، وتوجهاتهم وفي تأثيرها على معتقداتهم ومواقفهم الاجتماعية.

ويجب التمييز بين تحليل المضمون العفوي والتلقائي وتحليل المضمون كمنهج علمي له آليات وقواعد ويؤسس على تحديد إشكالية ووضع فروض ومحاولة اختبارها، فالإنسان بشكل عفوي وتلقائي يقوم عقله بعمليات ذهنية يحلل من خلالها كل ما يشاهد أو يقرأ أو يسمع، فالإنسان المتلقي للخطاب (1). يحلل الخطاب تلقائياً حسب قدراته العقلية ومستواه العلمي، فيعطي للنص قراءته الخاصة أو تحليله الخاص، ومن هنا يقول البعض أن النص يكون له معنى عند مؤلف الخطاب ومعنى آخر عند المتلقي الذي يحلل محتوى الخطاب حسب هواه في كثير من الأحيان، وبالتالي تصبح القراءة إبداع نص على نص.

ولكن تحليل المضمون كمنهج علمي ليس هو التحليل أو الفهم العفوي للخطاب، المضمون كمنهج علمي ليس هو التحليل أو الفهم العفوي للخطاب، كما أنه ليس تحليل مضمون الخطاب لتأكيد فكرة مسبقة حول الخطاب، كما هو الأمر في قراءات النصوص الدينية، كما عرف عند علماء المسلمين، وكما عرف في أوروبا عندما قام البعض بتحليل محتوى نصوص الإنجيل - في السويد عام 1640 - ان تحليل المضمون كمنهج لم يظهر إلا في الربع الأول من القرن العشرين وفي مجال الإعلام تحديداً، حيث شعر

الباحثون في هذا المجال وتحديداً -الدعاية - بالحاجة إلى تحليل وتصنيف المادة الإعلامية للتعرف على مدى نجاعتها وقيامها بالهدف التعبوي والتثقيفي المخصص لها، وقد تأكدت هذه الحاجة خلال الحربين العالميتين الأولى والثانية، ومن بعد في إطار الحرب الباردة ما بين المعسكرين.

فخلال الحرب العالمية الثانية قام الحلفاء برصد الإذاعات الأوروبية وخصوصاً الأغاني الشعبية والموسيقى للتعرف على درجة التعبئة ومقارنتها مع الإذاعات الموجودة في الأجزاء المحتلة من أوروبا، وبعد الحرب استخدم الباحثون تحليل المضمون لدراسة الدعاية في الجرائد والإذاعة المسموعة، وتأكدت أهمية هذا المنهج عام 1952 عندما نشر برنارد بيرلسون Bernard Berelson كتابه المشهور في تحليل المضمون (2).

ومنذ ذلك الحين بدأ هذا المنهج يوظف بكثافة في البحوث الإعلامية ومنها انتقل إلى الدراسات الاجتماعية (3).

أعطيت عدة تعريفات لتحليل المضمون وقد تباينت هذه التعريفات على مرالزمن، ومع التطورات في الأساليب، وفي استخدامات هذه الأداة ذاتها بالنسبة للمشكلات الجديدة، وللمواد المختلفة.

فقد عرفه كابلان Kaplan بأنه، المعنى الإحصائي للأحاديث والخطب السياسية. اما بيرلسون Berelson 1952 فقد عرفه بأنه: أسلوب بحثي يتضمن الوصف الموضوعي المنسق systematic والكمي للمحتوى الظاهر للرسالة. أما استون Stone 1966 فقد عرفه بأنه : أسلوب للوصول إلى استنتاجات Inferences وذلك بالتعرف الموضوعي والنسقي على صفات محددة للرسالات. أما بيزلي Paisley 1969 فقد عرف تحليل المحتوى بأنه: إحدى أطوار تجهيز المعلومات حيث يتحول فيه محتوى الاتصال إلى بيانات يمكن تلخيصها ومقارنتها وذلك بالتطبيق الموضوعي والنسقي لقواعد التصنيف الفئوي (4).

ويعرفه واليزر وينر 1978 (5 Walizer and Wienir) فقد عرفاه بأنه: أي إجراء منتظم يستخدم لفحص مضمون المعلومات المسجلة. أما كيرلنجدر Kerlinger فيعرفه بأنه: " منهج لدراسة الاتصال، وتحليله بطريقة منتظمة وموضوعية وكمية بهدف قياس المتغيرات (6).

وفي كتابه (تحليل المضمون) ، يرى سمير محمد حسين أن تحليل المضمون الذي هو أحد أدوات البحث المستخدمة في البحوث الإعلامية، قد استخدمه البعض كمنهج مستقل، أما الباحث نفسه - سمير محمد حسين - فقد تناوله باعتباره أسلوباً وأداة بحثية تستخدم بالتكامل مع أدوات أخرى في إطار منهج المسح . وقد عرفه كما يلي:

" تحليل المضمون أسلوب أو أداة للبحث العلمي يمكن أن يستخدمها الباحثون في مجالات بحثية متنوعة وعلى الأخص في علم الإعلام لوصف المحتوى الظاهر والمضمون الصريح للمادة الإعلامية المراد تحليلها، ومن حيث الشكل والمضمون، تلبية للاحتياجات البحثية المصاغة في تساؤلات البحث وفروضه الأساسية طبقا للتصنيفات التي يحددها الباحث، وذلك بهدف استخدام هذه البيانات بعد ذلك، إما في وصف هذه المواد الإعلامية أو لاكتشاف الخلفية الفكرية، والثقافية، والسياسية التي تنبع منها الرسالة الإعلامية، أو التعرف على مقاصد القائمين بالاتصال، من خلال الكلمات والجمل، والرموز والصور، وكافة الأساليب التعبيرية شكلاً ومضموناً، وذلك بشرط أن تتم عملية التحليل بصفة منتظمة، ووفق أسس منهجية ومعايير موضوعية، وأن يستند الباحث إلى الأسلوب الكمي بصفة أساسية (7).

إن كثرة التعريفات تجلعنا أميل إلى القول بمناهج تحليل المضمون، أو أن نقول أنه لا يوجد تعريف ثابت وقار للمنهج بقدر ما يوجد مبادئ عامة تدرج تحت عنوان تحليل المضمون، ونحن نتفق مع ما قال به لورانس باردين Leurence Bardin : بأن تحليل المضمون أداة طيعة ومرنة توضع بيد الباحث ليستخدمها ويكيفها حسب طبيعة البحث وأهدافه، ولذلك من الطبيعي أن يتنوع بحسب الخطاب محل التحليل ويبقى القاسم المشترك أو المبدأ العام هو اشتراكها في هدف توضيح ما هو غامض وخفي في الخطاب استناداً إلى تقنيات تحليل دقيقة ومنهجية على رأسها الاستنباط كأسلوب استدلالي(8).

وربما كان لازويل 9) Lasswell) أكثر توفيقاً من غيره عندما لخص تحليل المضمون بأنه: الإجابة عن التساؤلات التالية، من يقول، وماذا يقول؟ ولمن يقول؟ وكيف يقول؟ وما الآثار المترتبة على ذلك".

إذن فإن تحليل المضمون طريقة تمكن الباحث الاجتماعي من ملاحظة سلوك الأفراد

بطريق غير مباشر، ومن خلال تحليله للأشياء التي يكتبونها أو يقولونها، ويفترض عالم الاجتماع عند لجوئه إلى أسلوب تحليل المضمون ،أن أسلوب الاتصال يؤثر في البيئة الاجتماعية ويتأثر بها. مثلاً يمكنه أن يدرس أثر العنف في البرامج التلفزيونية على سلوك الأطفال، أو أثر المطبوعات الدينية أو الخطب، أو المسجلات التي تحمل خطاباً دينياً على أفراد المجتمع أو على فئة منهم. أيضاً يمكن للباحث أن يتعرف على موقف حزب من الأحزاب السياسية من قضية ما من خلال تحليله لافتتاحيه الجريدة التي يصدرها الحزب، وهكذا.

المطلب الثاني: خصائص تحليل المضمون

أما خصائص تحليل المضمون كما يعرضها سمير محمد حسين فهي:

1- اسلوب يعتمد تكرارات ورود الكلمات، أو الجمل أو المعاني الواردة في قوائم التحليل في المادة الإعلامية.

2- يتم التحليل للجوانب الموضوعية والشكلية.

3- ارتباط عملية التحليل بالمشكلة البحثية وفروضها وتساؤلات البحث.

4- اعتماد الأسلوب الكمي بهدف التحليل الكيفي على أسس موضوعية.

أما بيرلسون فقد وضع ست سمات تميز تحليل المضمون وهي:

1- أنه يستخدم فقط في العلوم الاجتماعية.

2- أنه يستخدم أساساً في تحديد آثار الاتصال.

3- أنه لا ينطبق إلا على جوانب النحو والصرف في اللغة.

4- ينبغي أن يكون موضوعياً.

5- ينبغي أن يكون منظماً.

6- ينبغي أن يكون كمياً.

ونشير هنا إلى أن بيرلسون عندما عرّف تحليل المضمون بأنه تحليل المحتوى الظاهر Manifest فإنما يعني تحليل المعاني بطريقة مباشرة وبسيطة أي قراءة ما على السطور من معاني واضحة دون الغوص لما بين السطور، ومع ذلك فإن الأمر لا يخلو من مجازفة،

لأن الكلمة قد يعطى لها أكثر من معنى. كما أن أي كلمة أو معلومة لا تعبر بمفردها عـن شيء، ولكـن يصبح لها معنـى إذا وضعت في السياق العام للنص، أي من خلال علاقتها بمعلومات، أو بيانات أخرى. ونعتقد أنه في المرحلـة الأولى مـن تطبيـق تحليل المضمون أي مرحلة الترميز Coding يجب على الباحث أن يلتزم بالمعنى الظاهر للمحتوى. أما في المرحلـة الثانيـة، أي مرحلة التفسير فيمكنه أن يبحث في المعاني الباطنية وفيما بين السطور.

بمعنى أن تحليل المضمون يجب أن يكون كمياً وكيفياً في نفس الوقت. وقد سبق أن أشرنا في موضوع سابق من هـذا الكتـاب أن التكميم أو لغة الرياضيات أن كانت تمتاز بالدقة فإن قيمتها العلمية قد تكون تافهـة إن لم تصـاحب بالتفسير والتحليـل لاستخلاص النتائج، وما يجعل التحليل الكيفي ضرورياً أن الخطاب- كما سبق أن عرفناه - قد يتضـمن رمـوزاً ودلالات وصيغ تعبير لا تقبل التكميم ولغة الاحصاء. وهذه قد تكون أهميتهـا في الخطاب أكبر مـن أهميـة المكتـوب الواضـح. وعليه مـن الضروري أن يزاوج الباحث بين التحليل الكمي والتحليل الكيفي. التحليل الكمي لما هو واضح ومباشر والتحليل الكيفـي لمـا هو واضح ومباشر وأيضاً لما هو بين السطور وما لم يقال مباشرة.

بالإضافة إلى نوعي تحليل المضمون - كمي وكيفي - توجد أنواع أو تصنيفات أخرى، فيمكن أن نقسمه إلى:

1- تحليل استكشافي استخباري وتحليل موجه.

2- التحليل المباشر والتحليل غير المباشر.

3- تحليل المتغيرات والتحليل التقييمي.

4- التحليل المفاهيمي المزدوج.

# المبحث الثاني

## استخداماته ووحداته وفئاته

## المطلب الأول: استخداماته

لا يغني تحليل المضمون عن مناهج وأدوات البحث الاجتماعي المعروفة، بل يتم اللجوء إليه في حالات يكون من الصعب تطبيق الطرق الأخرى في البحث، موظفاً انجازات المناهج التقليدية، أو كما قال Lasswell و Lener عليه أن يبدأ من حيث انتهت الطرق التقليدية للبحث.

وسنوضح متى يتم اللجوء إلى تحليل المضمون. ثم المجالات التي يستخدم فيها في البحوث الإعلامية والاجتماعية. يذكر أحمد بدر أنه يتم اللجوء لهذا المنهج في الحالات التالية (10)

1- يتم اللجوء إلى تحليل المضمون عندما تكون البيانات التي يجمعها الباحث مقصورة على الدليل الوثائقي، ذلك أنه في الحالات العادية يفضل أن يتصل الباحث مباشرة بالمصادر، والأشخاص المعنيين بموضوع البحث، ويحصل على المعلومات منهم عن طريق أدوات البحث المعروفة - الملاحظة، المقابلة، الاستبيان - ولكن إن تعذر استعمال هذه الأدوات. لصعوبة ملاحظة الظاهرة أو صعوبة مقابلة المبحوثين أو الاتصال بهم، فإنه يصبح من اللازم دراسة هؤلاء X على البعد Z أي عن طريق التعبيرات الاتصالية الصادرة عنهم - خطابات، صحف، إذاعات الخ -.

ومن جهة أخرى فإن تحليل المضمون يمكن توظيفه أيضاً حتى في حالة استخدام المقابلة أو الاستمارة. فيستعمل لتحليل محتوى الإجابات عن الأسئلة المفتوحة التي يطرحها الباحث على المبحوثين.

2- يتم اللجوء إلى تحليل المضمون عندما يكون التعرف على لغة المفحوص أمراً حاسماً بالنسبة للبحث.

3- يتم اللجوء إلى أسلوب تحليل المضمون عندما يكون حجم المواد المفحوصة أكبر من قدرة الباحث على القيام ببحثها، فيلجأ الباحث إلى تطبيق أسلوب العينة أو المعاينة في دراسة هذه الوسائل الاتصالية.

أما برلسون فقد حصر أغراض تحليل المضمون في الفئات الثلاث التالية:

1- لتحديد سمات المضمون.

2- لتحديد الإجراءات التي أتبعت في عرض مادة الاتصال وأهداف مقدميها.

3- أغراض تتعلق بالجمهور وبآثار الاتصال.

أما بالنسبة لمجالات استخدامه فأهمها:

## 1- وصف مضمون الاتصال:

بمعنى أن تقوم الدراسة التحليلية بتصنيف أو توصيف Catalogued خصائص المادة محل البحث لتحديد ماذا يوجد بها، ومن أمثلتها ما قام به ( آدم وفيربر Adams and Ferber 1977 حيث وصفا الانتماءات الوظيفية والحزبية لضيوف برامج المقابلات التلفزيونية في يوم الأحد (11).

2- اختبار فروض خصائص الخطاب:

أي وضع فروض تستهدف الكشف عن العلاقة ما بين خصائص مصدر الخطاب وخصائص الخطاب أو الرسائل التي يرسلها هذا المصدر، وذلك لمعرفة هل أن لخصائص مصدر الخطاب تأثير على مضمون الخطاب الصادر عنه، مثلاً يمكن من خلال هذه الطريقة الربط ما بين هيمنة عناصر يهودية صهيونية على مراكز إعلامية محددة، ومضمون الخطاب الصادر عن وسائل الإعلام هذه. أو وجود مسيرين ينتمون لإيديولوجية ما في وزارة أو مؤسسة ونوع الخطاب الصادر عن هذه المؤسسة.

## 3- مقارنة مضمون وسائل الإعلام أو الخطاب السياسي بالعالم الخارجي:

بمعنى أن تحليل المضمون في هذه الحالة يسعى لمعرفة صدقية الخطاب وهل يعبر عن الواقع أو أنه مجرد خطاب دعائي دماغوجي لا علاقة له بالواقع؟ وأفضل مثال يمكن تطبيقه هو علاقة خطاب الديمقراطية وحقوق الإنسان بواقع الديمقراطية وحقوق الإنسان في العديد من دول العالم، أو مقارنة خطاب القومية العربية وتحرير فلسطين بواقع الممارسة الفعلية في اتجاه الوحدة العربية وتحرير فلسطين.

## 4- تقييم صورة جماعات في المجتمع:

حيث يمكن لباحث أن يوظف تحليل المضمون للتعرف على نظرة المجتمع إلى إحدى فئاته الاجتماعية، كـالمرأة، أو النخبـة السياسية، وذلك من خلال تحليل ما يكتب حول هذه الفئة سواء مـن حيث نسبة حضورها في وسائل الإعـلام والخطاب بشكل عام، أو من خلال اللغة وأسلوب الخطاب - تأييد، تعاطف، احتقار، رفض - الذي يكتب عنها.

## 5- تقييم صورة مجتمع ما عند المجتمعات الأخرى:

وقد قام باحثون عرب ومسلمون بالتعرف على نظرة الأمريكيين والغربيين للعربي، أو المسلم، مـن خـلال تحليل مضمون الكتب المدرسية أو الأفلام السينمائية، أو وسائل الإعلام ، حيث توصلوا إلى نتيجة أن صورة العربي والمسلم في الخطاب الغـربي هي رديف للمختلف أو الإرهابي، أو الساعي نحو اللذة والمجون معه تشويه لحقائق التاريخ العرب والإسلامي (12) ونـذكر في هذا السياق الدراسة التي قام بها إياد القزاز، أستاذ علـم الاجمـاع في جامعـة كاليفورنيا، حـول صورة العرب في منـاهج التدريس الأمريكية، ودراسة عفيف البوني حول صورة العرب في العقل الغربي من خلال تحليله لمضمون ما كتب حول العرب في أربع موسوعات Eneyclopedia وهي البريطانية واليهودية والسوفياتية والفرنسية. حيث أجرى في البداية مقارنة بـين هذه الموسوعات ثم حللها مضمونها المتعلق بالعرب، حيث خلص أنها صورة سلبية جداً(11).

## 6- للتعرف على موقف كاتب محدد أو حزب من قضية من القضايا

ذات الاهتمام الوطني أو العالمي، فمثلا يمكن التعرف على موقف زعيم سياسي من خلال تحليل خطابه، وهذا ما قامت بـه نيفين نصر (14) عندما حللت خطب جمال عبد الناصر للتعرف على تطور فكره القومي. وما قام به السيد ياسين من تحليل مضمون الفكر القومي العربي منذ ما قبل الحرب العالمية الأولى حتى وقت القيام بالدراسة (15). أو تحليـل خطب زعيم عربي خلال فترة محددة للتعرف على تطور موقفه مـن قضية الصراع العربي - الصهيوني . مثلا تحليل مضمون خطابات الرئيس الفلسطيني ياسر عرفات خلال التسعينات ومقارنتها بخطابات قبل مؤتمر مدريد، أو مـا قام بـه باحـث عـربي في الجامعة الأردنية من تحليل لمضمون أدب الأدبية الفلسطينية سميرة عزام

للتعرف على مكانة فلسطين في أدبها (16) أو ما قام به المهدي المنجرة من تحليل لكلمتي ياسر عرفات أو اسحاق رابين في عقد توقيع اتفاقية السلام في واشنطن ، وإبراز العناصر التي ركز عليها ياسر عرفات ومقارنتها بالعناصر التي ركز عليها رابين.

أيضاً يمكن التعرف على موقف حزب من قضية ما بتحليل العمود الرئيس لجريدته الرسمية، أو خطب أمينة العام.

## المطلب الثاني

## خطوات منهج تحليل المضمون ووحداته

## أولاً: خطوات تحليل المضمون

على المتعامل مع تحليل المضمون الالتزام بخطوات إجرائية لا بد من اتباعها وسنعددها مع شرح اهمها:

1- صياغة مشكلة البحث وفروضه.

2- تحديد مجتمع العينة: صحف، كتب، برامج إذاعية، أغاني شعبية الخ.

3- اختيار العينة، فإذا كانت صحف نحدد أي صحيفة أو صحف والفترة التي تغطيها هذه الصحافة وإذا كانت برامج إذاعية تحدد نوع البرامج وساعات البث.

4- اختيار وحدة التحليل Unit of Analysis وهي أهم عناصر المنهج وسنتوسع فيها بعد قليل.

5- تهيئ تصنيفات التحليل Contracting categories of Analysis

والتصنيفات أو الشرائح هي الوحدات الكبرى أو القيم التي تنقسم العينة المختارة على أساسها وفيها يتم تحديد مدى تكرار وحدات التحليل، ويشترط في هذه الشرائح أن تتصف بالاستبعاد المتبادل Matually Exclusive والشمولية Exhaustive والثبات Reliable ويقصد بالاستبعاد المتبادل أن لا توضع كل وحدة تحليل إلا في شريحة واحدة، فإذا كان الباحث يعالج مشكلة العنصرية في أوروبا فيمكن أن يقسم الخطاب محل التحليل إلى شرائح: المسلمون، العرب، السود، اليهود، الملونون الخ.. في

هذه الحالة فإن المسلمين قد يقعون في أكثر من خانة. فيمكن أن يدخلوا في خانة الملونين وهذا ما على الباحث تجنبه حتى لا يربك عمله، أما الشمولية فيقصد بها: أن شرائح التحليل تستوعب كل وحدات التحليل. أما الثبات فيقصد به: اتفاق المرمزين على أن كل وحدة تحليل وضعت في المكان المناسب لها ضمن الشرائح.

## 6- تأسيس نظام القياس الكمي - العد -:

### Establishing Quantification system

وهذه ضرورية لتحليل المضمون الكمي لأنه يعني بعدد المرات التي تتكرر فيها وحدة التحليل ومستويات القياس أربعة: القياس الأسمي والقياس الترتيبي، وقياس المراحل، وقياس النسبة.

## 7- تركيز المضمون Coding the content:

والمقصود به وضع وحدة التحليل في شريحة من شرائح الترميز، والذي يقوم بهذه العملية يسمى المرمز، وأحياناً يستعمل الكمبيوتر لتسهيل العملية.

## 8- تحليل البيانات وتفسيرها:

بعد انهاء عملية الترميز ووضع الجداول والإحصاءات يقوم الباحث بتحليل وتفسير هذه الإحصاءات على قاعدة الفروض التي وضعها في بداية بحثه.

## ثانياً: وحدات وفئات تحليل المضمون

## 1- وحدات تحليل المضمون

وحدة تحليل المضمون هي أصغر قسم، أو أصغر جزء أو قطاع من المحتوى المراد تحليله، وتسمى وحدات الترميز والعملية تسمى بالتكويد Coding، وهناك وحدات ترميز نموذجية متعددة كالكلمة، أو الموضوع العام، أو الفقرة أو المساحة، أو الزمن، أو الشخصية. وتعتبر الكلمات أسهل وحدات الترميز التي يمكن العمل بها.

## 2- وحدة الكلمة Word

وهي أصغر وحدة تستخدم في تحليل المضمون، وهذه الوحدة تتضمن الكلمة، ومكوناتها كالجمل، وعند استخدام الكلمة كوحدة في تحليل المضمون يسعى الباحث إلى الحصول على قوائم يسجل فيها تكرارات ورود كلمات، أو فئات مختارة في المادة

موضوع التحليل . مثلاً معرفة التوجهات السلمية لدول منطقة الشرق الأوسط من خلال تحليل خطابات قادتها، والتعرف على تكرار ورود كلمة السلام ومرادفاتها في هذه الخطابات في مقابل كلمة الحرب ومرادفاتها.

(2) وحدة الموضوع Theme

الموضوع - في صورته المختصرة - عبارة عن جملة بسيطة مثلاً، فاعل ومفعول، أو بمعنى آخر، فالموضوع عبارة عن فكرة تدور حول مسألة معينة، ويستخدم الموضوع كوحدة تحليل في المسائل السياسية، وغير السياسية مثلاً: (الأمية تسود في أفريقيا) أو " العرب يعيشون في مرحلة الهزيمة" . والموضوع كوحدة تحليل من أهم وحدات التحليل لأنه يسمح للاتجاهات أن تظهر فيه.

## (3) وحدة الشخصية Character

حيث تستخدم الشخصية الخيالية، أو التاريخية كوحدة في تحليل لقصص، والدراما والتراجم، والسير.

(4) وحدة المفردة Item

ويقصد بها: الوحدة الطبيعية التي يستخدمها منتج مادة الاتصال. وهذه المفردة قد تكون كتاباً، أو مقالاً، أو قصة، أو برنامجاً، إذاعياً، أو خطاباً الخ. حيث يبين المحلل، أن كانت هذه الوحدة (مؤيدة، محايدة، معارضة) بالنسبة لموضوع البحث الأصلي الذي يقوم بدراسته، ويتم استخدام المفردة إذا كانت المواد كثيرة العدد وكبيرة، وكانت الاختلافات بينها طفيفة وغير ذات دلالة.

## (5) وحدة المساحة والزمن

تتمثل هذه المقاييس في تقسيم المضمون تقسيمات مادية تتوافق مع طبيعته، فإذا كان مادة مكتوبة يقسم إلى أسطر أو أعمدة أو صفحات، وإذا كان مادة مسموعة فيقسم إلى ثوان أو دقائق. مثلاً: بحث دور وسائل الإعلام في التحذير من أخطار التدخين. ففي المادة المكتوبة - الصحف والمجلات مثلا - نحدد عدد الأسطر، أو الأعمدة المخصصة لتبيان أخطاء التدخين، وتلك المخصصة للإشهار لمصلحة السجائر، وفي الإذاعة والتلفزة

مثلاً، نقيس عدد الثواني، أو الدقائق المخصصة للتحذير من أخطاء التدخين، وعدد الثواني، والدقائق المخصصة للإشهار للسجائر.

ونشير هنا إلى أنه يمكن أن يستخدم الباحث أكثر من وحدة فقد يستعمل وحدة الكلمة، ووحدة المساحة، والزمن في نفس الوقت، والأمر مرتبط بطبيعة المشكلة محل البحث وطبيعة المضمون المبحوث.

## II - فئات تحليل المضمون

حتى يكون تحليل المضمون منهجاً وأداة صالحة للبحث، يجب على الباحث أن يصيغ صياغة واضحة فئات التحليل، وفي هذا المجال يجب منذ البداية التمييز بين المادة والشكل. فبالنسبة للمادة يطرح سؤال كيف كتب أو قيل؟ ومع أنه يحدث تداخل أحياناً بين ماذا قيل، وكيف قيل إلا أنه من المفيد التميز بينهما.

## 1- فئات "ماذا قيل"؟

وتحت هذا السؤال تندرج عدة فئات.

### (1) فئة موضوع الاتصال:

وهي أكثر الفئات عمومية حيث تدور حول عن أي شيء تدور مادة الاتصال؟ وما هو موقفها من مشكلة البحث ، مؤيد ، معارض، سلبي، أو إيجابي؟

مثلاً: الموقف من التعددية الحزبية، مع أو ضد.

### (2) فئة القيم Values أو الأهداف Goals

حيث يسعى الباحث إلى معرفة القيم أو الأهداف التي يرمي إليها القائل.

### (3) فئة الأساليب المتبعة

أي الأساليب التي اتبعت لتحقيق النتائج، والغايات فإذا كانت فئة القيم تسعى لمعرفة الهدف، فإن فئة الأساليب تسعى لمعرفة الطريقة المتبعة لتحقيق هذه الأهداف.

## (4) فئة السمات Traits أو القدرات Abilities

وتشمل هذه الفئة السمات الشخصية للأفراد مثل السـن، والجـنس، والمهنـة، وبعـض الخصائص السـيكولوجية، والسمات الخاصة بالمجتمعات والنظم، كالمستوى الاجتماعي والديني.

## (5) فئة المرجع Authority أو المصدر Source

أي: معرفة الشخص أو الجماعة التي تساق التعبيرات على لسانها. وتظهر أهمية هذه الفئة في تحليل الموضوعات التي يـدور حولها الجدل، في الأمور الايديولوجية مثلاً. حيث أنه بالرجوع إلى المصدر يمكن الكشـف عـن مـدى موضوعية منتج مادة الاتصال وكذلك عن طبيعة المراجع التي يرجع إليها.

## (6) فئة الفاعل Actor

وتطبق لتحديد الأشخاص، أو الجماعات التي تظهر في المضمون أنهم قاموا بأدوار أساسية لتنفيذ الفعل أو الأفعال الرئيسة في الموضوع.

## (7) فئة المكان - الذي تصدر منه مادة الاتصال -

إن كانت مجلات أو جرائد، أو كتب فمن المهم معرفة مكان صدورها.

## (8) فئة الجمهور المستهدف، أو المخاطبين

وتستخدم عند محاولة التعرف على الجماعات وخصائصها، والفرق بين ما يوجه إلى جماعات معينة، وجماعات أخرى.

## 2- الفئات الخاصة بالشكل " كيف قيل ما قيل" ؟

وهي تعني: الشكل أو القوالب التي أفرغت فيها مادة الاتصال. وهذه الفئات هي:

## (1) فئة شكل أو نمط المادة الإعلامية

مثلاً: في الراديو يتم التفرقة بين المواد الإخبارية، مسرحيات، أغاني، أحاديث، برامج دينية،إعلانات الخ.

## (2) فئة شكل العبارات Form of statement

أي: القواعد اللغوية المتبعة في الرسالة، ومكوناتها البنائية. وهذه تقسم إلى جمل حقائقية، جمل تعبر عـن تفضيلات، جمـل ترفيهية.

## (3) فئة شدة التعبير Interansity

وهي: تقوم على قياس مدى الانفعال الذي يظهر في المضمون. ولا توجد مقاييس ثابتة تعتمد لمعرفة شدة التعبير أو درجـة انفعاليته.

مثلاً: رسالة الرئيس الأمريكي بوش إلى الرئيس العراقي صدام حسين أثناء أزمة الخليج، والتي رفض المسؤول العراقي طـارق عزيز استلامها من منطلق أنها شديدة اللهجة، ولا تليق بمخاطبة رئيس دولة.

## (4) فئة اللغة المستخدمة

فصحى أو عامية، ومدى ملائمة اللغة لمستوى الجمهو المخاطب.

## (5) فئة المساحة أو الزمن المخصص للمادة موضوع التحليل:

## (6) فئة موقع المادة موضوع التحليل

مثلاً: في التلفاز، هل في بداية البث أو أواخره؟ وفي الصحف هل في الصفحة الأولى أو في الصفحات الداخلية؟

## (7) فئة تكرار المضمون

هل يكون المضمون في نفس وسيلة الاتصال أو في أكثر من وسيلة؟ وبنفس الشكل أو بأشكال مختلفة؟

## (8) جذب الاهتمام

هل تعرض المادة بألوان أو بدونها؟ هل ترفق برسوم أولاً؟ هل تدعم بالجداول والاحصاءات أو لا؟

وكخلاصة نقول أن تحليل المضمون كمنهج أو أداة للبحث قد يكون ناجحاً أو غير ناجح، وهذا يرجع لطبيعة إشكالية البحث والفروض التي يضعها الباحث. وعلى

الباحث أن لا يعتقد أنه بمجرد قيامه بالعد والإحصاء عن طريق تحليل المضمون قد وصل إلى مبتغاه، فقد يؤدي عمله هـذا إلى نتائج دقيقة، ولكن لا معنى لها أو أنها مجرد نتائج ذات قيمة تافهة (17).

## الهوامش:

(1) كلمة الخطاب كما سترد في هذا الفصل وفي غير ذلك من المواضع في ترجمة لكلمة Discoursea الإنجليزية ، وهي كلمة لها معان متعددة. حيث تطول حقلها الدلالي وخصوصاً مع البنيويين، ومعجمياً تعرف الكلمة بأنها " كل كلام تجاوز الجملة الواحدة سواء كان مكتوباً أو ملحوظاً" بمعنى أن الخطاب قد يبلغ بعده وسائل غير الكتابة، والخطاب ليس هو الكلام، لأن الخطاب نظام من القول له قواعده وخواصه التي تحدد أسلوب الكتابة وشكل الجمل والصورة المجازية الموظفة، والخواص اللفظية. ونوع الإشكالات التي تطرح، والمواضيع الأساسية التي تقال، وما لا يقال.

(2) Berelson, Bernarnd Content analysis in communication Research Clencol III The free press P .1952

(3) روجر ويمر وجوزيف دومينيك، مناهج البحث الإعلامي، مرجع سابق، ص204.

(4) أحمد بدر، الاتصال بالجماهير، بين الإعلام والدعاية والتنمية، الكويت 1982 ص 33.

(5) Wlaizer, M.H. and Wiener P.l Research method and analysis, NewYork , Harpar and Row 1978.

(6) Kerlinger.f. foundations of behavioral Research and (ed) New York, Holt, Rinehar and Winston, 1973.

(7) سمير محمد حسين، تحليل المضمون - تعريفاته ومفاهيمه ومحدداته واستخداماته الأساسية، ووحداته وفئاته - جوانبه المنهجية - وتطبيقاته الإعلامية - ارتباطه ببحوث الإعلام والدعاية والرأي العام القاهرة عالم الكتب 1983.

(8) أحمد اوزي، تحليل المضمون ومنهجية البحث، مطبعة النجاح الجديدة، ط1 1993 ص 13.

(9) Lasswell Harold , D and leites, Nathan (eds) language of politics NewYork George w. stewart.

(10) أحمد بدر، مرجع سابق، ص35.

(11) روجر ويمر وجوزيف دومينيك، مرجع سابق، ص206.

(12) انظر حول الموضوع إياد القزاز ( صورة العرب في المدارس الأمريكية) مجلة المستقبل العربي، بيروت، العدد 26، ابريل 1981ص 24.

(13) عفيف البوني ( صورة العرب في العقل الغربي من خلال الموسوعات العلمية العربية)، مجلة المستقبل العربي- بيروت العدد 101، يوليو1987 ص16.

(14)

(15) السيد ياسين تحليل مضمون الفكر القومي العربي، مركز دراسات الوحدة العربية، بيروت 1980 .

(16) فخري طملية (فلسطين في أدب سميرة عزام) مجلة المستقبل العربي. بيروت عدد 98 أبريل 1987 ص 67.

(17) فخري طميلة،المصدر نفسه، ص52.

# 3

الباب الثالث

تصميم البحث الاجتماعي

إجراءات البحث الاجتماعي

**Research Proceduers**

---

- الفصل الأول: البحث العلمي الاجتماعي، شروطه وتصميمه
- الفصل الثاني: تحديد موضوع البحث ومشكلته
- الفصل الثالث: تحديد المفاهيم ووضع الفروض العلمية
- الفصل الرابع: العينات، أو التعيين
- الفصل الخامس: أدوات البحث الاجتماعي الميداني
- الفصل السادس: كتابة تقرير البحث

سبق أن بينا أن المنهج هو الطريق التي يتبعه الباحث للوصول إلى هدفه. ذلك أن الالتزام بالمنهج العلمي يحتم على الباحث منذ البداية أن يحدد الخطوات الكبرى التي سيتبعها للوصول إلى هدفه، وهذه الخطوات تسمى (تصميم البحث).

سنخصص هذا الباب لتوضيح هذه الخطوات، وحيث إننا خصصنا بابا مستقلاً للمناهج فلن نعيد الحديث هنا عن تحديد منهج البحث والذي يعد من الخطوات المهمة في التصميم. وهكذا سنتناول في هذا الباب، وفي الفصل الأول: تعريف البحث الاجتماعي كما سنعرف معنى تصميم البحث الاجتماعي. وفي الفصل الثاني: مشكلة البحث، وفي الفصل الثالث: تحديد المفاهيم ووضع الفروض العلمية. وفي الفصل الرابع: تحديد عينة البحث (التعيين) . وفي الفصل الخامس: تحديد أدوات البحث الاجتماعي. وفي الفصل الأخير: كتابة تقرير البحث.

ونشير إلى أن هذه الخطوات صالحة لجميع البحوث الاجتماعية، إلا أنها أكثر انطباقاً على البحوث الميدانية أو التطبيقية.

الفصل الأول

# البحث العلمي الاجتماعي

## - شروطه وتصميمه-

المبحث الأول

## البحث العلمي الاجتماعي

توصف المعرفة العلمية بأنها معرفة منظمة ودقيقة، والتنظيم والدقة هما نتيجة لاعتماد المعرفة أسلوب البحث العلمي إلا أنه لكي ينعت البحث بالعلمية يجب أن يتوفر على شروط(1).

المطلب الأول: تعريف البحث العلمي Scientific Research

أعطيت عدة تعريفات للفظة (البحث)Research وغالبيتها تدور حول اعتباره وسيلة للاستعلام والاستقصاء المنظم والدقيق الذي يقوم به الباحث بغرض اكتشاف معلومات وعلاقات جديدة، أو تطوير وتصحيح المعلومات الموجودة فعلا، وبالاستعانة بخطوات المنهج العلمي.

وبالرجوع إلى المعنى اللغوي لكلمة (البحث)، وكما توردها المعاجم. نجد أن بحث الشيء يعني طلبه والتفتيش عنه، والبحث هو السؤال والاستقصاء questionnaire، هذا المعنى مرن وفضفاض بحيث يعني عدة أشياء لا تربطها رابطة، وإن كانت كلمة بحث في العلوم الطبيعية من السهل حصرها، إلا أنها في مجال العلوم الاجتماعية تبقى كلمة واسعة جداً وغامضة، ولكن إذا قرنت بكلمة (العلمي) تصبح أكثر حصراً وفهماً.

ومن التعريفات التي أعطيت لكلمة بحث في مجال البحث العلمي نذكر منها: أنه استقصاء منظم يهدف إلى إضافة معارف علمية يمكن توصيلها والتحقق من صحيتها عن طريق الاختبار العلمي وأنه استقصاء دقيق يهدف إلى اكتشاف حقائق وقواعد عامة يمكن التحقق منها مستقبلاً (2) وأنه : وسيلة للدراسة يمكن بواسطتها الوصول إلى حل المشكلة

محددة وذلك عن طريق الاستقصاء الشامل والدقيق لجميع الشواهد والأدلة التي يمكن التحقق منها، والتي تتصل بهذه المشكلة المحددة (3).

أما كيرلنجر Kerlinger فيعرف البحث العلمي بأنه: " محاولة التحقق من مقترحات افتراضية عن علاقات محتملة بين ظواهر طبيعية بطريقة علمية ناقدة منظمة ومنضبطة.

نستنتج من التعريفات أعلاه، أن البحث العلمي يتميز بصفة الخلق والإبداع creative فالباحث يأتي بشيء جديد أو يعيد معالجة قضية سبقه إليها آخرون، ولكن بأسلوب جديد، وأفكار جديدة. وصفة الخلق والإبداع هذه التي يتصف بها البحث العلمي، هي ما تميزه عن الدراسة study، فهذه الأخيرة لا يشترط أن يأتي كاتبها بشيء جديد، فهي مجرد بحث نظري لا تضيف إلى المعرفة شيئاً.

ولأن البحث العلمي عمل إبداعي فقد شبهه بارزن وجراف Barzan and Graff بالتمثال الفني، والباحث بالنحات أو الفنان. فكما أن النحات أو الفنان يسخر كل خبراته وإمكاناته ومهارته حتى يخرج التمثال على أفضل ما يكون من الدقة والجمال حتى يحظى بقبول الجمهور ويتقبله الناس كعمل فني إبداعي، كذلك الأمر مع الباحث، فهو يوظف خبراته ومعارفه، ووقته حتى ينجز بحثاً يتسم بالإبداع، ويقبل به الجمهور (4).

مما سبق يمكن استخلاص عدة خصائص تميز البحث العلمي عن غيره من أساليب البحث التي إما أنها تعتمد الأفكار المسبقة غير المبرهن عنها أو الخبرة الشخصية.

أولاً: إنه عملية منظمة ومضبوطة، فالباحث لا يحصل على معلوماته بالمصادفة أو اعتماد تفكيره المجرد أو خبرته الشخصية، بل يتقيد بإجراءات دقيقة واضعاً نصيب عينيه إشكالية البحث وفروضه.

ثانياً: إنه يقوم على الاستقراء الدقيق، والاستباط إذا لزم الأمر، بمعنى أنه ينطلق من الواقع، حيث يحيط الباحث بكل أجزاء الظاهرة محل البحث.

ثالثاً: إن البحث العلمي ليس بحثاً من أجل البحث أو معرفة من أجل المعرفة، بل هو بحث ينصب على مشكلة محددة يسعى لإيجاد حل لها، أو تفسيرها علمياً من خلال قوانين ونظريات أو تصميمات ذات مصداقية.

رابعاً: تتميز النتائج المتوصل إليها عن طريق البحث العلمي بأنها قابلة للتحقق من صحتها تجريبياً، يبحث ويمكن إعادة النظر بالمعلومات غير الصحيحة، أي أنه يتوفر على صفة التصحيح الذاتي.

أما بالنسبة لأهداف البحث العلمي

1- اكتشاف حقائق لم يسبقه إليها باحث من قبل أو اكتشاف قوانين، ونظريات جديدة.

2- إحياء أحد المواضيع القديمة، وإعادة بحثها بما يستجد من معلومات وحقائق لم تكن معروفة من قبل.

3- استنباط طريقة جديدة في معالجة بحث ما.

4- إعادة إحياء موضوع قديم ولكن بمعالجة جديدة تخدم قضايا وطنية أو إنسانية مستجدة.

أما عند علماء المسلمين، فيقول العلموي في كتابه المعيد، نقلاً عن الأحوذي "لا ينبغي لمصنف يتصدى إلى تصنيف أن يعدل إلى غير صنفين، أما أن يخترع معنى، أو يبتدع وضعاً ومبنى، وما سوى هذين الوجهين فهو تسويد للورق، والتحلي بحلية السرق".

وهنا يذكر العلموي قولاً من مصدر آخر يرى أنه قد يكون بمثابة تعليق وتفسير لقوله السابق فيقول " وهذا لا ينافي ما ذكره بعضهم من ان رتب التأليف سبعة استخراج ما لم يسبق استخراجه، وناقص في الوضع يتمم نقصه، وخطأ يصحح الحكم فيه، ومستغلق باجحاف الاختصار يشرح أو يتمم بما يوضح استغلاقه، وطويل يبدد الذهن طوله يختصر من غير إغلاق ولا حذف لما يخل حذفه بغرض المصنف الأول، ومتفرق يجمع أشتات تبدده على أسلوب صحيح قريب، ومنشور غير مرتب يرتب ترتيباً يشهد صحيح النظر إنه أولى في تقريب العلم للمتعلمين من الذي تقدم في حسن وضعه وترتيبه وتبويه" (5).

## المطلب الثاني: أنواع البحوث

تعددت التقسيمات التي أعطيت للبحوث، فهناك بحوث عملية أو تطبيقية Applied Research ، وبحوث نظرية أو مدرسية Basic Research الأولى: تتم

اعتماد وجود مشكلة واقعية يراد إيجاد حل لها. أما الثانية: فهي بحوث نظرية بحتة. يكون للباحث الحرية المطلقة في اختيار موضوع بحثه، دون أن تكون بالضرورة مشكلة يسعى إلى إيجاد حل لها عن طريق النتائج التي يتوخى الوصول إليها بالبحث.

وفي الواقع ليس من السهل التفرقة بين هذين النوعين من البحوث على أساس الأهداف التي تسعى إليها فقط فكلاهما يسعى إلى استجلاء حقيقة المشكلة، ولكن كل بطريقته الخاصة. فالبحث التطبيقي يسعى إلى هدف مباشر وفائدة عاجلة، أما البحث النظري أو البحث فإنه يسعى لنفس الهدف ولكن بعد حين من الزمن -آجلاً- وقد سبق أن بينا التداخل بين النوعين من البحوث، فالباحث التطبيقي يستعين ببحوث نظرية، والباحث النظري يوظف نتائج بحوث تطبيقية أحياناً.

نفس التقسيم يأخذ به إحسان الحسن في كتابه - الأسس العلمية لمناهج البحث- حيث يرى أن البحوث تقسم بصفة عامة إلى قسمين أساسيين: البحوث النظرية fundamental Research والبحوث التطبيقية أو العلمية Applied or action Research. الأولى: هي التي تهتم إما بفحص صحة أو عدم صحة الفرضيات والنظريات والقوانين العلمية أي التأكد من صحتها، أو إيجاد واكتشاف الفرضيات والنظريات العلمية الجديدة التي يمكن أن تضاف إلى هيكل العلم ودراساته وتراثه ونتائجه الموضوعية والتحليلية، على دراسة وفهم واستيعاب جانب من جوانب المجتمع (7)

أما البحوث التطبيقية ، فهي البحوث الموجهة مباشرة لحل مشكلة واقعة يعاني منها المجتمع، وغالباً ما تستعمل هذه البحوث الأساليب الميدانية في الدراسة والتحليل، كالملاحظة والمقابلة والاستبيان وتحديد عينة البحث الخ (7).

كما تنقسم البحوث إلى:

1- البحث بمعنى التنقيب عن الحقائق. وهو البحث الذي يسعى للتنقيب عن حقائق معينة مسبقاً، دون أن يحاول التعميم أو التجاوز لحل المشاكل.

2- البحث التفسيري النقدي وهو البحث الذي يسعى للوصول إلى حلول مشاكل معينة مسبقاً. ويعتمد التدليل المنطقي، ويصلح إذا تعلق الأمر بالأفكار أكثر من المسائل المتعلقة بالحقائق، وينتشر في مجال العلوم الاجتماعية.

3- البحث الكامل: وهو البحث الذي يقوم على جمع الحقائق ووضع التصميمات، وتحليل جميع الأدلة التي يتم الوصول إليها وتصنيفها من أجل حل المشاكل.

كما تنقسم البحوث أحياناً بناء على الهدف المتوخى من البحث، فنجد مثلاً:

1- البحوث بهدف تكوين النظريات والقوانين.

2- البحوث لأجل تحقيق أهداف اجتماعية واقتصادية وسياسية.

3- البحوث من أجل دوافع شخصية.

4- البحث تلبية لوجود غريزة المعرفة وميول خاصة عند الباحث.

أما بالنسبة للبحوث الجامعية فتنقسم غالباً إلى:

### 1- بحث أو مذكرة للحصول على الإجازة

وهذه عبارة عن بحث تقرره بعض الجامعات على طلاب السنة الأخيرة من الإجازة، وهو عبارة عن بحث عدد صفحاته يتراوح ما بين 50 إلى 100 صفحة، وبعد بحثاً تمهيدياً أو تجريبياً بالنسبة للطالب يطلع من خلال إنجازه على طرق ومناهج البحث والأسلوب العلمي في الكتابة ولا يتوخى من وراء هذا البحث أن يأتي الطالب بشيء جديد، بل يقتصر دوره على تعويد الطالب على البحث والتعمق في موضوع محدد، والتنقيب عن المراجع، وأسلوب الكتابة العلمية كوضع التصميم. وترتيب الأفكار وتسلسلها والاستعانة بالمراجع، والتعامل مع الاقتباسات ..الخ.

### 2- الرسالة - دبلوم الدراسات العليا-

وهي الخطوة الثانية في البحوث الجامعية والرسالة تسمية أكاديمية تطلق على بحث يقدم للحصول على درجة علمية وهي الماجستير - دبلوم الدراسات العليا- وهي أكبر حجماً من المذكرة وتهدف إلى ابتكار شيء جديد أو ترتيب جديد لموضوع ما سبق بحثه، ويتراوح حجم الرسالة ما بين 100-200 صفحة تقريباً (8).

3- الأطروحة:

وهي كالرسالة تسمية أكاديمية، وتقدم للحصول على درجة الدكتوراه، وتهدف إلى ابتكار شيء جديد أو إعادة صياغة لموضوع سابق اعتمد أفكار جديدة في البحث، ويفوق عدد صفحاتها 200 صفحة.

والأطروحة كالرسالة تناقش أمام لجنة من الأساتذة المختصين في موضوع الباحث وبحضور الجمهور من المهتمين.

## المطلب الثالث: شروط البحث العلمي

ليس كل شخص مؤهل لأن يكون باحثاً علمياً، وليس كل بحث بالضرورة بحثاً علمياً. إن عملية البحث العلمي تتطلب أن يتوفر الباحث على شروط ومواصفات حتى يمكنه أن يحمل صفة الباحث العلمي كما يجب أن تتوفر ظروف موضوعية حتى يمكن أن تجري عملية البحث العلمي بالشكل الصحيح.

## أولاً: ضرورة توفر الشروط الموضوعية للبحث العلمي الاجتماعي

إن من أهم المتطلبات الواجب توافرها لعملية البحث العلمي وخصوصاً في مجال العلوم الاجتماعية، الحرية الأكاديمية، وهي أرقى درجات الحرية العلمية. ذلك أن غياب حرية الفكر وحرية التعبير تنعكس سلباً على الحرية الأكاديمية وبالتالي على حرية البحث العلمي ومن المؤكد أن مجتمعاً تقيد فيه حرية التعبير وحرية الفكر هو مجتمع يفتقر إلى أهم شروط البحث العلمي الاجتماعي.

فلا غرو إذن، أن المجتمعات الديمقراطية تتميز بانتشار واتساع عملية البحث العلمي، ورصدها ميزانيات مهمة للجامعات ولمراكز البحث من أجل إنجاز البحوث العلمية في شتى الميادين ومواكبة كل ما يستجد في عالم المعرفة، أما الأنظمة غير الديمقراطية فإنها تخشى البحث العلمي وخصوصاً في المجال الاجتماعي، وتخشى العلماء والمثقفين لأنها تعرف أن هؤلاء يبحثون عن الحقيقة، والحقيقة تعري الأنظمة الدكتاتورية من مشروعيتها وتضعها وجهاً لوجه أمام الواقع.

ولذا فإن حرية البحث العلمي الاجتماعي لا تتوفر إلا حيث تسود الحرية بشكل عام، وحتى تتوفر حرية البحث أمام العلماء والمثقفين يشترط توفر عدة شروط منها:

الاستقلال الداخلي - ولو نسبياً - للجامعات ومراكز البحث عن مراكز السلطة، وتوفير الإمكانات المالية لهذه المؤسسات، وتأمين الباحثين، سواء على مستوى مخاطر تهديدهم في عملهم أو تهديد حياتهم واستقرارهم.

**ثانياً: الشروط التي يجب أن تتوفر في الباحث:**

يعتقد البعض خطأ أن مجرد إطلاع الباحث الاجتماعي على مناهج البحث العلمي، وتوفر الشروط الموضوعية للبحث، سينتج بحثاً علمياً. إن ما هو أهم من المناهج ومن الشروط الموضوعية، هو الباحث بحد ذاته، فالمنهج العلمي ليس هو الخطوات الإجرائية المناهجيه فقط بل هو الباحث أولاً، والمنهج يبدأ من عقل الباحث ثم ينتقل إلى خارجه، والباحث إن لم يكن يملك عقلية علمية متفتحة وموضوعية، وإن لم يكن مهيئاً نفسياً واجتماعياً لتقبل الحقيقة، فلن يصبح باحثاً علمياً ولن ينتج بحثاً علمياً.

ومن هذا المنطلق اهتم العلماء بالشروط التي يجب أن تتوفر بشخص الباحث بنفس مقدار اهتمامهم بالخطوات الإجرائية الموضوعية للمنهج العلمي، فعلاقة الباحث بالمنهج العلمي كعلاقة البذور بالأرض، فكما أن البذور لا يمكنها أن تنبت زرعاً أو ثمراً إلا إذا بذرت في أرض خصبة، كذا المنهج العلمي لا يمكنه أن ينتج بحثاً علمياً إلا إذا تعامل معه عقل باحث متفتح يؤمن بالعلم والموضوعية العلمية، ومن هنا يجب تعليم وتدريب الطالب الجامعي على عملية البحث العلمي منذ سنواته الدراسية الأولى، وفي هذا يقول كانط kant إنه لا ينبغي أن يتعلم الطالب أفكاراً وإنما أن يفكر".

لقد أولى العلماء المسلمون منذ زمن بعيد أهمية للبحث العلمي وضرورة توفر الشروط المناسبة له، والشروط الواجب توفرها عند الباحث وطالب العلم. وهذا ما نجده عند أبو الحسن الماوردي الذي عدد في كتابه (أدب الدنيا والدين) الشروط الواجب توافرها عند طالب العلم فقال:

" وأما الشروط التي يتوفر بها علم الطالب، وينتهي معها كمال الراغب، مع ما يلاحظ به من التوفيق ويمد به من المعونة، فتسعة شروط الأول: العقل الذي يدرك به حقائق الأمور. والثاني: الفطنة التي يتصور بها غوامض العلوم. والثالث الذكاء الذي يستقر به حفظ ما تصوره وفهم ما علم. والرابع: الشهوة التي يدوم بها الطلب ولا يسرع

إليها الملل. والخامس: الاكتفاء بمادة تغنيه عن كلف الطلب. والسادس: الفراغ الذي يكون معه التوفر ويحصل به الاستكثار.

والسابع: عدم القواطع المذهلة من هموم وأشغال وأمراض، والثامن: طول العمر واتساع المدة لينتهي بالاستكثار إلى مراتب

الكمال. والتاسع: الظفر بعالم سمح بعلمه متأن في تعليمه" (9).

إن هذه الشروط لعالم مسلم والتي تعكس تصور العلماء المسلمين للبحث العلمي خلال القرن الرابع / الخامس

الهجري ما زالت تؤكد صدقيتها وتعتبر مطلباً ضرورياً لكل باحث يتوخى الموضوعية والصدق في أبحاثه، وقد أجمع الباحثون

(10) على أن البحث العلمي يتطلب الشروط التالية.

1- ألا يعتقد الباحث أنه يعلم ما لا يعلمه الآخرون. وبالتالي يكتفي بإيراد آرائه الشخصية دون أن يدعمها

ويعززها بآراء لها قيمتها من مصادر مختلفة، وهذا الشرط ضروري للباحثين الطلبة أو الجدد الذين ما زالوا في

أول الطريق.

2- يجب على الباحث أن لا يعتبر أي رأي حقيقة مسلم بها لا تقبل النقاش، حتى وإن كان صاحبها عالم أو كاتب

مشهور وخصوصاً في مجال العلوم الاجتماعية التي تتعدد فيها الآراء حول القضية الواحدة، فعلى الباحث أن

يذكر مختلف الآراء المطروحة حول الموضوع.

3- يجب على الباحث أن لا يعتبر رأياً من الآراء حقيقة نهائية حتى وإن كان صادراً عن الأكثرية أو عن لجنة أو

جماعة.

4- ألا يعتبر الباحث القياس أو المشابهة حقيقة لا تقبل المناقشة.

5- كما يجب عليه ألا يعتبر السكوت عن بعض النتائج أو المعلومات أمراً نهائياً، أو حقيقة، فقد يكون السكوت

موقفاً متحيزاً مقصوداً.

6- أن يلتزم الباحث بالموضوعية، فلا يحذف أي دليل أو حجة أو نظرية لمجرد أنها لا تتفق مع رأيه أو مذهبه.

7- أن يتحرى الباحث الدقة عند اعتماده المراجع، فيتأكد من أية معلومة مشكوك في مصدرها، كغياب اسم

الكاتب أو التاريخ..الخ.

8- أن يتحرى الباحث الدقة في استعمال المفاهيم والمصطلحات ويحدد مدلولها بدقة في بداية بحثه.

9- أن يكون الباحث أميناً فيما ينقل من آراء واقتباسات يسند كل رأي إلى صاحبه، وكل اقتباس إلى مصدره.

10- أن يعتمد الباحث نفسه في تحديد موضوع بحثه وفي الحصـــول على المعلومات (11).

## المبحث الثاني

## تصميم البحث العلمي وتحديد خطواته

تصميم البحوث الاجتماعية، أو تخطيط مراحل البحث الاجتماعي جزء جوهري من عملية البحث، ونحن لا نقصد هنا بتصميم البحث الاجتماعي مجرد تقسيم الموضوع إلى عناصر أساسية: المقدمة وصلب الموضوع الذي يقسم بدوره إلى أبـواب وفصول ومباحث الخ، ثم الخاتمة، فهذا التقسيم يتم بعد اختيار مشكلة البحث وتحديد الموضوع، وهو جـزء صغير مـن العملية الكبرى المسماة تصميم البحث.

إنما نقصده بتصميم Planning: البحوث أو مراحل البحث الاجتماعي. تلك العملية الواسعة التي يلجأ إليها الباحـث منذ أن يقرر أن يبدأ عملية البحث - أي قبل أن يحدد إشكالية البحث - والتي تصاحب عملية البحث منذ البداية وتسير مع البحث في كل خطوة حتى كتابة تقرير البحث.

وعملية تصميم البحوث الاجتماعية بهذا المعنى، عملية واسعة وعامة بالنسبة لكل الباحثين، وخطواتها متفق عليها بشكل كبير من قبل المختصين في مجال البحث الاجتماعي.وعليه، فإن التصميم جزء أساسي من عملية البحث العلمـي، وهو خطوة إجرائية وذهنية لا بد منها حتى يمكن للبحث أن يتواجد ويكتمل. وتصميم البحوث يعني تلك العملية العقليـة التـي يبدأها الباحث والتي تقوم على أساس التنظيم المنطقي لخطوات البحث العملية من أجل الوصول إلى الهدف المنشود.

وكلمة تصميم في الأصل مأخوذة من ميدان علم الهندسة ذلك ان المهندس قبل أن يقدم علـى عمليـة بنـاء مشـروع - سواء كان بناية أو جسراً أو مطاراً - فإنه يضع التصميم في البداية، فيحدد كل المتطلبات والشروط اللازمة لإقامة البناء فيحدد الأساسات،

والأطوال، والمداخل والمخارج، ويحدد مواد البناء اللازمة، وبعد ذلك تبدأ عملية البناء.

وكما أن المهندس في وضعه للتصميم بحاجة إلى دراية معمارية كافية، فإن الباحث الاجتماعي أيضاً بحاجة عند وضعه لتصميم بحثه إلى دراية كافية في الميدان الذي يبحث فيه، وهذا يعني أن يبحث في مجال تخصصه(12).

كما يشبه آخرون التصميم بالمخطط الذي يضعه القائد قبل خوض المعركة، فالقائد المحنك قبل أن يقدم على خوض معركة فإنه يحدد الظروف الموضوعية التي تحيط به والتي ستجري فيها المعركة، ويوضع قراراته على أساس كل موقف من المواقف المتوقعة الحدوث في المستقبل، فيقرر نوع السلاح، وعدد الجند وطريقة الوصول إلى العدو، ويضع خطة للمعركة بناء على القرارات التي يتخذها والمعلومات المتوفرة لديه. نفس الأمر بالنسبة للباحث العلمي فهو مطالب بأن يدرس موضوع البحث في كافة الجوانب قبل الإقدام والشروع في العمل.

وهكذا فإن التصميم هو : عملية إتخاذ قرارات قبل ظهور المواقف التي ستنفذ فيها هذه القرارات أو أنه عملية توقعات متعمدة تتجه نحو اخضاع موقف متوقع تحت الضبط.

**والتصميم المنهجي الصحيح يستلزم كما يرى (أكوف)**

أ - تخطيط البحث بدرجة كافية قبل تنفيذه.

ب - تقويم المنهج الذي اتبع للوصول إلى قرارات التصميم أو جعل هذا المنهج قابلاً للتقويم.

ج- وضع خطة إستراتيجية تساعد الباحث على تعيين المراحل الكبرى لبحثه، من حيث نوع المعلومات المطلوبة أو نوع الأدوات اللازمة لجمع هذه المعلومات، ونوع التحليلات الكمية أو الكيفية التي سيقوم بها، وخطة تكتيكية لمواجهة المواقف العملية أثناء جمع البيانات وكيفية التصرف في كل حالة.

د- أن يكون التصميم مرناً لمواجهة كل التغييرات الطارئة التي قد تواجه الباحث.

ومن ضمن الخطوات الأساسية في تصميم البحوث، تحديد مراحل البحث أو

تسلسل الخطوات التي سيتبعها الباحث في عمله، وهذه الخطوات بالنسبة للبحث الاجتماهي هي(13)

1- اختيار موضوع البحث ومشكلته، ويستحسن أن تصاغ المشكلة كتابة.

2- تحديد المفاهيم والمصطلحات المستعملة في البحث.

3- وضع الفروض العلمية.

4- تحديد المنهج أو المناهج الملائمة للبحث.

5- تحديد أدوات جمع البيانات.

6- تحديد المجال البشري للبحث.

7- تحديد المجال المكاني للبحث.

8- تحديد المجال الزمني للبحث.

9- مباشرة جمع المعلومات.

10- تصنيف البيانات وتفريغها وتبويبها.

11- تحليل البيانات وتفسيرها.

12- كتابة تقرير البحث.

إلا أننا سنهتم بأهم خطوات البحث الاجتماعي والتي اشرنا إليها سابقاً، على أن نتطرق للخطوات الأخرى من التصميم كلما استدعى الأمر ذلك.

## الهوامش:

(1) من المراجع المهمة حول إجراءات البحث خصوصاً للطلبة المبتدئين ننصح بالرجوع إلى - ثريا عبد الفتاح ملحس، منهج البحوث العلمية للطلاب الجامعيين، بيروت: منشورات دار الكتاب اللبناني، 1997.

- أحمد شلبي، كيف تكتب بحثاً أو رسالة، القاهرة، ط 13، 1981 .

(2) Whitney, F The elements of Research op cit P 5.

(3) عبد الباسط محمد حسن، مرجع سابق، ص 124.

(4) Jaques Barzan and H.E. Graff the modern researcher (NewYork, 1957) P 56.

(5) روزنتال. مناهج العلماء المسلمين في المجال العلمي، مرجع سابق، ص 174-175.

(6) إحسان الحسن، مرجع سابق، ص 35.

(7) احسان الحسن، المصدر نفسه، ص 35.

(8) في بعض النظم الجامعية - بما فيها النظام الجديد للدكتوراه في المغرب تم حذف رسالة دبلوم الدراسات العليا - الماجستير - والاستعاضة عنها ببحث تأهيلي ينجزه الطالب خلال السنة الثانية من الدراسات المعمقة، ويشترط في هذا البحث كل شروط البحث العلمي، لأنه هو الذي يؤهل الطالب للتسجيل في الدكتوراه، والبحث التأهيلي يجب أن يكون في منزله بين منزلتين. أي أكثر دقة وعلمية من بحث السنة الرابعة وما دون رسالة الماجستير. فهو ينوب عن هذه الأخيرة من حيث الصرامة العلمية ولكنه يهيء في زمن اقل.

(9) أبو الحسن علي الماوردي. أدب الدنيا والدين، تحقيق وتعليق مصطفى السقا، القاهرة: 1955. ط3، ص 58.

(10) منهم ريدر في كتابه (كيف تكتب رسالة)

World Reeder , How to write a Thesis (illonois 1925) pp 14 -18.

(11) انظر: فوزي غرايبة وآخرون: أساليب البحث العلمي في العلوم الاجتماعية، الجامعة الأردنية عمان 1977، ص 10-11 .

(12) حسن الساعاتي، مرجع سابق، ص9 وما بعد .

(13) عبد الباسط محمد حسن، مرجع سابق، ص139.

# الفصل الثاني

# تحديد موضوع البحث وأشكاليته

## المبحث الأول

### في تعريف المشكلة Problem

المطلب الأول: تحديد الموضوع العام للبحث - حقل البحث-

أول خطوة تواجه الباحث هي تحديد موضوع subject بحثه وهي خطوة سابقة لتحديد إشكالية البحث والمقصود بموضوع البحث، المجال المعرفي الذي يختاره الباحث لانتقاء إشكالية محددة منه لتكون الموضوع الذي سيبحث فيه. ذلك أن العلوم الاجتماعية مجال واسع جداً وتخصصاتها متشعبة، فلو أن طالباً في كلية الحقوق يريد أن يكتب بحثاً خلال دراسته الجامعية - مذكرة الإجازة في الحقوق أو رسالة ماجستير أو أطروحة الدكتوراه - فيفترض أن يحدد المجال الذي سيبحث فيه، هل سيختار موضوعاً في العلوم الإدارية، أم في العلاقات الدولية أم في علم السياسة؟.

وإنه لمن الضروري أن يختار الباحث موضوع بحثه في مجال تخصصه. فطالب في علم السياسة يفضل أن يختار موضوعه في علم السياسة وطالب في تخصص العلاقات الدولية عليه أن يختار موضوع بحثه في العلاقات الدولية، وطالب في القانون الخاص عليه أن ينتقي موضوع البحث في القانون الخاص، الخ. لأن بحث الطالب في مجال تخصصه يوفر عليه كثيراً من العناء ويسهل عليه عملية البحث لأنه سيعمل في ميدان ليس غريباً عنه بل مطلع عليه وملم بمراجعة ومتوفر على معلوماته الأساسية.

نفس الأمر بالنسبة للباحثين من خارج الإطار الجامعي، فعلى الباحث الاجتماعي أن يختار موضوع بحثه في الحقل المعرفي الذي هو متخصص فيه، أو مطلع عليه ومهتم به أكثر من غيره، وفي بعض الحالات فإن المؤسسات أو الهيئات التي ينتمي إليها الباحث، وهي التي تحدد للباحث موضوع البحث، وهي في ذلك تنطلق من هدف اجتماعي محدد وتسعى لخدمة قضية اجتماعية محددة، فالبحث العلمي - كما سبقت

الإشارة إليه - لا يجري في فراغ، ولا يحدث من أجل المعرفة المجردة، بل يوظف لخدمة أهداف اجتماعية.

وعليه فإن الباحثين الاجتماعيين يختارون بحوثهم في المجالات التي تحظى باهتمام الجمهور، أو التي يثار حولها غموض، أو تشكل معضلة اجتماعية بحاجة إلى بحث وإيجاد حلول لها، والباحث المبدع بحق هو الذي يبتعد عن الموضوعات الميتة أو تلك التي لا تخدم البحث العلمي ولا تضيف إلى المعرفة شيئاً.

وفي البحوث الاجتماعية الجامعية يستحسن أن يكون الأستاذ المشرف على البحث ينتمي لنفس التخصص العلمي الذي منه موضوع البحث، فلا يلجأ الطالب الباحث إلى أستاذ من تخصص آخر ليشرف على بحثه لمجرد أن له علاقة شخصية بهذا الأستاذ، أو يستريح اجتماعياً له، أو يعجب بأفكاره، إن عملية البحث ستكون أكثر جدوى وأكثر علمية، إذا كان الأستاذ المشرف متخصصاً في نفس المجال الذي منه البحث.

## الموضوعات التي يهتم بها الباحث الاجتماعي

لا شك أن كل ظاهرة أو سلوك اجتماعي يصلح موضوعاً للبحث إذا ما أخذ ينحو ليكون مشكلة اجتماعية، وقبل تحديد مفهوم المشكلة الاجتماعية، نشير إلى أهم موضوعات البحث الاجتماعي.

أولاً: الموضوعات التي تدور حول مشاكل الحياة الاجتماعية، مثل : التسول والفقر، والجريمة، والانحراف وغيرها من الموضوعات التي تعكس اختلالاً في السلوك الفردي أو الجماعي للمجتمع، واختلالاً في القيم السائدة.

ثانياً: موضوعات تتعلق بالفلسفة الاجتماعية، مثل دراسة تاريخ مجتمع من المجتمعات. أو قطاع من القطاعات المجتمعية.

ثالثاً: موضوعات تتعلق بالتركيب البنائي للمجتمع، كالطبقات الاجتماعية، وعلاقات القرابة ونظام الأسرة، علاقة الريف بالحواضر الخ.

رابعاً: موضوعات حول النظم والمؤسسات. كدراسة النظم السياسية، أو نظام الانتخابات أو الأحزاب، ودراسة النقابات، والمجتمعات ..الخ.

خامساً: دراسات تهتم بالمعتقدات السائدة في المجتمع كالدين، والإيديولوجيات السائدة، والعادات، والتقاليد.

سادساً: موضوعات تبحث في الجانب الصراعي في المجتمع social conflict كالحروب الأهلية، والفتن، والصراعات القبلية والعشائرية، الصراعات الطبقية.

## المطلب الثاني: ما هي المشكلة؟

بعد أن يحدد الباحث المجال الذي يبحث فيه، ينتقل إلى خطوة أخرى متقدمة، وهي تحديد إشكالية البحث - أحياناً تختلط الحدود بين موضوع البحث وإشكالية البحث - وقد يستسهل البعض عملية اختيار مشكلة البحث . معتقدين أن أية مشكلة أو قضية يمكن أن تكون صالحة لبحث يمكن انجازه في الزمن المحدد للبحث.

وهذا التبسيط للأمور قد يوقع الباحث في مأزق عندما يبدأ عملية البحث، ويتعمق فيه، فيواجه الصعوبات إن لم يصل إلى طريق مسدود وفي كثير من الحالات فإن الباحث المبتدئ يواجه صعوبة في كيفية إيجاد نقطة معينة تكون بمثابة المنطلق لعملية البحث.

إن الباحث خصوصاً المبتدئ قد يكون له تصور براق عن عملية البحث، وقد يكون مدفوعاً بالرغبة والحماس لانجاز بحث خاص به وقد يكون مبهوراً بمشاكل ضخمة مثيرة وعناوين جذابة لقضايا كبرى، معتقداً أنه قادر على الإحاطة بالموضوع واكتشاف مكنوناته وإيجاد حلول لمعضلاته، والباحث في هذه الحالات يشبه الطفل في تسرعه، وتحمسه وعدم صبره، وفي تصوره لقدرته على إنجاز كل شيء وتخطي كل العقبات. الأمر الذي يتطلب من الباحث الرؤية والتفكير المعمق عند اختياره لمشكلة بحثه، لأن نجاح أو فشل عمله يتوقف على مدى توفقه في اختيار مشكلة بحثه.

لفظ مشكلة، ترجمة لكلمة Problem الإنجليزية التي تعني مشكلة أو معضلة، وقد أعطيت عدة تعريفات للمشكلة في البحوث الاجتماعية، فهي تعني موضوع يحيط به الغموض ويحتاج إلى تفسير، أو أنها قضية موضع خلاف، ويعرفها روبرت ميرتون Merton ، وروبرت نسبت Nisbet في مؤلفهما، المشكلات الاجتماعية المعاصرة، أنها: (ضرب من التناقض المدرك بين ما هو قائم، وما يعتقد الناس أنه ينبغي أن يكون - أي بين الظروف الفعلية، والقيم، والأعراف الاجتماعية - وهو تناقض يعتقد أنه قابل للعلاج) (1).

أما سبكتور وكتسوس Spector and Kitsuse فقد عرفا المشكلة تعريفا يعكس إدراك الأفراد لها أو معاناتهم من وجودها فهي " مجموعة الأنشطة التي يقوم بها الأفراد والجماعات ليعبروا عن بعض مظاهر المعاناة في ما يتصل بظروف يعتقد أنها مشكلة اجتماعية" (2).

ويرى جون ديوي 3) John Dewey) أن المشكلة تنبع من الشعور بصعوبة معينة، وهذا الشعور يرتبط بموقف غامض يتحدى تفكير الباحث ويدفعه إلى العمل لكشف هذا الغموض، فوجود المشكلة هو الحافز الذي يدفع الفكر للبحث ويدفع الباحث لأعمال فكره لايجاد حل لهذه القضية، وفي هذا يقول ديوي " نستهل التفكير بإدراك صعوبة أو مشكلة ما تكون بمثابة الحافز، ويتبع ذلك انبثاق حل متقرح في الذهن الواعي، وهنا فقط يظهر (العقل) على المسرح ليفحص الفكرة ثم ينبذها أو يقبلها، فإذا نبذت الفكرة يعود الذهن إلى المرحلة السابقة وتتكرر العملية، والشيء العام الذي ينبغي إدراكه هو أن استحضار الفكرة ليس عملاً إرادياً متعمداً، بل هو في الواقع شيء علينا أكثر مما هو شيء نقوم به" (4).

ويرى العديد من المختصين أن عملية تحديد المشكلة لا تقل صعوبة عن إيجاد حل لها، بل إن اكتشاف المشكلة أصعب من اكتشاف الحل كما يرى (دارون)، فإيجاد المشكلة من حيث اختيارها، وتحديد مداها وأهم تفضيلاتها يعد من أهم تقنيات المنهجية العلمية، وهو عمل يساعد الباحث كثيراً في خطواتها لأخرى، كوضع الفروض وتحديد المنهج، وجمع البيانات فهذه كلها تؤسس انطلاقاً من تحديد الإشكالية.

حيث يقول داورن " إنك لتعجب كم قضيت من الوقت لا تبين بوضوح نوع المشاكل التي تحتاج إلى بحث أو تفسير، وأنني إذ أعود بذاكرتي إلى الوراء وبعد أن أتممت أبحاثي بنجاح أرى أن تحديد المشكلات أصعب من إيجاد الحلول لها" (5).

نفس التصور لأهمية تحديد الإشكالية في عملية البحث العلمي نجده عند ديوي، الذي يرى أنه بصياغة المشكلة تصبح بقية الإجراءات أسهل بكثير، لأن اعتماد على المشكلة الواضحة يمكن وضع الفروض لها ثم اختبارها (6) ، وعلى الباحث أن لا يتعجل في اختيار مشكلة البحث وصياغتها، بل عليه أن يقوم بدراسة أولية شاملة حول موضوع بحثه، بما في ذلك قراءة البحوث السابقة التي تناولت نفس المشكلة أو ما هو

قريب منها وله علاقة بموضوع البحث، لأن تحديد مشكلة البحث دون الإلمام الشامل بموضوع البحث قد يجبر الباحث بعد حين على تغيير إشكالية بحثه، أو يضطر إلى تغييرها أكثر من مرة.

إن المشكلة هي سلوك إنساني متكرر ينتج عن شعور بعدم الرضاء من أفراد المجتمع لمخالفته للأنماط الثقافية والسلوكية القائمة في المجتمع، أي أن الظاهرة الاجتماعية تتحول إلى مشكلة اجتماعية عندما تحدث شعوراً بعدم الرضاء بين أفراد المجتمع.

والمشكلة الاجتماعية تعبر عن ضرب من الخلل والتوتر في المجتمع، يؤثر على توازنه ويعرقل تحقيق أهدافه وهذه المشاكل الاجتماعية، إما أنها تعبر عن (مرض اجتماعي) أو عن سوء تنظيم أو أنها تعكس خللا في الأداء الوظيفي ولكن الظاهرة الاجتماعية حتى تتحول إلى مشكلة اجتماعية يجب أن تحظى بإدراك perception أفراد المجتمع أو جزء منهم بوجود هذه المشكلة، أي بوجود الخلل أو المرض الاجتماعي، فليس هناك من معنى للمشكلة الاجتماعية إذا لم يستشعرها أفراد المجتمع أو قطاع مهم منهم، فالمشكلة إذن لا تعرف إلا في ضوء ما يتصوره الأفراد عنها، وما يقومون به من أنشطة تجاهها، إلا أن هذا الرأي يجد من يعارضه بالقول أن وجود المشكلة سابق لإدراك الأفراد لها فهي موجودة حتى دون أن يدركها الأفراد (7).

وتتفق معظم المواقف النظرية المهتمة بالمشكلات الاجتماعية، على أن المشكلة تمر بثلاث مراحل:

أ- ظهور تعريف للمشكلة.

ب- ظهور بعض أشكال الاهتمام بالتعامل معها. وظهور آراء بديلة ومتعارضة بشأن حلها.

ج- مرحلة الاختفاء ، أو التأسيس النظامي للمشكلة، ويعني الاعتراف بوجود المشكلة والتعايش معها وتسخير نظم المجتمع المختلفة لحلها أو التخفيف من وطأتها.

ومن أمثلة هذه المشكلات التي وجدت طريقها إلى التأسيس النظامي، انحراف الأحداث والجريمة، والمرض العقلي، وتقوم هذه المراحل على افتراض ضمني بأن المجتمع قادر على إدراك مشكلاته، وعلى التعامل معها وضبطها "(8).

إن خصائص المشكلات الاجتماعية لا تنبع من خصائصها الموضوعية فقط، بل أيضاً من الأسلوب الذي تطرح به من طرف الناس والمسؤولين، وتصبح خصائص المشكلات الاجتماعية خاضعة في تشكلها لعدة اعتبارات:

1- درجة الدراما التي تضفى على المشكلة، فالدراما هي التي تعطي للمشكلة حيويتها، وتعطيها أحياناً أكبر من حجمها.

2- التجديد في عرض المشكلة، فابتكار أساليب جديدة في كل مرة تعرض فيها المشكلة تبعد عن الرتابة وتظهر للناس وكأن المشكلة جديدة.

3- تكرار الحديث عن المشكلة، وربط الحديث عنها في كل مرة برموز معينة، أو بمقولات، أو ظروف خاصة.

4- حساسية الموضوع الذي تتعلق به المشكلة.

5- تنوع الأساليب المستخدمة للتعبير عن المشكلة، فقد تطرح المشكلة في بحوث اجتماعية، أو مقالات سياسية، أو أفلام سينمائية وتلفزيونية، أو من خلال قصص وأشعار الخ(9).

## المبحث الثاني

## اختيار المشكلة والعوامل المؤثرة في اختيارها

يرجع إلى الباحث نفسه عملية اختيار مشكلة بحثه فهو الذي سيبحث وهو أدرى بوقته وإمكاناته وقدرته على التعامل مع المعلومات والمشاكل الناجمة عن عملية البحث وعليه أن يختار مشكلة بحث تتوافق مع ميوله، وتوجهاته لأن الباحث الذي يبحث في مجال يعرفه ويهواه ومطلع على جزئياته، يكون أكثر قدرة على التعامل مع بحثه، وأكثر قدرة على استشفاف التفضيلات الكبرى لإشكالية البحث وبالتالي يكون مقتدراً على إبداع حلول أو مقترحات حلول لإشكالية البحث.

إن الباحث هو المسؤول الأول عن بحثه، وبالتالي عليه أن يختار بنفسه الإشكالية التي سيبحث فيها، وفي هذه الحالة يمكنه أن يعزل عدة إشكاليات يراها مناسبة للبحث

ويعرضها على الأستاذ أو الجهة المشرفة على البحث. أو على المختصين بالموضوع، ليتم الاتفاق على واحدة منها، إلا أن هناك بعض المشاكل يتم تحديدها من قبل هيئات عامة أو خاصة، ويكلف باحثون بانجاز عملية البحث.

إن نقطة المنطلق في اختيار المشكلة أن تكون هذه المشكلة تهم المجتمع أو قطاع منه، حتى تكون تتحصل الجدوى من بذل الجهد والوقت في عملية البحث، وفي ذلك يقول كانط kant في كتابه (أحلام رأيي الأشباح): إذا تركنا قيادنا لكل فضول عابر، وارخينا العنان لرغبتنا في الدرس حتى لا تقف دون حدود قدرتنا، فذاك دليل على فهم في العقل لا يتنافى مع البحث العلمي، ولكنها الحكمة هي التي تتميز بالقدرة على أن تختار من بين ما يعرض لنا من مشكلات، المشكلة التي يهم الإنسانية حلها (10).

إن اختيار مشكلات البحث الاجتماعي يرتبط بظروف ثقافية، وسياسية صريحة أو ضمنية ، وكل حقبة زمنية وكل ظرف سياسي أو اقتصادي له مشاكله الخاصة به، وفي غالب الأحيان لا تعكس المشكلات البارزة على السطح من خلال البحث العلمي الأكاديمي حقيقة المشكلات الاجتماعية الموجودة بالفعل داخل المجتمع. فالظروف السياسية والثقافية السائدة تلعب دوراً مهما في ابراز بعض المشاكل وفي اخفاء أخرى. فالأنظمة السياسية تخفي المشاكل التي تتعارض مع مصالحها وتوجهاتها، ولا تسمح بدراستها وكشف مسبباتها، واقتراح حلول لها. وهذا هو من الأسباب الحقيقية لازمة العلوم الاجتماعية وخصوصاً في العالم الثالث، لأنها علوم مزعجة يبحث عن الحقيقة، تكشف زيف الواقع الاجتماعي الظاهر والمعلن.

والمشكلات الاجتماعية لا تظهر، وتختفي من تلقاء نفسها والباحثون الاجتماعيون ليسوا دائماً مخيرين في البحث في الامور التي يريدونها، بل أن السياق السياسي والثقافي يلعب دور الكابح والمنظم لعملية ظهور المشاكل الاجتماعية وتسليط الأضواء عليها أو تجاهلها والتعامل معها كأنها لم تكن، فهي تظهر وتختفي بالدرجة التي يسمح بها السياق السياسي والثقافي السائد، فالبغاء والشذوذ الجنسي مثلاً من الأمراض الاجتماعية التي توجد في كل دول العالم ومع ذلك فإن الظروف الدينية والسياسية لبعض الجماعات لا تسمح بدراستها دراسة علمية واعية نفس الأمر مع الفساد السياسي، أو التطرف الديني الخ.

وعليه فإن أكثر المشكلات الاجتماعية تداولاً ليست بالضرورة هي أهمها، وأكثرها خطورة، بل هي التي يسمح النظام العام السائد بتداولها، والتي تجد لها مكاناً في الخطاب السياسي والإيديولوجي الرسمي، والشعبي السائد. فالأنظمة والناس عموماً لا يحبون أن يسمعوا إلا ما يرضون عنه.

أما أقل المشكلات ظهوراً وتداولاً فليست بالضرورة أقلها أهمية، بل إنها أقل ظهوراً لأنها تقع في المنطقة المحرمة التي لا يمكن أن تمس، لأن مساسها يرتبط بمقدسات أو مصالح، أو برموز عليا، ويبقى الأمر كله منوطاً بمدى جرأة الباحث، وبمدى توفر الديمقراطية وحرية البحث العلمي.

## المطلب الثاني: العوامل المؤثرة في اختيار مشكلة البحث

وبصورة عامة فإن عدة عوامل اقتصادية، وسياسية، وثقافية تلعب دوراً في اختيار مشكلة البحث، وعلى البحث أن يأخذ هذه العوامل بعين الاعتبار، عندما يقرر اختيار مشكلة بحثه، الأمر الذي يوفر عليه كثيراً من الجهد ويعفيه من كثير من المشاكل التي يمكن أن تعيقه عندما يباشر عملية البحث.

وحتى يتأكد الباحث من سلامة اختياره لمشكة بحثه، يمكنه أن يعرض المشكلة المختارة للأسئلة التالية:

### 1- هل مشكلة البحث قابلة للحل؟

ذلك أن هناك مشاكل غير قابلة للحل مثلاً القضايا الفلسفية، والقضايا القيمية. فعلى الباحث إذن أن يكون منذ البداية ملما بطبيعة المشكلة، ومدركا لكل ملابساتها.

### 2- هل أن مشكلة البحث تتوفر لها مراجع ومعلومات كافية؟

والباحث، وخصوصاً، إن كان طالباً، ليس بالعالم المدرك لكل شيء. بل يفتقر إلى حقائق ومعلومات تتوافر عند المختصين والباحثين ممن سبقوه في تناول الموضوع. وعليه فهو مطالب بأن يتأكد من وجود المراجع اللازمة لبحثه وإلا فإنه لن يتقدم في بحثه وسيصل إلى طريق مسدود، وخصوصاً البحوث النظرية.

3- هل أن مشكلة البحث تستحق الدراسة؟

إن مجرد وجود مشكلة ما لا يكفي لاختيارها لتكون موضوع بحث اجتماعي، بل يجب أن تكون هذه المشكلة مهمة على المستوى الاجتماعي، أو الأكاديمي. فالبحث العلمي الحقيقي هو الذي يضع غاية له تحقيق مصلحة مجتمعية، إذن على الباحث أن يتأكد من أن المشكلة مهمة ومثيرة، وهذا يحتم عليه اختيار بحثه من المشاكل الاجتماعية التي هي محل اهتمام الجمهور، وتشكل قضايا وطنية مطروحة للبحث أو قضايا عالمية تثير اهتمام الرأي العام العالمي. كما أن على الباحث أن يتأكد من أن موضوع ومشكلة البحث لم (يقتلا) بحثاً، أي ما زالا بحاجة إلى بحث.

4- هل أن المشكلة يمكن معالجتها دون حرج؟

ذلك ان هناك قضايا تحول اعتبارات، اجتماعية، أخلاقية أو سياسية دون بحثها ومعالجتها بطريقة علمية موضوعية فبعض المجتمعات تعتبر بعض القضايا الاجتماعية محرمات تثير معالجتها حساسية الجمهور أو تمس قيم أخلاقية لا يجوز التعرض لها، مثل قضية الشذوذ الجنسي، أو البغاء أو بعض الجوانب الدينية ..).

كما أن هناك قضايا سياسية، قد لا تسمح الظروف السياسية للبلد الذي ينتمي إليه الباحث، ببحثها بحرية، مثلاً: في الأنظمة الدكتاتورية والعنصرية لا يمكن لباحث أن يعالج بحرية قضايا الديمقراطية، وحقوق الإنسان، أو أن يثير باحث قضية التعددية الحزبية في بلد يفرض نظام الحزب الواحد أو يرفض الأحزاب أصلاً، أو البحث في أمور تخص الاشخاص الحاكمين وأصحاب النفوذ.

5- هل أن مشكلة البحث تستحوذ على اهتمام الباحث؟

إنه لمن المهم أن يشعر الباحث أن موضوع ومشكلة بحثه يستحوذان على اهتمامه ويشغلان تفكيره ويحفزانه على العمل، وليسا من الأمور الثقيلة على نفسه والبعيدة عن اهتماماته وميوله، فكلما كانت مشكلة البحث تثير اهتمام الباحث كلما سهلت عليه عملية البحث.

## 6- هل يستطيع الباحث أن يقوم بالبحث المفترض؟

هناك اعتبارات عملية قد تحول دون إنجاز البحث في الوقت المحدد له، منها اعتبارات الزمن واعتبارات التكلفة المادية، فالباحث غالباً ما يكون مطالباً بإنجاز بحثه في وقت محدد فإذا كان البحث واسعاً والمشكلة عويصة، لا يستطيع إنجاز بحثه في الزمن المحدد، وخصوصاً في البحوث الميدانية.

وعليه يستحسن أن يختار الباحث موضوعاً يمكن انجازه في الوقت المقرر. الأمر نفسه بالنسبة للتكلفة المادية، فالباحث المستقل - أي الذي لا يعمل لمصلحة هيئة عامة أو خاصة وكذلك الطالب - تكون امكاناته عادة محدودة، الأمر الذي يتطلب اختيار مشكلة للبحث لا ترهق ميزانيته باحتياجها إلى وثائق أو مراجع يحتاج إلى جلبها من بلاد بعيدة، أو إجراء لقاءات، وعمل استمارات مكلفة..

## المطلب الثالث: صياغة مشكلة البحث

بعد أن يحدد الباحث مشكلة البحث مراعياً في تحديدها كل الاعتبارات الشخصية، والعلمية والمجتمعية، يقوم بصياغة المشكلة صياغة دقيقة وواضحة تساعد على دراستها وتحليل عناصرها الأساسية، والمفاهيم، والمصطلحات العلمية التي تتضمنها الإشكالية. وفي كثير من الحالات تصاغ المشكلة على شكل سؤال أو عدة أسئلة تبحث في العلاقة بين متحولين أو اكثر، وجواب هذه الأسئلة، يكون الغرض من البحث.

ويفضل عرض المشكلة بعد صياغتها على الأستاذ أو الهيئة المشرفة على البحث، قبل أن يباشر الباحث عمله وذلك حتى يطلّع عليها المشرف على البحث، ويبدي ملاحظاته وتوجيهاته، والصياغة الدقيقة الواضحة المتضمنة لكل جوانب المشكل ذات تأثير إيجابي على الجهة المشرفة على البحث لأنها تدل على استيعاب الباحث للموضوع وتعمقه فيه.

أن الصياغة الصحيحة للمشكلة يجب أن تتوفر على الشروط التالية:

1- أن يحدد الباحث الموضوع الرئيس الذي وقع عليه الاختيار.

2- أن يحدد النقاط الرئيسة لمشكلة البحث مع الإشارة إلى النقاط الفرعية أيضاً.

3- أن يبين الباحث العوامل التي دفعته لاختيار هذه المشكلة بالتحديد ، وما هو الهدف الذي يسعى إليه من البحث.

4- أن يبين الباحث إن كانت مشكلة بحثه جديدة لم يسبقها إليه أحد، وإن لم يكن أول من يعالجها فما الجديد الذي يتوخى إضافته؟ وما هي الدراسات التي سبقته وتناولت نفس الموضوع؟

5- التعريف بالصعوبات التي يتوقعها الباحث أثناء بحثه، وإذا كانت هناك محاذير اجتماعية أو سياسية، فعليه أن يشير إليها وأن كان يتخوف من قلة المراجع، والمعلومات فعلية أن يبين ذلك أيضاً.

**الهوامش:**

(1) Robert King Merton and Robert A Nisbet Contenemporary social Problem NewYork 1976. P40.

(2) M Specter and J.I Kitsuse Constructing social problems .

(3) في كتابه John Dewy How we think 1933.

(4) انظر أحمد زايد (نحو سوسيولوجيا نقدية لدراسة المشكلات الاجتماعية)، بيروت: مجلة المستقبل العربي، عدد 146، ابريـل 1991 ص106.

(5) نقلاً عن عبد الباسط محمد حسن، مرجع سابق، ص156 .

(6) يراجع: كوهن مرجع سابق، ص44.

(7) يذهب بعض علماء اللغة إلى أن الإدراك غير الفهم، فالإدراك يدل على شعور الشخص بالإحساس أو بجملة مـن الاحساسـات التي تنقلها إليه حواسه، أو هو شعور الشخص بالمؤثر الخارجي والرد على هذا المؤثر بصـورة موافقـة. وهنـاك مـن الفلاسـفة مـن يميز بين الاحساس والإدارك . فالأول يتعلق بالأمور النفسية. بينما الإدراك هو عقلي والبعض لا يفصل بينهما فيكـون الإدراك نفسي- وعقلي في نفس الوقت.

(8) عبد الباسط محمد حسن أم كوهن، مصدر سابق ص108 .

(9) عبد الباسط محمد حسن أم كوهن، المصدر نفسه، ص 112.

(10) كارل بوبر، مرجع سابق، ص76.

# الفصل الثالث

# تحديد المفاهيم ووضع الفروض العلمية

بعد أن يحصر الباحث مشكلة البحث، ويحدد عناصرها الأساسية، يشرع بعملية البحث عن حلول لها، ذلك ببناء فروض وتخمينات يعتقد أنها توصل إلى الحل المطلوب، ولكن قبل مباشرة وضع الفروض، وتجريبها، على الباحث أن يحدد المفاهيم والمصطلحات التي يستعملها في البحث وهي خطوة إجرائية مهمة.

## المبحث الأول

### تحديد المفاهيم Concept Definition

إذا كانت الرموز والمصطلحات في مجال العلوم الطبيعية تتسم غالباً بالثبات والحصر والوضوح، فإن الأمر في العلوم الاجتماعية على خلاف ذلك. فالعلوم الاجتماعية تعج بالعديد من المفاهيم. والمصطلحات التي تتباين، وتتعدد التعريفات والتصورات التي تعطي لها باختلاف المواقع الإيديولوجية والمذاهب السياسية، والمدارس الفكرية، فالمفهوم الواحد قد يكون له أكثر من تعريف، الأمر، الذي يخلق الفوضى والاضطراب أحياناً في البحث الاجتماعي.

إن المفهوم Concept الذي هو أساس لغة التعامل الإنساني ووسيلة الإنسان للتعبير عن أفكار وحالات وأوضاع محددة، يكتسي أهمية قصوى في عملية البحث الاجتماعي، فعن طريق هذا التحديد يمكن للباحث أن يحصر المعلومات التي عليه جمعها، ويمكن أيضاً للقارئ منذ البداية أن يعرف ماذا يقصد الباحث بهذا المفهوم أو ذاك. ذلك أن العديد من المفاهيم - كما ذكرنا - قد يكون لها أكثر من معنى أو يعطى لها تفاسير مختلفة، مثلاً مفاهيم الحرية أو الديمقراطية أو حقوق الإنسان، في المجتمعات الديمقراطية لها دلالة تختلف عما هو موجود في المجتمعات ذات الحزب الواحد والأنظمة الديكتاتورية، ومفهوم البغاء في المجتمعات الإسلامية ليس له نفس المفهوم ونفس الحمولة الأخلاقية في المجتمعات غير الإسلامية ..الخ.

وقد سبق للعلامة ابن خلدون أن أشار إلى اختلاف معاني المصطلحات بين العلماء حتى في العلم الواحد، وهو يعتبر الأمر شيئاً طبيعياً ما دام العلم صناعة يكثر فيها الصناع، حيث يقول: " ويدل أيضاً على أن تعليم العلم صناعة اختلاف الاصطلاحات فيه، فلكل إمام من الأئمة المشاهير اصطلاح في التعليم يختص به، شأن الصنائع كلها، فدلّ على أن ذلك الاصطلاح ليس من العلم، إذ لو كان من العلم لكان واحداً عند جميعهم، ألا ترى إلى علم الكلام كيف تخالف في تعليمه اصطلاح المتقدمين والمتأخرين، وكذا أصول الفقه  وكذا العربية، وكذا كل علم يتوجه - يحتاج - إلى مطالعته، نجد الاصطلاحات في تعليمه متخالفة، فدلّ على أنها صناعات في التعليم، والعلم واحد في نفسه "(1).

عرف قاموس ويستر Webster المفهوم بأنه (لفظ عام يعبر عن مجموعة متجانسة من الأشياء، وهو عبارة عن تجريد للواقع يسمح لنا بأن نعبر عن هذا الواقع من خلاله، وفي الموسوعة الفلسفية العربية، فالمفهوم أو الأفهوم - حيث يعتقد واضعوها أن لفظ أفهوم أصح لغوياً من لفظ مفهوم - هو توحيد المتنوع في فكرة واحدة ، وهو تعريف منسوب إلى كانط " (2).

أما التعريف الاصطلاحي للمفهوم، فهو يذهب غالباً إلى اعتباره تعميمات توصلنا إليها من حالات أو مواقف فردية متشابهة ومتعددة، وعليه يكون المفهوم هو العلاقة بين كلمة أو مجموعة كلمات وبين فكرة أو تصور، وهذا الربط هو الذي يمكننا إضفاء نوع من المعنى على العالم المحيط بنا، وكلما كثرت المفاهيم عند الإنسان كلما ازدادت معرفته بالعالم، مع الإشارة أن نوع المفاهيم يعكس نوع المعرفة ، فمعرفة الإنسان لمفاهيم علمية عن ثقافته العلمية ونمط تفكيره، أما استعماله لمفاهيم بسيطة فيعبر عن ضحالة معرفته وضعف مستواه العلمي، ومن هنا تعتبر المفاهيم مفاتيح العلوم والمعرفة.

إن المفهوم إذن تعبير عن أشياء متجانسة، دون أن يعني شيئاً واحداً، فهو عبارة عن وصف تجريدي لوقائع ملحوظة، ولكنه لا يتحدث عن واقعة بعينها، مثلاً عندما نقول نظام سياسي، فنحن هنا نقصد أي نظام سياسي دون تحديد، هل هو نظام رئاسي أو نيابي، ملكي أم جمهوري، ديمقراطي أم ديكتاتوري، عادل أم ظالم ؟ الخ فمفهوم نظام سياسي مع أنه متفق على معناه العام، إلا أن كل شخص يملك تصوراً ذهنياً خاصاً عن

شكل هذا النظام السياسي، وعليه، فإن لم يحدد الباحث الذي يستعمل هذا المفهوم منذ البداية أي من الأنظمة السياسية يعني، فإنه يخلق ارباكاً عند القارئ يؤثر على عملية البحث بمجملها، أيضاً إذا أراد باحث مثلاً أن يبحث في موضوع (المثقفون والتحولات الاجتماعية في العالم العربي) فعليه أن يحدد ماذا يقصد بأ"المثقفين" هل المثقف هو من يعرف القراءة والكتابة؟ وهذا تفسير واسع لمفهوم (مثقف) لأنه قد يشمل %70، من عدد سكان بعض المجتمعات، أم أن المثقف هو من يحمل شهادة جامعية؟ أم أن المثقف هو من يشارك في انتاج ثقافة المجتمع؟. ثم على الباحث أن يحدد ماذا يقصد بالتحولات الاجتماعية، هل يقصد التغيير الاجتماعي الإصلاحي ضمن قواعد الشرعية القائمة؟ أم يقصد الثورات العنيفة في المجتمع؟.

نفس الأمر عندما يريد باحث أن يبحث في (انحراف الأحداث وعلاقته بالتنشئة الاجتماعية)، فيجب على البحث أن يحدد ماذا يقصد بالانحراف؟ ما هي الممارسات والأعمال التي تدخل ضمن مصطلح الانحراف؟ وهل السلوك المنحرف هو الذي يعاقب عليه القانون أم أنه السلوك الذي يتناقض مع النظام العام والأخلاق العامة.؟..الخ.

كما أن على الباحث أن يحدد من هم الأحداث؟ فهل الحدث هو من يقل عمره عن سن الرشد؟ أم هو من يقل عمره عن اثني عشر سنة ..الخ؟ أيضاً عليه أن يحدد مفهوم التنشئة الاجتماعية Socialization.

والباحث في خطوته هذه يحول هذه المفاهيم من حالتها المجردة النظرية العامة إلى مفهوم إجرائي operational concept يمكن قياس أبعاده في الواقع.

وعند تحديد وتفسير المفاهيم التي يستعملها الباحث في بحثه عليه توخي الإيجاز دون اخلال بالمعنى، وأن يكون المعنى أو التفسير معبراً بوضوح ودقة عن المفهوم. كما يمكن للباحث إما أن يعرّف المفاهيم تعريفاً بنائياً، وذلك بتباين الخصائص البنائية structural properties والتركيبية للمفهوم والعناصر التي يتكون منها، أو تعريفاً وظيفياً، وذلك بإبراز الدور الاجتماعي social role الذي يؤديه المفهوم.

كما يجب على الباحث أن يبين المعاني المختلفة للمفهوم الواحد إن وجد أكثر من

معنى، أو يتغير المعنى بتقدم الزمن، وهذه سمة من سمات المفاهيم الاجتماعية تعكس سلوك وظواهر اجتماعية تتبدل من وقت إلى آخر، لأن السلوك الإنساني بطبيعته سريع التبدل والتطور. كما يجب أن يرتبط المفهوم المستعمل بالتعريفات السابقة التي أعطيت له من قبل باحثين آخرين. وقد وضعت بعض التوجيهات التي تساعد الباحث على الوصول إلى تحديد دقيق للمفاهيم التي يستعملها في بحثه، أهمها:

1- الرجوع إلى التعريفات السابقة، والحالية للمفهوم.

2- عزل العناصر المشتركة والمتفق عليها في أغلب التعريفات.

3- صياغة تعريف مبدئي يتضمن المعنى الذي تجمع عليه أغلب التعريفات السابقة.

4- إخضاع التعريف المصاغ للنقد الصارم للتأكد من صلاحيته ودقته.

5- إدخال تعديلات نهائية على التعريف الجديد بناء على الانتقادات الموجهة له.

ويعتبر ستيوارت دود من أوائل الرواد الذين استعملوا اصطلاح التعاريف الإجرائية operational definition، وتعرّف هذه الأخيرة: بأنها التعبير بوضوح عن ظاهرة أو إجراء، ويمكن التحقق من صحته. ويتم استخدام هذه التعاريف الإجرائية في البحوث الاجتماعية، نظراً لصعوبة الاتفاق على مفاهيم أو تعاريف موحدة في العلوم الاجتماعية.

**المبحث الثاني**

**وضع الفروض العلمية**

**المطلب الأول: تعريف الفروض العلمية**

يعد الفرض Hypothesis أول خطوة في الطريق لإيجاد حل للمشكلة التي هي موضوع البحث. فالفروض هي حلول مقترحة للمشكلة، يضعها الباحث على شكل تعميمات Generalizations أو مقترحات تحاول تفسير حالات أو أحداث لم تتأكد بعد عن طريق الحقائق. وعادة يبدأ الباحث عمله بالتخمين والتخيل imagination، ولا نقصد هنا التخمين السطحي أو الخيالي، بل نقصد به عملية التفكير المركزة على مشكلة البحث، والتي تستند على وقائع وتبحث عن حقائق.

مثلاً، إذا أنطفأ المصباح الكهربائي في المنزل، فإن الشخص يبدأ مباشرة بالتخمين حول الأسباب المؤدية لانطفاء المصباح، فيضع فروضاً محتملة لذلك، فيفترض أن السبب هو احتراق اللمبة الكهربائية. أو انقطاع التيار الكهربائي أو خلل في التوصيلة الكهربائية الخ. أنه يخمن دون أن يستطيع أن يصدر حكماً في الموضوع، وعليه أن يبحث عن السبب الحقيقي للخلل الحاصل. فيبدأ بتجربة كل فرض من فرضياته حتى يصل إلى الحقيقة.

أيضاً بالنسبة لباحث اجتماعي أمامه إشكالية، مثل كثرة التغيبات في مؤسسة عامة، هنا ينطلق الباحث من تخمينات ويضع فروض أولية، فيفترض أن سبب التغيب هو قلة أجور العاملين، أو سوء الإدارة وتعسف المسؤولين، أو التسبب والإهمال في المؤسسة، أو تحريض يتعرض له العمال لدفعهم إلى التغيب، الخ. ولكنه في البداية لا يستطيع أن يجزم بالسبب الحقيقي، فعليه أن يبحث في كل فرض حتى يصل إلى نتيجة مؤكدة، فقد يكون السبب في التغيب أحد هذه الفروض أو بعضها أو كلها.

وكلمة فرض ترجمة لكلمة Hypothesis الانجليزية والتي تعني (شيء أقل من الأطروحة) أو فرضية لم تؤكد بعد، أنه ما قبل النظرية، فالباحث يعمل على تأكيد الفرض أو رفضه، فإذا ثبت صحّة هذا الفرض بعد أن يقوم الباحث بجمع المعلومات والبيانات من الميدان وتحليلها، فإن الفرض يتحول إلى نظرية، أما إذا أثبت البحث والبيانات المجمعة عدم صحة هذا الفرض، فإنه يسقط ويتم تبني فرض جديد.

الفرض إذن تخمين أو مجموعة أفكار يضعها الباحث مؤقتاً وتتعلق بموضوع بحثه، وتربط بين الظاهرة موضوع الدراسة بين أحد العوامل المرتبطة بها أو المسببة لها، أو أنه فكرة مبدئية تربط بين متغيرين أحدهما مستقل والآخر تابع، وقد عرفه كيرلنجر بأنه " عبارة تخمينية عن العلاقة بين متغيرين أو أكثر" أما عن وظيفة الفرض في المنهج العلمي فيصنفها ميداور Medawar بالقول: تبدأ جميع إنجازات المعرفة العلمية - على كافة المستويات - بمغامرة تأملية - بتوقع خيالي لما قد يكون صحيحاً. ويكون هذا التوقع - دائماً - أبعد بقدر صغير أحياناً، وبقدر كبير أحياناً أخرى عما لدينا من منطلق أو حقائق قوية تدفعنا لتصديقه ، وهذا التوقع اختراع لعالم محتمل أو لجزء صغير من هذا العالم، ثم يخضع هذا التخمين للنقد، حتى نكتشف إذا ما كان هذا العالم الذي تخيلناه شبيهاً

بالعالم الحقيقي أو لا. نقول بأن التفكير العلمي يكون دائماً - على كافة المستويات - عبارة عن عملية تفاعل بين نوعين من الفكر، فهو حوار بين صوتين: أحدهما تخيلي والآخر ناقد، حوار بين حقيقي والممكن، بين اقتراح ورفض، بين تخمين ونقد، بين ما يمكن أن يكون صحيحاً، وما هو صحيح بالفعل (3).

هذا التعريف للفرض بأنه ما يعتقد الباحث أنه حقيقة ولكنه غير متأكد منها، هو ما قال به كل من وليام وسميث، بحيث عرفاه بأنه. ما يعتقده الباحث حقيقة ولكنه لا يتوفر على أدلة كافية للتأكد من ذلك، فيلجأ إلى البحث للتأكد (4).

وفي نفس الاتجاه يرى ناجل 5) Nagel) أنه لا يمكن أن نخطو في أي دراسة بدون أن نبدأ بتفسير أو حل مقترح للمشكلة موضوع الدراسة. وقد يوضع هذا التفسير المبدئي بناءاً على خبراتنا السابقة، أو من المادة التي تكتب في موضوع الدراسة، وعند تكوين هذا التفسير نطلق عليه اصطلاح فرض (6).

ويستحسن أن يضع الباحث عدة فروض ويبدأ بتجربة كل فرض على حده، حتى يستقر على فرض واحد في تفسير الظاهرة أو المشكلة ويصبح هو النتيجة النهائية، وأن أخطر ما يصيب الباحث هو التمسك بفرض حتى وأن اثبتت التجربة وتحليل المعلومات أنه غير صحيح. فعلى الباحث أن لا يتمسك بالفروض (الميتة) التي لا تصمد أمام الحقيقة لمجرد أن الباحث يعتقد بصحتها، أو تخدم ميولاً خاصة لدى الباحث.

نستنتج مما سبق أن للفروض وظيفتان أساسيتان وهما:

الأولى: اقتراح تفسيرات لحقائق معينة.

الثانية: أنها توجه الباحث للدراسات نحو جوهر المشكلة دون أن يضيع في متاهات لا علاقة لها بموضوع بحثه، بمعنى أنها تنظم وتوجه جهود الباحث.

### المطب الثاني: مصادر الفروض العلمية

وضع الفروض العلمية ليس عملاً بسيطاً، فهو يتطلب مهارة واطلاعاً من قبل الباحث المعني بالأمر وقدرة على تحديد المصادر التي تساعده على وضع فروضه. ومن المصادر التي تستقي منها الفروض.

أ- المعرفة الواسعة - من قراءة واطلاع - للباحث في المجال الذي يبحث فيه، فلكما كان الباحث مطلعاً أكثر على ميدان بحثه كلما كانت قدرته أكبر على بناء فروض صحيحة.

ب- البحوث السابقة المتعلقة بنفس الموضوع. وهذه مصدر مهم للفروض، فالباحثون السابقون وضعوا فروضاً لبحوثهم وأكدوا بعضها ونبذوا أخرى، كما أن نتائج البحوث السابقة يمكن ان تكون فروضاً للبحوث الجديدة، أو تفتح الآفاق أمام فروض جديدة.

ج- ثقافة المجتمع، من قيم واتجاهات وتقاليد وآراء، فهذه كلها تشكل مجالات لوضع الفروض ومحاولة التثبيت من صحتها.

د- الخبرة الشخصية للباحث وسعة خياله. فالفروض - كما قلنا - تبدأ بعملية التخمين، وكلما ازداد ذكاء الباحث وتوفر على ذهن خصب كلما كانت تخميناته مصيبة، وكلما توصل إلى فروض هامة. كما أن الخبرة الشخصية للباحث تساعده على تجنب الوقوع في متاهات الفروض الخائبة فالخبرة الشخصية معرفة أكيدة لصاحبها تجعله متيقن من كل خطووة يخطوها في عملية البحث. كما أن اجتماع الخبرة الشخصية مع سعة الخيال يجعلاً الباحث أكثر قدرة على التحرر من الأفكار المسبقة، ومن النظريات القائمة بطريقة عشوائية ودون تمحيص.

### المطلب الثالث : شروط الفروض العلمية

هناك عدة شروط يجب توفرها عند وضع الفروض، حتى تكون فروضاً علمية بمعنى الكلمة، هذه الشروط هي:

1- وضوح المفاهيم والعناصر التي يتكون منها الفرض، بحيث لا يكون لها إلا المعنى المقصود، وهذا يتطلب تعريفاً إجرائياً إن أمكن.

2- أن تصاغ الفروض بإيجاز، وأن تكون على هيئة قضايا واضحة يمكن التحقق من صحتها، وهذا يتطلب من الباحث أن يحدد المقاييس أو الوسائل التي يستخدمها للتحقق من صحة الفروض، مثل استنباط المترتبات أو غيرها.

3- أن توضع الفروض في نسق استدلالي، أما في شكل ذي دلالة يمحصها البحث، أو تساؤل تؤكد البيانات المجتمعة إيجابية الرد أو سلبيته.

4- أن تكون الفروض قابلة للاختبار. فالفروض الفلسفية والأخلاقية، والأحكام القيمية يصعب إن لم يستحيل اختبارها أحياناً لعدم إمكانية إخضاعها للتجربة.لذا يجب عند صياغة الفروض أن يضع الباحث في الحسبان توفر الأساليب والأدوات التي يمكن استخدامها في قياس هذه الفروض.

5- يجب أن يكون الفرض خالياً من التناقض. لأن وجود أفكار متناقضة في الفرض يجعل البحث معقداً، فالأفكار المتعارضة تهدم بعضها البعض.

6- أن يكون معقولاً. بمعنى أن العلاقة التي يوجدها بين ظاهرتين (الثابت والمتحول) يجب أن تكون ممكنة الحدوث مثلاً أن لا يفترض الباحث أن ارتفاع نسبة ولادة الذكور مرتبط بثقافة المرأة.

7- الربط بين الفروض الموضوعة والفروض أو النظريات التي سبق التوصل إليها، فمن غير المعقول أن يضع كل باحث فروضه دون أن يرجع إلى الفروض والنظريات السابقة، لان المعرفة العلمية تأتي نتيجة التراكم والتواصل المعرفي.

8- وضع مجموعة من الفروض المحتملة بدلاً من فرض واحد على أن تكون الفروض ممكن فحصها وتحليل واستخلاص النتائج منها.

**الهوامش:**

(1) ابن خلدون، مقدمة، مرجع سابق، ص 771-770.

(2) الموسوعة الفلسفية العربية، رئيس التحرير، معن زيادة، معهد الإنماء العربي، بيروت 1986، ص 770 إلا أنه في نفس الباب يـرد موسى وهبة على تعريف كانط السابق بالقول أن (التجميع) هي وظيفة المفهوم وليس المفهوم بحد ذاته.

(3) لويس كوهين مرجع سابق، ص 38، المرجع الأصلي

(Medawar P.B The hope of progress (Methuen London 1972

(4) Wiliam Reid and indrey D. Smith Research in social work. (NewYork, Colombia university press 1951 . p 48

(5) انظر : جمال زكي والسيد ياسين، مرجع سابق، ص 31 .

## الفصل الرابع

## العينات أو التعيين SAMPLING

### المبحث الأول

### تعريف العينة وشروطها العلمية

يهدف البحث العلمي الاجتماعي إلى التعرف على المجتمع ومشاكله، وإيجاد حلول لهذه المشاكل، أو خلق معرفة نظرية تكشف ما كان مجهولاً من وقائع وحقائق مجتمعية. إلا أن الباحث الاجتماعي الميداني عند تناوله موضوعات ومشاكل اجتماعية لا يستطيع الاتصال بجميع أفراد المجتمع ووحداته، وذلك لكثرة عدد وحدات المجتمع المبحوث وكثرة التكاليف وصعوبة الإتصال، الأمر الذي يدفع الباحثين إلى (التعيين)، أي اختيار عينة من المجتمع المراد بحثه يراعى فيها التمثيل الصحيح للمجتمع المبحوث يجري عليها عملية البحث، ثم تعمم نتائج البحث على جميع وحدات المجتمع، أو الحالات الأخرى المشابهة.

مثلاً... إذا أراد باحث أن يبحث مشكلة تفشي المخدرات في بيئة ما أو مجتمع ما، فإنه لا يستطيع أن يدرس أو يتصل بجميع حالات تعاطي المخدرات، لتكتم متعاطي المخدرات من جانب وكثرة عددهم من جانب آخر، فيلجأ إلى اختيار عينة من المجتمع يراعي فيها التمثيل الصحيح لهذه الفئة، فيبحث في أسباب تفشي المخدرات عند أفراد المجموعة. وبعد الوصول إلى نتيجة يمكنه أن يعممها على بقية الحالات المشابهة.

إلا أن اللجوء إلى التعيين، أي أخذ عينة تمثل المجتمع المبحوث، مع ما يمتاز به هذا الإجراء من إيجابيات كالاقتصاد في النفقات. وكسب الوقت، فإنه يصاحب أحياناً بأخطاء يجب أخذها بعين الاعتبار أو الحذر من الوقوع فيها، من هذه الأخطاء مثلاً خطأ التحيز، وخطأ الصدفة، وذلك أنه أحياناً لا يكون الخطأ مقصوداً بل يرجع إلى المصادفة أو إلى جهل الباحث أو جامع معلومات بشروط اختيار العينة. وهذا ما يسمى بانحراف العينة.

ومن الأمثلة الكلاسيكية المشهورة على الخطأ في اختيار العينة ما حدث في الحملة الرئاسية الأمريكية لعام 1936، حيث أجرت مجلة ليتراري دايجست Literary Digests استفتاء حول من سيكسب في الانتخابات، وقد شمل الاستفتاء مسح لعينة مكونة من حولي مليون شخص، وكانت نتيجة الاستفتاء ترجع فوز الجمهوري (ألف لاندون ALF Landon) إلا أن الذي حدث هو نجاح الديمقراطي (فرانكلين روز فلت)، وكان الخطأ يكمن في اختيار عينة البحث، ذلك أن المشرفين على الاستفتاء اختاروا عينة غالبيتها من الجمهورين، وبالتالي تمثل السكان تمثيلاً صحيحاً. هذا الخطأ يرجع إذن إلى تحيز المشرفين على المجلة ورغبتهم في تضليل الرأي العام، بالقول أن الغالبية مع المنتخب الجمهوري (1).

أن عملية التأكد من تمثيل العينة للمجتمع المبحوث، تمثيلاً صحيحاً تعد خطوة لضمان دقة وموضوعية البحث، وحتى يتم ذلك فعلى الباحث أن يحدد أولاً، وبدقة المجتمع الأصلي الذي سيبحثه ، وأن يتوفر على قائمة بمفرداته أن أمكن، ثم ثانياً يختار العينة بطريقة العينة بطريقة عشوائية تضمن عدم التحيز، أو المحاباة.

المطلب الأول: حجم العينة

يتوقف حجم العينة المختارة على عدة اعتبارات، أهمها:

**1- درجة تجانس المجتمع الأصلي**

ذلك أنه كلما كان المجتمع متجانس العناصر، كلما كان من الممكن تصغير حجم العينة، لأن تجانس أفراد المجتمع يجعل الصفات المتواجدة في أية مجموعة هي نفس الصفات المتواجدة في المجموعات الأخرى تقريباً، أما إذا كان المجتمع غير متجانس سواء من حيث الجنس، أو العرق، أو الحالة الاجتماعية أو الميول السياسية الخ، فإن هذا يحتم أن تكون العينة من الاتساع بحيث تمثل كل هذه الشرائح.

**2- الاعتبارات المادية**

أن من الدوافع الرئيسة للجوء إلى أسلوب العينة بدلاً من أسلوب الحصر الشامل هو التكلفة المادية الباهضة التي يتطلبها الحصر الشامل، لذا يتم اللجوء إلى أسلوب العينة للتقليل من النفقات، وكلما كانت القدرة المالية للباحث أو للجهة المشرفة على عملية

البحث ضعيفة، كلما يتم اللجوء إلى عينات صغيرة لحجم حتى يمكن الاتصال بكافة عناصرها دون عناء أو تكلفة.

## 3- عامل الزمن

العينة كبيرة الحجم تحتاج إلى وقت كبير حتى يتم مسحها والإتصال بكل عناصرها، وفي كثير من الحالات يكون الباحث مقيداً بزمن محدد لانجاز البحث، ومن هنا يجب أن يأخذ الباحث بعين الاعتبار عند اختيار العينة، الفترة الزمنية التي سينجز فيها البحث.

## 4- كما يتأثر حجم العينة بالمنهج المتبع

وبأداة البحث التي ستجمع بواسطتها المعلومات، وبنوع المشكلة موضوع البحث، والباحث الذي سيجمع المعلومات عن طريق المقابلة يحاول أن يختار عينة أقل عدداً من باحث يجمع المعلومات عن طريق الاستمارة مثلاً.

وبصورة عامة، فكلما كبرت العينة المستخدمة في البحث كلما كان هذا أفضل. والعبرة في النهاية ليست للحجم فقط ولكن لمدى تمثيل العينة للمجتمع المبحوث تمثيلاً صحيحاً.

المطلب الثاني: كيفية احتساب حجم العينة

إن تحديد حجم العينة تحديداً علمياً يعتمد معرفة المتغيرات التالية:

1- معرفة القيمة التقريبية للإنحراف المعياري standard deviation لمجتمع البحث الذي تختار منه العينة، وهذا يمكن تخمينه من قبل الباحث على أساس حقيقة تجانس أو عدم تجانس السكان فكلما كان مجتمع البحث متجانساً. كلما كان الانحراف المعياري أقل (2).

2- تحديد درجات الدلالة للوسط الحسابي لمجتمع البحث التي تتراوح بين 1/2- درجة إلى 4 درجة، والباحث هو الذي يحدد درجات الدلالة، وهذه الأخيرة تعتمد مستويات الثقة التي يتعامل معها الباحث، ومستوى الثقة 95% درجة دلالته (1.96) ومستوى الثقة 99% درجة دلالته (58 وح)(3)

3- تحديد مستويات الثقة التي يتعامل معها الباحــث وهذه قد تكون %95، %99.

وبعد معرفة هذه المتغيرات نستعين بالمعادلة التالية لتحديد حجم العينة:

$$\text{ن. ع} = \frac{\text{ع حـ } 2}{\text{س}}$$

ن ع= حجم العينة المطلوب اختيارها من مجتمع البحث.

$$\text{س} = \frac{\text{حد الثقة أو درجة الدلالة للوسط الحسابي لمجتمع البحث}}{\text{درجة دلالة مستويات الثقة } 95\%\text{، } 99\%}$$

ونرمز للإنحراف المعياري بـ ع، ح

فلو فرضنا بأن الانحراف المعياري لمجتمع البحث =15

ودرجة الدلالة +2

وحيث أن مستوى الثقة= %95 ودرجة دلالته (1.96)

فحجم العينة يستخرج بالطريقة التالية:

$$\text{ن ع} = \frac{\text{ع حـ } 2}{\text{س}}$$

$$\text{وحيث أن س} = \frac{2}{1.96} = 2(1)$$

$$\frac{2(15)}{2(1)} = (1)(2)$$

فإن ن ع = = 225، وهو حجم العينة المطلوبة

مثال (1)

لو فرضنا بأن الإنحراف المعياري لمجتمع البحث= 12 ودرجة الدلالة= +2 ومستوى الثقة = %95 (1.96) فإن حجم العينـة يكـون كالتالي:

$$\text{ن ع} = \frac{\text{ع حـ } 2}{\text{س}}$$

248 تصميم البحث الاجتماعي

س = $\frac{2}{1.96}$ = (1)$^2$ =

ن ع = =144 وهو حجم العينة المطلوب

مثال (2)

لو فرضنا بأن الإنحراف المعياري لمجتمع لبحث =20 درجة ودرجة الدلالة =+3 ومستوى الثقـة =95% (1.96) فـإن حجـم العينـة يكون على النحو التالي:

ن ع = $\frac{\text{ع حـ 2}}{\text{س}}$

س = $\frac{2}{1.96}$ = (1)$^2$ =

ن ع = $\frac{(20)^2}{(1.5)}$ = $\frac{400}{2.25}$ = 182 حجم العينة المطلوب دراستها.

أما إذا كان الإنحراف المعياري لمجتمع البحث = 20 ودرجة الدلالة +3 ومستوى الثقة = 99% (2.58) فإن حجم العينة يكون :

ن ع = $\frac{\text{ع حـ 2}}{\text{س}}$

س = $\frac{3}{2.58}$ = (1.1)$^2$ =

ن ع = $\frac{(20)^2}{(1.5)}$ = $\frac{400}{1.2}$ = 333 [9]حجم العينة المطلوبة.

## المبحث الثاني

## طرق اختيار العينات

### (أنواع العينات) (Types of sample(4

كما سبق الذكر، فحيث لا يمكن للباحث أن يتصل بكل أفراد المجتمع المبحوث الذي تتعلق به مشكلة البحث، فإن عليه اختيار عينة يجري عليها التجربة ويختبر فروضه، وتوجد طريقتان لاختيار عينة البحث الأولى تشمل العينات الإحتمالية، والثانية وتشمل العينات غير الاحتمالية.

### المطلب الأول: العينات الاحتمالية

وهي العينات التي يتاح فيها لكل فرد من أفراد المجتمع فرصة أن يكون أحد أفراد العينة. ويتم اختيار أفراد العينة في هذا النوع بشكل عشوائي، وهي على أنواع

#### 1- العينة العشوائية البسيطة Simple Rondom Sample

هي العينة التي لا يتعمد عند اختيارها أي طريقة من الطرق بل تؤخذ بطريقة عشوائية، تضمن اعطاء جميع وحدات المجتمع فرصاً متساوية في الاختيار. ويتم ذلك طبقاً لقواعد معروفة ومتخصصة مثل. الجدول العشوائي والقرعة.

فيمكن للباحث مثلاً أن يضع أسماء مفردات المجتمع المراد بحثه في وعاء، ثم يسحب منها العدد المطلوب، إلا أن الطريقة المثلى، وخصوصاً إذا كان عدد وحدات المجتمع كبيراً، هي الجدول العشوائي، والأرقام العشوائية Random numbers وهو عبارة عن جدول معد سلفا مبين فيه أرقام موضوعة دون أي ترتيب أو تعمد (بطريقة عشوائية) -أنظر الملحق في نهاية الكتاب -

وفي هذه الطريقة يكون الباحث قد أعد جدولاً بوحدات المجتمع الأصلي مرقمة بطريقة متسلسلة، ثم يبدأ من نقطة في الجدول العشوائي لتكون هي الرقم الأول، فيأخذ الأسم المقابل للرقم من جدول وحدات المجتمع، ويكرر العملية فيضع إصبعه بطريقة عشوائية على رقم جديد في الجدول العشوائي، ويستخرج الاسم المقابل له في جدول الأسماء، وهكذا حتى يستخرج العدد المطلوب

## 2- العينة المنتظمة Systematic Sample

وتنتمي إلى نفس نمط العينات العشوائية، إلا أنها تمتاز عن الأولى بسهولة اختيار مفرداتها، وفي هذا النوع من العينات يقوم الباحث باختيار العنصر الأول من عناصر العينة بطريقة عشوائية كما سبق توضيحه. ثم يختار بقية العناصر أو الوحدات بشكل منتظم بحيث يكون الفارق بين كل وحدة والأخرى متساوية عددياً.

فلنفترض أن باحثاً يريد عينة تمثل 10% من اجمالي المجتمع الاصلي، أي نسبة 1/10 ، ليجري عليها البحث. وفي هذه الحالة يحدد الباحث نقطة البداية بطريقة عشوائية من الجدول العشوائي ولنفترض أن الرقم كان (7) ، وفي هذه الحالة تكون العينة مكونة من الأسماء أو الوحدات التي تحمل الأرقام ، 7، 17، 27، 37، وهكذا وبصورة عامة يمكن اللجوء إلى المعادلة التالية لتجديد مسافة الاختيار:

م أ =

م أ = مسافة الاختيار.

ن ع = حجم العينة المختارة.

ن م = حجم مجتمع البحث.

فلو كان حجم العينة المختارة (500) شخص وحجم مجتمع البحث (20.000) شخص، فإن مسافة الاختيار تكون حسب المعادلة:

م أ = أي أن كل شخص في العينة يمثل 40 شخصاً في مجتمع البحث، ولو افترضنا أن الباحث اختار رقم (6) كرقم عشوائي أولي، واعتماداً على أن مسافة الاختيار هي (40) فإن وحدات العينة المختارة تكون على النحو التالي

6، 46، 86، 126، 166، 206، 246 إلى أن يتار (500) رقم.

وفي حالة تعذر الباحث عن مقابلة أحد الأشخاص المعنيين يمكنه مقابلة الذي يحتل الرقم الموالي.

## 3- العينة الطبقية العشوائية Startified Random Sample

يتم اللجوء لهذه الطريقة عندما يكون مجتمع البحث غير المتجانس سواء من حيث السن، أو النوع، أو الدين، أو المهنة، وحتى تكون العينة ممثلة بشكل صحيح للمجتمع المبحوث أن تكون ممثلة لمختلف هذه الأصناف.

وحتى نضمن أن العينة المختارة تمثل كافة فئات المجتمع بشكل دقيق وحسب تواجدهم، نتبع الخطوات التالية:

أ- معرفة المجتمع الأصلي معرفة دقيقة، وتحليله لمعرفة كل طبقة أو فئة أو فئاته.

ب- تحديد عدد الوحدات المكونة للمجتمع ككل، وهذا يتطلب توفر قوائم بأسماء الأفراد أو الوحدات المكونة للمجتمع الأصلي وأيضاً معرفة عدد الوحدات لكل طبقة من طبقاته.

ج- تحديد حجم العينة المراد إجراء البحث عليها، وعدد الوحدات المطلوبة من كل طبقة.

د- اختيار الوحدات من القوائم بطريقة عشوائية أو بطريقة منتظمة.

## 4- العينة العنقودية أو عينة التجمعات Cluster Sample

ويتم اللجوء إليها، إذا كان حجم المجتمع الأصلي كبيراً، الأمر الذي يجعل من الصعب تطبيق أسلوب العينات بالطريقة السابقة. ففي حالة ما إذا كان مجتمع البحث منتشراً في مساحات جغرافية شاسعة، أو لم تتوفر قوائم تفصيلية لجميع وحدات المجتمع نتبع أسلوب المراحل المتعددة في اختيار العينة.

وهذه الوسيلة تحتاج إلى وجود خرائط دقيقة عن المنطقة التي يوجد فيها المجتمع المراد بحثه حيث يتم تقسيم المنطقة إلى وحدات أولية، يختار من بينها الباحث عينة بطريقة عشوائية ثم تقسم الوحدات الأولية إلى وحدات أصغر، ويختار من هذه الأخيرة وبطريقة عشوائية عينة ووحدات هذه العينة تقسم إلى وحدات أصغر وهكذا.

مثلاً قد يقسم المجتمع إلى عمالات، وتختار عينة من هذه العمالات، وتقسم بعد ذلك كل عمالة مـن العـمالات المعنيـة إلى مـدن، ويختار بطريقة عشوائية عينة محددة من هذه المدن، ثم تقسم كل مدينة من هذه المدن المختارة إلى أحياء، ويقسم كل حـي إلى مجموعة من الشوارع، وكل شارع إلى مساكن.

## المطلب الثاني: العينات غير الاحتمالية

وفي هذا النوع لا تتوفر فرص أو طرق تتضمن لكل فرد احتمال أن يكون أحد أفراد العينة، وهذا النوع من العينات أسهل بالنسبة للباحث، إلا أن علميتها أقل من علمية النوع الأول، حيث تلعب ذاتية الباحث دوراً كبيراً في اختيار افراد العينة، وأهمها:

1- **العينة العمدية** purposive Sample

ونقصد بالعمدية أن الباحث يتعمد أن تتكون العينة من وحدات بعينها لتوفر خصوصيات في هذه الوحدات يجعلها تمثل تمثيلاً صحيحاً المجتمع الأصلي، فقد يختار الباحث مناطق محددة يرى أنها تتميز بخصائص ومزايا إحصائية تمثيلية للمجتمع.

2- **العينة التراكمية** Snowball Sample

وفيها يختار الباحث عدداً صغيراً من أفراد المجتمع المبحوث، يرى أنه تتوفر فيهم الخصائص التي تساعده على اختبار فروضه. ثـم يقوم هؤلاء بتحديد غيرهم للانضمام إليهم .. وهكذا.

3- **العينة الفئوية النسبية** Quota Sample

وهي تشبه العينة الطبقية، إلا أن الباحث يختار أفراد العينة التي تمثل مختلف الطبقات - فئات - المجتمع محل البحث مراعياً في ذلك النسب التي يتواجدون فيها داخل المجتمع.

## المبحث الثالث

### انحرافات التعيين Sampling Error

أن الاعتماد على عينة أمر له خطورة، وإن فيه مخاطرة، ذلك أن نوعية الاستنتاجات التي يمكن أن نستخلصها مـن بحـث، مرتبطـة بتركيب العينة، فإذا لم تكن هذه الأخيرة ممثلة للمجموعة السكانية التي نريد دراستها فإن الاستنتاجات منها، حتى بواسطة طرق إحصائية دقيقة، سوف تبتعد عن تلك الاستنتاجات التي نحصل عليها في حالة استجوابنا كل المجموعة السكانية، فإذا أخـذنا مثلاً عينة من المباني أو العمارات لتقدير عدد سكان مدينة من المدن يمكن أن تكون العينة المختارة مسكونة بأكثر من المتوسط، وهـذا سيؤدي حتماً إلى المغالاة في تقدير عدد السكان في المدينة، يرجع هذا إلى أن حكمنا قد صدر على الجزء، وليس على الكل.

إن أسباب انحراف العينة ترجع إلى أصول مختلفة إذ يمكن لبعضها أن يدخل لحظة تكوين العينة كاعتماد قاعدة تحقيق لا تغطي سوى جزء من المجموعة السكانية، أو لا تتوفر على جميع الخصائص المتوفرة في الموضوع المبحوث (المثال السابق)، ويمكن لبعضها أن ينتج عن أسباب بعيدة عن عملية التعيين كرفض المستجوب الإجابة أو غيابه أو تعمد إعطاء معلومات خاطئة.

### المطلب الأول: انحرافات تعود إلى عملية التعيين

يتمتع الباحث بحرية شبه مطلقة في اختيار الأشخاص المستجوبين شريطة احـترام الخطة المرسومة مـن قبـل، سواء مـن حيـث الحصص أو أنواع المفردات، ولا يمكن أن نجد طريقة أسهل من هذه لأن الباحث لا يضيع الوقت في البحـث عـن شخص محـدد ذاتياً، بل يكتفي بإجراء مماثلة بين الأشخاص المستجوبين، ولكن هذه الطريقة قد تقرر نتائج خطيرة، لأن الباحـث يخضـع لتـأثير عدة عوامل:

1- عامل الجوار: فالجوار يدفع الباحث إلى اختيار الموضوع أو الأفراد الأقرب جغرافياً إلى مسكنه.

2- عامل التعاطف: يدفع هذا العامل الباحث إلى استجواب الأشخاص المنتمين لنفس ثقافته أو ديانته أو طبقته.

3- عامل الوجاهة: يدفع بالباحث إلى تفادي استجواب الأشخاص الواقعين في أعلى السلم الاجتماعي.

4- عامل التحيز: ينتج عن اقتصار الباحث على عدد قليل من المفردات أو الوحدات المكونة للمجتمع الأصلي والتغاضي عن بقية الواحدت الأخرى.

### المطلب الثاني: انحرافات خارجة عن عملية التعيين

يرتكب الباحث أو يقع في مجموعة أخطاء لا ترجع إلى صفات العينة أو إلى الطريقة التي تم بها اختيار العينة، وإنما تتسبب في هذه الانحرافات مصادر متنوعة.

1- أخطاء مرتبطة بالباحث

أ - هي الأخطاء التي يقع فيها الباحث أثناء عملية تفريغ البيانات أو تبويبها أو إدخالها إلى الحاسوب الآلي، أو تنتج عن خطأ في تقدير احتمالات الرفض أو الغياب.

ب- غموض فقرة في سؤال أو غموض سؤال كله. إذا جاءت فقرة من السؤال أو جاءت صياغة السؤال كله غامضة فإن استجابات أفراد العينة لمثل هذا الوضع لن تكون واحدة كما لن يكون بإمكان الباحث قياس أثر هذا الغموض في الأجوبة. وعلى الرغم من الجهد الذي يبذله الباحث في صياغة أسئلته فإن أية استمارة جمع بيانات قد تحتوي على عدد من هذه الأسئلة، أو الفقرات غير الجيدة.

فمثلاً تضمنت إحدى الدراسات الحديثة سؤالاً عن عدد الكتب الموجودة في المنزل. ولم يوضح في السؤال ما المقصود بالكتب من حيث الموضوع أو النوع. والذي حدث أن بعض أفراد العينة اعتبر الكتب المدرسية بما في ذلك، كتب المرحلة الابتدائية كتباً يشملها السؤال. ولكن جزءاً كبيراً من أفراد العينة لم يرق له اعتبار الكتب المدرسية، وخصوصاً تلك التي عند أبنائه كتباً منزلية فأحصى عدد الكتب غير المدرسية، وبذلك جاءت إجابات نسبة عالية من هؤلاء بأنهم لا يحتفظون بأي كتب في المنزل أو لا يحتفظون إلا بعدد صغير منها.

2 - أخطاء مرتبطة بالعينة المبحوثة

أ- الغياب Absence

لدى مرور الباحث يمكن أن يجد شخصاً غائباً عن منزله لأسباب عديدة، ولمدى مختلفة، فقد يكون الغياب مؤقتاً أو دائماً، وإذا ما انتقل الباحث مباشرة إلى الشخص التالي في اللائحة معتبراً بأنه هو أيضاً مسحوباً بالقرعة فإننا سنحصل على عينة من الأشخاص الذين قليلاً ما يخرجون، وعلى نحو أدق سيكون للأشخاص الذين كثيراً ما يكونون خارج البيت حظاً أقل في أن يشكلوا أجزاء من العينة النهائية.

وهذا النوع من الانحرافات غالباً ما يصيب العينة العشوائية.

ولتجنب هذا الانحراف ثمة احتياطات تتخذ عادة، مثلاً تجنب إجراء استجوابات في خلال العطل مثلاً شهري يوليوز وغشت. فالأشخاص الذين يخرجون هم بالتأكيد مختلفون عن أولئك الذين لا يخرجون علاوة على ذلك يتوجب على الباحث ألا يتخلى عن استجواب الشخص إلا بعد أن يتحقق من غيابه فمن الضروري العودة من وقت آخر، أو يوم آخر. وبشكل عام يفرض على الباحث ألا يتخلى عن عنوان إلا بعد ثلاث أو أربع زيارات غير مثمرة.

إلى جانب هذا الغياب الوقتي، والذي يسمح للباحث من حيث المبدأ أن يلتقي في آخر الأمر بالشخص المقصود، ثمة غياب طويل يستمر إلى ما بعد فترة البحث (وفاة، تغيير المسكن) وإيجاد هؤلاء الأشخاص أمر صعب في أغلب الأحيان، إذ ليس من الصعب إيجاد عنوان الجديد ولكن هذا العنوان قد يكون خارج منطقة البحث.

أمام كل أشكال الغياب أكانت وقتية أو نهاية تبقى دائماً إمكانية يمكن تطبيقها في كل الحالات، استبدال شخص آخر مسحوباً بالقرعة أيضاً ومنتم لنفس الفئة (عمر، جنس، مهنة ..) بالشخص الذي لم يستطع الوصول إليه وذلك، يفترض من الدرجة الأولى أنه بإمكاننا معرفة هذه الخصائص قبل أن نلتقي الشخص المقصود، ويفترض أن تكون هذه الخصائص مدرجة في اللائحة التي أستخدمت في السحب (6)

ب- الرفض Refusal

مبدئياً لا يجبر أحد عن مقابلة إو الإجابة عن استمارة باستثناء بعض الحالات النادرة كالاحصاء السكاني، وهـذا مـا يجعلنـا نتحقـق عملياً من أن عدداً من الأشخاص يرفضون الإجابة عن كل الأبحاث، وعمليـات الـرفض هـي عـلى الأغلـب نهائيـة خاصـة إذا رفـض الشخص المتصل به أن يستقبل الباحث. وبالمقابل فإن الشخص الذي قبل استقباله قد يتوقـف وسـط الاسـتمارة. ويـبرز الانحـراف الذي يمكن أن ينتجه هذا الرفض في الإجابة على السؤال التالي: هل كان يمكن للأشخاص الـذين رفضـوا البحـث أن يجيبـوا بطريقـة مختلفة عن أولئك الذين قبلوه؟

وتجدر الإشارة إلى بعض أشكال عملية الرفض:

1- العمال المستقلون التجار الحرفيون يرفضون على الأغلب أكثر من الفئات الاجتماعية الأخرى، فهم غالباً مشغولون جـداً، بحيـث لا يكونون جاهزين للإجابة في أغلب الأوقات.

2- المسنون يخافون ويترددون في السماح للغريب بالدخول إلى منازلهم.

3- بعض النساء المتزوجات: يرفضن استقبال الباحث والإجابة عن أسئلته في غياب أزواجهن وفي حالة حضـورهم، فبعضـهم يـرفض الإجابة محتميات وراء أزواجهن قائلات : إما أنهم لا يستطعن الإجابة دون موافقة الزوج، وإما أن الزوج نفسه باستطاعته الإجابـة على نحو أفضل.

4- بعض المثقفين يرفضون مبدأ استطلاع الرأي.

5- بعض الأوساط المسيَّسة تعارض أيضاً الأبحاث لأسباب سياسية.

6- الخوف لدى الأشخاص ذوي المستوى الاجتماعي - الثقافي المتدني من عدم تمكنهم اتفاق الإجابة.

7- الخوف من ان يكون الباحث ممثلاً لمؤسسة غير التي يعرف عن إنتمائه لها. أو أن تكون مجرد ذريعة لدخول المنزل.

ولتقويم انحراف العينة الناتج عن الرفض يمكن أن نستبدل الشخص الذي يرفض بشـخص آخـر يمثـل نفـس الخصـائص كـما الأمـر بالنسبة للشخص الغائب، وعلى افتراض

أن الرفض جاء نتيجة لظروف معينة أو معلقة بباحث يبعث على الحذر يمكن أن نستدرك الأمر بإرسال باحث آخر في مظهر مختلف بعدة عدة أيام (7).

### ج- تعمد إعطاء معلومات خاطئة

يتعمد بعض أفراد العينة أعطاء معلومات غير صحيحة، ويحدث هذا بنسب متفاوتة بحسب وسيلة جمع البيانات وطبيعة الدراسة. فقد يتمكن الباحث أثناء المقابلة من مراجعة بعض البيانات والمقارنة بينها بتقدير كمية عدم الدقة أو للوصول إلى المعلومات الصحيحة.

قد يعطي المستجوب بيانات غير صحيحة، وخصوصاً في حالة الموضوعات التي تثير حساسية أخلاقية أو سياسية أو دينية، وفي هذه الحالات لا تعبر الإجابات عن حقيقة الموقف. ولا تعكس بالتالي الواقع.

وكخلاصة لهذا الموضوع، نشير إلى أن العينات كأسلوب منهجي في عملية البحث تشكل خطوة متقدمة تساعد على تبسيط بحث المجتمع والتعرف على قضاياه ومشاكله من خلال ممثلين منتقين لهذا الغرض، إلا أن التعيين حتى يكون علمياً يجب أن يتبع قواعد موضوعية كالعينة العشوائية ويبتعد عن مواطن الانحراف، ويلجأ إلى أسلوب التحقق. ولا شك أن الباحث الذي يريد أن يمارس أسلوب التعيين عليه أن يكون ملماً بقواعد الإحصاء أو يستعين بإحصائي حتى يمكنه استخراج عينة بحثه بموضوعية، ومع انتشار جهاز الكمبيوتر أصبحت عملية التعيين أكثر سهولة، حيث يمكن أن يُسند للكمبيوتر أمر اختيار عينة من مجتمع قد يصل عدد أفراده إلى الملايين في زمن وجيز.

**الهوامش:**

(1) روجر ويمر دومنيك، مرجع سابق، ص 97.

(2) الإنحراف المعياري (أداة في الاحصاء تقاس بها الفروق أو الأخطاء للوقوف على مقدار أهميتها وما تدل عليه. والانحراف المعياري لمجموعة من القيم هو عبارة عن الوسط التربيعي لانحرافات هذه القيم عن وسطها الحسابي، وبعبارة أخرى هو الجذر التربيعي لمتوسط مربعات الانحرافات عن الوسط الحسابي).

انظر : أحمد زكي بدوي، معجم مصطلحات العلوم الاجتماعية، بيروت 1978، ص 407 .

(3) درجة الدلالة أو مرحلة الثقة، ترتبط بقيمة معينة يمكن أن تتنوع وهي الفرق الحقيقي بين الوسط الحسابي للعينة والوسط الحسابي لمجتمع البحث، أما مستوى الثقة مثل 95% فيشير بأنه 95 من 100 سوف تحدث نفس النتيجة.

انظر : احسان محمد الحسن، الأسس العلمية لمناهج البحث الاجتماعي ص 56 .

(4) هناك طرق متعددة لاختيار العينات، والأنواع الواردة هنا مجرد نماذج منها.

(5) أحمد الضباب: الأسلوب العلمي في البحث مطابع دار البلاد، جدة 1981 ص 47 .

(6) رودولف غوفيلون ومن معه "البحث الاجتماعي المعاصر" ترجمة علي سالم، منشورات مركز الانماء العربي للعلوم الانسانية الطبقة الأولى 1986، ص 40 .

(7) رودولف نحو فيلون ومن معه ، المصدر نفسه، ص444.

# الفصل الخامس

## أدوات البحث الاجتماعي الميداني

### Techinques of Data collection

في البحوث الميدانية وخصوصاً المسحية، لجأ الباحث إلى الميدان مباشرة للحصول على المعلومات اللازمة لعملية البحث، وغالباً ما يستعين الباحثون بأداة أو أكثر من الأدوات التالية لجمع البيانات، وهي : الملاحظة، المقابلة والاستمارة، وتحديد أي من هذه الأدوات أنسب يرجع إلى طبيعة المنهج المتبع، وحجم العينة، ونوع المشكلة محل البحث. ونتناول كل أداة من هذه الأدوات بشكل منفصل.

## المبحث الأول

## الملاحظة The observation

### المطلب الأول: تعريف الملاحظة

قد يتبادر إلى ذهن البعض أن الملاحظة حدث عادي وعابر، فكل إنسان يلاحظ ما يدور حوله، وبالتالي لا علاقة لها بالبحث العلمي وهذا ليس صحيحاً، ذلك أن هناك فرق بين الملاحظة العادية المعروفة والتي تعني الانتباه العفوي إلى الظواهر التي يصادفها الإنسان خلال ساعات صحوه، وبين الملاحظة العلمية التي تكون مركزة، ومنظمة وموجهة للظواهر بغية دراستها، وهذه الأخيرة هي الملاحظة العلمية التي تحتاج إلى تخطيط مسبق ووعي وتدريب على إجرائه.

ومن هنا تعرف الملاحظة العلمية بأنها: " المشاهدة الدقيقة لظاهرة ما، مع الاستعانة بأساليب البحث والدراسة التي تتلاءم مع طبيعة الظاهرة".

والملاحظة في البحث الاجتماعي الميداني تصاحب البحث من أوله إلى آخره، فالبحث العلمي - كما سبق القول - يقوم على الملاحظة الواقعية للأشياء والظواهر،

وقد أشار بيكون إلى أسلوب الملاحظة فقال : الملاحظة والتجربة من أجـل تجميـع المـواد والإستقراء والقياس مـن أجـل استخراج النتائج، هذه هي الآلات الفكرية الصحيحة.

## شروط الملاحظة العلمية

حتى تكون الملاحظة علمية، وحتى تصلح كأداة لجمع المعلومات ومراقبة الظواهر المدروسة، الأمر الـذي يميزهـا عـن الملاحظة العفوية العادية، يجب أن تتوفر على شروط وهي:

أولاً: الانضباط والتنظيم، فالملاحظة العلمية نعتمد وجود سؤال أو مشكلة تشغل البال، وفرضية أو فروض يهتدي بهـا الملاحـظ في ملاحظته، ومن هنا نسميها مقصودة أو موجهة، وعليه فالباحث مطالب بأن يرتب خطوات ملاحظاته، ويضبط مجرياتها.

ثانياً: يجب أن تكون الملاحظة موضوعية، فالباحث أو الملاحظ يبحث ويلاحظ ليصـل إلى اليقين أو الحقيقـة، فعليه أن لا ينسـاق وراء أفكاره المسبقة أو فروضه الأولية، في حالة عدم تطابقها مع الحقيقة الملاحظة، أو أن يركـز ملاحظتـه عـلى مـا يتوافـق معهـما ويتجاهل ما يعارضهما، بل عليه أن يعدّل فروضه وفق ملاحظاته العلمية، وهـذا يتطلـب أن يتـوفر الباحـث عـلى مرونـة عقليـة، وعلى الموضوعية.

ثالثاً: أن تكون الملاحظة دقيقة كما وكيفاً. فعلى الباحث أن يلجأ إلى القيـاس كلـما أمكن ذلـك. كـما يجـب عليـه أن يحـرص عـلى منطقية ملاحظاته وانسجامها بحد ذاتها، ومع ملاحظاته الأخرى.

رابعاً: يجب أن يكون الملاحظ مؤهلا للملاحظة مستعداً لها، وقادراً على القيام بها. وهذا يتطلب سلامة الحواس والبعد عن القلـق والتوتر عند إجرائها، وقدرة على الانتباه والتركيز على كل ما يتوجب ملاحظته.

خامساً: يجب تسجيل الأمور الملاحظة بأسرع ما يمكن، وفي الحال أن أمكن أو أعقب الملاحظة مباشرة، ذلك بأن الاعتماد عـلى الذاكرة أمر غير مضمون العواقب.

سادساً: التخطيط للملاحظة مسبقاً، وتدريب الملاحظ عليها، والتأكد من امتلاكه المعارف اللازمة للقيام بها.

سابعاً: يجب أن يستعين الملاحظ بكل وسيلة أو أداة تعينه على دقة الملاحظة وضبطها، مثل آلة تسجيل، أو مصوره، أو اختبارات النفسية ..الخ.

## المطلب الثاني: انواع الملاحظة

الملاحظة بصورة عامة تنقسم إلى قسمين

## 1- الملاحظة العفوية أو البسيطة Simple

ويسميها البعض الملاحظة الفجة، وهي التي يقوم بها الإنسان في ظروف الحياة العادية، أي في حياته اليومية، فيلاحظ الظواهر الاجتماعية، وسلوك الأفراد دون التقيد بمخطط مسبق أو السعي لتحقيق هدف محدد، أو تفسير الظواهر التي شاهدها. وقد سبق أو وضحنا أن هذا النوع من الملاحظة ليس هو المقصود بالملاحظة لغرض البحث العلمي، إلا أننا نستدرك القول أنه يمكن للملاحظة العادية أن تكون هي السبب في لفت انتباه الباحث إلى ظاهرة ما، فيقرر اختيارها وإخضاعها للبحث العلمي ، فتتحول عندئذ ملاحظته العفوية إلى ملاحظة علمية.

## 2- الملاحظة العلمية أو المنظمة Systermatie observation

وهي الملاحظة المنهجية التي يخطط لها الباحث مسبقاً ويضع لها قواعد وضوابط، ويهدف من خلالها الغوص في كنه الظاهرة واكتشاف قوانينها، والبحث عن العلاقات الخفية التي توجد بين عناصرها أو بينها وبين الظواهر الاخرى.

والملاحظة العلمية تحتاج إلى قدرة عقلية وحسية للملاحظ تؤهله للاكتشاف الدقيق لحقيقة الظاهرة وتفسيرها. كما تتطلب توفر عنصر الموضوعية عند الملاحظ، وأن يكون متحرراً من أسر العادات والتقاليد والأفكار المسبقة، وأن يتميز بروح النقد والتحليل والتشخيص الدقيق دون التعجل في استخلاص النتائج.

### أ- الملاحظة بدون مشاركة Non- participant observation

وتقوم على مجرد ملاحظة الباحث للظاهرة دون أن يشارك في أعمالها، كأن يحضر الباحث مناقشة لإحدى اللجان البرلمانية فيسمع ويلاحظ ويدّون ملاحظاته دون أن يشارك في أعمال هذه اللجان. أو أن يدرس باحث ظاهرة التسول من خلال مراقبة المتسولين وملاحظة أساليبهم في التسول، وأسلوب معيشتهم وعلاقاتهم مع الجمهور، ويدّون كل ما يلاحظه.

### ب- الملاحظة بالمشاركة participant observation

وهي عكس الأولى، وتحدث عندما يشارك الباحث في الظاهرة محل الملاحظة، ففي المثالين السابقين يشارك الباحث في المثال الأول في أعمال ومناقشات اللجنة البرلمانية التي هي محل الملاحظة والدراسة، وهذا يتطلب أن يكون الباحث عضواً فيها، وفي المثال الثاني يشارك الباحث المتسولين حياتهم، فيسكن في أحيائهم ويلبس لباسهم، بل ويقوم بعملية التسول ويعرض نفسه لما يتعرض له المتسولين من ممارسات، حتى يمكنه معرفة كل خفاياهم.

وقد استعمل باحثون اجتماعيون، أسلوب الملاحظة بالمشاركة في دراسات أجروها على الجماعات البدائية، وبعض القبائل، حيث شاركوهم حياتهم ليتمكنوا من الفهم الدقيق لهذه الجماعات.

## المطلب الثالث: نقد أسلوب الملاحظة

وجهت لأسلوب الملاحظة كأداة من أدوات جمع المعلومات عدة انتقادات مرجعها الأخطاء التي تصاحب استعمال هذا الأسلوب ، وأهم هذه الانتقادات

1- صعوبة ملاحظة كل أفراد مجتمع البحث في وقت واحد.

2- صعوبة التقيد بالموضوعية عند الملاحظة.

3- في حالة عدم الملاحظة بشكل مستمر، يؤدي هذا إلى غياب الإنسجام المنطقي وتفويت فرص ملاحظة بعض الظواهر المهمة.

4- في أسلوب الملاحظة بالمشاركة، قد تحدث علاقات صداقة أو تعاطف أو غيرها، تحرف الملاحظ عن التفسير العلمي للظاهرة.

5- في حالة عدم امتلاك الباحث الملاحظ المؤهلات اللازمة للقيام بالملاحظة كأن يكون عصبي المزاج، أو متسرعاً لا تؤدي الملاحظة إلى النتيجة المطلوبة.

6- لا تصلح الملاحظة كأداة لدراسة جميع الظواهر والمشكلات الاجتماعية.

7- تبطل أهمية الملاحظة وقيمتها إذا كانت ثقافة الملاحظ مختلفة عن ثقافة الملاحظين، أو كان غير متفهم لها بشكل جيد.

8- أن لم يسجل الملاحظ ملاحظاته في نفس اللحظة، فإنه يلجأ إلى الذاكرة، وما يصاحبها من احتمالات النسيان أو الشطط في التفسير.

9- هناك فرق بين السلوك الاجتماعي الخارجي وبين السلوك الداخلي للانسان.

## المبحث الثاني

### المقابلة Interview

### المطلب الأول: تعريف المقابلة

والمقابلة بصورة عامة: هي قيام الباحث بزيارة المبحوثين في بيوتهم أو مكان عملهم من أجل الحصول منهم على معلومات يعتقد الباحث أن المبحوثين يتوفرون عليها.

وتنتشر حالات اللجوء إلى أسلوب المقابلة كأداة لجمع البيانات في منهج دراسة الحالة، وكذلك في الدراسات المسحية أحياناً، وأسلوب المقابلة مهم في جمع المعلومات إذا أحسن المقابل (الباحث) interviewer التصرف مع المبحوثين. حيث يميل كثير من الناس إلى تقديم المعلومات شفوياً أكثر من تقديمها كتابة، وتصبح للمقابلة أهمية أكبر مع الأميين والأطفال.

وإذا كان الباحث يتمتع بروح مرحة ولباقة في الحديث وذكاء في طرح الأسئلة، فإنه يمكنه أن يحصل على مميزات عديدة وخصوصاً إذا استطاع خلق تفاعل ودي في المقابلة مع المبحوث Respondent فيستطيع الباحث أن يشجع المبحوثين ويساعدهم على التعمق في المشكلة، بإبداء تعليقات عارضة أو حركات تشجيعية، أو ابداء اهتمام بالموضوع عن طريق تعبيرات الوجه والجسم وغيرها من الحركات بل أن الباحث أن

أحسن التصرف يمكنه أن يحصل من المبحوث على معلومات سرية ما كان من الممكن الحصول عليها عن طريق الملاحظة أو بالاستمارة.

وفي العادة تجري المقابلات مع أشخاص على صلة مباشرة بموضوع البحث. مثلاً عند دراسة حزب سياسي يمكن مقابلة زعيم الحزب ومؤسسيه. أو مجموعة من الأعضاء البارزين فيه، وعندما يريد باحث أن يجري بحث حول هجرة الأدمغة العربية إلى الخارج، فإنه يجري لقاءات مع عدد من هذه الكفاءات المهاجرة وكذلك مع عدد من المتخصصين في بحث الظاهرة، وهكذا وبصورة عامة يلجأ الباحث إلى المقابلة لتحقيق واحد أو أكثر من الأهداف التالية:

1- مراقبة نقطة معينة من موضوع ما بهدف التحقق من الصحة الجزئية لنتاج حاصلة في مكان آخر.

2- التحقق في مجال بحث نعرف مسبقاً بينته، ولكننا نريد أن نرى مثلاً إذا ما كانت بعض العوامل قد تطورت.

3- تعميق حقل نعرف موضوعاته الأساسية، ولكننا لا نعرف بشكل كاف توضيح أي من مظاهره.

4- كشف مجال لا نعرفه.

المبادئ الأساسية في المقابلة:

أولاً: ضبط المقابلة. ويتم ذلك باتباع الخطوات التالية:

1- تحديد العينة، أي الأشخاص الذين ستجرى معهم المقابلة.

2- تحديد وتهيئة الأسئلة التي ستوجه للمبحوث.

3- تحديد موعد المقابلة قبل القيام بها، ويراعى عند اختيار الموعد، مناسبته لوقت المبحوث، وأن لا يفرض عليه فرضاً.

4- شرح الغرض من المقابلة للمبحوث. ويتم ذلك قبل البدء بها، وأن يعرف الباحث نفسه، ويستحسن أن يصحب معه بطاقته الشخصية، أو ما يثبت قيامه بالبحث إن لم تكن هناك معرفة سابقة بين الباحث والمبحوث.

ثانياً: علاقة الباحث بالمبحوث. وهذه تتضمن أيضاً:

1- أن يحسن الباحث اختيار لباسه وأسلوب تصرفه مع المبحوث بما يتوافق مع نفسية وميول المبحوث.

2- أن لا يتكلف الباحث في حديثه، وأن يستخدم أسلوباً عادياً، ولكن بلغة سليمة وصحيحة يفهمها المبحوث.

3- أن يتجنب الموضوعات التي تحرج المبحوث، أو التي لا علاقة لها بالغرض من المقابلة.

4- أن يتجنب إجهاد المبحوث، ويتوقف عندما يشعر بعدم التجاوب بينه وبين المبحوث.

5- أن يوحي الباحث للمبحوث أو يصرح له، أن كل ما يُدلي به من معلومات سيبقى طي الكتمان وأنـه لا يستغل لغير هـدف البحث العلمي.

ثالثاً: توجيه الأسئلة وإدارة الحوار. ويندرج تحت هذا البند:

1- أن يظهر الباحث موافقته على ما يقوله المبحوث، وأن لا يدخل معه في نقاش أو يشكك في معلومات المبحوث.

2- أن يشعر الباحث، المبحوث، أن له مطلق الحرية في الإجابة عن الأسئلة أو عدم الإجابة.

3- أن يبتعد الباحث عن توجيه النصح أو إظهار نفسه كصاحب نفوذ أو سلطة.

4- أن يتجنب الأسئلة المباشرة (التقريرية) وأن يجعل السؤال في صيغة استفسار.

5- أن يتجنب الباحث الأسئلة الإيحائية، وأن لا يظهر انحيازه لوجهة نظر معينة.

المطلب الثاني: أنواع المقابلة (1)

أولاً: المقابلة الفردية والمقابلة الجماعية

وتجري المقابلة في النوع الأول مع شخص واحد، وهي تتيح للمفحوص الحرية في إبداء الرأي والتعبير بصـدق عـما يريـد أن يقـول فلا يشعر بالإحراج لوجود أشخاص آخرين معه.

أما المقابلة الجماعية، فهي التي تحدث مع مجموعة من الأشخاص حول نفس الموضوع، ومن مميزات هذه الأخيرة - في حالة وجود انسجام بين أفرادها - أنها تغني الحوار وتحفز المبحوثين على التذكر، فيساعد كل شخص الآخر في توضيح هذه النقطة أو تلك، ولكن من عيوب المقابلة الجماعية أن الأشخاص يحجمون عن البوح بأسرار أمام آخرين.

ثانياً: المقابلات الرسمية أو المقننة

وفيها تعد مسبقاً الموضوعات والأسئلة التي ستناقش ونفس الأسئلة توجه بنفس الطريقة، ولنفس المفحوصين.

ثالثاً: المقابلات غير الرسمية أو غير المقننة

وهي مفتوحة، ومرنة، ولا تعتمد طرح اسئلة محددة، بل يدور فيها الحديث على شكل نقاش ودي، وتعدَّل الأسئلة بما يتناسب مع الموقف ومع شخص المفحوص. وهي في الغالب تعتمد شخص الباحث ولباقته وسرعة إدراكه للأمور وقدرته على إدارة المقابلة والتصرف بطريقة تمكنه من الكشف عن المعلومات المطلوبة.

أيضاً يمكن تقسيم أنواع المقابلات إلى :

**أولاً: المقابلة الحرَّة** unstructured or unstandarized

تدعو المستجوب ليجيب على نحو شامل، وبكلماته وأسلوبه الخاص عن سؤال عام (موضوع البحث) يتصف بالغموض.

**ثانياً: المقابلة نصف الموجهة**

وفيها يكون الباحث على علم مسبق بشيء من الموضوع ويريد أن يستوضح من المبحوث. وفيها يدعى المستجوب للإجابة على نحو شامل بكلماته وأسلوبه الخاص على موضوع البحث، يقوم هذا الأخير بطرح سؤالاً توضيحياً على المبحوث حتى يتمكن المستجوب من إنتاج حديث حول هذا الجزء من الموضوع.

والفرق بين النوعين السابقين من المقابلة، هو أن الباحث في الحالة الأولى لا يملك

أي إطار سابق للمرجع، أو أنه ينساه إرادياً،أما في الحالة الثانية، فيملك الباحث مثل هذا الإطار، ولكنه يحتفظ بالحق في استخدامه إذ نسي المستجوب جزءاً منه.

أي أن المقابلة نصف الموجهة ، تخصص لتعميق ميدان معين، أو للتحقق من تطور ميدان معروف مسبقاً.

## ثالثاً: المقابلة الموجهة Focused interview

وهي مجموعة من الأسئلة المفتوحة، والمقننة والمطروحة وفق ترتيب معد مسبقاً، على جميع المستجوبين.

مع أهمية أسلوب المقابلة كأداة لجمع المعلومات إلا أن لها بعض العيوب، منها أنها تحتاج لوقت وجهد كبيرين، كما تكون باهضة التكاليف إذا كان عدد المبحوثين كبيراً. كما أن نجاحها يعتمد رغبة المستجوبين في الحديث، وقدرتهم على التعبير عما يريدون قوله. كما يحدث أحياناً إما تعاطف أو تنافر بين الباحث والمبحوث مما يؤثر على مجرى المقابلة وقيمتها العلمية.

## المبحث الثالث

## الاستبيان Questionnaire

الاستبيان أداة من أدوات جمع البيانات من المبحوثين المعنيين بالظاهرة أو المشكلة محل البحث. وتعد الاستمارة واسطة بين الباحث والمبحوث. وغالباً ما يلجأ الباحث لأسلوب الاستمارة لجمع المعلومات عندما يتعلق الأمر ببيانات لها ارتباط بمشاعر الأفراد ودوافعهم وعقائدهم نحو موضوع محدد مسبقاً. وكذلك كل الحالات التي لا يمكن جمع معلومات عنها عن طريق الملاحظة، كما أنها تستعمل في المقابلات أحياناً،أنها أنها تنتشر في الاستطلاعات التي لا يواجه فيه الباحث المبحوث مباشرة.

وقد أعطيت عدة تعريفات للاستبيان منها أنها (مجموعة من الأسئلة المرتبة حول موضوع معين يتم وضعها في استمارة ترسل للأشخاص المعنيين بالبريد أو يجري تسليمها باليد تمهيداً للحصول على أجوبة الأسئلة الواردة فيها).

وعرفت أيضاً أنها (أداة لجمع البيانات المتعلقة بموضوع بحث محدد عن طريق استمارة يجري تعبئتها من قبل المستجوب)(2).

وهناك عدة طرق لتوصيل الاستمارة إلى المبحوثين.

1- الاستمارة البريدية

حيث ترسل الاستمارة إلى الأشخاص المعنيين (عينة البحث). بالبريد، وهذه الطريقة أسهل، وأقل تكلفة من غيرها. إن كان الأشخاص المبحوثين معروفي العنوان، ويستحسن تزويد المبحوثين بأغلفة متنبرة حتى يردوا الاستمارة. إلا أن من عيوب هذه الطريقة عدم ضمان توصل المبحوثين بالاستمارة أما لخطأ بريدي أو لتغيير عنوانهم أو سفرهم الخ.

كما أنه من غير المضمون أن يرد المستجوبين الاستمارة لانشغالهم أو عدم اهتمامهم بالموضوع. أيضاً لا يعرف تماماً من الذي أجاب على أسئلة الاستمارة، فقد ترسل الاستمارة، إلى شخص ما فيجيب عليها ابنة أو أخوه، أو أحد موظفيه.

2- الاستمارة التي تسلم باليد

وهذه الطريقة تتميز بضمان توصل المبحوث بالاستمارة كما أنها سريعة، حيث يمكن للباحث توصيل الاستمارة إلى المبحوثين خلال يوم واحد أو حتى ساعات، بالإضافة إلى ذلك أنها تشعر المبحوث بأن الأمر جدي ومهم عندما يرى أن الباحث نفسه أو من ينوب عنه يتصل به ليعطيه الاستمارة وقد يشرح له الموضوع، ويحثه على الرد على الأسئلة، ويطلب منه موعداً لإعادة الاستمارة. إلا أن من عيوب هذه الطريقة أنها لا تصلح إلا حيث يكون عدد أفراد العينة قليل، ويقطنون منطقة جغرافية واحدة، كما أن من عيوبها أنها متعبة ومكلفة.

المطلب الثاني: اسئلة الاستمارة

يتحدد نجاح الاستبيان بمدى توفق الباحث في اختيار الأسئلة المناسبة من حيث معناها وأسلوبها. ذلك أن كلما كانت أسئلة الاستبيان واضحة ودقيقة ومنصبة مباشرة على موضوع البحث ولا تثير أي حساسية لدى المبحوث، كلما كانت المعلومات المحصل عليها أكثر أهمية.

وبصورة عامة هناك نوعين أساسيين من الأسئلة وهي الأسئلة ذات النهاية المفتوحة Open Ended ، والأسئلة ذات النهاية المغلقة Close Ended.

الأولى: هي التي يطلب فيها من المستجوبين أن يجيبوا على الأسئلة بإجاباتهم الخاصة على السؤال، فهي تعطي للمبحوث الحرية الكافية لتحديد إجاباته حسب مشيئته وأفكاره، وتسمح هذه الأسئلة بإجابات لم يتنبأ بها الباحث في الأصل عند إعداد الاستمارة

ومن أمثلة الأسئلة المفتوحة:

< ما هي أهم المشاكل الاجتماعية التي تسود في المجتمع؟

< ما هي أهم الموضوعات التي يجب أن تقرأوها؟

إلا أن من عيوب هذه الأسئلة أن المبحوث قد يخرج عن الموضوع الذي يقصده الباحث من سؤاله، ويدخل في شروحات وتفسيرات لا تمس ّجوهر المشكلة، أيضاً من عيوبها طول الإجابات الأمر الذي يخلق صعوبة لدى الباحث عند محاولته تفريق الاستمارات.

الثانية: وهي أكثر تركيزاً في الإجابة حيث تكون الإجابة محددة من قبل الباحث بوضعه عدة إجابات، على المبحوث أن يختار واحدة منها.

وتفضل الأسئلة المغلقة على الأسئلة المفتوحة، ذلك لأنها تعطي تناسقاً في الاستجابات، كما أن الأسئلة يمكن بسهولة تصنيفها وتبويبها إما يدوياً، أو عن طريق الكمبيوتر، إلا أن من عيوبها أن الباحث قد يفشل في تضمينها بعض الأجوبة المهمة، كما أن المستجوبين (المبحوثين) لا يملكون الفرصة للتعبير عن معتقداتهم، وأحيانا يشعرون أن الإجابات التي يحصرهم فيها الباحث لا تتفق مع مواقفهم من الموضوع، ولتحاشي هذه الحالة الأخيرة، يتم وضع كلمة " أخرى" بعد الإجابات حتى يفسح المجال أمام المبحوث لأي إجابات يراها مناسبة.

ومن أمثلة الاسئلة ذات الإجابات المغلقة:

هل تؤيد لبس الحجاب في المؤسسات التعليمية؟

نعم

لا

ما رأيك في الخوصصة؟

| | | | | | |
|---|---|---|---|---|---|
| موافق | ☐ | غير موافق | ☐ | لا اعرف | ☐ |

هل تتفق مع الرأي القائل بالعلمانية في العالم العربي؟

| | | | | | |
|---|---|---|---|---|---|
| اتفق | ☐ | لا اتفق | ☐ | لا أعرف | ☐ |

وفي هذه الأسئلة يضع المبحوث علامة أمام الإجابة التي يراها مناسبة دون أي شروح.

سواء أكانت الأسئلة ذات نهايات مغلقة أو نهايات مفتوحة، يجب على الباحث مراعاة ما يلي عند صياغة أسئلته:

1- وضوح السؤال وتحديد المطلوب منه بشكل مباشر: فالباحث ونظراً لاهتمامه بالمشكلة تكون مفرداتها وقضاياها واضحة في ذهنه، ولكنها ليست كذلك عند المبحوث، ولذا على الباحث أن لا يعتبر المبحوث على نفس مستواه من تفهم المشكلة، وعليه بالتالي صياغة أسئلة بشكل واضح ومحدد ولا لبس فيه. وهذا يتطلب تجنب الكلمات الرنانة أو الفضفاضة أو المعقدة.

2- يستحسن أن تكون الأسئلة قصيرة: فالأسئلة الطويلة تكون مملة او معقدة أحياناً، كما أن المبحوث قد يتهرب من الإجابة عليها، وكلما كانت الأسئلة قصيرة كلما كانت أكثر تشجيعاً على الإجابة.

3- الابتعاد عن الأسئلة المزدوجة أو المركبة: أي السؤال الذي يسأل سؤالين أو أكثر، حيث يستحسن فصل الأسئلة عن بعضها البعض.

4- تجنب الاسئلة الإيحائية Leading questions ، والتي تتضمن كلمات أو مصطلحات متحيزة: مثلاً: هل تتفق مع الرأي السائد القائل بـ .. فكلمة السائد هنا فيها إيحاء لأنها تظهر للمستجوب بأن الأغلبية تتفق مع هذا الرأي.

5- نذكر أهداف البحث فعلى الباحث أن يتذكر دائماً عند صياغة السؤال إشكالية البحث، فلا يضع أسئلة لا علاقة لها بمشكلة بحثه.

6- حفز المبحوث بتوجيه سؤال يثير اهتمامه، ويكون سهلاً ويشجعه على الاهتمام بالأسئلة.

7- يجب أن يكون عدد الأسئلة في الاستمارة معقولاً حتى لا يرهق المبحوث، ويستحسن أن لا تزيد عن الثلاثين سؤالاً.

8- يستحسن أن تكون الأسئلة متصلة الواحدة بالأخرى اتصالاً نظامياً وعقلانياً يعكس وحده الموضوع.

9- يجب أن يبتعد الباحث عن تضمين الاستمارة أسئلة محرجة للمبحوث، مثل الأسئلة التي تمسُّ حياته الشخصية التي لا يريـد كشفها، أو أسئلة تتعلق بمعتقداته الدينية الخ.

ومن البديهي أن تكون جميع الاستمارات الموزعة على عينة البحث مشتملة على نفس الأسئلة، فلا يجوز للباحث أن يغير في الأسئلة زيادة أو نقصاناً، فبمجرد أن ينزل الباحث الميدان لتوزيع الاستمارة يمنع عليه إدخال أي تغييرات علـى الاسئلة، فـما يحـدد نوع وطبيعة الأسئلة هي مشكلة البحث وليست انطباعاته المتولدة عن لقائه بالمبحوثين (3).

**المطلب الثالث : العيوب والأخطاء التي تصاحب عملية الاستبيان**

عملية الاستبيان كأي خطوة من خطوات البحث تصاحبها بعض المحاذير، بعضها لا علاقة بتقنيـة الاستمارة، كصياغة الأسئلة وطريقة التوزيع، وبعضها يتصل بالأشخاص، أي الموضوعية سواء من جانب الباحث نفسه أو من جانب المبحوثين.

وسنذكر بعض هذه العيوب أو المحاذير:

1- عدم جدية الأسئلة. كأن تكون المعلومات التي يسأل عنها الباحث معلومات معروفة، ويمكن الحصول عليها من مصادر أخـرى، الأمر الذي يسبب الضيق والحرج للمبحوث، وخصوصاً إذا كانت المعلومـات المطلوبـة بسيطة أو تافهـة لا تتناسـب مـع مركـز المبحوث.

2- أن تصاغ أسئلة الاستبيان بشكل غير مفهوم ، أو تحتمل إجابات متعارضة.

3- استخدام الاستبيانات الطويلة التي يمل من ملئها المبحوث، أو إرسال أكثر من استبيان لنفس المبحوث.

4- تحيز القائم بالاستبيان، ورغبته في الحصول على إجابات ذات طبيعة خاصة، سعياً في إثبات صحة فروضه.

5- قد يلعب الممولون أو المشرفون على البحث دوراً في تحريف النتائج لما يخدم مصلحة الممولين.

6- عدم تصميم الاستبيان تصميماً دقيقاً، يمكن أن يؤدي إلى عدم دقة الإجابات.

7- احتمال تقاعس المبحوثين عن رد ورقة الاستبيان.

8- عدم ثبات أجوبة المستجوب، فكثيراً ما تختلف إجابة المستجوب على نفس السؤال بعد انقضاء فترة قصيرة.

9- عند تفريغ الأستبيانات قد يتجاهل الباحث عن عمد بعض الإجابات التي لا تتفق مع فروضه ومعتقداته.

وتكون عيوب الاستبيانات أكثر وضوحاً في استبيانات الرأي العام، ذات الصبغة السياسية، حيث يسعى القائمون على الاستبيانات، وتحت ستار العلمية وأغلبية الآراء، الى تمرير سياساتهم ومواقفهم بل وإلى التغرير بالرأي العام حيث: " تخلق الأسئلة التي تمثـل بذاتها أحكاماً قيمية، أو منظورات منحازة، إطاراً موقفياً يحصر المجيب على الاستطلاع داخله من خلال مشاركته نفسه في عمليـة الاستفتاء، والأهم من ذلك أن الأثر المترتب على إجراء الاستطلاع يتجاوز بكثير المشاركين في الإجابات علـى أسـئلته، فالأمـة بأسرهـا تخضع للتأثير عند نشر أو إذاعة استطلاع الرأي (4).

وفي نفس السياق يلاحظ نورمان ناي Noman H. Nie أن " علينا أن ندرك أن الأفضليات الواردة في استطلاعات الرأي مـن خـلال عينات مختارة، سواء كانت الكترونية أو غير الكترونية، تختلف اختلافاً كبيراً من حيث طبيعتها عن تلك التي تقدم اختيـاراً عنـدما يتطوع المواطنون بالمشاركة.

والواقع أن الآراء التي يعبر عنها في استطلاعات الرأي تمثل عادة استجابات سطحية لمشكلات أو قضايا لم تكـن في يـوم مـن الأيـام موضوع اهتمام جاد من جانب المجيب على الأسئلة.

وغالباً ما تكون القضية غير واضحة بالنسبة له بالدرجة الكافية، كما أن الرأي الذي يُدلي به غالباً ما يكون مبنياً على قـدر محـدود، أو شبه منعدم من المعلومات (5).

**الهوامش:**

(1) لمزيد من التفاصيل أنظر: رودولف غيفليون مرجع سابق، ص57 .

(2) فوزي غرايبة مرجع سابق، ص53 .

(3) وردولف غيفليون ، ونيامين ماتالون، مرجع سابق، ص 99.

(4) هربرت شيللر، مرجع سابق، ص 216 .

(5) هربرت شيللر، المصدر نفسه ، ص216 .

# الفصل السادس

## كتابة تقرير البحث writing the Reseach Report

كتابة تقرير البحث هي الخطوة الأخيرة في عملية البحث، وهي عملية تتطلب من الباحث خبرة ودراية لا تقل عما تحتاجه الخطوات الأخرى التي أتبعها منذ بداية عمله في الإعداد للبحث. فعن طريق التقرير النهائي يعرض الباحث خلاصة جهده وعمله، فالجمهور لا يراقب خطوات الباحث ولا عملية البحث وما يصاحبها من مشاق ومشاكل، وتبقى الصلة الوحيدة بين الجمهور والباحث هي تقرير البحث، فهذا الأخير هو الذي أما أن يقنع الجمهور القارئ للبحث، بأن الباحث قد وفق في عمله ونجح في عرض اشكاليته وفروضه وإيجاد حلول لها بشكل واضح أو أنه فشل في عمله وبحثه، ولم يضف إلى المعرفة شيئاً.

أن كتابة تقرير البحث تتطلب من الباحث عناية فائقة واهتماماً زائداً، وأن يختار بعناية أسلوب الكتابة ولغتها، وبالشكل الذي يتفق مع الشروط العلمية للكتابة ومع المستوى الثقافي للجمهور الذي يعتقد أنه يهتم بموضوع البحث أكثر من غيره.

وإنْ كانت الكتابة تختلف في أسلوبها وفي الشروط الواجب مراعاتها، ما بين كتابة أكاديمية جامعية مقيدة بقيود وضوابط علمية صارمة، وكتابة غير أكاديمية تصدر عن أفراد أو مؤسسات مختلفة، وهذه قد يكون كتابها أكثر تحرراً في كتاباتهم من النوع الأول. إلا أن الكتابة العلمية بصورة عامة تتفق على مخطط واحد في كلياته، وإنْ كان يختلف في جزيئاته، ويقوم على تقسيم الموضوع إلى عناصر ومكونات أساسية، وهي المواد التمهيدية، وصلب الموضوع، والمراجع والهوامش.

### المبحث الأول

### المواد التمهيدية

#### المطلب الأول: العنوان The title

يجب أن يتوخى الباحث في اختيار عنوان بحثه الوضوح والاختصار، وأن يتجنب الكلمات الغامضة والفضفاضة، فالعنوان الجيد والواضح يجذب اهتمام القارئ ويعطيه

فكرة مباشرة عن الموضوع حتى قبل أن يبدأ بتقليب صفحات التقرير. وللأسف يحدث أحياناً، وسعياً وراء الشهرة وخداع القارئ، أن يضع باحث ما عنواناً لبحثه يختاره من العناوين البراقة والمثيرة للانتباه، ولكن محتوى البحث لا علاقة له بالعنوان وهذه الطريقة يلجأ إليها غالباً حديثو العهد بالكتابة أو أولئك الساعون إلى الشهرة على حساب الأمانة العلمية والحقيقة ويشبه العنوان اللافتة المضيئة التي تعلق على واجهات المحلات، فمن خلال قراءتها نتعرف على نوع المحل والسلع التي توجد به.

أما الصفة الثانية للعنوان الناجح، فهي الاختصار، بمعنى أن لا يتحول العنوان من كلمة أو كلمات قليلة، إلى جمل وفقرات، فالعنوان الجيد هو الذي لا تزيد كلماته عن السطر أن أمكن. وفي حالة الزيادة يكتب العنوان على شكل هرم مقلوب، وعادة يكتب العنوان في منتصف الصفحة الأولى وعلى الغلاف أن كان البحث كتاباً.

المطلب الثاني: صفحة المحتويات (الفهرسة) The cataloguing

وهذه توضع في بداية البحث، وهناك من يفضل وضعها في نهاية البحث وهي تعطي للقارئ نظرة موجزة وإجمالية عن محتويات البحث، وتمكن القارئ من الاستدلال بسرعة على الموضوع الذي يريد الرجوع إليه وتعطيه رقم الصفحة. وفي صفحة - أو صفحات - المحتويات تكتب العناوين الرئيسية بخط كبير وواضح في منتصف الصفحة، أما العناوين الفرعية فتكتب على جانب الصفحة وبخط أصغر. وفي الحالتين يتبع العنوان بنقاط ثم يوضع رقم الصفحة التي يوجد فيها العنوان في البحث.

المطلب الثالث : المقدمة The prolegomena

مع أن المقدمة جزء أساسي من تقرير البحث، إلا أننا فضلنا إدماجها ضمن المواد التمهيدية لأنها بالفعل تمهد للموضوع وتلخصه بإعطاء فكرة مركزة عن كل حيثيات البحث.

وفي المقدمة يقوم الباحث بعرض مشكلة بحثه موضحاً النقاط الرئيسة والفرعية التي تشتمل عليها، وأسباب اختيار المشكلة والأهداف التي يرمي الباحث الوصول إليها من عملية البحث، كما يوضح علاقة مشكلة البحث بالنظريات العلمية حول الموضوع. وبالبحوث المنشورة التي تناولت نفس، موضوع بحثه. كما يحدد الباحث مجالات

البحث الثلاثة: البشري، المكاني، والزماني. إن كانت طبيعة البحث مرتبطة بهذه المجالات ويتطرق إلى الفروض التي وضعها، والتي يحاول التثبيت منها.

وفي المقدمة يبين الباحث الصعوبات التي واجهته، سواء من حيث قلة المراجع أو كثرتها، أو صعوبات تتعلق بتحديد العينة أو اختيار أدوات البحث.. وهناك من يضمن المقدمة شكر الأستاذ المشرف أو الهيئة الممولة أو أية جهة ساعدت الباحث في عمله، إلا أنه يستحسن تخصيص صفة مستقلة للشكر.

تتكون المقدمة عادة من عدد قليل من الصفحات وأحياناً يطول حجم المقدمة فيطلق عليها (مدخل تمهيدي) . وفي هذه الحالة تسبق بمقدمة عادية ويلجأ إلى هذه الطريقة إذا أضطر الباحث إلى التطرق في المقدمة بشكل مفصل إلى قضايا لا تنسجم مع فصول البحث، ولا تصلح لأن تكون فصلاً مستقلاً عادياً. فيفضل وضعها في مدخل تمهيدي أو فصل تمهيدي.

أما التقديم فيتم اللجوء إليه في حالة إذا ما عرض الباحث بحثه قبل طبعة على شخصية مهمة أو متخصصة في موضوع البحث، وأبدت هذه الشخصية استعداداً لأن تنوه بالبحث. أو أن تقدم الباحث إلى القراء فيبدأ بهذا التقديم وهو عادة يكون مختصراً.

## المبحث الثاني

## صلب الموضوع - تقرير البحث -

### المطلب الأول: أسلوب الكتابة

يرجع للباحث الحرية في اختيار الأسلوب الذي يروقه عند كتابة بحثه، ذلك أن الأسلوب يختلف من شخص إلى آخر، حسب تكوين الباحث وثقافته وتخصصه، والمنهج المتبع في البحث. إلا أن ذلك لا يمنع من أن يلتزم الباحث بأصول وقواعد متفق عليها عند الكتابة، تجعل من تقرير البحث مادة سلسلة مفهومة للقارئ، ومشجعة على القراءة والفهم، وكلما وفق الباحث في انتقاء الأسلوب الأفضل كلما حظي بحثه بالقبول والاستحسان.

أن البحوث العلمية لا تقرأ عادة من قبل الإنسان العادي بل يهتم بها ويقرؤها الإنسان المتعلم أو المتخصص في الميدان الذي ينتمي إليه البحث، هذا النوع من القراء

عنده حساسية خاصة تجاه الأسلوب واللغة، لأنه يقرأ بعناية ودقة وأي خطأ في الأسلوب أو في التحليل والبرهنة سيؤثر على تقييم البحث.

فكما سبق القول فإن عملية البحث العلمي بصورة عامة، عمل تخصصي- لا يمكن لأي شخص أن يقوم بها، بل يجب أن يتوفر الباحث على قدرات خاصة لا يتوفر عليها الشخص العادي، وإمتلاك المعلومات الضرورية للقيام بعملية البحث، وإن كانت خطوة مهمة للبحث، إلا أنها وحدها غير قادرة على إنجاز بحث، بل يجب توظيفها بالشكل الناجح لإيصالها إلى القراء.

ان امتلاك الباحث لكم من المعلومات حتى وإن كانت صحيحة. لا يكفي للقول أنّ هذا باحث ناجح، لأن المهم أن يوصل الباحث المعلومات التي حصل عليها ونتائج جهده إلى القراء. وإفراغ كم من المعلومات والجداول على الصفحات لا يحل المشكلة إنْ لم يحسن الباحث تنظيم هذه المعلومات وترتيبها وعرضها بشكل موضوعي ومنطقي، تجعل منها مادة سهلة الفهم بالنسبة للقارئ.

وعملية الكتابة العلمية ليست مقتصرة كمشكلة على الباحثين بل تواجه الشخص وهو ما زال في مرحلة الدراسة. حيث يحدث أن يكون الطالب ملماً بموضوع سؤال الامتحان ويمتلك من دماغه المعلومات الضرورية. ولكنه عندما يعرف من أين يبدأ، فتأتي إجابته خليطاً من المعلومات المشوشة غير المنظمة أو غير المتسلسلة ، الأمر الذي يؤثر سلباً على النقطة التي يحصل عليها، ويفاجأ بهذه النتيجة فهو يعتقد أنه يعرف الإجابة وإفراغ كل ما لديه من معلومات في ورقة الإجابة، ولكنه يجعل أهمية الأسلوب والمنهج في التحليل والكتابة.

أن الباحث يجابه مشكلة حقيقة عند الكتابة، وهي كيفية عرض الأفكار التجريدية على القراء على نحو واضح لا غموض فيه، وتنشأ مشكلة معالجة الأفكار المجردة بصورة واضحة نتيجة توالد الأفكار قبل الكلمات ، وفي ذلك يقول (جورج أورويل) Xإننا حين نفكر في شيء ملموس فإننا نمارس تفكيراً مجرداً في الكلمات، وإذا ما أردنا أن نصف الشيء الذي تصورناه ذهنياً فلربما رحنا نبحث بعض الوقت عن الكلمة المضبوطة التي تجسد تصورنا تجسيداً تاماً. أما إذا فكرنا في شيء مجرد فإننا نحيل على الأكثر إلى استعمال الكلمة إبتداء، وما لم نبذل جهداً مقصوداً للحيولة دون ذلك، عندئذ تتبادر

إلى أذهاننا على الفور، المصطلحات أو المفردات الدارجة المتداولة في حياتنا اليومية لتقوم بالدور المطلوب، ولكن على حساب إرباك المعنى أو حتى تغييره.

وعليه فإن اللغة تلعب دوراً مهماً في عملية البحث، فالكلمات الركيكة والدارجة تضعف من مكانة الأسلوب وجدية البحث، وكذلك الأمر مع الأسلوب المعقد فإنه يترك نتائج سلبية أيضاً. إنّ الكلمات تستعمل لتوصيل فكرة محددة للقارئ وليس لإظهار القدرات البلاغية للباحث.

ومن هنا يجب على الباحث أن يختار كلمات وجمل بسيطة وسليمة، وأن يتجنب الكلمات الفضفاضة والمنمقة ولغة السجع، وأسلوب التهويل والمبالغة.

فعلى الباحث أن يكون معتدلاً في أسلوبه، فلا يلجأ إلى اللغة الدارجة والتوسع والحشو، معتقداً أنه كلما كان حجم البحث كبيراً كلما كان أفضل، فهذا إعتقاد خاطئ لأن العبرة ليست بالحجم ولكن بالمحتوى. ولكن ليس البديل أن يختصر البحث إلى حد يعسر الفهم ويعقدها، وخصوصاً في البحوث الاجتماعية ذات الأسلوب التحليلي التي تحتاج إلى قدرات إقناعية كبيرة.

ومن ناحية أخرى، فإن الترتيب والتقسيم المناسبين للعناوين يساعد على وضوح الأفكار وتسلسلها، وغالباً ما يقسم البحث إلى أبواب، والأبواب إلى فصول، والفصول إلى مباحث، والمباحث إلى مطالب، والمطالب إلى فروع، وهناك من يكتفي بتقسيم البحث إلى فصول. كل فصل يقسم إلى عناوين فرعية. وفي جميع الحالات يجب أن تكتب العناوين الرئيسة في منتصف الصفحة والعناوين الجانبية على الجانب الأيمن من الصفحة، ويفضل أن يكون العنوان مستقلاً وحده على السطر.

ومع ذلك فإن تقسيم البحث إلى فصول أو عناوين لا يتم بصورة اعتباطية، بل يجب أن يكون كل فصل أو مبحث مرتبط بالإشكالية الأساسية للبحث، ويجيب عن جانب منها وأن يكون مرتبطاً بما قبله وبما بعده من فصول، بحيث يشعر القارئ بتسلسل في الأفكار وأنه كلما تقدم في القراءة وانتقل من فصل إلى فصل كلما توضحت أمامه الصورة أكثر، وكلما اقترب من فهم الإجابة عن الفروض التي وضعها الباحث في مقدمة بحثه.

## المطلب الثاني: الاقتباسات Quatations

الاقتباس جزء من البحث العلمي، ذلك أن الباحث مهما علت درجته وتراكمت معارفه وتشعبت، فإنه لا يستغني عن خبرات وتجارب الآخرين، والباحث الذي يعتقد أن لا علم غير علمه ولا معرفة غير ما يعرف، باحث مغرور يجهل أو يتجاهل أن لا حدود للعلم وأنه لا يمكن لإنسان واحد أن يلم بكل شيء.

إنّ الاقتباس ظاهرة صحية في البحوث العلمية، فعن طريق الاقتباس يستطيع الباحث أن يدمج أفكار وآراء الآخرين في بحثه مشيراً إلى أصحابها والأماكن التي اقتبس منها. وليس مما يغيب على البحث أن يعتمد الاقتباس، فالبحوث العلمية تعتمد بعضها البعض والاستعانة بأفكار الآخرين وتجاربهم وكتاباتهم تغني عملية البحث وتغني الجدل الدائر على صفحات تقرير البحث. لكن يجب الحذر من التمادي في الاقتباس حتى لا تتحول صفحات البحث إلى مجرد تجميع لأقوال وأفكار الآخرين، ويضيع جهد الباحث وفكره وسط الاقتباسات (1).

إن الاقتباس العلمي الصحيح هو الذي يقوم على استيعاب الباحث لأقوال وكتابات الآخرين حول الموضوع وإضافتها إلى معلوماته وأفكاره، ومن ثم إعادة كتابتها بلغته الخاصة بحيث تدمج في التحليل وأن لا يلجأ إلى الاقتباس الحرفي إلا في أضيق الحدود.

إن مجرد تجميع أقوال الثقات من المتخصصين في موضوع ما لا ينتج بحثاً علمياً. وعلى الباحث أن لا يلجأ إلى الاقتباس الحرفي إلا في أضيق الحدود وأن يستخدم هذه النصوص المقتبسة استخداماً يعزز فكره ورأيه وليس استخداماً يخفي تقاعسه وجهله.

ويمكن تحديد المخاطر المترتبة عن كثرة الاقتباسات بالنسبة للطلبة الجامعيين بما يلي:

1- أن لا تؤدي إلى ملل في قراءة تقادير البحوث.

2- أن كثرة الاقتباس تحرم الطالب من فرصة ممارسة الكتابة.

3- انها تؤدي إلى إضعاف أسلوب الطالب الشخصي في الكتابة وعدم إظهاره

لاعتماده على الجمل والفقرات المقتبسة وبالتالي عدم تطوير أسلوب خاص به.

4- أنها تعطي الإنطباع بأن الطالب غير متمكن من المادة التي يكتب فيها (3)

أنواع الاقتباس

يلجأ الاقتباس غالباً في البحوث النظرية، ويتم سواء مـن كتـب، أو مجـلات، وجرائـد، أو معـاجم وموسـوعات.. ولكن الباحـث لا يتعامل عند كتابة تقرير البحث مباشرة مع المراجع بل هناك خطوة وسطية وتسمى التقميش.

التقميش

بعد أن يدوّن الباحث المصادر التي سيحتاج لها في بحثه، يبدأ عملية القراءة، حيث يعزل المعلومات المهمة التي يـرى أنهـا مفيـدة لبحثه، ويدون هذه المعلومات في أوراق خاصة يستعين بها عند كتابـة التقريـر. هـذه العمليـة تسـمى (التقميـش) . وكـان علمـاء الحديث من أوائل من نوّهوا بهذه الطريقة وسموها تقميشاً، أي تجميعاً وقد جاء في المعاجم (التقميش هو جمع الشيء من هنـا وهناك).

وهناك عدة طرق للتقميش

1- اختصار المعلومات

وهو تلخيص يقوم به الباحث للمرجع، ملتزماً نفس أسلوب المؤلف وتعابيره، ويحـــذف الباحث ما يرى أنه غير جوهري، وأحياناً يحــذف الثلث من المرجع الأصلي.

2- مجمل المعلومات

وهذا أيضاً اختصار للمعلومات الموجودة في المرجع ولكن الباحث يلخصها بأسلوبه الخاص وبلغته الخاصة، مسـتعيناً في ذلـك إما بنقاط مرقمة تختزل كل نقطة فكرة أو جملة، أو بفقرة تحتوي أهم المعلومات.

3- شرح المعلومات

وفي هذه الطريقة لا يقتصر الباحث أو المراجع على قراءة المرجع وتلخيصه، بل يعقب عليه، فيشرح بعض الأمور، ويناقش أخرى مبديا رأيه حين اللزوم. وهذه الطريقة تستوجب أن يكون الباحث مطلعاً على موضوع المرجع وملماً به بدقة.

4- اقتباس المعلومات أو الاقتباس الحرفي The Direct Quotation

وفيها ينقل الباحث النص نقلاً حرفياً، دون إدخال أي تغيير أو تحوير، أو حتى تصحيح لخطأ وُجد في النص الأصلي.

قواعد الاقتباس

إذن فإن اقتباس الباحث يتم من المعلومات التي سبق له أن قمّشها، فليس من المقبول أن يضع الباحث أمامه عند الكتابة أكداساً من المراجع ليستعين بها في بحثه.

ويلجأ الباحث إلى طريقة أو أكثر من الطرق المشار إليه عندما يحتاج إلى تمتين أفكاره باقتباس ما.

أما الحالات التي يتم فيها اللجوء إلى الاقتباس الحرفي المباشر فهي:

أ- لتأكيد وجهة نظر الباحث. وخصوصاً إذا كان النص المقتبس يؤكد وجهة نظره وصاحبه مؤلف مشهور.

ب- عندما يعجز الباحث عن التعبير عن المعنى الموجود بالنص الأصلي بلغته الخاصة.

ج- عندما يكون النص المراد اقتباسه يتضمن آراء متناقضة مع بعضها البعض مما يجعل كلمات الكاتب الأصلية ضرورية لا يمكن تغييرها أو تعديلها، ويحدث هذا غالباً إذا أراد الباحث تفنيد رأي معارض لرأيه، فيورد الرأي المعارض حرفياً ثم يقوم بدحضه من خلال إظهار ما به من تناقضات.

د- إذا كان النص المراد اقتباسه آيات قرآنية أو أحاديث نبوية، أو مقولات وأمثال وحكم ..

إن الاقتباس بأي شكل من الأشكال الأربعة المشار إليها سابقاً، يجب أن يرافق بعلامة ورقم بعدها أو يوضع الرقم بين قوسين صغيرين. ويوضع الرقم في الهامش وبدون أمامه كامل المعلومات عن المصدر المقتبس منه. اسم المؤلف وعنوان الكتاب، وتاريخ ومكان النشر، والصفحة المقتبس منها.

إلا أن للاقتباس الحرفي قواعد وشروط يجب مراعاتها

أ- مراعاة الاختصار في الاقتباس، ويستحسن ان لا تزيد الأسطر المقتبسة عن ستة أسطر في الصفحة الواحدة وفي هذه الحالة يدمج النص المقتبس في متن التقرير.

ب- وضع النص المقتبس بين قوسين مزدوجين (()) مع وضع رقم في نهاية النص يعطي مثله في الهامش لتدوين المعلومات عن المرجع المقتبس منه.

ج- في حالة إذا ما كان النص المقتبس يزيد عن ستة أسطر يجري فضله عن المتن ويبدأ من أول السطر ويكون بعيداً عن الهامش الأيمن والأيسر للصفحة، ويطبع أحياناً بأسطر متقاربة.

د- في حالة حذف كلمة أو كلمات أو جمل من النص المقتبس توضع محلها ثلاثة نقاط متتالية .. لتدل على وجود حذف وفي حالة وجود فاصلة قبل أو بعد المادة المقتبسة توضع أيضاً. أما إذا كانت المادة المحذوفة من الاقتباس تقع في نهاية جملة أو فقرة. فتضاف نقطة رابعة إلى ثلاثة نقاط لتدل على النهاية ..).

و- في حالة إضافة كلمة، أو جملة أو رقم، يوضع ما يضاف بين قوسين مربعين () ليعرف أن ما بينهما ليس جزء من النص الأصلي.

هـ- وفي حالة وجود خطأ كتابي في النص المقتبس لا يصحح بل يبقى على حالة، ولكن يشار إليه في الهامش.

وفي جميع الحالات على الباحث أن يتوخى الأمانة والدقة العلمية عند الاقتباس، وأن يشير إلى المصدر الذي اقتبس منه، فيجب أن لا ينكر فضل الآخرين الذين سبقونا في البحث والكتابة.

المطلب الثالث: اشارات الوقف واستعمالاتها

حتى يكون الأسلوب سلسلاً ومفهوماً، تستعمل عادة إشارات تفصل بين الكلمات أو الجمل تسمى إشارات الوقف، وكل إشارة من هذه الإشارات تستعمل في حالات محددة. وهذه الإشارات هي:

1- الفاصلة (،) Comma

وهي عديدة الاستعمال، فتوضع بين جملتين بينهما ارتباط في المعنى، سواء كانت جمل متعاطفة أو معترضة، توضع بعد القسم، وبين كلمات عديدة، أو صفات ، أو أسماء ، أو أفعال، أو حروف، وتوضع بين الكلمات المترادفة وتوضع بعد نعم أو لا جواباً لسؤال تتبعه جملة، وتوضع بعد أرقام السنة حين يبتدأ فيها الجملة، أو بعد الشهر أو اليوم، وتوضع بين الشرط وجوابه، وفي الهوامش توضع بين اسم المؤلف وعنوان الكتاب ومعلومات النشر.

2- النقطة (.) Period

وهذه توضع في أواخر الجمل التامة.

3- النقطتان الرأسيتان (:) Colon

وتوضع بعد عبارات السرد مع إضافة شرطة إليها، مثل (كما يلي : أو (الآتية : -) وتوضع بعد القول وما اشتق منه، وتوضع قبل ضرب المثل، وقبل الجملة أو الجمل، المقتبسة، كما توضع بعد البلده في تدوين المصادر في الهوامش.

4- الشرطة ( - ) Dash

توضع بعد الأرقام أو الحروف ، أو الكلمات، دلالة على نقص فيها، كما توضع قبل الجمل أو النقاط المشار إليها بالأرقام كما توضع بين الرقمين المستلسلين.

5- القوسان المنحنيان (( )) Parentheses

يوضع بينهما كلمات تفسر ما ذكر قبلهما من عبارة أو مصطلح يحتاج إلى تفسير، ويوضعان حول الأرقام الواردة في الجمل. وحول إشارة الاستفهام بعد خبر أو كلمة أو

سنة دلالة على الشك فيه، وتوضع حول الأسماء الأجنبية الواردة في النص أن كانت بأحرفها الأجنبية.

6- القوسان المركنان أو المربعان () Brackets

واستخداهما مقتصر على حالة أن أراد الكاتب أن يدخل تغييراً على نص مقتبس، فيضع الإضافة بينهما في سياق النص الأصلي.

7- الشولتان المزدوجتان أو علامة التنصيص Quotation Marks

توضعان لحصر كلام مقتبس، وحول جملة النول، وحول عناوين الكتب والقصائد والمقالات لتوضيحها.

8- النقط الأفقية ( ..)

يدل وجودها في النص المقتبس على وجود حذف في هذا النص كما تحل محل (الخ) في سياق الحديث عن شيء ما، كما توضع بعد الجملة التي تحمل اكثر من معنى لحث القارئ على التفكير.

9- علامة التعجب أو الانفعال ( !) Exclamation mark

توضع للتعبير عن التعجب سخطاً أو رضى، وتوضع بعد الجملة المبتدئة بنعم، وبئس، وتوضع بعد الاغاثة، وبعد الجملة المبتدئة بما التعجبية.

10- علامة الاستفهام (?) Question mark

توضع بعد الجملة الاستفهامية؟ وبين قوسين لدلالة على شك في رقم أو كلمة أو خبر.

المبحث الثالث

الهوامش والمراجع

المطلب الأول: الهوامش Foot Notes

لا يخلو بحث من البحوث العلمية من هوامش، وهذه الأخيرة على نوعين هما:

أ- هوامش المراجع

وتستخدم للاحالة إلى مرجع تمت الاستعانة به في متن البحث، حيث يعطي الكاتب رقماً للنص أو الفكرة المقتبسة في المتن، وفي الهامش يضع نفس الرقم مع كتابة المصدر المقتبس منه.

ب- الهوامش المفسرة لمتن التقرير

ويستعان بهذه الهوامش في حالة إذا ما كانت أمور في التقرير غامضة وبحاجة إلى تفسير. ولا يمكن وضع التفسير في النص خوفاً من الإخلال بالسياق العام للنص، فيلجأ الكاتب إلى وضع التفسير في الهامش، وقد يكون التفسير يتعلق بعلم من الاعلام، أسم مدينة، أو شخصية مهمة، أو واقعة ما. كما يستعمل الهامش للإحالة إلى نقطة سبق الإشارة إليها البحث، أو سترد لاحقاً.

هناك ثلاث طرق لوضع الهوامش: فالبعض يفضل وضع الهوامش في نهاية كل صفحة. وفي هذه الحالة يوضع خط يفصل أسطر التقرير عن الهوامش، وأحياناً تكتب الهوامش بحروف أصغر حجماً من الحروف المستعملة في النص. وهناك طريقة أخرى: وهي جمع هوامش كل فصل، أو مبحث ووضعها في نهاية الفصل أو المبحث. وفي هذه الحالة ترقم الهوامش بتسلسل من بداية الفصل إلى نهايته. وليس كما هو الحال في الطريقة الأولى حيث يكون لكل صفحة أرقامها الخاصة بها. الطريقة الثالثة: وضع المراجع مرقمة في نهاية البحث، وخلال النص يعطى عند الإحالة رقم المرجع، ورقم الصفحة.

وإذا كان الهوامش التي تنتمي إلى النوع الثاني لا تثير أية إشكالية فإن هوامش النوع الأول، أي هوامش المراجع، تحتاج إلى دقة عند استعمالها، ذلك أن تدوين المرجع لأول مرة يختلف عن تدوينه في المرات اللاحقة.

**توثيق المعلومات الكتب والمجلات والصحف.**

عند استعمال مرجع لأول مرة، فإذا كان كتاب، تذكر المعلومات كاملة على الشكل التالي.

## اسم المؤلف

ويكتب كما ورد في عنوان الكتاب (ثنائي أو ثلاثي) وفي حالة وجود أكثر من مؤلف يتم ذكرهم بنفس الترتيب الوارد في الكتاب، وأن زادوا عن ثلاثة مؤلفين يكتفي باسم الأول، ثم وضع كلمة (آخرون) وبينهما فاصلة، وفي حالة الكتاب المترجم يذكر اسم المترجم بعد عنوان الكتاب.

عنوان الكتاب: ويكتب كما هو موجود في الأصل.

## اسم السلسلة ورقم الكتاب

إذا كان الكتاب جزء من سلسلة تصدر عن مؤسسة ما.

إذا كان الكتاب مكون من عدة أجزاء يذكر رقم الجزء المستعمل في البحث.

معلومات النشر

وهذه إما أن توضع بين القوسين، وفاصلة بين كل معلومة من المعلومات الواردة، أو بين شرطتين، ونقصد بمعلومات النشر بلد النشر، والمؤسسة الناشرة، وتاريخ النشر، وفي حالة غياب معلومة من هذه المعلومات يستعاض عنها بما يفيد عدم وجودها، مثلاً (دون تاريخ) وتختصر (د.ت).

بعد ذلك يوضح رقم الصفحة أو الصفحات المقتبس منها. مثال:

- عبد الباسط محمد حسن، أصول البحث الاجتماعي، ط8، القاهرة: مكتبة وهبة، 1982 ص 70.

أما إذا كان المرجع مقال في مجلة فترتب المعلومات على الشكل التالي:

- اسم المؤلف أو المؤلفين.

- عنوان المقالة المقتبس منها، وتوضع بين قوسين مزدوجين.

- اسم المجلة ويوضع تحته خط.

- رقم المجلد ورقم العدد.

- تاريخ الصفحة أو الصفحات.

مثال - ابراهيم ابراش، " حدود استحضار المقدس في الأمور الدنيوية: ملاحظات منهاجية" مجلة المستقبل العربي، العدد 180، فبراير 1994 ، ص 4.

هذا فيما يتعلق بكتابة الهوامش لأول مرة، وأما إذا أردنا أن نستعين بالمرجع مرة أخرى فنميز بين الحالات التالية:

- الاستعانة بنفس المرجع مرة أخرى دون أن يفصل بين الاقتباس الثاني، والاقتباس الأول أي هامش، في هذه الحالة نستخدم تعبير " نفس المرجع" أو " نفس المصدر". وإذا كان مرجع أجنبي نضع (Ibid)) بعد ذلك نكتفي بوضع رقم الصفحة أو الصفحات التي تم الاقتباس منها (4).

أما إذا أردنا الإستعانة بمصدر سبق أن دونا معلوماته سابقاً، ولكن يفصل بين الاقتباس الأول والاقتباس الثاني مرجع آخر، فإننا نضع اسم الكاتب فقط ثم مرجع سابق ثم رقم الصفحة المقتبس منها، على أن لا يكون للمؤلف أكثر من مرجع سبقت الإشارة إليهما مثلاً: عبد الباسط محمد حسن، مرجع سابق، ص 92. إما إذا كان للمؤلف أكثر من مؤلف، فنضع اسم المؤلف وعنوان الكتاب أو المقالة المعينة ثم رقم الصفحة.

إذا كان المرجع بلغة أجنبية، فنضع اسم المؤلف ثم (Op.cit) ثم رقم الصفحة. وأخيراً ننبه إلى أنه إذا كانت الهوامش ضرورية للبحث العلمي، فإن على الباحث أن يتوخى الدقة والاقتصاد في الاستعانة بها، فليس كثرة الاقتباسات والهوامش تدل بالضرورة على أن الباحث واسع الاطلاع وموثق جيد للبحث الذي يقوم به. فالهوامش يلجأ إليها في الحالات الضرورية، ولا ضرورة لوضع هامش وتدوين اسم مرجع لتأكيد فكرة أو مقولة بديهة، ولا خلاف

عليها فليس من المعقول مثلاً إذا ورد في متن النص أن هيئة الأمم المتحدة تأسست سنة 1945. أن يضع الباحث هامشاً ليكتب المصدر أو المصادر التي تؤكد أن الأمم المتحدة تأسس في تلك السنة لأن هذه أصبحت معروفة ولا خلاف عليها نفس الأمر فيما يتعلق بالإمكان أو الأشخاص، فلا تعرف في الهوامش إلا إذا كانت بالفعل مجهولة للقارئ أو لغالبية الناس.

المطلب الثاني: ثبت المراجع References

بعد أن ينهي الباحث عمله، ويكتب تقرير بحثه، ويضع خاتمة له تجمل ما ورد فيه، أو تظهر المواقف والأفكار الجديدة التي أتى بها الباحث حول موضوع البحث، تبقى المرحلة الأخيرة وهي تثبيت قائمة بالمراجع التي استعملها في بحثه. ذلك أنه لا يكتفي بالاشارات الواردة في الهوامش حول المراجع، بل يجب أن ترفق قائمة مفصلة بالمراجع التي استعان بها الباحث في عمله، وأحياناً توضع قائمة أخرى بمراجع لم يشر إليها في بحثه لأنه لم يستعن بها مباشرة أو أشار إليها دون أن يطلع عليها مباشرة ولكنها تفيد لمن يريد أن يتوسع في البحث حول الموضوع تسمى (قائمة مراجع مختارة).

يرى جورد شايدر أن : " تدوين المصادر تدويناً واضحاً للموضوع المختار، ومعرفة الوصول إليها، لا تقل أهمية عن البوصلة التي يستعين بها الملاح لكي يستطيع أن يوجه سيره ومركبه".

إذا استعان الباحث بمراجع عربية وأجنبية، فيجب فصل كل منهما عن الآخر، فيضع أولاً المراجع العربية، ثم يليها المراجع الأجنبية، أيضاً إذا استعان الباحث بكتب ومجلات ووثائق ومعاجم فعلية أن يفصلها عن بعضها البعض. فيبدأ بالكتب ثم المقالات ثم الوثائق الحكومية فالبحوث غير المنشورة، وهكذا.

أما كتابة المراجع في نهاية البحث فتتم بنفس الطريقة التي دُونت بها عند استعمالها في الهوامش لأول مرة، إلا أننا لا نضع رقم الصفحة في ثبت المراجع.

كما نشير إلى أن أسماء المؤلفين في المراجع الأجنبية، تكتب بتسبيق الاسم العائلي على الاسم الشخصيـ أما في المراجع للمؤلفين العرب فتكتب اسماء المؤلفين كما هي موجودة على غلاف الكتاب، الاسم الشخصي ثم الاسم العائلي وأن كان البعض يسبق الاسم العائلي على الاسم الشخصي.

**الهوامش:**

(1) يفضل أن لا يزيد عدد الأسطر المقتبسة عن ستة أسطر في الصفحة الواحدة إلا لضرورة كما يجب عدم اعتماد مرجع واحد أو عدد قليل من البرامج كمصدر للاقتباس بل يجب تعدد المصادر، ففي الجامعات الامريكية مثلاً يسمح بالاقتباس من مطبوعات الجامعة في حدود ألف كلمة أما إذا زاد عن ألف كلمة من المراجع الواحد. فيجب أخذ إذن مسبق من صاحب حقوق النشر.

(2)

(3) انظر فوزي عبد الله العكس، البحث العلمي، المناهج والإجراءات والإمارات العربية المتحدة جامعة الإمارات 1986.

(4) ق ص 305.

## الخاتمة

لقد حاولنا أن نعطي نظرة عن مناهج البحث في العلوم الاجتماعية، ممهدين لذلك بدراسة موسعة عن العلم والبحث العلمي من منطلق الترابط والتواصل بين العلم وبين مناهج البحث، وهذا لا يعني أننا استوعبنا في عملنا هذا كل مناهج العلوم الاجتماعية، بل نعترف أن هناك العديد من المناهج وطرق البحث اسقطناها عن قصد، نظراً، لصعوبة تناول كل المناهج، وحتى لا يكون التوسع في شرح كل المناهج على حساب إيفاء الأجزاء الأخرى من الدراسة حقها، مثل تعريف العلم، وتعريف البحث العلمي وتصميم البحوث الاجتماعية، التي ارتأينا أنها ضرورية للطلبة الذين هم مقبلين على إعداد الرسائل الجامعية العليا، وكذلك للباحثين الاجتماعيين المبتدئين.

لقد خلصنا من خلال محاضراتنا في مادة مناهج البحث في العلوم الاجتماعية إلى أن هناك منهج علمي واحد له قواعد ومبادئ يمكن أن يطبق على كافة العلوم الطبيعية والاجتماعية إلا أن هذا لا يمنع من القول بوجود مناهج متعددة في إطار هذا المنهج الشمولي، مناهج تتكيف وتتعدل لتلائم كل فرع من فروع العلوم ومن هنا لا يوجد أي تناقض بين أن نقول منهج البحث العلمي في العلوم الاجتماعية، أو مناهج العلوم الاجتماعية.

وإذا تحولنا من الجانب النظري إلى الجانب التطبيقي فإن التساؤلات تتزاحم والهوة تتزايد بين المفاهيم المجردة للبحث الاجتماعي، وبين واقع البحث الاجتماعي ووقائع العلوم الاجتماعية بصورة عامة في الوطن العربي.

إن مشكلة البحث الاجتماعي في العالم العربي هي جزء من مشكلة أو أزمة العلوم الاجتماعية فيه، وهذه الأخيرة بدورها هي إفراز لمشاكل اجتماعية أشمل. فحداثة التفكير العلمي وتبعية مناهج البحث والدراسة لمراكز ومناهج أجنبية، وضعف المراكز والمؤسسات المتخصصة بالبحث الاجتماعي من جانب، وهشاشة المجتمع العربي وتبعيته للغرب، وثقل هيمنة الإيديولوجيا، وصعوبة الالتزام بالموضوعية من جانب آخر، بالإضافة إلى نمط التفكير السائد والعقليات المهيمنة التي تتعامل مع المشاكل الاجتماعية

انطلاقاً من مسبقات دينية أو تراثية لا تقبل النقاش أو إعادة النظر. كل ذلك جعل البحث الاجتماعي في الوطن العربي قاصراً عـن تلبية الاحتياجات الضرورية، وعاجزاً عن الغوص في عمق المشاكل الاجتماعية التي يعاني منها المجتمع العربي، وخصوصاً تلك التـي لها علاقة بالنظام السياسي والإيديولوجي وبالثقافة والهوية العربيـة. إن مشـاكل اجتماعيـة اسـتراتيجية مثل التنشئة الاجتماعيـة والتطرف الديني، وأزمة المثقفين وأزمة الديمقراطية، وأزمة الهوية والانتماء والاستحقاقات التحول الديمقراطي، إن مشاكل من هـذا النوع بحاجة  إلى بحث اجتماعي يقوم به باحثون ملتزمون ، متحـررون مـن آسـار السـلطة ومـن قيـود الإيـديولوجيا ومسـخرين مناهجهم وأدوات بحثهم لأقصى درجات الصرامة العلمية.

إلا أن الأمل يراود الجميع بأن أزمة العلوم الاجتماعية في الـوطن العربي، هـي أمـر عـابر، وجودهـا مـرتبط بحداثـة هـذه العلـوم وحداثة الجامعات ومراكز البحث، ونأمل أن يساهم انتشار التعليم ومراكز البحث، ودخول مادة مناهج العلوم الاجتماعية كمادة أساسية في الجامعات أن يساهم كل ذلك في نهوض وتقدم العلوم الاجتماعية، وتطور البحـث الاجتماعي وخصوصاً أن إرهاصـات الديمقراطية بدأت تلوح في أكثر من مكان من عالمنا العربي.

# الملاحـــق

ملحق رقم **1**
مراحل تخطيط دراسة مسحية

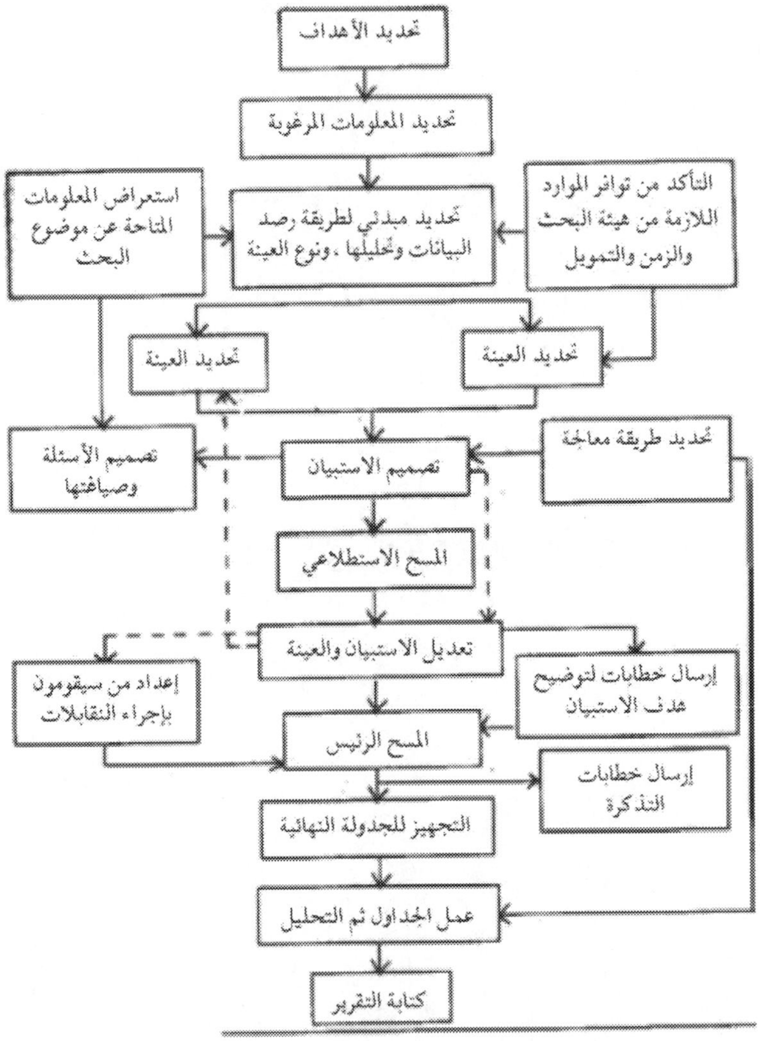

الرسم مقتبس من كتاب مناهج البحث في العلوم الاجتماعية والتربية
لويس كوهين ولورنس مانيون . مرجع سابق

## ملحق رقم II

## استمارة استبيانية عن الطلاق

## أسبابه وآثاره الاجتماعية

تسلسل الاستمارة الاستبيانية :

مكان إجراء المقابلة

تاريخ المقابلة

توقيع الباحث

**ملاحظة:**

أن المعلومات التي نحصل عليها سرية ولن يطلع عليها أي شخص أو جهة ثالثة مهما كانت الأسباب. وسوف لا تستخدم إلا لأغراض متصلة بالبحث.

بيانات أولية عن الزوجين

1- الجنس        ذكر _____ انثى _____

2- الموطن الأصلي

الزوج : العمالة _____ المدينة _____ الناحية _____

الزوجة : العمالة _____ المدينة _____ الناحية _____

3- المنطقة السكنية

الزوج    ريفية _____ حضرية _____

الزوجة    ريفية _____ حضرية _____

4- العمر بالسنوات عند قيام الزواج :        مدة الحياة الزوجية

الزوجة _____

الزوج _____

5- عدد الأولاد قبل وقوع الطلاق

ذكور _____ اناث _____ المجموع _____

6- الخلفية الاجتماعية والانحدار الطبقي

الزوج    عليا _____ متوسطة _____ عمالية _____ فلاحية _____

الزوجة    عليا _____ متوسطة _____ عمالية _____ فلاحية _____

7- المستوى الثقافي والعلمي :        الزوج        الزوجة

أمي أو أمية

دارس أو دارسة في محو الأمة

الدراسة الابتدائية

الدراسة المتوسطة

الدراسة الثانوية ☐ ☐

الدراسة في معهد ☐ ☐

الدراسة في جامعة ☐ ☐

الدراسات دراسات عليا ☐ ☐

**8- المهنة :** **الزوج** **الزوجة**

مهنة حرة (التجارة الحدادة - الزراعة - البيع والشراء) ☐ ☐

مهنة عمالية وفلاحية في القطاع العام ☐ ☐

مهنة تحتاج إلى دراسة في معهد ☐ ☐

مهنة تحتاج إلى تحصيل جامعي ☐ ☐

عسكري ☐ ☐

ربة بيت ☐ ☐

أية مهنة أخرى ☐ ☐

**9- الدخل الشهري بالدرهم** ☐ ☐

الزوج الدخل الشهري بالدرهم ☐ ☐

الزوجة الدخل الشهري بالدرهم

**10- هل كان الدخل الشهري كافياً لسد احتياجات الأسرة**

الزوج نعم ــــــ لا ــــــ تقريباً ــــــ

الزوجة نعم ــــــ لا ــــــ تقريباً ــــــ

**11- هل تمتلك دار للسكن؟**

الزوج نعم ــــــ لا ــــــ

الزوجة نعم ــــــ لا ــــــ

12- هل تسكن الأسرة في دار مستقلة عن دار أهل الزوج والزوجة؟

الزوج: نعم لا

الزوجة: نعم لا

13- في حالة الإجابة ب لا فمن يسكن معهما؟

| | الزوج | الزوجة |
|---|---|---|
| أقرباء الزوج | ☐ | ☐ |
| أقرباء الزوجة | ☐ | ☐ |
| زوجة أخرى | ☐ | ☐ |
| غرباء | ☐ | ☐ |

14- هل كان أحد الزوجين يقدم مساعدة مالية لأسرته؟

الزوج: نعم ــــــ لا ــــــ

الزوجة: نعم ــــــ لا ــــــ

15- هل سببت هذه المساعدة حدوث مشاكل بين الزوجين؟

الزوج: نعم ــــــ لا ــــــ

الزوجة: نعم ــــــ لا ــــــ

16- إذا كانت زوجتك موظفة هل تساهم معك في تحمل مصاريف الأسرة؟

نعم ــــــ لا ــــــ

17- إذا كانت لا تساهم، فهل تعتقد أن ذلك سبب في حدوث المشاكل التي أدت إلى الطلاق؟

نعم ــــــ لا ــــــ ربما ــــــ

18- هل مستواك الثقافي والعلمي مساو للمستوى الثقافي والعلمي لزوجتك؟

الزوج نعم ـــــــ لا ـــــــ تقريباً ـــــــ

19- في حالة الإجابة بـ لا هل كان ذلك سبباً من أسباب سوء التفاهم والتنافر بينكما ؟

الزوج نعم ـــــــ لا ـــــــ

20- إذا كان مستواك الثقافي والعلمي أعلى من مستوى زوجك فهل كان ذلك من أسباب التنافر وحدوث المشاكل بينكما؟

الزوجة نعم ـــــــ لا ـــــــ

21- هل عمرك مساوي لعمر زوجتك أو عمر زوجك؟

الزوج نعم ـــــــ لا ـــــــ تقريباً ـــــــ

الزوجة نعم ـــــــ لا ـــــــ تقريبا ـــــــ

22- هل الفارق بين عمركما كان سبباً من أسباب الطلاق؟

الزوج : نعم ـــــــ لا ـــــــ

الزوجة : نعم ـــــــ لا ـــــــ

23- هل علاقتك بأقاربك وثيقة؟

| | الزوج | الزوجة |
|---|---|---|
| جيدة | ☐ | ☐ |
| اعتيادية | ☐ | ☐ |
| سيئة | ☐ | ☐ |

24- هل كان هناك تدخل من قبل أقاربك في شؤون أسرتك؟

الزوج : نعم ـــــــ لا ـــــــ

الزوجة :     نعم ــــــ لا ــــــ

**25- إذا كان الجواب بنعم فما نوع هذا التدخل؟**

| | الزوج | الزوجة |
|---|---|---|
| إنجاب الأطفال | ☐ | ☐ |
| تدبير شؤون المنزل | ☐ | ☐ |
| تنظيم العلاقات ببقية أفراد الأسرة | ☐ | ☐ |
| التدخل في الشؤون المالية | ☐ | ☐ |
| أي تدخل آخر | ☐ | ☐ |

**26- هل كان لهذا التداخل في شؤون أسرتك أثر في حدوث الخلافات بينكما ؟**

الزوج :     نعم ــــــ لا ــــــ

الزوجة :     نعم ــــــ لا ــــــ

**27- إذا الجواب بنعم ما هي الإجراءات التي أتخذها كل منكما إزاء حل المشاكل قبل ذهابكما إلى المحكمة .**

التفاهم بينكما لحل المشاكل والخلافات

| | الزوج | الزوجة |
|---|---|---|
| الاستعانة بأهل الزوج | ☐ | ☐ |
| الاستعانة بأهل الزوجة | ☐ | ☐ |
| الاستعانة بأصدقاء العائلة | ☐ | ☐ |
| أية إجراءات أخرى تذكر | ☐ | ☐ |

28- في حالة تعذر الوصول إلى حل للمشاكل والخلافات الزوجية ولجوئكما إلى المحكمة لطلب الطلاق فهل وجدتما سهولة في الحصول على الطلاب؟

الزوج : نعم ـــــــ لا ـــــــ

الزوجة : نعم ـــــــ لا ـــــــ

29- إذا كان الجواب بنعم فهل تعتقد أو تعتقدين أن تسامح القوانين في منح الطلاب للأشخاص الراغبين فيه كان سبباً من الأسباب التي دفعتكما إلى طلب الطلاق والانفصال؟

الزوج : نعم ـــــــ لا ـــــــ

الزوجة : نعم ـــــــ لا ـــــــ

30- إذا كان الجواب بـ لا فهل حاولت المحكمة مساعدتكما في حل خلافاتكما واستمرار حياتكما الزوجية؟

الزوج : نعم ـــــــ لا ـــــــ

الزوجة : نعم ـــــــ لا ـــــــ

31- إذا كان الجواب بنعم فما هي الإجراءات التي اتخذتها المحكمة إزاء الموضوع؟

| | الزوج | الزوجة |
|---|---|---|
| 1- | | |
| 2- | | |
| 3- | | |

بيانات عما بعد الطلاق

32- ما شعورك بعد وقوع الطلاب؟

الزوج الرضا ______ الندم والحزن ______

الزوجة الرضا ______ الندم والحزن ______

**33- هل حدث زواج بعد الطلاب موضوع البحث؟**

الزوج: نعم ______ لا ______

الزوجة: نعم ______ لا ______

**34- في حالة الإجابة بنعم ما هي الفترة التي انقضت بين الطلاب والزواج الجديد :**

الزوج :

الزوجة:

| **35- وما هي الدوافع للزواج ؟** | **الزوج** | **الزوجة** |
| --- | --- | --- |
| عدم استطاعة العيش بدون زوج أو زوجة | ☐ | ☐ |
| توفير الرعاية للأطفال | ☐ | ☐ |
| لغرض المساعدة المالية في تحمل مصاريف الأسرة | ☐ | ☐ |
| أسباب أخرى تذكر | ☐ | ☐ |

**36- بعد وقوع الطلاق ما هي الجهة التي تولت تربية ورعاية الأطفال؟**

| | الزوج | الزوجة |
| --- | --- | --- |
| الأب أو عائلته الأصلية | ☐ | ☐ |
| الأم أو عائلتها الأصلية | ☐ | ☐ |
| دور رعاية الأطفال التي تمتلكها الدولة | ☐ | ☐ |
| أية جهة أخرى | ☐ | ☐ |

**37- هل تعتقد أو تعتقدين أن الطلاق قد أثر تأثيراً سلبياً على شخصية وتنشئة الأطفال؟**

يؤثر تأثيراً كبيراً الزوج ______ الزوجة ______

يؤثر إلى حد ما الزوج ______ الزوجة ______

لا يؤثر الزوج ______ الزوجة ______

**38- إذا كان الطلاق قد أثر على الأطفال فما نوع هذا التأثير؟**

تشرد الأطفال الزوج ______ الزوجة ______

عدم العناية بالأطفال الزوج ______ الزوجة ______

حرمانهم من عطب أحد الوالدين الزوج ______ الزوجة ______

آثار أخرى تذكر الزوج ______ الزوجة ______

**39- هل كان للطلاق تأثير سلبي على المطلقين؟**

الزوج : نعم ______ لا ______

الزوجة : نعم ______ لا ______

**40- ما هي تلك الآثار السلبية إن وجدت؟**

| | الزوج | الزوجة |
|---|---|---|
| -1 | | |
| -2 | | |
| -3 | | |

**41- هل تعتقد أو تعتقدين أن الطلاق أثاراً إيجابية على الأطفال؟**

الزوج : نعم ______ لا ______ إلى حد ما ______

الزوجة : نعم ______ لا ______ إلى حد ما ______

42- **إذا كان الجواب بنعم فما هي بنظرك الآثار الإيجابية ؟ الزوج الزوجة**

توفير الإطمئنان النفسي للأطفال ☐ ☐

الابتعاد عن جو الشجار والنزاع بين الوالدين ☐ ☐

آثار أخرى تذكر ☐ ☐

43- **هل تعتقد أو تعتقدين بأن للطلاق آثاراً إيجابية على المطلق أو المطلقة؟**

الزوج : نعم ______ لا ______

الزوجة : نعم ______ لا ______

44- **إذا كان الجواب بنعم فما هي تلك الآثار الإيجابية؟**

| | الزوج | الزوجة |
|---|---|---|
| حل المشكلات الأسرية | ☐ | ☐ |
| توفير الراحة النفسية للزوج والزوجة | ☐ | ☐ |
| الابتعاد عن المشاحنات والصراع الأسري | ☐ | ☐ |
| الآثار الأخرى تذكر | ☐ | ☐ |
| **ملاحظات الباحث** | ☐ | ☐ |

## ملحق رقم III

### استبيان

### أجري على عينة من الحجاج في المدينة المنورة*

اسم الباحث —————— اسم الحاج ——————

مكان المقابلة ——————

رقم مسلسل ——————

أسم الحي ——————

تاريخ المقابلة ——————

اللغة المستعملة ——————

1- ما جنسيتك؟

2- أين تقيم بصفة عامة؟

3- كما عمرك الآن؟

| أقل من 25 سنة | 25 -39 | 40 -59 | 60+ |
|---|---|---|---|
| | | | |

4- هل تزور المدينة وحدك أم مع آخرين؟ وحدي مع آخرين

5- كم منهم مشتركون معك في الصرف؟

6- كم مرة حججت؟

7- ما هو تاريخ وصولك للمدينة؟

* حسن الساعاتي، تصميم البحوث الاجتماعية، مرجع سابق بتصرف

8- كيف وصلت للمدينة؟

9- كم يوماً تستغرق زيارتك للمدينة؟

10- أ- (قبل الحج) هل تنوي زيارة المدينة بعد الحج؟    نعم    لا

(بعد الحج) هل زرت المدينة قبل الحج؟    نعم    لا

11- للصلاة في الحرم؟ ─────────────────

12- لزيارة المساجد التاريخية؟ ─────────────────

13- للشراء وأغراض أخرى؟ ─────────────────

14- ما هي وسيلة المواصلات التي تغادر بها المدينة؟ ─────────

15- ما نوع سكنك في المدينة؟

أ- مدينة الحجاج        ب- فندق        ج- عمارة

د- عند دليل اسمه ───── هـ- عند قريب أو صديق

و- مخيم        ن- مقهى        ح- أخرى (تبين)

16- ما هي المرافق الموجودة في السكن؟

أ- مياه جارية        ب- كهرباء

ج- تواليت        د- حمام

هـ- تكييف        ر- مراوح

ز- مجاري        ح- أخرى (تبين) ─────

17- كم شخصاً ينامون معك في الحجرة أو الخيمة: ─────

18- كما إيجار السكن للشخص الواحد؟ ───── ر. س

19- كما يبعد سكنك عن الحرم؟

| مواجه له | قريباً جداً | ليس بعيداً | بعيد |
|---|---|---|---|
| | | | |

● وسائل المواصلات

1- تاكسي      4- سيارة خاصة

2- حافلة      5- عن طريق البحر

3- طائرة      6- أخرى (تبين)

20- كما من الوقت تستغرق للوصول مشياً إلى الحرم؟

| دقيقتان | 4- 5 | 6- 10 | 10+ |
|---|---|---|---|
| | | | |

أ- كما ريالاً سعودياً تصرف على:

21- المسكن؟ ________ ر.س

22- الطعام والمشروبات والتدخين؟ ________ ر.س

23- التنقلات داخل المدينة؟ ________ ر.س

24- الهدايا؟ ________ ر.س

25- أشياء أخرى ؟ ________ ر.س

- ما الذي تشكو منه بخصوص الأمور الآتية؟

| | | |
|---|---|---|
| 26<br>المواصلات | غالية<br>مزدوجة<br>غير مريحة<br>نادرة | |
| 27<br>المياه | غير كافية<br>معرض للتلوث | |
| 28<br>الطعام | غالي<br>غير كاف<br>غير متنوع<br>معرض للتلوث<br>وغير صحي | |
| 29<br>السكن | غالي<br>بعيد جداً<br>مزدحم<br>قلة الماء<br>بدون كهرباء<br>غير نظيف | |
| 30<br>المرافق العامة | قذارة الشوارع<br>الخلفية<br>قلة الأمـــاكن<br>المظلة<br>قلة المراحـيض | |
| | العامة<br>أخرى | |
| 31<br>الأمن | الفشل<br>السرقة<br>التوهان بسهولة | |
| 32<br>المرور | نمط الشوارع<br>يعرض للخطر<br>معابر المشاه<br>غير أمنة<br>الاختناقات<br>قلة لافتات<br>الشوارع<br>قلة مواقف<br>السيارات | |
| 33<br>خدمات<br>الاتصال | غير وافية<br>غير كفء | |
| 34<br>الخدمات<br>الصحية | غير كافية<br>بطيــــئة في<br>الطواري | |

## ملحق رقم VI

| الأرقام العشوائية | | | | | | | | | | | | | | | | | | | | | | | | |
|---|---|---|---|---|---|---|---|---|---|---|---|---|---|---|---|---|---|---|---|---|---|---|---|---|
| 0 | 8 | 9 | 5 | 6 | 4 | 4 | 8 | 9 | 4 | 0 | 7 | 5 | 9 | 7 | 0 | 4 | 5 | 3 | 1 | 2 | 7 | 8 | 6 | 6 |
| 8 | 2 | 4 | 4 | 8 | 8 | 0 | 2 | 6 | 5 | 5 | 0 | 3 | 5 | 9 | 1 | 3 | 8 | 6 | 8 | 8 | 3 | 1 | 8 | 5 |
| 3 | 1 | 2 | 3 | 7 | 6 | 4 | 1 | 1 | 4 | 3 | 5 | 2 | 7 | 4 | 9 | 3 | 2 | 7 | 5 | 5 | 4 | 7 | 6 | 2 |
| 2 | 3 | 8 | 1 | 8 | 6 | 6 | 1 | 0 | 8 | 4 | 1 | 0 | 5 | 0 | 4 | 8 | 5 | 3 | 7 | 8 | 7 | 6 | 5 | 7 |
| 0 | 0 | 4 | 3 | 6 | 5 | 5 | 2 | 3 | 5 | 2 | 4 | 3 | 3 | 9 | 3 | 2 | 5 | 2 | 0 | 8 | 4 | 6 | 2 | 1 |
| 1 | 2 | 8 | 9 | 7 | 5 | 8 | 9 | 7 | 8 | 6 | 7 | 4 | 0 | 4 | 0 | 4 | 9 | 7 | 8 | 5 | 0 | 2 | 9 | 8 |
| 9 | 8 | 4 | 6 | 9 | 9 | 0 | 8 | 0 | 2 | 3 | 2 | 8 | 0 | 5 | 4 | 5 | 0 | 6 | 7 | 6 | 2 | 3 | 9 | 8 |
| 0 | 7 | 3 | 6 | 9 | 5 | 1 | 6 | 3 | 8 | 0 | 5 | 9 | 0 | 0 | 2 | 0 | 9 | 3 | 6 | 8 | 8 | 2 | 4 | 3 |
| 2 | 2 | 3 | 9 | 5 | 7 | 9 | 4 | 0 | 6 | 7 | 3 | 6 | 9 | 6 | 4 | 1 | 7 | 3 | 6 | 5 | 1 | 8 | 2 | 6 |
| 4 | 9 | 5 | 6 | 9 | 3 | 1 | 4 | 7 | 8 | 1 | 5 | 6 | 7 | 2 | 2 | 4 | 6 | 3 | 6 | 5 | 4 | 2 | 1 | 2 |
| 4 | 0 | 6 | 6 | 8 | 5 | 4 | 3 | 7 | 8 | 3 | 2 | 6 | 8 | 1 | 2 | 2 | 7 | 0 | 6 | 5 | 3 | 5 | 8 | 4 |
| 6 | 3 | 3 | 2 | 0 | 3 | 9 | 7 | [illegible] | 2 | 3 | 6 | 9 | 5 | 3 | 4 | 1 | 6 | 1 | 8 | 3 | 9 | 4 | 3 | 3 |
| 0 | 6 | 1 | 8 | 4 | 2 | 1 | 8 | [illegible] | 7 | 5 | 4 | 1 | 9 | 0 | 3 | 2 | 4 | 1 | 5 | 7 | 7 | 4 | 0 | 8 |
| 2 | 2 | 4 | 2 | 9 | 6 | 8 | 5 | 3 | 2 | 6 | 1 | 0 | 7 | 6 | 1 | 7 | 9 | 2 | 0 | 9 | 2 | 8 | 7 | 8 |
| 8 | 3 | 2 | 3 | 0 | 7 | 4 | 3 | 3 | 8 | 9 | 0 | 8 | 0 | 5 | 8 | 8 | 7 | 1 | 3 | 6 | 0 | 1 | 3 | 9 |
| 2 | 3 | 1 | 8 | 2 | 3 | 1 | 0 | 3 | 0 | 0 | 8 | 9 | 1 | 2 | 0 | 3 | 7 | 0 | 2 | 0 | 1 | 8 | 1 | 7 |
| 0 | 8 | 7 | 3 | 4 | 4 | 5 | 1 | 8 | 7 | 4 | 5 | 1 | 9 | 9 | 0 | 3 | 2 | 2 | 3 | 1 | 2 | 6 | 4 | 6 |
| 5 | 8 | 5 | 6 | 7 | 6 | 1 | 0 | 1 | 6 | 7 | 0 | 2 | 1 | 9 | 1 | 6 | 3 | 2 | 0 | 1 | 1 | 5 | 5 | 9 |
| 6 | 1 | 1 | 0 | 5 | 1 | 3 | 6 | 7 | 7 | 7 | 8 | 2 | 4 | 5 | 9 | 3 | 0 | 7 | 6 | 7 | 9 | 1 | 1 | 6 |
| 5 | 3 | 6 | 1 | 2 | 7 | 2 | 6 | 2 | 7 | 3 | 3 | 6 | 8 | 2 | 6 | 5 | 5 | 8 | 4 | 2 | 4 | 2 | 1 | 8 |
| 8 | 7 | 3 | 9 | 5 | 1 | 1 | 8 | 4 | 1 | 8 | 5 | 6 | 6 | 0 | 6 | 9 | 2 | 2 | 6 | 8 | 2 | 5 | 8 | 5 |
| 2 | 9 | 1 | 9 | 9 | 5 | 6 | 1 | 8 | 6 | 6 | 4 | 0 | 5 | 0 | 0 | 8 | 8 | 2 | 5 | 9 | 3 | 0 | 1 | 2 |
| 8 | 1 | 0 | 2 | 1 | 7 | 2 | 0 | 2 | 7 | 6 | 8 | 4 | 8 | 0 | 2 | 6 | 2 | 8 | 0 | 8 | 3 | 6 | 0 | 7 |
| 9 | 7 | 1 | 5 | 5 | 7 | 4 | 6 | 1 | 5 | 6 | 5 | 9 | 9 | 2 | 2 | 7 | 1 | 2 | 7 | 0 | 0 | 5 | 0 | 9 |
| 6 | 3 | 7 | 9 | 8 | 8 | 7 | 4 | 9 | 5 | 0 | 3 | 3 | 0 | 3 | 7 | 0 | 7 | 5 | 8 | 1 | 2 | 8 | 3 | 1 |
| 9 | 4 | 2 | 2 | 1 | 3 | 2 | 0 | 5 | 6 | 0 | 6 | 0 | 9 | 0 | 9 | 3 | 1 | 7 | 8 | 1 | 2 | 3 | 1 | 1 |
| 5 | 2 | 8 | 5 | 1 | 0 | 2 | 4 | 6 | 0 | 8 | 3 | 4 | 2 | 9 | 0 | 2 | 4 | 0 | 5 | 2 | 7 | 8 | 8 | 8 |
| 7 | 9 | 7 | 1 | 3 | 7 | 2 | 4 | 6 | 3 | 8 | 4 | 0 | 2 | 5 | 5 | 4 | 6 | 1 | 6 | 5 | 4 | 6 | 3 | 0 |
| 0 | 1 | 5 | 0 | 6 | 5 | 1 | 1 | 8 | 0 | 9 | 4 | 1 | 1 | 2 | 6 | 1 | 4 | 2 | 0 | 8 | 6 | 3 | 1 | 0 |
| 5 | 8 | 1 | 7 | 4 | 7 | 5 | 6 | 2 | 1 | 9 | 3 | 7 | 4 | 0 | 4 | 6 | 4 | 6 | 9 | 6 | 7 | 5 | 0 | 6 |
| 2 | 5 | 0 | 7 | 5 | 1 | 6 | 0 | 4 | 0 | 4 | 1 | 9 | 4 | 9 | 8 | 3 | 6 | 3 | 8 | 0 | 0 | 1 | 7 | 9 |
| 8 | 8 | 3 | 7 | 8 | 1 | 4 | 6 | 3 | 8 | 0 | 5 | 6 | 4 | 4 | 3 | 5 | 0 | 6 | 9 | 5 | 5 | 0 | 6 | 0 |
| 4 | 3 | 1 | 8 | 7 | 3 | 4 | 1 | 7 | 1 | 6 | 1 | 5 | 2 | 7 | 9 | 4 | 0 | 2 | 9 | 9 | 6 | 8 | 7 | 6 |
| 9 | 1 | 4 | 7 | 7 | 4 | 3 | 7 | 4 | 2 | 5 | 5 | 0 | 2 | 1 | 1 | 1 | 4 | 0 | 6 | 4 | 7 | 5 | 9 | 6 |
| 8 | 6 | 0 | 8 | 2 | 9 | 3 | 4 | 3 | 4 | 7 | 6 | 9 | 6 | 1 | 8 | 2 | 3 | 3 | 8 | 3 | 4 | 6 | 8 | 3 |
| 3 | 3 | 0 | 6 | 2 | 3 | 8 | 7 | [illegible] | 3 | 8 | 3 | 1 | 1 | 5 | 9 | 7 | 4 | 4 | 4 | 9 | 7 | 6 | 0 | 9 |
| 1 | 8 | 2 | 0 | 2 | 9 | 8 | 8 | [illegible] | 1 | 6 | 8 | 0 | 7 | 5 | 6 | 0 | 8 | 3 | 9 | 2 | 1 | 1 | 2 | 0 |
| 4 | 7 | 4 | 1 | 1 | 8 | 5 | 9 | [illegible] | 9 | 7 | 7 | 8 | 0 | 8 | 0 | 8 | 5 | 7 | 2 | 6 | 9 | 4 | 6 | 7 |
| 7 | 2 | 8 | 1 | 1 | 0 | 4 | 0 | 5 | 0 | 0 | 8 | 2 | 5 | 7 | 4 | 9 | 4 | 0 | 6 | 9 | 7 | 1 | 8 | 0 |
| 8 | 4 | 0 | 0 | 8 | 1 | 8 | 7 | 1 | 5 | 0 | 1 | 3 | 7 | 3 | 1 | 1 | 4 | 1 | 9 | 7 | 1 | 7 | 8 | 5 |
| 1 | 5 | 0 | 5 | 3 | 1 | 9 | 7 | 3 | 0 | 3 | 7 | 6 | 3 | 4 | 7 | 2 | 2 | 0 | 5 | 0 | 0 | 7 | 5 | 1 |
| 6 | 8 | 5 | 1 | 2 | 4 | 1 | 0 | 4 | 6 | 2 | 5 | 9 | 9 | 3 | 2 | 5 | 6 | 0 | 1 | 2 | 0 | 6 | 7 | 7 |
| 7 | 6 | 5 | 5 | 4 | 6 | 1 | 9 | 1 | 1 | 7 | 9 | 9 | 9 | 6 | 6 | 7 | 1 | 3 | 7 | 7 | 4 | 8 | 8 | 2 |
| 7 | 8 | 2 | 4 | 2 | 1 | 6 | 4 | 3 | 9 | 7 | 2 | 6 | 6 | 5 | 7 | 0 | 1 | 2 | 8 | 9 | 7 | 1 | 4 | 5 |
| 9 | 0 | 3 | 3 | 8 | 1 | 3 | 5 | 1 | 4 | 2 | 8 | 7 | 7 | 0 | 3 | 5 | 8 | 0 | 8 | 4 | 2 | 6 | 6 | 4 |
| 5 | 5 | 4 | 8 | 6 | 5 | 6 | 8 | 0 | 3 | 2 | 0 | 4 | 8 | 4 | 5 | 6 | 6 | 5 | 4 | 7 | 1 | 3 | 1 | 2 |
| 0 | 6 | 4 | 9 | 7 | 7 | 9 | 8 | 0 | 6 | 4 | 0 | 9 | 2 | 4 | 7 | 8 | 2 | 5 | 1 | 7 | 2 | 3 | 5 | 2 |
| 6 | 0 | 6 | 7 | 8 | 0 | 8 | 7 | 6 | 8 | 5 | 0 | 1 | 3 | 4 | 3 | 0 | 4 | 7 | 0 | 5 | 2 | 4 | 1 | 3 |
| 1 | 6 | 3 | 6 | 4 | 9 | 6 | 5 | 3 | 5 | 5 | 3 | 0 | 3 | 3 | 8 | 3 | 7 | 9 | 1 | 1 | 5 | 8 | 2 | 2 |
| 2 | 1 | 5 | 9 | 7 | 1 | 2 | 6 | 4 | 4 | 5 | 0 | 2 | 1 | 4 | 5 | 1 | 1 | 7 | 0 | 4 | 0 | 1 | 3 | 0 |

## الأرقام العشوائية

| | | | | | | | | | | | | | | | | | | | | | | | | |
|---|---|---|---|---|---|---|---|---|---|---|---|---|---|---|---|---|---|---|---|---|---|---|---|---|
| 5 | 0 | 3 | 9 | 1 | 8 | 3 | 8 | 9 | 5 | 5 | 6 | 7 | 3 | 0 | 6 | 7 | 9 | 7 | 1 | 4 | 9 | 2 | 3 | 3 |
| 3 | 5 | 8 | 1 | 8 | 1 | 6 | 3 | 3 | 7 | 0 | 6 | 7 | 7 | 8 | 9 | 6 | 2 | 0 | 8 | 5 | 0 | 4 | 3 | 7 |
| 7 | 0 | 6 | 4 | 0 | 6 | 9 | 0 | 5 | 9 | 3 | 3 | 7 | 7 | 1 | 1 | 4 | 4 | 3 | 8 | 0 | 6 | 2 | 1 | 8 |
| 1 | 0 | 4 | 9 | 2 | 7 | 8 | 1 | 6 | 4 | 4 | 9 | 3 | 2 | 9 | 6 | 7 | 3 | 2 | 4 | 2 | 6 | 4 | 9 | 6 |
| 7 | 7 | 7 | 0 | 3 | 2 | 5 | 7 | 9 | 3 | 0 | 5 | 6 | 6 | 5 | 8 | 7 | 6 | 2 | 8 | 5 | 2 | 5 | 3 | 8 |
| 3 | 1 | 4 | 2 | 0 | 1 | 2 | 3 | 5 | 8 | 0 | 4 | 9 | 9 | 9 | 5 | 6 | 4 | 8 | 6 | 4 | 3 | 5 | 0 | 8 |
| 8 | 7 | 9 | 8 | 4 | 6 | 4 | 1 | 7 | 0 | 8 | 6 | 0 | 0 | 6 | 1 | 7 | 0 | 9 | 0 | 2 | 9 | 8 | 4 | 2 |
| 5 | 0 | 6 | 9 | 7 | 6 | 4 | 6 | 4 | 9 | 6 | 6 | 0 | 5 | 3 | 2 | 7 | 9 | 2 | 4 | 4 | 4 | 0 | 6 | 5 |
| 0 | 9 | 7 | 6 | 2 | 3 | 7 | 3 | 6 | 5 | 7 | 7 | 4 | 8 | 5 | 9 | 4 | 9 | 6 | 6 | 0 | 9 | 5 | 6 | 3 |
| 1 | 1 | 2 | 9 | 9 | 4 | 6 | 0 | 0 | 6 | 3 | 7 | 1 | 3 | 1 | 9 | 1 | 2 | 6 | 6 | 0 | 8 | 7 | 5 | 2 |
| 9 | 5 | 5 | 5 | 1 | 9 | 7 | 5 | 9 | 0 | 3 | 2 | 1 | 5 | 6 | 1 | 1 | 1 | 2 | 8 | 3 | 5 | 9 | 5 | 5 |
| 5 | 6 | 2 | 2 | 6 | 5 | 2 | 0 | 4 | 0 | 5 | 8 | 1 | 8 | 6 | 1 | 2 | 3 | 9 | 0 | 3 | 4 | 3 | 0 | 3 |
| 3 | 0 | 8 | 5 | 5 | 8 | 7 | 5 | 1 | 7 | 1 | 0 | 7 | 0 | 2 | 7 | 4 | 9 | 9 | 5 | 4 | 9 | 3 | 4 | 6 |
| 1 | 9 | 4 | 1 | 2 | 5 | 8 | 1 | 2 | 4 | 4 | 9 | 7 | 5 | 9 | 5 | 8 | 8 | 6 | 2 | 2 | 2 | 2 | 4 | 0 |
| 1 | 6 | 0 | 1 | 7 | 5 | 6 | 9 | 4 | 1 | 7 | 3 | 2 | 2 | 6 | 5 | 1 | 4 | 5 | 9 | 8 | 9 | 9 | 2 | 4 |
| 9 | 4 | 3 | 4 | 6 | 5 | 3 | 2 | 3 | 0 | 8 | 5 | 6 | 6 | 1 | 1 | 0 | 6 | 6 | 6 | 9 | 6 | 0 | 1 | 1 |
| 3 | 8 | 5 | 2 | 2 | 5 | 5 | 1 | 3 | 4 | 8 | 8 | 2 | 8 | 7 | 5 | 4 | 6 | 4 | 6 | 4 | 0 | 3 | 3 | 4 |
| 6 | 5 | 9 | 8 | 7 | 5 | 1 | 5 | 0 | 1 | 3 | 1 | 3 | 5 | 7 | 1 | 1 | 7 | 6 | 6 | 6 | 6 | 8 | 4 | 5 |
| 9 | 9 | 7 | 6 | 9 | 8 | 8 | 7 | 0 | 6 | 1 | 5 | 7 | 9 | 7 | 1 | 5 | 9 | 7 | 9 | 2 | 6 | 7 | 1 | 1 |
| 3 | 2 | 8 | 0 | 3 | 7 | 7 | 6 | 8 | 3 | 1 | 2 | 6 | 3 | 0 | 8 | 1 | 4 | 8 | 6 | 1 | 2 | 6 | 6 | 8 |
| 8 | 9 | 9 | 2 | 9 | 7 | 7 | 4 | 2 | 3 | 3 | 5 | 9 | 2 | 3 | 5 | 8 | 6 | 7 | 3 | 0 | 6 | 4 | 9 | 9 |
| 5 | 2 | 2 | 0 | 3 | 2 | 8 | 7 | 3 | 4 | 1 | 2 | 6 | 8 | 9 | 6 | 8 | 9 | 4 | 1 | 7 | 6 | 8 | 2 | 9 |
| 9 | 3 | 7 | 1 | 9 | 8 | 3 | 6 | 0 | 2 | 8 | 6 | 3 | 5 | 3 | 0 | 1 | 6 | 1 | 3 | 3 | 8 | 3 | 4 | 8 |
| 0 | 6 | 7 | 9 | 9 | 0 | 3 | 7 | 7 | 3 | 6 | 0 | 7 | 7 | 1 | 1 | 8 | 1 | 2 | 9 | 9 | 7 | 8 | 0 | 6 |
| 6 | 5 | 3 | 1 | 0 | 4 | 2 | 4 | 5 | 1 | 4 | 9 | 5 | 3 | 9 | 0 | 2 | 2 | 4 | 5 | 9 | 9 | 9 | 0 | 0 |
| 4 | 1 | 8 | 9 | 1 | 7 | 4 | 3 | 6 | 4 | 4 | 6 | 6 | 6 | 0 | 7 | 6 | 3 | 2 | 5 | 8 | 2 | 0 | 6 | 8 |
| 4 | 5 | 4 | 7 | 1 | 1 | 4 | 5 | 0 | 4 | 7 | 9 | 4 | 0 | 6 | 1 | 2 | 1 | 9 | 4 | 9 | 9 | 0 | 2 | 3 |
| 2 | 5 | 4 | 3 | 3 | 6 | 3 | 1 | 4 | 0 | 9 | 3 | 7 | 9 | 1 | 1 | 8 | 8 | 1 | 8 | 0 | 3 | 1 | 9 | 5 |
| 4 | 3 | 6 | 4 | 0 | 1 | 7 | 8 | 2 | 0 | 4 | 9 | 5 | 9 | 7 | 9 | 0 | 3 | 3 | 7 | 2 | 9 | 9 | 4 | 0 |
| 2 | 3 | 8 | 5 | 4 | 4 | 3 | 3 | 0 | 6 | 1 | 0 | 7 | 3 | 5 | 3 | 1 | 3 | 2 | 0 | 6 | 0 | 9 | 1 | 7 |
| 1 | 6 | 4 | 8 | 7 | 9 | 0 | 9 | 1 | 3 | 1 | 0 | 8 | 6 | 7 | 5 | 6 | 9 | 0 | 3 | 1 | 6 | 8 | 2 | 0 |
| 4 | 8 | 1 | 6 | 3 | 4 | 5 | 0 | 2 | 7 | 5 | 7 | 0 | 8 | 3 | 2 | 4 | 8 | 5 | 3 | 2 | 9 | 6 | 8 | 1 |
| 4 | 2 | 1 | 9 | 4 | 6 | 2 | 3 | 0 | 1 | 1 | 6 | 1 | 0 | 7 | 2 | 2 | 3 | 4 | 8 | 7 | 9 | 1 | 4 | 6 |
| 4 | 0 | 7 | 6 | 5 | 4 | 2 | 9 | 5 | 3 | 3 | 9 | 0 | 6 | 3 | 0 | 2 | 5 | 4 | 9 | 5 | 3 | 6 | 0 | 8 |
| 8 | 4 | 9 | 3 | 0 | 8 | 2 | 8 | 4 | 0 | 4 | 5 | 6 | 9 | 0 | 6 | 8 | 1 | 1 | 4 | 6 | 7 | 4 | 8 | 1 |
| 1 | 7 | 6 | 3 | 8 | 1 | 4 | 6 | 2 | 2 | 9 | 4 | 5 | 0 | 3 | 5 | 7 | 0 | 0 | 3 | 4 | 1 | 7 | 1 | 2 |
| 5 | 6 | 4 | 6 | 9 | 0 | 1 | 5 | 1 | 5 | 5 | 0 | 3 | 1 | 4 | 5 | 1 | 2 | 7 | 0 | 2 | 4 | 9 | 9 | 6 |
| 0 | 3 | 6 | 0 | 7 | 1 | 4 | 8 | 0 | 3 | 5 | 4 | 8 | 8 | 0 | 4 | 0 | 6 | 7 | 3 | 3 | 1 | 1 | 7 | 4 |
| 6 | 7 | 2 | 9 | 0 | 4 | 2 | 9 | 2 | 6 | 4 | 6 | 4 | 6 | 4 | 6 | 9 | 4 | 6 | 2 | 3 | 9 | 4 | 8 | 8 |
| 0 | 3 | 1 | 4 | 5 | 9 | 5 | 0 | 8 | 2 | 6 | 5 | 0 | 8 | 5 | 8 | 0 | 7 | 5 | 0 | 9 | 5 | 3 | 1 | 5 |
| 7 | 3 | 0 | 9 | 3 | 6 | 1 | 9 | 3 | 1 | 3 | 9 | 8 | 3 | 9 | 7 | 7 | 6 | 6 | 5 | 3 | 0 | 2 | 6 | 8 |
| 8 | 6 | 7 | 9 | 6 | 6 | 8 | 3 | 4 | 0 | 5 | 9 | 5 | 1 | 7 | 8 | 0 | 1 | 0 | 8 | 9 | 7 | 1 | 4 | 6 |
| 4 | 9 | 5 | 8 | 6 | 8 | 0 | 4 | 4 | 4 | 5 | 6 | 7 | 4 | 8 | 1 | 7 | 1 | 4 | 9 | 2 | 9 | 5 | 1 | 9 |
| 6 | 0 | 3 | 9 | 9 | 5 | 8 | 4 | 4 | 1 | 5 | 4 | 0 | 6 | 8 | 6 | 0 | 2 | 0 | 0 | 1 | 8 | 8 | 8 | 0 |
| 4 | 1 | 0 | 5 | 3 | 6 | 3 | 5 | 0 | 6 | 4 | 0 | 0 | 1 | 2 | 1 | 8 | 2 | 9 | 5 | 4 | 8 | 7 | 2 | 5 |
| 5 | 2 | 7 | 9 | 6 | 5 | 7 | 4 | 5 | 1 | 3 | 3 | 8 | 8 | 4 | 4 | 0 | 4 | 1 | 8 | 9 | 1 | 1 | 6 | 5 |
| 3 | 4 | 6 | 1 | 2 | 1 | 8 | 7 | 4 | 7 | 6 | 3 | 3 | 5 | 0 | 0 | 7 | 9 | 1 | 6 | 4 | 0 | 7 | 4 | 6 |
| 8 | 2 | 2 | 0 | 8 | 8 | 8 | 7 | 3 | 8 | 3 | 1 | 5 | 8 | 4 | 9 | 5 | 1 | 9 | 1 | 7 | 9 | 7 | 9 | 9 |
| 4 | 8 | 7 | 0 | 7 | 8 | 9 | 4 | 3 | 0 | 9 | 2 | 3 | 5 | 4 | 7 | 2 | 1 | 4 | 6 | 6 | 8 | 6 | 3 | 2 |
| 9 | 0 | 4 | 3 | 8 | 0 | 1 | 5 | 7 | 6 | 7 | 1 | 6 | 3 | 0 | 5 | 7 | 3 | 7 | 1 | 0 | 9 | 5 | 6 | 6 |

المراجع

و أهم العناوين حول الموضوع

الكتب

1- ابن خلدون، كتاب العبر وديوان المبتدأ والخبر .. بيروت ط3، 1967.

2- إبراهيم أبراش، تاريخ الفكر السياسي، الرباط: دار بابل للطباعة والنشر، 1999.

3- أبو الحسن علي الماوردي . أدب الدنيا والدين، تحقيق وتعليق مصطفى السقا، الطبعة 3 القاهرة 1955.

4- أحمد بدر، أصول البحث العلمي ومناهجه، الكويت: 1978.

5- أحمد بدر، الاتصال بالجماهير، بين الإعلام والدعاية والتنمية، الكويت: 1982.

6- أحمد القصير، منهجية علم الاجتماع، بين الوظيفية والماركسية والبنيوية، القاهرة 1985.

7- أحمد شلبي، كيف تكتب بحثاً أو رسالة، القاهرة: مكتبة النهضة المصرية، ط6، 1968.

8- أحمد الصبان، الأسلوب العلمي في البحث، جدة: مطابع دار البلاد، 1981.

9- أحمد أوزي، تحليل المضمون ومنهجية البحث، مطبعة النجاح الجديدة، ط1/ 1993.

10- أحمد شلبي، كيف تكتب بحثاً أو رسالة، القاهرة: ط 13، 1981.

11- أحمد زكي بدوي، معجم مصطلحات العلوم الاجتماعية، بيروت 1978.

12- إحسان محمد حسن، الأسس العلمية لمناهج البحث الاجتماعي بيروت: 1982.

13- أديث كروزويل، عصر البنيوية، من ليفي شتراوس إلى فوكو، ترجمة جابر عصفور بغداد: 1985.

14- أرمان كوفيليه، مدخل إلى علم الاجتماع، ترجمة نبيه صقر ط2، بيروت: منشورات عويدات، 1980.

15- أميل دوركايم، قواعد المنهج في علم الاجتماع، ترجمة وتقديم محمود قاسم. القاهرة: مكتبة النهضة المصرية، 1961.

16- الطاهر وعزيز، المناهج الفلسفية، بيروت: المركز الثقافي العربي، ط1، 1996.

17- الموسوعة الفلسفية العربية، رئيس التحرير، معن زيادة، معهد الإنماء، العربي ، بيروت:1986.

18- ايليانور هارمن وليام مونتين، الأطروحة والكتاب، ترجمة واثق عباس الدايني، ط1، بغداد: 1988.

19- أوسكار لانجه، الاقتصاد السياسي، الجزء الأول، بيروت 1973.

20- برتراند راسل، النظرية العلمية، ترجمة عثمان نوبه، القاهرة، 1956.

21- بوردون ديوريكو، المعجم النقدي لعلم الاجتماع بيروت: 1986.

22- بورديو وآخرون، حرفة عالم الاجتماع، ترجمة نظير جاهل، بيروت: دار الحقيقة، 1993.

23- بيار أنصار، العلوم الاجتماعية المعاصرة، ترجمة نخلة فريفر، المركز الثقافي العربية، بيروت: الدار البيضاء، ط1992،1.

24- ثريا عبد الفتاح ملحس، مناهج البحوث العلمية للطلاب الجامعيين بيروت: دار الكتاب اللبناني، 1978.

25- جمال زكي والسيد ياسين، أسس البحث الاجتماعي، القاهرة: 1966.

26- جوليان فروند، سوسيولوجيا ماكس فيبر، ترجمة جورج أبي أصبع، بيروت: د.ت.

27- جان بياركوت وجان، بيار مونيي، من أجل علم اجتماع سياسي. ترجمة محمد هناد، الجزء الأول، الجزائر: 1985.

28- حامد عمار، المنهج العلمي في دراسة المجتمع، القاهرة: 1960.

29- حسن الساعاتي. تصميم البحوث الاجتماعية، بيروت: دار النهضة العربية، 1982.

30- ديوبولد . ب فان دالين، مناهج البحث في التربية وعلم النفس ترجمة محمد نبيل وآخرون ط2، لبنان 1986.

31- رودلف غيفيليون وبنيامين ماتلون. البحث الاجتماعي المعاصر، مناهج وتطبيقات، ترجمة علي سالم. ط2، بغداد، 1986.

32- ربحي الحسن، دليل الباحث في تنظيم البحوث الاجتماعية عمان: مطابع الجمعية العلمية الملكية، 1976.

33- روجز ويمر وجوزيف دومينيك، مناهج البحث الإعلامي ترجمة وتقديم صالح خليل أبو إصبع، ط1، دار صبرا للطباعة والنشر 1989.

34- روبرت ما كيفر، الجماعة، دراسة في علم الاجتماع، القاهرة1986.

35- رينيه ديكارت، مقال في المنهج، ترجمة محمود محمد الخضري، القاهرة : د.ت.

36- ريمون بودون، مناهج علم الاجتماع، ترجمة هالة بشؤون الحاج، بيروت: منشورات عويدات، 1972.

37- زكريا ابراهيم، مشكلة البنية، القاهرة: 1976.

38- زبيغنو بريجينسكي، بين عصرين: أمريكا والعصر التكنتروني، بيروت: دار الطليعة 1980.

39- سمير محمد حسين، تحليل المضمون: تعريفاته ومفاهيمه ومحدداته استخدامته الأساسية ووحداته وفئاته، جوانبه المنهجية وتطبيقاته الإعلامية - ارتباطه ببحوث الإعلام والدعاية والرأي العام. القاهرة: عالم الكتب 1983.

40- سمير نعيم أحمد، النظرية في علم الاجتماع، القاهرة: 1982.

41- سالم يفوت، مفهوم الواقع في التفكير العلمي المعاصر الرباط: دار النشر العربية.

42- س.ي. بوبوف، نقد علم الاجتماع، ترجمة نزار عيون السود، دمشق: ط2.

43- عبد الباسط محمد حسن، أصول البحث الاجتماعي، القاهرة: مكتبة وهبة، 1977.

44- عبد الفتاح خضر، أزمة البحث العلمي في العالم العربي، الرياض: معهد الإدارة العامة، 1981.

45- عبد الرحمن بدوي، مناهج البحث الاجتماعي، القاهرة مكتبة النهضة المصرية 1986.

46- عمر محمد الشيباني، مناهج البحث الاجتماعي. الكويت: المنشأة الشعبية للنشر والتوزيع والاعلان، 1971.

47- علياء شكري، الاتجاهات المعاصرة في دراسة الأسرة، ط1، القاهرة دار المعارف، 1979.

48- عمر محمد الشيباني، مناهج البحث الاجتماعي. الكويت: المنشأة الشعبية للنشر والتوزيع والاعلان 1971.

49- عمار بوحوش ، دليل الباحث في المنهجية وكتابة الرسائل الجامعية، الجزائر: المؤسسة الوطنية للكتاب، 1985.

50- علي ليله، النظرية الاجتماعية المعاصرة، القاهرة 1981.

51- غوستاف لوبون، فلسفة التاريخ، ترجمة عادل زعيتر مصر: دار المعارف، 1954.

52- فؤاد زكريا، التفكير العلمي، سلسلة عالم المعرفة، عدد 3، ط3، الكويت: 1988.

53- فوزي غرايبة وآخرون، أساليب البحث العلمي في العلوم الاجتماعية والإنسانية، عمان: الجامعة الأردنية، 1977.

54- فاخر عاقل، أسس البحث العلمي في العلوم السلوكية، بيروت: 1979.

55- فوزي عبد اللـه العكش، البحث العلمي، المناهج والإجراءات ط1، الامارات العربية المتحدة، جامعة الأمارات، 1986.

56- فؤاد دياب، الرأي العام وطرق قياسه، سلسلة الشرق والغرب، 1959.

57- فهمي يعرب، طرق البحث، بغداد: 1975.

58- فرانز روزنتال، مناهج العلماء المسلمين في البحث العلمي، ترجمة أنيس فريحة، بيروت: الدار العربية للكتاب، ط4، 1993.

59- صلاح قنصوه، الموضوعية في العلوم الإنسانية: عرض نقدي لمناهج البحث، القاهرة، دار الثقافة للطباعة والنشر 1980.

60- طيب تيزيني، على طريق الوضوح المنهجي ، بيروت: دار الفارابي، 1989.

61- كولن ولسون، سقوط الحضارة، بيروت: 1971.

62- كارل بوبر، عقم المنهج التاريخي: دراسة في مناهج العلوم الاجتماعية: ترجمة عبد الحميد صبره، الاسكندرية: منشأة المعارف 1959.

63- لويس كوهين ولورنس ماينون، مناهج البحث في العلوم الاجتماعية والتربوية ترجمة - كوثر حسين كوجك ووليم تاوضروس عبيدط1 ، القاهرة 1990 .

64- ليفي شتراوس، الانتربولوجية البنيوية، ترجمة مصطفى صالح دمشق: 1977.

65- محمد زيان عمر، البحث العلمي: مناهجه وتقنياته، جدة: دار الشروق، 1981.

66- محمد طه بدوي، منهج البحث العلمي: إجراءاته ومستوياته: الاسكندرية: مطبعة جامعة الاسكندرية، 1979.

67- محمد محمود الجوهري، وعبد العزيز الخريجي، طرق البحث الاجتماعي، ط4، القاهرة. دار الثقافة للنشر والتوزيع 1983 .

68- محمد الجوهري وآخرون، أسس المنطق، والمنهج العلمي، مصر: دار المعارف/ 1975.

69- محمد علي محمد، علم الاجتماع والمنهج العلمي، ط1، الاسكندرية: دار المعارف الجامعية، 1979.

70- محمد عابد الجابري، العصبية، معالم نظرية خلدونية في التاريخ الإسلامي، البيضاء: 1982.

71- محمد وقيدي، العلوم الإنسانية والايديولوجيا، بيروت: دار الطليعة، 1983.

72- محمد الجوهري وآخرون، دراسة علم الاجتماع مصر: دار المعارف 1973.

73- محمد علي محمد، مقدمة في البحث الاجتماعي، بيروت 1982.

74- محمد أحمد الزعبي، علم الاجتماع العام والبلدان النامية مدريد: 1985.

75- محمد فرحات عمر، طبيعة القانون العلمي، القاهرة: 1966.

76- محمد طلعت عيسى، البحث الاجتماعي. ط3 القاهرة: 1963.

77- محمود قاسم المنطق الحديث ومناهج البحث ط3، القاهرة مكتبة الانجلو المصرية (دون تاريخ).

78- محمد طه بدوي، النظرية السياسية، منشورات المكتب المصري الحديث، 1986.

79- مصطفى عمر التير. مقدمة في مبادئ وأسس البحث الاجتماعي، الجماهيرية الليبية: المنشأة الشعبية للنشر والتوزيع والإعلان.

80- مورتون كابلان، المعارضة والدولة في السلم والحرب تعريف سامي عادل، بيروت (د.ت).

81- معن خليل عمر، الموضوعية والتحليل في البحث الاجتماعي، بيروت: 1983.

82- موريس دفرجيه، سوسيولوجية السياسة، ترجمة هشام ذياب دمشق: 1980.

83- ماكس فيبر: الأخلاق البروتستانية وروح الرأسمالية، ترجمة محمد علي مقلد.بيروت: مركز الإنماء العربي د.ت.

84- مجموعة من المؤلفين، إشكالية العلوم الاجتماعية في الوطن العربي الندوة السنوية للمركز القومي للبحوث عقدت من 26 إلى 28 فبراير 1983. بالقاهرة ط1 بيروت : دار التنوير، 1989.

85- ناصر ثابت، أضواء على الدراسة الميدانية، الكويت: ذات السلاسل: 1984.

86- نبيل محمد توفيق السمالوطي، المنهج الإسلامي في دراسة المجتمع، المملكة العربية السعودية، دار الشروق، 1980.

87- نيقولا تيماشيف، نظرية علم الاجتماع، ترجمة محمود عودة وآخرون، القاهرة، دار المعارف، 1983.

88- نصر محمد عارف، نظريات التنمية السياسية المعاصرة: دراسة نقدية مقارنة في ضوء المنظور الحضاري الحضاري الإسلامي، الدار العالمية للكتاب الإسلامي والمعهد العالمي للفكر الإسلامي، الرياض 1994.

89- والتر بنجهام وآخرون، سيكولوجية المقابلة، ترجمة فاروق عبد القادر وعزت حسين اسماعيل. دار النهضة العربية، 1961.

90- و. از ن . بفردج فن البحث العلمي، ترجمة زكريا فهمي، بيروت 1983 .

91- هانز موس، الفكر الاجتماعي ، نظرة تاريخية عالمية، ترجمة السيد الحسين وجهينة سلطان عيسى، القاهرة : 1980.

92- هربرت شيللر، المتلاعبون بالعقول: ترجمة عبد السلام رضوان، سلسلة عالم المعرفة، عدد 106، الكويت.

93- هربرت ماركوز. العقل والثورة، ترجمة، فؤاد زكريا، بيروت: المؤسسة العربية للدراسات والنشر 1979 .

94- هشام شرابي: النظام الأبوي وإشكالية تخلف المجتمع العربي، بيروت مركز دراسات الوحدة العربية ، 1992 .

95- يعرب فهمي سعيد، طرق البحث، بغداد: 1975 .

96- ياسين: تحليل مضمون الفكر القومي العربي، مركز دراسات الوحدة العربية، بيروت 1980 .

الدوريات:

97- أحمد زايد (نحو سوسيولوجية نقدية لدراسة المشكلاتت الاجتماعية) بيروت: مجلة المستقبل العربي، العدد 146، ابريل 1991 .

98- (الكتابة الاجتماعية ومناهجها المعاصرة) مجلة الفكر العربي العدد السادس، السنة الأولى 1978، بيروت.

99- (العلوم الطبيعية والإنسانية والاجتماعية) مجلة عالم الفكر المجلد العشرون، عدد 4، 1990.

100- (إشكالية المنهج) . الفكر العربي عدد 42 السنة السابعة 1986 بيروت.

101- الكعوش لطفي، (الموضوعية في العلوم الإنسانية: مراجعة لكتاب صلاح قانصوه، بيروت مجلة الفكر العربي، عدد 42 .

102- إياد القزاز (صورة العرب في المدارس الأمريكية). مجلة المستقبل العربي، بيروت، العدد 26، ابريل 1981 .

103- سعد الدين ابراهيم، (الرأي العام العربي وعقبات الوحدة - دربة ميدانية في عشرة أقطار) - مجلة المستقبل العربي، الأعداد رقم : 13- 14- 15 1980 .

104- سمير محمد حسين (تحليل المضمون - تعريفاته ومفاهيمه ومحدداته استخداماته الأساسية وفئات - جوانبه المنهجية وتطبيقاتها) مجلة العلوم الاجتماعية، جامعة الكويت، المجلد الرابع عشر العدد 1، ربيع 1986.

105- عبد الكريم بزاز، (علم الاجتماع في كتب التدريس تحليل نقدي)، مجلة المستقبل العربي، عدد 146، بيروت.

106- عفيف البوني (صورة العرب في العقل الغربي من خلال الموسوعات العلمية الغربية)، مجلة المستقبل العربي، بيروت، العدد 101، يوليو 1987 .

107- غامري، محمد حسن (المناهج الانتروبوجية)، نفس المرجع السابق.

108- فخري طمليه: (فلسطين في أدب سميرة عزام) مجلة المستقبل العربي، بيروت، عدد 98، ابريل 1987 .

109- (نحو علم اجتماع عربي)، ملف خاص - مجلة المستقبل العربي مركز دراسات الوحدة العربية، عدد 75، 1985 .

110- نيفين عبد المنعم مسعد (جدلية الاستبعاد والمشاركة، مقارنة بين جبهة الانقاذ الإسلامية في الجزائر وجماعة الإخوان المسلمين في الأردن).

111- (مناهج البحث العلمي) مجلة عالم الفكر، الكويت المجلد العشرون، العدد1، 1989.

112- وليد سليم التميمي ( الموقف من التسوية - دراسة ميدانية)، مجلة المستقبل العربي، بيروت، عدد 21، نوفمبر 1980 .

-113Ackoff , RL. The Design of social Research , the U. of Chicago , press: 1953.

-114Almond md Powell , Comparative polics: a developmental approach. The litter Brown and company , 1966.

-115Beveridge W.I.B The Art of Scientific Investigation London 1968.

-116Best . J.W Research in Education (prentice - Hell , Englewood Cliffs, NewJersey 1970.(

-117Berelson, Bernard , content analysis in communication Research clencoe III The free press 1952.

-118Brodon, systeme des contradictions economiques, 1946.

-119C. levi- Strauss : A nthropologie structurale deux/ Edition Plon, 1973.

-120Chapin, F.S. Experimental Designs in sociological Research, (Harper and Row, NewYork , 1947.(

-121Garfinkel, H. studies in Ethnomethodology (prentice Hall Englewood cliffs N.J 1968.(

-122C. levi, strauss, the Elementary structure of kinship, Eyre and spoottis woode, 1969.

-123C. levi strauss, le regard eloigne Plon 1989.

-124D. EASTON , The political system , 1953.

-125Goode, William J. and hatt, Paul K. Methods in Social Research New York raw - Hill , 1952.

-126Goode, C. and Scates, D. Methodes of research Educational, Psychological , Sociological , NewYork, 1945.

-127Gott, schalk, Louis Klchohn, clyde, and Angell Robert C. The use of persnel, Documents in History , Anthropology and Sociology, New York: Social Science Research Council, 53 1945.

-128Gouldner, the coming crisis of western sociologe. He inemann, London 1972.

-129Gottschalk, L, Under standing History , Al fred A Kno, pf, NewYork 1951.

-130G. Amond and Verba, the civic cultures : political attitudes and democracy in five nations Princeton, 1963.

-131Gauldner Alvin A. Reciprocity and Autonomy in functional theory , 1967.

-132G. The coming crisis of western sociology, Anon Books, NewYork, 1970.

-133G. Homans: Social behaviour , it, s elementary forms, N.Y Harcourt Brace and world.

المراجــــــع

-134Giddens, A. (ed) positivism and sociology (heineman Educational Book; London, 1975.(

-135Holbrook, D, Education Nihilism and survival (Darbon, Longman and Todd London, 1977.(

-136Jaques Derrida, la difference in Speech and phenomana, and other Esays on hasserl's Theory of sings trans , David B. Allison, Evanston: North western UP, 1973.

-137Jaques, Herman . Les langages de la sociologie . PUF . 3 eme edition: 1994 .

-138Jaques Barzan and H.F. Graff. The modern researcher (NewYork, 1957.(

-139Kaplan, A, the conduct of Inquiry (Intertext Books, Aylesbury, 1973(

-140Keirkergaard, concluding unscientific postscript (printetch university press, Princeton 1974.(

-141Kerlinger, f. foundations of behavioral Research, and (ed) NewYork, Holt Rinehar and Winston , 1973.

-142Lazarsfeld, Paul, and Rosenberg, Merris (eds) The languages of Social Research London 1955.

-143Lasswell, Harold, D. and leites, Nathan (eds) Language of politics New York , George w. stewart.

-144L. Moskvichov, The End of Ideologey illustions and reality, Progress publishers, Moscow, 1974.

-145Maed George , H The self, Modern sociology, (ed) peter worsley), penguin Education England 1973.

-146Mills, C.W. The Sociological Imagination London ox ford university 1909.

-147Mill, A systeme of logic , vol. I,N,Y London Harper and Eros, 1891.

-148Malinowsky, Scientific Theory of culture  1944.

-149M. Spector and J.L Kitsuse constructing social problems 1977.

-150L. Moskvichov, The End of ideology, illusions and reality progress publishers, Moscow, 1974.

-151Medawar, P.B The hope of progress (Methuen, London 1972.(

-152Nagel, E, in Introduction to logical and scientific Method 1943.

-153Parsons, Talcott. The social systems London 1953.

-154Parsons, The present of structural Functional:, Theor in sociology.

-155Parsons and others : to ward a general theory of social Action Cambridge : Harverd iniversity press 1951.

-156Raymound Boudon Francois Bourricaud. ' Dictionnaire critique de la sociologie '. P.U f3 eme ed 1990.

-157Ralph Linton , status and Roles , sociology Marcello Truzzi (ed), Randon house , NewYork 1971.

-158Robert King Merton and Robert; A. Nisbet contemporary social problems New York har court Brace 1976.

-159Ross, A theory and Method in the Social Sciences , Minnesota, the university press 1954.

-160Roszak, T. the making of acounter culture , (faber and faber, London. 1970.(

-161Radecliffe Brown , Structure and process in primitive society , oxford university press, London 1952.

-162Robert K. Merton , manifest and latent Function in social Theory and Social structure. Glencoe, III, Free press, 1957.

-163R. Merton , Sociological Ambivalence and other Essays, Three press NewYork1976.

-164Schatzman, Leonard and Strauss, A nselm L., Field Research: strategies for a Natural Science sociologie , Englewood chiffs, NewJersey, Prentice - hall 1973.

-165Selltiz, Claire Jahoda, Marie, Deutsh, Morton and Cock stuart. W (eds) Research Methods on social Relations NewYork 1964.

-166Suilivans, The limitations of Science Mentor Books, NewYork 1949.

-167Simmel George the Dyad and the Triad, Sociological theory (ed) coser and etal, the macmillen co. London . 1969.

-168Sorokin pitirim: Casual - functional and Logic- meaning ful Integration, 1967.

-169Smelser Neil J. Alexi de Toqueville, comparative methods in sociology (ed) van vallier, University of california, Berkeler, 1971.

-170T. Parsons: the social system NewYork : Free press 1951.

-171Vico, the New science of G. Vico. Trans, by Bergin and Fisdsh, N.Y Cornell Harper and Bros 1891.

-172Walizer, M H, and Wienir, P.L. Research method and analysis, NewYork Harper and Row, 1978.

-173Warld Reeder, How to write a Thesis (Illinois, 1925. (

-174Whitney , F. The Elements of Research NewYork, 1967.

-175Weber, M. Essays in Sociology (Routledge and Kegan paul, London 1948.(

-176Weber, the theory of social and Economic organization (Free press, Glencoe, 1964.(

-177Weber, M. The Methodology of the social sciences.

-178William, Reid and indrey D. Smith., Research in social work, (New York, Colombia University press, 1981.

-179Yong, Pauline V. and Schmid, Scientific social surveys and Research Englewood chiffs, N.J. Prentice - all 1966 4h eds.

المراجـــــــــــع

Printed in the United States
By Bookmasters